Rüdiger Götte

# Die Chartschule
Das 1x1 der technischen Aktienanalyse:
Mit Bleistift und Lineal zum Börsenerfolg

Rüdiger Götte

# DIE CHARTSCHULE
Das 1x1 der technischen Aktienanalyse:
Mit Bleistift und Lineal zum Börsenerfolg

**Bibliografische Information der Deutschen Nationalbibliothek**
Die Deutsche Nationalbibliothek verzeichnet diese Publikation in der Deutschen Nationalbibliografie; detaillierte bibliografische Daten sind im Internet über http://dnb.d-nb.de abrufbar.

**Bibliographic information published by the Deutsche Nationalbibliothek**
Die Deutsche Nationalbibliothek lists this publication in the Deutsche Nationalbibliografie; detailed bibliographic data are available in the Internet at http://dnb.d-nb.de.

ISBN-13: 978-3-8382-1259-3
© *ibidem*-Verlag, Stuttgart 2022
Alle Rechte vorbehalten

Das Werk einschließlich aller seiner Teile ist urheberrechtlich geschützt. Jede Verwertung außerhalb der engen Grenzen des Urheberrechtsgesetzes ist ohne Zustimmung des Verlages unzulässig und strafbar. Dies gilt insbesondere für Vervielfältigungen, Übersetzungen, Mikroverfilmungen und elektronische Speicherformen sowie die Einspeicherung und Verarbeitung in elektronischen Systemen.

All rights reserved. No part of this publication may be reproduced, stored in or introduced into a retrieval system, or transmitted, in any form, or by any means (electronical, mechanical, photocopying, recording or otherwise) without the prior written permission of the publisher. Any person who does any unauthorized act in relation to this publication may be liable to criminal prosecution and civil claims for damages.

Printed in the EU

# Vorwort

Ursprünglich schrieb ich diese Seiten für mich selbst. Ich wollte die Erkenntnisse, die ich während des Schreibens meines Buches »Chaos an den Finanzmärkten? Finanzmarkttheorien auf dem Prüfstand« gewonnen hatte, dokumentieren. In diesem Buch hatte ich nachgewiesen, dass die technische Analyse kein Hokuspokus ist, sondern eine ernsthafte, häufig unterschätzte und manchmal sogar verspottete Finanzmarktanalyse, deren wissenschaftliche Grundlage die Chaostheorie ist.

Bei meinem Bemühen, meine Erkenntnisse zu sammeln, merkte ich schnell, dass die Aneinanderreihung aller Aspekte der technischen Analyse sehr ermüdend ist – und gleichzeitig gewinnbringend für Anleger. So wurde aus meinen persönlichen Notizen dieses Buch, das einen ganz besonderen Ansatz verfolgt. Dieser fiel mir mit dem Titel geradezu auf die Füße. Ich lade Sie, liebe Leserinnen und Leser, ein, mit mir die Chartschule zu besuchen: Den Kurs »Technische Analyse« der örtlichen Volkshochschule von Herrn Hinrichs. Sehen Sie der Klasse von Herrn Hinrichs über die Schulter, während diese alles Wissenswerte über die technische Analyse erlernt. Damit hebt sich dieses Buch von üblichen Fachbüchern ab: Denn Sie können gemeinsam mit den Schülern Fragen und Gedankengänge durchspielen, die auch einmal abseits üblicher Wege führen können. Über manche Fragen werden sie vielleicht schmunzeln, bei anderen denken: »Mensch, das wollte ich auch schon immer fragen!« Die Unterrichtsstunden sind mit zahlreichen Beispielen und übersichtlichen Darstellungen versehen.

Kurz gesagt, soll das vorliegende Buch Ihnen einen umfassenden und grundlegenden Zugang zum Wissensgebiet der technischen Analyse geben und Sie dazu ermuntern, diese selbst auszuprobieren. Ich hoffe auch, dass Ihnen die besondere Form dieses Buches den Zugang erleichtert und Spaß beim Lesen und Lernen vermittelt.

Für die freundliche Unterstützung bei dieser Arbeit möchte ich Diplom-Ingenieur Hans-Jürgen Götte danken.

In diesem Buch wurden teilweise Bezeichnungen verwendet, die eingetragene Warenzeichen sind; diese unterliegen als solche den gesetzlichen Bestimmungen. Sämtliche Daten, Formeln und Ausführungen in dem vorliegenden Buch wurden mit größter Sorgfalt recherchiert und zusammengestellt. Dennoch können weder Verlag noch Autor sich für deren Richtigkeit verbürgen; jegliche Haftung seitens Verlages oder Autor für die Richtigkeit der in (diesem Buch gemachten Angaben ist daher ausgeschlossen.

# Inhaltsverzeichnis

Vorwort ................................................................... V

1. Einleitung .......................................................... 1
   1.1 Einführung in die Erzählung ............................. 1
2. Der Kurs – das notwendige Hintergrundwissen ............ 5
   2.1 Wie entsteht ein Kurs? ..................................... 6
   2.2 Warum ändert sich ein Kurs? Die erste Annahme der technischen Analyse ............................................. 13
   2.3 Die Ballkönigin bittet zum Tanz: Wie Kurse sich bewegen ................................................................. 19
   2.4 Kurse haben ein Gedächtnis – sie vergessen nichts! ...... 25
   2.5 Dasselbe und doch nicht gleich – Kurs ist nicht gleich Kurs ................................................................... 26
   2.6 Die magischen Punkte im Chart – die Pivot-Punkte ...... 32
   2.7 Das Bild der Märkte – Charts können unterschiedlich dargestellt werden ............................................. 37
       2.7.1 Linienchart – die einfachste Art ..................... 38
       2.7.2 OHLC (oder Balken, Bar)-Chart ...................... 40
       2.7.3 Kerzenchart (Candlestick-Chart) ..................... 43
       2.7.4 Skalierung .................................................. 45
       2.7.5 Anhängsel an den Aktienchart – die Umsatzdarstellung ........................................ 48
3. Das Trendkonzept – die Mutter aller Dinge ................. 51
   3.1 Dow-Theorie – die Ursprünge der technischen Analyse . 53
       3.1.1 Dow-Aussage zum Kurs: Alles ist schon enthalten! ................................................... 53
       3.1.2 Dows Aussagen zum Trend: Der Trend ist dein Freund! ..................................................... 54
   3.2 Trenderkennung: *The trend is your friend?* ............... 70

|  |  |  |
|---|---|---|
|  | 3.2.1 | Diese Marken muss man kennen: Unterstützung und Widerstand .......... 72 |
|  | 3.2.2 | Trendlinie .......... 80 |
|  |  | 3.2.2.1 *Kurszielbestimmung – Trennlinien-Differenz-Methode .......... 87* |
|  |  | 3.2.2.2 *Fächerprinzip .......... 91* |
|  |  | 3.2.2.3 *Interne Trendlinien .......... 93* |
|  | 3.2.3 | Trendkanal .......... 95 |
|  | 3.2.4 | *Speed Resistance Lines* – der Geschwindigkeit des Trends auf der Spur .......... 100 |
| 3.3 | *Prozentuale Retracements* – gegen den Strom schwimmen .......... 103 | |
| 3.4 | Elliott-Wellen-Theorie und Fibonacci-Zahlen .......... 106 | |
|  | 3.4.1 | Eine kurze Einführung in die Elliott-Wellen-Theorie – eine andere Perspektive auf den Trend .......... 107 |
|  | 3.4.2 | Fibonacci-Zahlenreihe – die Mathematik der Wellen .......... 130 |
|  |  | 3.4.2.1 *Fibonacci-Ratio – die Basisverhältnisse der Börse. 133* |
|  |  | 3.4.2.2 *Prozentuale Fibonacci-Retracements .......... 135* |
|  |  | 3.4.2.3 *Fibonacci-Extension .......... 139* |
|  |  | 3.4.2.4 *Fibonacci-Projektion .......... 142* |

# 4. Formationsanalyse – die Analyse fürs Auge .......... 145

4.1 Trendbestätigungsformationen – es ändert sich nichts! . 146

    4.1.1 Dreiecke weisen die Richtung .......... 147

        4.1.1.1 *Das symmetrische Dreieck .......... 148*

        4.1.1.2 *Das aufsteigende Dreieck (Aufwärtsdreieck) .......... 152*

        4.1.1.3 *Das absteigende Dreieck (Abwärtsdreieck) .......... 154*

    4.1.2 Flaggen und Wimpel .......... 156

    4.1.3 Die Keil-Formation .......... 162

    4.1.4 Die Rechteck-Formation .......... 166

    4.1.5 Die gemessene Bewegung .......... 170

4.2 Trendumkehrformationen – nichts hält ewig! .......... 172

4.2.1 Schulter-Kopf-Schulter-Formation –
der Klassiker .................................................................. 173
4.2.2 Dreifachspitze bzw. -boden ...................................... 182
4.2.3 Doppelspitze und -boden – doppelt hält besser .. 188
4.2.4 Untertassenformationen kündigen die
Kurswende an ............................................................. 191
4.2.5 V-Formationen – manches ist anders, als es
zunächst erscheint ..................................................... 194
4.2.6 Gaps verstehen – Kurslücken ................................... 197
4.2.7 Umkehrtage ................................................................. 201
4.3 Kerzen, die jeder Trader kennen sollte – die
wichtigsten *Candlestick*-Chartmuster ................................. 204
4.4 Das Umsatzwerkzeug ............................................................. 224

## 5. Die Mathematik der Märkte – Indikatoren und Oszillatoren ............................................................................... 233

5.1 Trendfolge-Indikatoren: Die Trendversicherung ........... 236
5.1.1 Gleitende Durchschnitte ........................................... 237
5.1.2 MACD ........................................................................... 249
5.1.3 Bollinger Bänder ........................................................ 256
5.1.4 AROON-Indikator – den Trend frühzeitig
erkennen ...................................................................... 259
5.1.5 Der *Parabolic SAR* – ein einfaches
Handelssystem? .......................................................... 263
5.1.6 Der CCI – Zwitter zwischen Trendfolger und
Oszillator ..................................................................... 267
5.2 Oszillatoren – von Kursschwankungen profitieren! ..... 272
5.2.1 Der Relative-Stärke-Indikator ................................. 274
5.2.2 Stochastik .................................................................... 279
*5.2.2.1 Williams %R* .................................................. *285*
5.2.3 Momentum – Beschleunigung und
Verlangsamung von Trends messen ..................... 289
*5.2.3.1 Rate of Change (ROC)* .................................. *295*

5.3 Trendstärke-Indikator – wie stark ist der Trend wirklich? ............ 297

    5.3.1 DMI – ADX – den Trend messen ............ 298

    5.3.2 *Rapid Adaptive Variance* (RAVI) ............ 305

6. Der erste Trade – aller Anfang ist schwer ............ 309

7. Abschließende Anmerkung ............ 337

8. Literaturverzeichnis ............ 341

# Abbildungsverzeichnis

Abb. 1: Gibt es ein geheimes Kursbuch an der Börse? ............... 15
Abb. 2: Die erste Annahme der technischen Analyse ............... 18
Abb. 3: Die drei Arten von Händlern ............................................ 19
Abb. 4: Kurs steigt, weil LONG (Petra) in großem Umfang kauft .. 20
Abb. 5: Es entsteht ein Hochpunkt mit der Nummer 2. ............... 21
Abb. 6: Bildung eines Trends: Punkt (2) Hochpunkt und Punkt (3) Tiefpunkt ........................................................................ 22
Abb. 7: Trendbruch: Die Punkte (2) sind Hochpunkte und die Punkte (3) sind Tiefstkurse eines Trends. ................... 24
Abb. 8: Standardkursbalken ............................................................ 29
Abb. 9: (A) Verbreiterung der Handelsspanne und (B) Verengung der Handelsspanne. Zur besseren Übersicht stellt der Balken nur den Eröffnungs- und Schlusskurs dar. ................... 30
Abb. 10: Verhalten des Kurses an Pivot-Punkt, Widerstand und Unterstützung ........................................................ 36
Abb. 11: Konstruktion eines Liniencharts ..................................... 38
Abb. 12: Linienchart Bayer AG ....................................................... 39
Abb. 13: Aufbau eines Kursbalkens (bzw. Bar) ............................ 41
Abb. 14: OHLC-Chart: Bayer-Tageskurse vom 19.10.2014 bis 15.10.2015 ............................................................ 42
Abb. 15: Aufbau eines Kerzencharts .............................................. 43
Abb. 16: Kerzenchart der Bayer-Tageskurse vom 15.10.2014 bis 2015 ............................................................................ 45
Abb. 17: Linienchart Bayer-Monatskurse vom 02.01.1990 bis 19.09.2015 mit y-Achse linear ............................................ 46
Abb. 18: Linienchart Bayer-Monatskurse vom 02.01.1990 bis 19.09.2015 mit y-Achse logarithmisch ............................ 47
Abb. 19: Bayer-Linienchart vom 15.10.2014 bis 19.09.2015 mit dem dazugehörigen Umsatz ........................................ 48
Abb. 20: Definition eines Trends .................................................... 54

Abb. 21: *Dow Jones Transport Index* ..................................................... 55
Abb. 22: Münchner Rückversicherung vom 04.07.1995 bis 04.07.2000, wöchentliche Schlusskurse ..................................... 59
Abb. 23: Die verschiedenen Trends in Abhängigkeit zur Zeit ...... 60
Abb. 24: Matroschka-Effekt der Zeiteinheiten ................................. 61
Abb. 25: Verschachtelung der Zeiteinheiten beim Handel ............ 62
Abb. 26: Die drei Phasen eines primären Trends für Bayer-Aktienkurse vom 03.09.2002 bis 03.03.2009 ....................... 65
Abb. 27: *Dow Jones Industrial Average* und *Dow Jones Transport Average* ........................................................................................ 67
Abb. 28: *Dow Jones Industrial Average* mit Volumen ....................... 68
Abb. 29: Plan zur Findung des Trends .............................................. 71
Abb. 30: Tageschart der Bayer-Aktie mit Unterstützung und Widerstand .............................................................................. 72
Abb. 31: Unterstützungs- und Widerstandslinien in einem Aufwärtstrend ......................................................................... 74
Abb. 32: Unterstützungs- und Widerstandslinien in einem Abwärtstrend ........................................................................... 75
Abb. 33: Widerstand und Unterstützung in einem Aufwärtstrend ......................................................................... 76
Abb. 34: Bayer-Linienchart mit Tagesschlusskursen ..................... 78
Abb. 35: Bayer-Aktienchart mit Trendlinie für den Aufwärtstrend (Primärtrend) ............................................................................ 81
Abb. 36: Kurszielbestimmung Bayer-Aktienkurs ........................... 88
Abb. 37: Grafische Bestimmung des Kurszieles ............................. 89
Abb. 38: Bayer-Aktien-Chart mit einer Preiszone ........................... 90
Abb. 39: Bayer-Chart mit drei Trendlinien ...................................... 92
Abb. 40: Tages-Balkenchart des *Dow Jones* .................................... 94
Abb. 41: Bayer-Aktienchart mit einem Trendkanal ....................... 96
Abb. 42: Bayer-Chart mit gebrochener Rückkehrlinie .................. 99
Abb. 43: *Speed Resistance Linie* in einem Aufwärtstrend ............ 100
Abb. 44: *Speed Resistance Line* in einem Abwärtstrend ............. 101

Abb. 45: *Retracement* .................................................................. 104

Abb. 46: Bayer-Balkenchart mit einem Aufwärtstrend und drei *Retracements* ........................................................................ 105

Abb. 47: Das Grundmuster des Wellenprinzips für einen Aufwärtstrend ...................................................................... 108

Abb. 48: Aneinanderreihung von Wellen .................................... 109

Abb. 49: Antriebsphase mit fünf Wellen ..................................... 111

Abb. 50: Aufteilung von Elliott-Wellen in verschiedene Ränge ... 112

Abb. 51: Grundmuster eines Aufwärtstrends .............................. 114

Abb. 52: Eine Impulswelle im Aufwärtstrend mit ihren fünf Subwellen ............................................................................. 116

Abb. 53: Ausdehnung der dritten Welle ...................................... 117

Abb. 54: Versager in einer Impulswelle ....................................... 118

Abb. 55: *Leading Diagonal Triangle* in einem Aufwärtstrend ........ 119

Abb. 56: *Ending Diagonal Triangle* als Abschlussimpuls eines vorangegangenen Aufwärtstrends ..................................... 120

Abb. 57: Zickzack-Kursbewegungen ........................................... 122

Abb. 58: Doppel-Zickzack im Aufwärtstrend .............................. 123

Abb. 59: Flat-Korrektur in einem Aufwärtstrend ........................ 124

Abb. 60: Die vier Arten von Dreiecken in einem Aufwärtstrend . 125

Abb. 61: DAX-Tageschart mit Zählung der Wellen ..................... 127

Abb. 62: Basisverhältnisse an der Börse ...................................... 133

Abb. 63: Berechnung der Kursziele .............................................. 134

Abb. 64: DAX-Wochenchart von 2003 bis 2009 mit Fibonacci-*Retracements* ........................................................................ 137

Abb. 65: AMR Corp. Aufwärtstrend mit Fibonacci-*Extension* und -Retracement ................................................................ 139

Abb. 66: Bestimmung eines Kursziels der Welle 3 nach Elliot-Wellen-Theorie ................................................................... 142

Abb. 67: Euro/US-Dollar Aufwärtstrend mit Fibonacci-Projektion ............................................................................. 142

Abb. 68: Symmetrisches Dreieck ................................................. 148

Abb. 69: Symmetrisches Dreieck in einem übergeordneten, langfristigen Aufwärtstrend ...... 149
Abb. 70: Ansteigendes Dreieck ...... 153
Abb. 71: Abwärtsdreieck ...... 155
Abb. 72: Flagge und Wimpel ...... 157
Abb. 73: Flaggen und Wimpel ...... 158
Abb. 74: Flagge – DAX-Chart ...... 159
Abb. 75: Keil-Formation ...... 162
Abb. 76: Fallender und steigender Keil ...... 163
Abb. 77: Rechteck-Formation ...... 166
Abb. 78: Bärisches (A) und Bullisches Rechteck (B) ...... 167
Abb. 79: Die gemessene Bewegung ...... 170
Abb. 80: Gemessene Bewegung im Aufwärtstrend ...... 171
Abb. 81: Beispiel einer Schulter-Kopf-Schulter-Formation in einem Aufwärtstrend (Linie 1) ...... 173
Abb. 82: Ausbildung der Schulter-Kopf-Schulter-Formation im E.ON-Chart von Mai 2008 bis März 2009 ...... 177
Abb. 83: Ermittlung des Kurszieles bei einer Schulter-Kopf-Schulter-Formation ...... 178
Abb. 84: Inverse Schulter-Kopf-Schulter-Formation ...... 180
Abb. 85: Allianz-Tageschart: Kursverlauf Juni bis Oktober 2004 .. 181
Abb. 86: Welche Formation ist das? ...... 183
Abb. 87: Dreifachspitze (Daimler-Chart) ...... 184
Abb. 88: Dreifachspitze (Roth & Rau) ...... 185
Abb. 89: Dreifachboden (Grammer-Chart) ...... 186
Abb. 90: Doppelspitze (Inditex-Aktie) ...... 188
Abb. 91: Doppelboden (MAN-Aktienchart von 1996 bis 1997) ... 190
Abb. 92: Welche Formation ist das? ...... 192
Abb. 93: Umgekehrte Untertassenformation (Condomi-Chart von Februar bis Oktober 2001) ...... 194
Abb. 94: V-Bodenformationen: Nike-Aktienchart von 2000 ...... 195

Abb. 95: Nemax-All-Share-Index von November 2000 bis August 2001 .................. 196
Abb. 96: Bayer-Kerzenchart von Mai 2015 bis Mai 2016 .............. 197
Abb. 97: Die *Gap*-Arten ................. 199
Abb. 98: Oberer und unterer Umkehrtag .................. 202
Abb. 99: Kerze (Candle) .................. 204
Abb. 100: Doji .................. 206
Abb. 101: Die drei Brüder des Doji .................. 207
Abb. 102: DAX-Tageschart mit Doji und *Long legged Doji* ........... 207
Abb. 103: *Bullish* und *Bearish Belt Hold* .................. 209
Abb. 104: Hammer und Hanging Man .................. 210
Abb. 105: Axtrion-Chart: Hammer und *Hanging Man* .................. 211
Abb. 106: *Bullish* und *Bearish Engulfing Pattern* .................. 212
Abb. 107: WYNN-Resorts-Tageschart mit *Bullish Engulfing Pattern* .................. 213
Abb. 108: *Harami Pattern* .................. 214
Abb. 109: Progressive-Corp.-Tageschart mit *Bullish Harami* ........ 215
Abb. 110: *Piercing Pattern* und *Dark Cloud Cover* .................. 216
Abb. 111: American-General-Tageschart mit *Piercing Pattern* und *Dark Cloud Cover* .................. 217
Abb. 112: *Evening Star* und *Morning Star* .................. 219
Abb. 113: Lucent-60-Minuten-Chart .................. 220
Abb. 114: DAX-Tageschart und RSI-Chart .................. 223
Abb. 115: Siemens-Aktienchart (2011) in einem Abwärtstrend .. 226
Abb. 116: K&S-Chart: Aufwärtstrend mit fallendem Volumen .. 227
Abb. 117: Vereinfachte Berechnung des OBV .................. 228
Abb. 118: Bayer-Tageschart mit OBV .................. 229
Abb. 119: Siemens-Chart mit Divergenz .................. 230
Abb. 120: BMW-Chart von April 2011 bis April 2012 .................. 231
Abb. 121: Bayer-Tageschart mit 5-Tage-gleitendem Durchschnitt .................. 239
Abb. 122: Ansteigende gleitende Durchschnittslinie .................. 240

XV

Abb. 123: Bayer-Aktienkurs-Tageschart
mit Golden-Cross-System .......................................................... 241
Abb. 124: Bayer-Tageschart mit 38-WMA-Linie und
38-SMA-Linie............................................................................... 244
Abb. 125: Bayer-Aktien-Tageschart mit MACD ........................... 250
Abb. 126: DAX-Tageschart mit negativer (bearisher) Divergenz . 254
Abb. 127: Bayer-Chart mit Bollinger Bändern ............................... 256
Abb. 128: Bayer-Tageschart mit AROON Up/Down-Linie......... 260
Abb. 129: Bayer-Tageschart mit *Parabolic SAR* ............................. 264
Abb. 130: Bayer-Tageschart mit CCI-Indikator mit
Standardperiodenlänge von 20 Tagen .................................... 268
Abb. 131: BASF-Wochenchart mit RSI (14) .................................... 274
Abb. 132: BASF-Wochenchart mit bullischer Divergenz ............. 277
Abb. 133: BASF-Chart mit RSI(14) und Unterstützung................ 278
Abb. 134: Bayer-Tageschart mit *Slow* und *Fast Stochastik*............. 281
Abb. 135: Bayer-Tageschart mit *Fast Stochastik* und
Williams %R, beide mit 14-Tage-Periode ............................... 287
Abb. 136: Handelssignale für Williams %R ................................... 288
Abb. 137: DAX-Kursreihe von Tagesschlusskursen mit
10-Tage-Momentum .................................................................. 290
Abb. 138: Bayer-Tageschart mit Momentum und ROC
für 10 Tage ................................................................................... 296
Abb. 139: Bayer-Tageschart mit Berechnung von +DM
und –DM ..................................................................................... 299
Abb. 140: Bayer-Tageschart mit ADX, –DI , +DI für eine
Periode von 14 Tagen ................................................................ 302
Abb. 141: Dow Jones mit RAVI (7,65) ............................................. 306
Abb. 142: BASF-Tageschart ............................................................... 321
Abb. 143: BASF-Wochenchart........................................................... 322
Abb. 144: BASF-Monatschart ........................................................... 323
Abb. 145: BASF-Tageschart mit Unterstützung und
Widerstand ................................................................................. 327

Abb. 146: Der Tradingplan .................................................................. 330
Abb. 147: Erfolg eines Tradingplans messen ................................... 334
Abb. 148: Erfolg eines Tradingplans mit Werten messen ............ 335

# Tabellenverzeichnis

Tab. 1: Orderbuch für die Götte AG – Teil 1 .................................... 7
Tab. 2: Orderbuch für die Götte AG – Teil 2 .................................... 7
Tab. 3: Kurszettel für die Götte AG – Teil 3 ................................... 10
Tab. 4: Orderbuch für die Götte AG – Teil 4 .................................. 12
Tab. 5: Auszug aus der *Time & Sales*-Liste der Götte AG ............. 14
Tab. 6: Ereignisse, die die Kurse in Bewegung versetzen ............... 16
Tab. 7: Chartkonstruktion ................................................................ 64
Tab. 8: Das Wesen des Trends ........................................................ 70
Tab. 9: Die drei Bewegungen des Trends ....................................... 86
Tab. 10: Checkliste für die Wichtigkeit von Trendlinien ................ 87
Tab. 11: Wellengrade und dazugehörige Bezeichnungen ............ 110
Tab. 12: Anzahl der Wellen auf der jeweiligen Wellenebene ...... 113
Tab. 13: Die gebräuchlichsten Filter ............................................. 243
Tab. 14: Einsatz von Trendfolge-Indikatoren und Oszillatoren in Abhängigkeit des ADX-Wertes ................................... 304
Tab. 15: Einfluss des Chance-Risiko-Verhältnis auf die benötigte Trefferquote ................................................... 315
Tab. 16: Schwieriger Verlustausgleich .......................................... 316
Tab. 17: Die ersten 25 Trades nach Tradingplan ......................... 332

# 1. Einleitung

Dieses Buch besteht aus Erzählteilen und einer jeweils zugehörigen Einleitung. In den Erzählungen wird die technische Aktienanalyse erläutert und praktisch umgesetzt. Die Erzählungen ermöglichen es, die technische Analyse in lebendiger und lebensnaher Weise zu erklären und Fragen und Gedankengänge durchzuspielen, die sich Anleger stellen, die mit dieser Methode in Kontakt kommen – die in einem herkömmlichen Sachbuch jedoch nicht aufgegriffen werden.

Versetzen Sie sich also an den Ort des Geschehens: In den Kurs »Technische Analyse« der Volkshochschule Bodenstein (VHS). Werden Sie Teil der Klasse von Herrn Hinrichs und lassen Sie sich die technische Analyse Schritt für Schritt näherbringen, von den Grundlagen bis hin zum ersten Trade. Sie werden dabei feststellen, dass alles miteinander verknüpft ist. Deswegen empfehle ich Ihnen, jedes Kapitel zunächst einmal zu lesen. Anschließend können Sie das Inhaltsverzeichnis und das Stichwortverzeichnis nutzen, um ganz gezielt bestimmte Begriffe noch einmal nachzuschlagen.

## 1.1 Einführung in die Erzählung

**Ort des Geschehens**
Der VHS-Kursraum im Wirtschaftsgymnasium Bodenstein. Die Schule ist ein typischer Zweckbau der 1970er-Jahre. Allerdings ist die technische Ausstattung top, weil die Schule durch einen Förderverein unterstützt wird. So ist jeder Kursraum mit Computern und Whiteboards ausgestattet. Und jedes Klassenzimmer verfügt über einen Internetzugang, den Lehrer und Schüler nutzen können. Bei Bedarf erhalten die Schüler von der Schule einen Laptop oder ein iPad, damit sie im Internet forschen und dem Unterricht folgen können.

**Hauptpersonen**

*Kursleiter Herr Hinrichs* ist 60 Jahre alt und unterrichtet Wirtschaft am Wirtschaftsgymnasium Bodenstein. Daneben bietet er verschiedene Kurse an der VHS an, in diesem Jahr den Kurs »Technische Analyse«. Herr Hinrichs ist ein Lehrer von altem Schrot und Korn, sofort erkennbar an seiner Kleidung: Stets trägt er Sportsakko und Krawatte. Von einer lässigen Aufmachung hält er nichts.

*Die folgenden Schüler* nehmen an Herrn Hinrichs Kurs teil.

Rolf: Er ist stets braungebrannt und immer gut gelaunt. Weiterhin ist er immer für einen Scherz zu haben. Er möchte wissen, ob die technische Analyse ihm helfen kann, bessere Entscheidungen an den Finanzmärkten zu treffen

Petra: Eine kräftige, rotbackige Frau mit wallenden roten Haaren und einem Faible für schräge Pullover. Ihr Spitzname ist Hermine, weil sie genauso ein Bücherwurm ist wie die Freundin von Harry Potter, Hermine Granger. Sie möchte einfach nur wissen, ob die technische Analyse Humbug ist oder nicht.

Peter: Er trägt gerne verknitterte Khakihosen und einen Pullover mit Rundhalsausschnitt. Er möchte etwas erreichen und lässt sich auch durch Niederlagen nicht so schnell aus der Ruhe bringen. Sein Traum ist es, in einer großen Bank zu arbeiten. Dazu möchte er sich schon vorab Wissen über Finanzthemen aneignen.

| | |
|---|---|
| Sabine: | Sie hat eine Rubensfigur und eine rotblonde Mähne. Sie interessiert sich sehr für das Trading. |
| Britta: | Die kleine, etwas nachlässig gekleidete Frau mit schwarzen Haaren und klugen braunen Augen ist eine menschliche Datenbank. Sie weiß stets alles über die Stars und Sternchen des Showbiz. Sie erhofft sich durch die technische Analyse etwas Geld nebenbei an den Börsen verdienen zu können. |
| Hans-Jürgen: | Der schlaksige Blonde mit dem fein geschnittenen Gesicht und den gletscherblauen Augen ist ein Computerfreak. Er interessiert sich allerdings auch fürs Trading, weil er hofft, hierdurch so viel Geld zusammen zu bekommen, dass er sich einen neuen Laptop kaufen kann. Für ihn ist die technische Analyse also nur Mittel zum Zweck. |
| Sie, der Leser: | Sie haben Interesse an der Materie der technischen Analyse. Sie möchten unbedingt Fachwissen erwerben. Deswegen sind Sie auch sehr ernsthaft bei der Sache. |

## 2. Der Kurs – das notwendige Hintergrundwissen

Chartanalyse ist die Beobachtung des Kursverhaltens von Wertpapieren, um daraus die künftige Kursbewegung ableiten zu können. Deswegen blickt ein Charttechniker einzig und alleine auf den nackten Kursverlauf. Ihn interessiert ausschließlich, dass ein Kurs steigt oder fällt – und eben nie, warum. Der Kurs ist der Schlüssel zum Verständnis der technischen Analyse. Vom ihm leiten sich die Grundannahmen der technischen Analyse ab. Diese sind:

1. Die Marktbewegung diskontiert alles.
2. Kurse bewegen sich in Trends.
3. Die Geschichte wiederholt sich.

Solange Sie die volle Bedeutung dieser drei Annahmen nicht verstanden und akzeptiert haben, brauchen Sie sich noch nicht weiterführend mit der technischen Analyse beschäftigen. Diese Annahmen sind nämlich das Fundament, auf dem die technische Aktienanalyse aufgebaut ist. Um sie zu verstehen, ist ein umfassendes Wissen über den Kurs notwendig. Fragen Sie sie doch einmal selbst: Was ist der Kurs? Wie entsteht ein Kurs? Wissen Sie es?

Wir werfen einen Blick auf die vier Musketiere: Eröffnungs-, Höchst-, Tiefst- und Schlusskurs. Diese geben dem Trader einen Einblick in die Gemütslage des Finanzmarktes. Ganz nebenbei lernen Sie etwas Magisches kennen – die Pivotpunkte.

Um den Kurs in einer für das Auge ansprechenderen Form zu präsentieren, wurden die Charts erfunden. Das asiatische Sprichwort »*Ein Bild sagt mehr als tausend Worte*« bewahrheitet sich auch hier: Das Auge kann durch Bilder schneller Zusammenhänge erkennen als durch reine Zahleninformationen. Allerdings gilt: Chart ist nicht gleich Chart, Kurse können auf unterschiedliche Arten grafisch dargestellt werden. Die verschiedenen Konstruktionsprinzipien von Charts führen dazu, dass sich auch ihr Aussagegehalt unterscheidet. Die am häufigsten verwendeten Chartdarstellungen sind: Linien-, OHLC (Balken)- und Kerzencharts.

## 2.1 Wie entsteht ein Kurs?

Herr Hinrichs betrachtet das Klassenzimmer. Alle Schüler sitzen auf ihren Plätzen. Es herrscht eine gespannte Ruhe in der Klasse. »Beginnen wir also«, denkt Herr Hinrichs bei sich. »Viele Trader beobachten den ganzen Tag die Kurse. Den ganzen Tag laufen die Kurse über den Computer oder über Videotext. Ständig werden sie mit dem Kauf- oder Verkaufskurs abgeglichen, und die Trader hoffen, dass am Ende des Tages ein Gewinn übrigbleibt. Wie entsteht nun aber ein Kurs?«

Spontan ruft Rolf in die Klasse: »Die Kurse werden aus einem Topf gezogen, ähnlich wie die Lotto-Zahlen.« In der Klasse erhebt sich Gelächter. Selbst Herr Hinrichs muss lachen. »Gehen wir es mal anders an: Wie, glaubt ihr, würde die fiktive Götte AG eröffnen? Sie gibt vor Handelsbeginn bekannt, dass ihr Umsatz um 10 Prozent und ihr Gewinn sogar um 20 Prozent gestiegen ist.«

Nach einer kurzen Stille fangen alle gleichzeitig zu reden und zu debattieren an. Als erster ergreift Peter das Wort: »Natürlich wird der Kurs der Götte AG steigen, bei solch guten Zahlen!« Die anderen Schüler nicken.

»Ob das tatsächlich so ist, sehen wir uns nun an«, sagt Herr Hinrichs. »Stellt euch vor, ihr seid die Börse, und es ist jetzt kurz vor 9:00 Uhr, also kurz vor Handelsbeginn. Eure Aufgabe ist es, für die Aktie der Götte AG den Eröffnungskurs zu bilden. Da ihr die Börse seid, werden die Leute direkt bei euch anrufen, um die Aktie zu kaufen. Damit wir die Anrufer und ihre Orders nicht vergessen, schreiben wir die Order in das sog. **Orderbuch**. Im Orderbuch werden alle Kauf- und Verkaufsaufträge gegenübergestellt.« Mit ein paar Strichen zeichnet Herr Hinrichs auf die Tafel eine große Tabelle mit drei Spalten. Über die erste Spalte schreibt er »Kurs«, über die zweite »Kauf« und über die dritte »Verkauf«. Außerdem trägt Herr Hinrichs den fiktiven gestrigen Schlusskuss der Götte AG mit 100 Euro ein und schreibt diese Zahl mittig in die erste Spalte.

Tab. 1: Orderbuch für die Götte AG – Teil 1

| Kurs in € | Kauf | Verkauf |
|---|---|---|
|  |  |  |
| 100 |  |  |
|  |  |  |

»Bei euch treffen jetzt die ersten Orders ein«, sagt Herr Hinrichs.

⇒ 08:57 Uhr: Order zum Kauf »50 Stück mit Limit[1] 110 Euro«
Informationen zum Käufer: Hat die tolle Pressemitteilung gelesen und denkt, die Aktie wird nun steigen. Er rechnet schon zu Börseneröffnung mit steigenden Kursen. Er möchte aber auch nicht unendlich viel für die Aktie bezahlen, darum limitiert er den Auftrag bei 110 Euro.

Herr Hinrichs trägt diese Order in die Spalte Kauf ein, weil es sich um eine Kauforder handelt. Der limitierte Kurs von 110 Euro wird in der Spalte Kurs eingetragen. Zudem bekommt die Order den Zusatz Limit.

Tab. 2: Orderbuch für die Götte AG – Teil 2

| Kurs in € | Kauf | Verkauf |
|---|---|---|
| 90 | 600 Limit |  |
| 95 |  | 500 Limit |
| 100 | 400 Market | 800 Market |
| 110 | 50 Limit | 200 Limit |
| 120 |  | 1.000 Limit |

Weitere Kauforders treffen ein:

⇒ 8:58 Uhr: Order zum Kauf »400 Stück Market[2]«
Der Käufer hat von einem Arbeitskollegen einen Tipp erhalten. Er will die Aktie kaufen, egal zu welchem Preis, und platziert eine Market-Order für den Kauf von 400 Aktien.

---

[1] Der Zusatz »Limit« steht dafür, dass ein Käufer eine Aktie zu diesem Preis oder günstiger kaufen möchte. Gibt dagegen ein Verkäufer einer Aktie ein Limit ab, so bedeutet dies, dass er die Aktie zu diesem Preis oder teurer verkaufen möchte. Im Allgemeinen werden solche Orders als **Limit-Orders** bezeichnet.

[2] Dies wird als **Market-Order** bezeichnet. Sie kaufen also die Aktie zum besten Preis bzw. »bestens«. Dabei kann es passieren, dass Sie einen schlechteren Preis erhalten als den derzeit angezeigten.

Sein Kollege hat ihm mindestens 80 bis 100 Prozent Gewinn in kurzer Zeit in Aussicht gestellt.

⇒ 8:59 Uhr: Order zum Kauf »600 Stück mit Limit 90 Euro«
Der Käufer ist ein großer Fonds, der einen Teil seines Vermögens langfristig in die Götte-Aktie investieren möchte. Nach und nach werden einzelne Kaufaufträge aufgegeben. Der erste Kaufauftrag geht über 600 Aktien zu maximal 90 EUR an die Börse.

»Natürlich treffen an der Börse nicht nur Kaufaufträge ein, sondern auch Verkaufsaufträge«, erklärt Herr Hinrichs. »Und wie die Käufer haben die Verkäufer unterschiedlichste Beweggründe.«

⇒ 08:56 Uhr: Order zum Verkauf »800 Stück Market«
Der Verkäufer hat vor einigen Tagen 800 Götte-Aktien für 80 Euro gekauft. Er möchte nun seine Gewinne einstreichen und verkauft seine Aktien »bestens«, also per Market-Order.

Diese Order trägt Herr Hinrichs in die Spalte Verkauf ein, da es sich um eine Verkaufsorder handelt. Da kein Kurslimit benannt wurde, wird die Order zum gestrigen Schlusskurs von 100 Euro eingetragen. Die Order erhält den Zusatz Market für Market-Order. Weitere Verkaufsorders treffen ein:

⇒ 08:57 Uhr: Order zum Verkauf »200 Stück mit Limit 110 Euro«
Der Verkäufer hat gestern 200 Götte-Aktien für je 100 Euro gekauft. Er möchte seine Aktien wieder verkaufen, strebt als Kursziel jedoch mindestens 110 Euro an. Er denkt sich, dass die Pressemitteilung nur kurzfristig zu einem Kursanstieg führen wird. Diesen möchte er ausnutzen, um schnell Gewinne zu realisieren.

⇒ 08:58 Uhr: Order zum Verkauf »500 Stück mit Limit 95 Euro«

Der Verkäufer verkauft seine Götte-Aktien, weil er Geld braucht. Deswegen setzt er ein Limit zum Verkauf, das tiefer ist als der gestrige Schlusskurs von 100 Euro, um sicher zu gehen, dass er seine Aktien auch loswird.

⇒ 08:59 Uhr: Order zum Verkauf »1.000 Stück mit Limit 120 Euro«

Der Verkäufer hat schon vor längerer Zeit 1.000 Götte-Aktien gekauft und will in die Ferien fahren. Wegen der guten Nachrichten sollte die Aktie weiter steigen, davon geht er aus. Da er während seiner Ferien nicht auf die Aktie achten kann, limitiert er diese zum Verkauf auf 120 Euro. Schließlich haben Gewinnmitnahmen noch keinem geschadet!

»Diese Orders sollten erstmal genügen. Wie ermitteln wir aus diesen Angaben den Eröffnungskurs für die Götte AG?«, fragt Herr Hinrichs. Die Klasse schaut etwas ratlos drein. Peter schlägt vor: »Wir könnten die Mittelwerte der Kauf- und Verkaufsseite berechnen.«

»Guter Hinweis. Es wird oft angenommen, dass Mittelwerte berechnet werden, um Kurse zu ermitteln. Das ist jedoch falsch. Die Aufgabe der Börse ist es jedoch, das **Angebot** (Verkaufsorders) mit der **Nachfrage** (Kauforders) in Einklang zu bringen. Dazu stellt sich die Börse die Frage: Wie viele Götte-Aktien stehen auf der Nachfrageseite und auf der Angebotsseite zum jeweiligen Kurs zur Verfügung? Um dies zu beantworten, arbeitet die Börse jetzt jeden im Orderbuch dargestellten Kurs ab.«

Britta erkennt: »Mal angenommen, der Kurs steht bei 90 Euro. Das ist der tiefste Kurs, den wir im Orderbuch notiert haben. Dann hätten wir die 600 Stück, die dort mit einem Kauflimit stehen. Und auf der Angebotsseite …?« Sonja wirft ein: »Moment, die anderen Orders auf der Käuferseite müssen doch auch bei einem Kurs von 90 Euro berücksichtigt werden. So liegt ein Kauflimit bei 110 Euro (Stück 50) vor. Der potenzielle Käufer würde sich ja wohl kaum beschweren, wenn er die Aktie zu 90 Euro anstatt zu 110 Euro bekommt. Außerdem haben wir noch eine Market-Order (Stück 500) zum gestrigen Schlusskurs von 100 Euro vorliegen. Da dem Käufer der Preis egal ist, würde er auch einen Preis von 90 Euro akzeptieren. Folglich werden bei einem Kurs von 90 Euro 1.050 Aktien nachgefragt.«

Herr Hinrichs notiert die errechnete Zahl in einer neuen Spalte, die er »Umsatz« nennt, und fragt: »Okay, weiter. Wie viele Aktien würden beim nächsten Kurs, also 95 Euro, nachgefragt?«

Tab. 3: Kurszettel für die Götte AG – Teil 3

| Kurs in € | Kauf | Verkauf | Umsatz* | |
|---|---|---|---|---|
| | | | Käufe (Nachfrage) | Verkäufe (Angebot) |
| 90 | 600 Limit | | 1.050 | 800 |
| 95 | | 500 Limit | 450 | 1.300 |
| 100 | 400 Market | 800 Market | 450 | 1.300 |
| 110 | 50 Limit | 200 Limit | 450 | 1.500 |
| 120 | | 1.000 Limit | 400 | 2.500 |

* »Käufe« steht für die Aktienanzahl, die zu dem jeweiligen Kurs gekauft werden wollen, und »Verkäufe« steht für die Stückzahl, die verkauft werden sollen.

Bevor Hans-Jürgen antwortet, macht er sich Notizen auf einem Zettel. »Beim nächsten Kurs von 95 Euro dürfte die Kauflimit-Order von 90 Euro nicht mehr greifen, weil der Kurs von 95 Euro das Kauflimit von 90 Euro überscheitet. Aber die anderen beiden Orders (400 Stück zu 100 Euro und 50 Stück zu 110 Euro) dürften noch gültig sein. So würden bei 95 Euro noch 450 Aktien nachgefragt. Beim nächsten Kurs im Orderbuch von 100 Euro ändert sich nichts, weil die Order mit Limit 90 Euro nach wie vor rausfiele und die anderen Orders noch ausgeführt würden. Ebenfalls würde bei einem Kurs von 110 Euro die Limit-Order mit 90 Euro rausfallen und die anderen Orders bestehen bleiben, d. h. es würden immer noch 450 Aktien nachgefragt. Ganz anders sieht die Sachlage bei einem Kurs von 120 Euro aus. Dann fällt neben der Limit-Order von 90 Euro ebenfalls die Limit-Order von 110 Euro raus. Somit steht nur noch die Market-Order mit 400 Aktien zur Verfügung.«

Herr Hinrichs nickt. »Jetzt wenden wir uns der Verkaufsseite zu. Fangen wir wieder oben, bei 90 Euro, an. Wie viele Aktien stehen uns bei einem Kurs von 90 Euro zur Verfügung? Petra, was meinst du?«

Petra zieht ihren Taschenrechner aus der Tasche und führt einige Berechnungen durch. Dann sagt sie: »Dort steht uns nur die Market-Order von 800 Aktien zur Verfügung. Die anderen Limit-Orders (z. B. bei 95 Euro) kommen nicht zum Zug, da die Verkäufer mehr für ihre Aktien haben möchten als die 90 Euro.«

Herr Hinrichs: »Petra, das ist richtig. Britta, wie viel Stück stehen bei 95 Euro zum Verkauf bereit?« Britta überlegt kurz: »Jetzt kommen sowohl die Markt-Order mit 800 Stück sowie die Limit-Order bei 95 Euro mit 500 Stück zum Zug, d. h. insgesamt stehen 1.300 Aktien zum Verkauf zur Verfügung.« Rolf ruft in die Klasse: »Beim Kurs von 100 Euro ändert sich nichts, d. h. wir haben immer noch 1.300 Stück zur Verfügung. Erst bei einem Kurs von 110 Euro wird die dortige Limit-Order von 200 Stück ausgeführt. Dann stehen 1.500 Aktien zum Verkauf. Beim nächsten Kurs von 120 Euro können schließlich alle Verkaufsorders ausgeführt werden, d. h. es stehen 2.500 Aktien zum Verkauf bereit.«

Herr Hinrichs fragt: »Und nun? Wie können wir aus den Daten den Eröffnungskurs ermitteln? Was ist unser nächster Schritt?« Britta schlägt vor: »Man muss auf beiden Seiten schauen, was an Stückzahlen zur Verfügung steht, und einfach den möglichen Umsatz errechnen. Bei einem Kurs von 90 Euro haben wir 1.050 Aktien, die gekauft werden wollen, und auf der anderen Seite nur 800, die verkauft werden möchten. Dies bedeutet, dass bei einem Kurs von 90 Euro 800 Aktien umgesetzt werden können, weil den 1.050 Aktien zum Kauf nur 800 zum Verkauf gegenüberstehen.« »Britta, deine Idee ist goldrichtig«, lobt Herr Hinrichs. »Darum tragen wir die 800 Aktien in die neue Spalte ›möglicher Umsatz‹ ein. Also, weiter geht's. Wie viele Aktien können bei einem Kurs von 95 Euro gehandelt werden?«

Tab. 4: Orderbuch für die Götte AG – Teil 4

| Kurs in € | Kauf | Verkauf | Umsätze* | | mögliche Umsätze |
|---|---|---|---|---|---|
| | | | Käufe | Verkäufe | |
| 90 | 600 Limit | | 1.050 | 800 | 800 |
| 95 | | 500 Limit | 450 | 1.300 | 450 |
| 100 | 400 Market | 800 Market | 450 | 1.300 | 450 |
| 110 | 50 Limit | 200 Limit | 450 | 1.500 | 450 |
| 120 | | 1.000 Limit | 400 | 2.500 | 400 |

* »Käufe« steht für die Aktienanzahl, die zu dem jeweiligen Kurs gekauft werden wollen, und »Verkäufe« steht für die Stückzahl, die verkauft werden soll.

Peter schaut auf das Orderbuch und sagt: »Beim Kurs von 95 Euro sind 450 Aktien auf der Käuferseite und 1.300 Aktien auf der Verkäuferseite. Folglich können nur 450 Aktien effektiv umgesetzt werden, weil nicht mehr Aktien verkauft als gekauft werden wollen. Deswegen kommt man bei 100 Euro und 110 Euro zu demselben Ergebnis, nämlich dass effektiv nur 450 Aktien umgesetzt werden können. Da bei einem Kurs von 120 Euro die Anzahl der zukaufenden Aktien noch kleiner wird, können bei diesem Kurs nur noch 400 Aktien den Besitzer wechseln, obwohl die Anzahl der zu verkaufenden Aktien auf 2.500 Aktien angestiegen ist. Das nützt nichts, weil nur 400 Aktien zu diesem Kurs gekauft werden wollen. Insofern können nur 400 Aktien getauscht werden, die restlichen 2.100 Stück müssen auf ihren Verkauf weiterhin warten.«

»Was könnte der letzte Schritt zur Bestimmung des Eröffnungskurses sein?«, fragt Herr Hinrichs. Die Klasse sieht ratlos auf das Orderbuch. Herr Hinrichs gibt einen Tipp: »Denkt darüber nach, was ist die Aufgabe der Börse?« Britta meldet sich zu Wort: »Die Aufgabe der Börse besteht darin, auf Basis von Angebot und Nachfrage den Kurs festzustellen, zu dem der höchstmögliche Umsatz erzielt werden kann.« Bevor Britta weiter erklären kann, ergreift Peter das Wort. »Nicht ganz so schnell. Was genau meinst du mit Angebot und Nachfrage? Bisher haben wir immer von Kauf und Verkauf gesprochen.«

Mit dieser Frage handelt sich Peter ein verblüfftes, verständnisloses Schweigen ein, bis Britta wieder das Wort ergreift. » Ganz einfach ausgedrückt heißt das, dass all die Aktien, die die Leute verkaufen möchten, das **Angebot** darstellen, während diejenigen, die die Aktie kaufen möchten, die **Nachfrage** ausmachen. Der Kurs, zu dem der höchstmögliche Umsatz erzielt werden kann, ist 90 Euro. Dies ist der Eröffnungskurs der Götte AG, weil die Börse zu diesem Kurs das Angebot und die Nachfrage bestmöglichst ausgeglichen hat.«

Herr Hinrichs nickt. Als er gerade sprechen will, unterbricht Hans-Jürgen: »Und was passiert jetzt, wo der erste Kurs gestellt worden ist?« Petra antwortet als erste: »Das ist doch logisch! Der Fakt, dass der Kurs gefallen ist, lässt neue Orders entstehen, da die Marktteilnehmer die Aktie der Götte AG jetzt neu bewerten. Die, die die Aktie haben, und die, die keine Aktien haben, werden durch den neuen Kurs zu möglichen Aktionen animiert. Die alten Aktienorders, die ausgeführt wurden, fallen raus, und neue Orders kommen und ergänzen die alten Orders, die noch offen sind.« »Richtig!«, sagt Herr Hinrichs. »Und was passiert dann?«

Peter räuspert sich. »Wir versuchen erneut, Angebot und Nachfrage bestmöglichst auszugleichen, d. h. ein neuer Kurs muss gebildet werden. Und der ruft wieder neue Nachfrage und Angebote auf den Plan. Es entsteht wieder ein neuer Kurs – und so geht es immer weiter. «

## 2.2 Warum ändert sich ein Kurs? Die erste Annahme der technischen Analyse

»Wie bereits erwähnt, kommt an der Börse Angebot und Nachfrage zusammen. Die Börse bringt diese beiden Parteien unter einen Hut, indem durch den bestmöglichen Ausgleich von Angebot und Nachfrage ein Kurs entsteht. Während des Handelstags ändert sich ständig das Angebot und die Nachfrage. Deswegen muss ständig ein bestmöglicher Ausgleich von Angebot und Nachfrage durchgeführt werden. Dies sorgt für laufend neue Kurse. Diese Kurse werden in der *Time & Sales*-**Liste** (kurz T/S-Liste) zusammengefasst. Somit enthält die *Time & Sales*-Liste die neuen Kurse, inklusive des

Umsatzes und der Zeit. Jede einzelne Kursveränderung bezeichnet man als **Tick**.«

Tab. 5:   Auszug aus der *Time & Sales*-Liste der Götte AG

| Kurs | Umsatz | Zeit | Datum |
|---|---|---|---|
| 90,15 | 1.000 | 14:23:15 | 15.06.2015 |
| 90,18 | 3.000 | 14:23:16 | 15.06.2015 |
| 90,17 | 500 | 14:23:17 | 15.06.2015 |
| 90,27 | 1.125 | 14:23:18 | 15.06.2015 |
| ⋮ | ⋮ | ⋮ | ⋮ |

»Wow, jede Sekunde ein neuer Umsatz und ein neuer Kurs. Wahnsinn!«, ruft Rolf. »Die Götte-Aktie kann man zu jedem Zeitpunkt kaufen und verkaufen, weil es alle paar Sekunden einen neuen Kurs gibt. Die Aktie ist also liquide«, führt Herr Hinrichs weiter aus. »Ich habe da eine Frage«, wirft Petra in den Raum. »Was genau ist ein Tick?« Sabine verdreht die Augen und sagt: »Das ist doch sonnenklar! Jeder in der *Time & Sales*-Liste aufgeführte Kurs ist ein Tick – also z. B. der Kurs 90,15 Euro um 14:23:15 Uhr oder der Kurs 90,27 Euro um 14:23:18 Uhr.«

»Genau, Sabine. Aber wenn man sich die *Time & Sales*-Liste ansieht, drängt sich förmlich die Frage auf: Warum ändert sich der Kurs gerade in diesen Moment? Glaubt ihr, dass es ein geheimes Kursbuch gibt, wo festgelegt ist, dass auf Ereignis X der Kurs so oder so reagiert?« Auf der Tafel erscheint eine Abbildung:

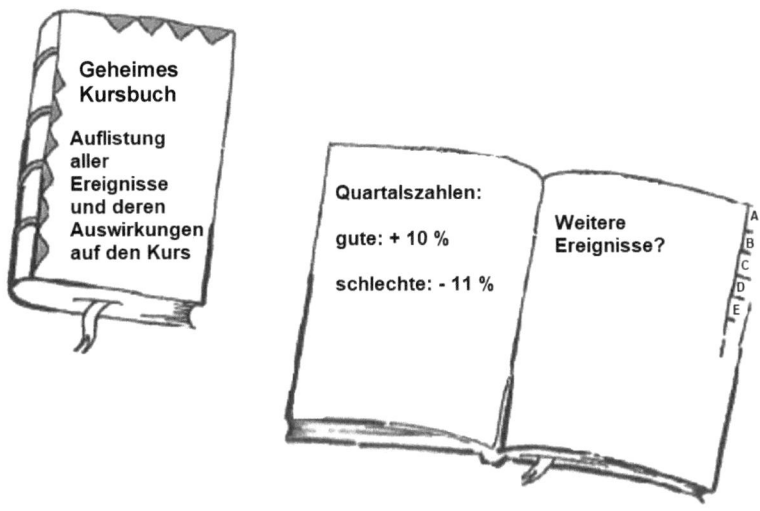

**Abb. 1:** Gibt es ein geheimes Kursbuch an der Börse?
Quelle: Eigene Darstellung und Voigt 2013, S. 61

Britta ruft in die Klasse: »Ja! So ein geheimes Kursbuch gibt es. Jeden Abend vor der Tagesschau kommt die ›Börse im Ersten‹. Dort berichtet der Reporter live vom Frankfurter Börsenparkett und sagt z. B., dass der DAX heute mit leichtem Minus aus dem Handel gegangen sei, weil in den USA negative Zahlen zum Arbeitsmarkt veröffentlicht wurden. Oder dass der Tagesgewinner im DAX wegen guter Absatzzahlen in China Volkswagen sei.« Alle anderen rufen nun andere Ereignisse wild durcheinander, die die Kurse bewegen. So füllt sich die Tafel schnell.

Tab. 6: Ereignisse, die die Kurse in Bewegung versetzen

| Ereignis | Kursveränderung |
|---|---|
| Anstieg des Dow-Jones um z. B. 100 Punkte | Anstieg des DAX |
| gute Pressemitteilungen | Kursanstieg |
| Analystenherabstufungen | Kurse fallen |
| Ausbruch von Krieg | Kurse fallen |
| gute Konjunkturdaten | Kursanstieg |
| Katastrophen | Kurse fallen |
| ⋮ | ⋮ |

»Ihr seid mir alle auf den Leim gegangen«, sagt Herr Hinrichs lächelnd. »Es gibt kein geheimes Kursbuch. Das ist einer der größten Trugschlüsse, die man an der Börse machen kann: Einer Kursveränderung direkt eine Nachricht, einem Ereignis oder sonst irgendwas zuzuordnen. Das ist Irrsinn! Man wird niemals genau wissen, wieso ein Kurs gefallen oder gestiegen ist. Dafür ist das Spiel der Börse einfach zu komplex. Merkt euch also: Nicht Ereignisse machen die Kurse, sondern nur Angebot und Nachfrage. Wer von euch hätte schon gedacht, dass der Eröffnungskurs der Götte AG im Minus liegen würde, trotz der guten Unternehmenszahlen.«

Sabine merkt an: »Niemand – aber trotzdem stimmt das nicht! Denken Sie doch einmal an den 11. September 2001. Die Börsen sind doch ganz offensichtlich wegen der Terroranschläge in den USA abgerutscht.« Alle Augen richten sich auf Herrn Hinrichs. »Nehmen wir mal an, das wäre tatsächlich so: Wenn Krieg ist, fallen die Kurse ... dann müsste man sich doch fragen: Wie lange darf eine Aktie im Kriegsfall fallen? Oder: Wie tief darf eine Aktie fallen, wenn die Quartalszahlen schlecht sind? Oder: Wieso steigt eine Aktie bei guten Quartalszahlen nicht, sondern fällt stattdessen? Darf die Aktie ein Jahr, einen Monat, eine Woche oder einen Tag fallen? Darf sie um 20, 10 oder 5 Euro fallen? Wo soll das bitte genau festgelegt sein? Nirgends. Merkt euch also: Es gibt an den Börsen keine Verhaltensregel, die besagt: Auf Ereignis ›A‹ reagieren die Kurse nach dem Muster ›Z‹. Mal bricht Krieg aus und die Kurse steigen, ein anderes Mal fallen sie.« Rolf guckt ziemlich ratlos umher. »Das verstehe ich nicht. Als potenzieller Käufer oder Verkäufer interpretiere ich doch jede Nachricht und handele danach und beeinflusse somit den Kurs.«

»Ist es nicht vielmehr so, dass wir aus den sinnlosen Zustandsbeschreibungen des Marktes, die wir aus Funk und Fernsehen hören, nur die Gründe für unser Handeln heraushören, die wir hören wollen? Wir suchen also nach Bestätigung«, antwortet Herr Hinrichs. »Es gibt aber nicht nur eine Nachricht, die den Markt bewegt, sondern ein ganzes Füllhorn von Nachrichten, die jeder nach seinem Gutdünken auslegt. Man versucht, jede Marktbewegung anhand eines Ereignisses zu erklären – oft auch erst im Nachhinein.«

»Wenn ich das richtig verstanden habe, braucht man für das Trading nicht stundenlang Nachrichten zu konsumieren«, schlussfolgert Peter. »Wenn es aber nicht um Zahlen, Nachrichten und Ereignisse geht, um was dann?«

»Denkt daran, dass es nicht unser Ziel ist, langfristig zu investieren«, erklärt Herr Hinrichs. »Es geht also nur um die Frage, wann und wo Bewegung in den Markt kommt. Ihr verdient euer Geld durch die Bewegung, und nicht durch eine Nachricht.« »Moment«, ruft Britta in den Klassenraum, »warum sollen wir uns dann überhaupt Nachrichten anschauen und uns merken, wann welche wichtigen Termine sind, wie z. B. Zinsentscheidungen der Notenbank – wenn Sie nun sagen, dass Nachrichten unwichtig sind!«

»Überlegt doch: Wann kommt Bewegung in den Markt?«, antwortet Herr Hinrichs. Britta geht ein Licht auf: »Oh, es geht nicht um die Nachricht an sich, sondern nur darum, dass diese Nachricht um eine bestimmte Uhrzeit herauskommt. Denn es geht nur um die Bewegung, die vielleicht entstehen könnte. So könnten viele Trader z. B. auf eine Nachricht über eine Zinsentscheidung der Notenbank um 14:30 Uhr warten, um anschließend zu handeln. Ich muss also wissen, wann Bewegung in den Markt kommen könnte, wann und wo die anderen Marktteilnehmer zu reagieren gezwungen sind. Denn dann kommt Bewegung – also Angebot oder Nachfrage – in den Markt. Man muss sich also die Frage stellen, an welcher Stelle im Tagesverlauf Angebot oder Nachfrage in den Markt kommen. Die Gründe dafür sind egal. Sie spielen keine Rolle! Ich muss aber wissen, ob Nachfrage oder Angebot überwiegen werden, um die Richtung für die Bewegung abschätzen zu können.«

»Seht ihr, wie wichtig es war, sich zunächst einmal grundsätzlich klarzumachen, wie Aktienkurse tatsächlich gebildet werden?«, fragt Herr Hinrichs. »Denn so erkennt man, dass die unterschiedlichsten Interessen aufeinanderprallen. Für jeden Trade benötigt man einen Käufer und einen Verkäufer mit unterschiedlichen Beweggründen und Meinungen über die Börsenentwicklung. Ein Börsensprichwort heißt: ›*Der Wert (Aktie, Future), den Sie heute kaufen, voller Gewissheit, das Richtige zu tun und von dem Trade profitieren zu können, wird Ihnen von jemandem verkauft, der sich seiner Sache genauso sicher ist wie Sie und fest daran glaubt, von dem Verkauf zu profitieren.*‹ Darum ist es völlig unmöglich, festzustellen, wie ein Kurs genau zustande kommt. Denn dazu müsste man alle Teilnehmer nach ihren Beweggründen befragen. Und die Teilnehmer sind so unterschiedlich: Ein großer Fonds, der Anteile kauft oder verkauft, Herr Schneider, der dringend Geld für eine Reparatur seines Autos benötigt und deshalb seine Aktien verkauft, oder der Leser eines Börsenbriefs, der dem Tipp des Autors folgt.«

Erstaunt stellt Petra fest: »Das bedeutet ja, dass alles, was möglicherweise den Kurs beeinflussen kann – fundamental, politisch, psychologisch oder sonst wie –, durch den aktuellen Marktpreis widergespiegelt wird.«

Herr Hinrichs nickt anerkennend. »Man sagt auch: ›**Die Marktbewegung diskontiert alles.**‹ Diese Erkenntnis ist ein Grundpfeiler der technischen Analyse. Halten wir das an der Tafel fest.«

| **Erste Annahme der technischen Analyse** |
|---|
| *Dreh- und Angelpunkt der technischen Analyse ist die Annahme, dass im aktuellen Kurs eines Wertpapiers sämtliche verfügbaren Informationen enthalten sind. Diese Annahme mündet in den Satz:* »*Der Markt hat immer recht.*« *Sie schließt fundamentale, politische und psychologische Einflüsse ein. Deshalb kümmert sich ein Charttechniker nicht um die Gründe, aus denen ein Kurs steigen oder fallen könnte. Warum sollte er auch, wenn sämtliche Informationen schon im Kurs enthalten sind. Er widmet sich vielmehr nur dem Studium des Kurses.* |

Abb. 2:    Die erste Annahme der technischen Analyse

## 2.3 Die Ballkönigin bittet zum Tanz: Wie Kurse sich bewegen

Herr Hinrichs erklärt das Bild, das nun an die Tafel geworfen wird: »Es gibt grundsätzlich drei Arten von Händlern in einem Markt. Solche, die Long – also auf steigende Kurse – setzen, solche, die Short ausgerichtet sind, d. h. sie spekulieren auf fallende Kurse, sowie solche, die Flat sind, also an der Seitenlinie auf ihren Einstieg warten. Wir spielen das mal durch. Petra, du spielst den Händler Long – einen Fonds, Rolf, du den Händler Short, und Sabine, du den Händler Falt. Die anderen spielen die Tradinganfänger, die später ins Spiel eingreifen. Deswegen sind zunächst nur die drei Händler – Long, Short und Falt – verantwortlich dafür, dass ein Kurs entsteht, weil ihr für das Angebot und die Nachfrage sorgt. Wiederum betrachten wir die Götte-Aktie.«

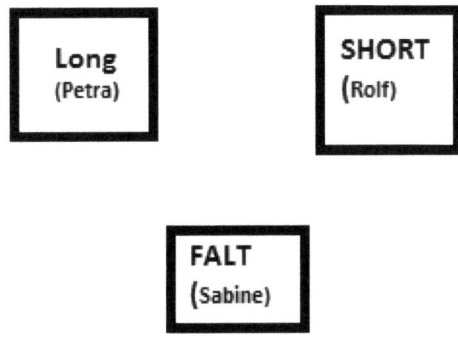

Abb. 3: Die drei Arten von Händlern

Hans Jürgen erkennt seine Chance und ruft in die Klasse: »Man sieht, dass nicht Nachrichten oder externe Ereignisse den Kurs machen, sondern die drei Händler, durch ihre Orders. Diese Orders gehen ins Orderbuch der Börse und machen den Kurs.« »Richtig!«, bestätigt Herr Hinrichs und setzt von Neuem an. »In dem Moment, in dem die Nachfrage das Angebot übersteigt, also mehr Käufer als Verkäufer vorhanden sind, steigt der Kurs.« Sofort meldet sich Petra zu Wort: »Ich bin ein Investmentfonds und kaufe die Götte-

Aktie im großen Stil, sodass der Kurs unwillkürlich steigt.« Petra geht an die Tafel und zeichnet Folgendes.

Abb. 4:   Kurs steigt, weil LONG (Petra) in großem Umfang kauft

»Was würde jetzt passieren?«, fragt Herr Hinrichs. Mit einer weit ausholenden Geste sagt Britta. »Wir alle werden auf die Götte-Aktie aufmerksam. Denn in der Presse – online und offline – wird von dem Kursanstieg berichtet.« Peter meldet sich: »Erst durch diese Berichterstattung werde ich auf die Aktie aufmerksam. Ich bin ein Tradinganfänger und zudem noch nicht positioniert. Allerdings erweckt dieser Anstieg mein Interesse, und ich kaufe die Götte-Aktie ebenfalls.«

»Was ist mit denen, die schon länger dabei sind, die die erste Bewegung also schon mitgemacht haben?«, fragt Herr Hinrichs. Ohne lange zu überlegen, antwortet Rolf: »Die sind natürlich mehr oder weniger im Plus. Einige von ihnen entscheiden sich, dass ihnen der Gewinn reicht, und sie verkaufen die Götte-Aktie wieder.«

»Wir haben folgende Situation: Wir haben Anfänger, die kaufen möchten, und auf der anderen Seite etliche, die verkaufen möchten, weil sie schon im Gewinn sind. Dies hat zur Folge, dass mehr Angebot als Nachfrage vorherrscht, d. h. der Kurs fällt. Genau durch diesen Wechsel entsteht ein Hochpunkt«, erläutert Herr Hinrichs. Dann zeichnet er ein neues Bild an die Tafel:

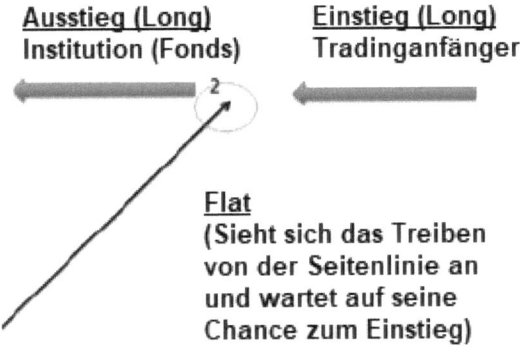

Abb. 5:    Es entsteht ein Hochpunkt mit der Nummer 2

Britta ruft dem an der Tafel stehenden Herrn Hinrichs zu. »Da die Nachfrage geringer als das Angebot ist, führt dies dazu, dass der Kurs der Götte AG sinkt. Der Markt kippt also um und wird nach unten gehandelt.«

Entsetzt stellt Peter fest: »Als Tradinganfänger habe ich nahe des Hochpunkts gekauft. Ich sitze also auf Verlusten. Wie alle anderen auch, sage ich mir: Dumm gelaufen! Der Markt ist gegen mich gelaufen. Ich nehme das vorhandene Minus nicht mehr hin und biete meine Aktien wieder zum Verkauf an.«

Spontan ergreift Sabine das Wort. »Meine Gruppe, die ›Flat‹, betritt jetzt endlich das Spielfeld. Den Kursrutsch machen wir uns zu eigen und kaufen zu einem günstigen Kurs die Götte-Aktie.« Petra ergänzt: »Auch aus meiner Gruppe nutzen einige Trader den günstigen Kurs aus, und kaufen die Aktie nach.«

Als Spielführer nimmt Herr Hinrichs wieder die Zügel in die Hand. »An der Stelle, an der mehr Trader wieder bereit sind zu kaufen als zu verkaufen, bildet sich ein Tiefpunkt. Sprich: Es kommt wieder zu einem Wechsel zwischen Angebot und Nachfrage, jetzt hin zur Nachfrage.« Dabei zeichnet er folgendes Bild an die Tafel.

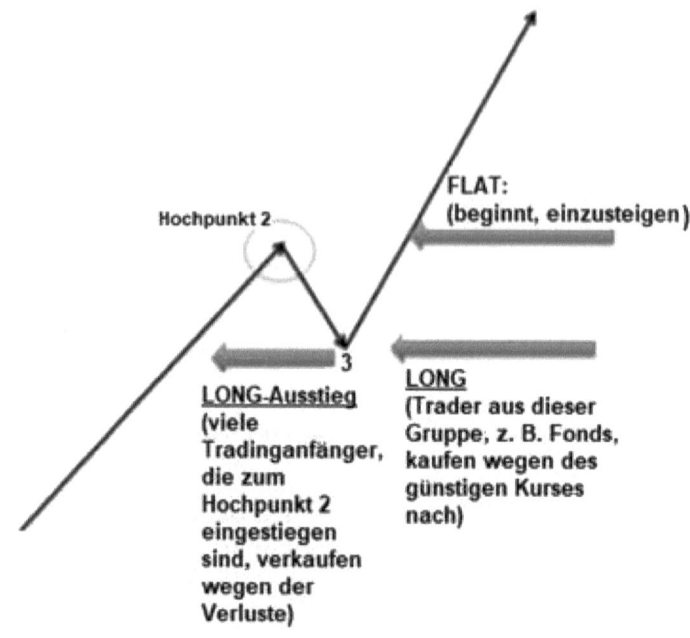

Abb. 6: Bildung eines Trends: Punkt (2) Hochpunkt und Punkt (3) Tiefpunkt

Herr Hinrichs wendet sich von der Tafel ab und erklärt seinen Schülern: »Es sind nun also wieder mehr Trader zu kaufen als zu verkaufen bereit. Das bedeutet, dass der Markt wieder deutlich anzieht und über das letzte Hoch hinausschießt.« Voller Stolz ruft Sabine: »Für diese Bewegung sorgen meine Leute aus der Flat-Gruppe, die bisher an der Seitenlinie standen und jetzt in die Götte-Aktie einsteigen.«

Herr Hinrichs blickt auf seine Unterlagen herab und fährt fort: »Ihr seht also, dass die Kurse sich in **Trends** bewegen. Es gibt drei Arten von Trends: Aufwärts-, Abwärts und Seitwärtstrends. Auf diese gehen wir später noch ausführlich ein. Für uns ist an dieser Stelle eigentlich nur wichtig, dass sich die Götte-Aktie in einem

Aufwärtstrend befindet. Allgemein definiert man einen **Aufwärtstrend** so: Neue Hochs und steigende Tiefs. Die kurzen Abwärtsbewegungen lassen immer wieder eine Menge von Anlegern in den Handel eintreten, weil sie von weiter steigenden Kursen ausgehen. Es bildet sich ein stabiler Aufwärtstrend, weil neue, höhere Hochs und stetig ansteigende Tiefs zustande kommen. Außerdem kommt ein Gesetz der Physik zur Geltung: Eine Masse, die einmal in Bewegung ist, neigt eher dazu, diese Bewegung fortzusetzen als sie umzukehren. Stellt euch z. B. eine schwere Diesellok vor: Diese kann in voller Fahrt ihre Richtung nicht abrupt ändern. Überträgt man diese Erkenntnis auf die Finanzmärkte, bedeutet dies: Wenn einmal eine Bewegung bzw. ein Trend begonnen hat, ist die Wahrscheinlichkeit zur Fortsetzung um ein Vielfaches höher als die Wahrscheinlichkeit einer Umkehr. Und so setzt sich das ganze Spiel immer weiter fort ... bis es zum Trendbruch kommt. Wie sieht ein Trendbruch wohl aus?«

Britta grinst: »Ist doch klar! Es verkaufen immer mehr Trader innerhalb des intakten Trends ihre Götte-Aktien, um ihre Gewinne zu realisieren. Demgegenüber sind immer weniger Anleger bereit, zu diesen hohen Kursen einzusteigen. Das Angebot übersteigt die Nachfrage, der Markt fällt. Der **Trendbruch** erfolgt dann, wenn der Kurs der Götte-Aktie unter das vorhergehende Tief fällt.«

Petra meint: »Na und? Dann bildet sich eben wieder ein neuer Tiefpunkt aus und das Spiel beginnt von Neuem.« »Eben nicht, Petra«, sagt Herr Hinrichs. »Viele Trader, die den Trendhandel nach markttechnischer Definition bevorzugen, haben ihre Stopps[3] unter Punkt (3) in Abb. 6 (s. S. 22), also dem Tiefstkurs, gesetzt und ziehen diesen dementsprechend nach. Fällt die Götte-Aktie unterhalb des letzten Tiefs, so werden die Stopp-Orders ausgelöst. Damit fällt der Markt noch weiter. Das Spiel beginnt tatsächlich von Neuem, aber in die andere Richtung.«

---

3   Eine **Stopp-Order** bedeutet, dass der Anleger nur bzw. erst an der Stoppmarke verkaufen möchte, d. h. dann, wenn der Markt durch diesen Stoppkurs hindurch fällt. In diesem Fall wird die Order automatisch ausgeführt. In der Regel werden Stopp-Orders dann zu Market-Orders und damit billigst bzw. bestens ausgeführt, wenn der Stoppkurs erreicht wurde.

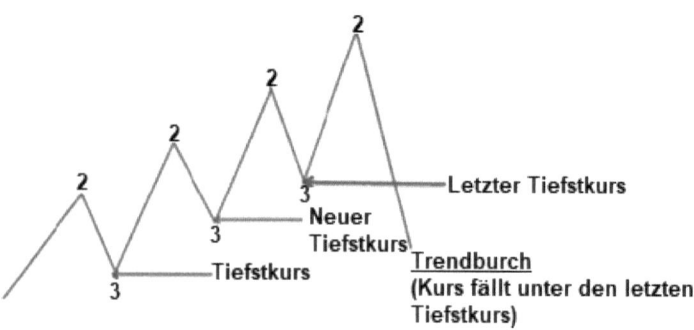

Abb. 7: Trendbruch: Die Punkte (2) sind Hochpunkte und die Punkte (3) sind Tiefstkurse eines Trends.

Herr Hinrichs schreibt etwas an die Tafel. »Das ist ein berühmtes Zitat des Traders Jesse Livermore:

› Ich denke, ich habe mit meinen Börsenerfahrungen einen großen Satz nach vorne gemacht, als ich endlich erkannte, dass Mr. Partridge mit seinen Worten: ›Sie wissen schon, wir befinden uns in einem Bullen-Markt!‹, die alle Brokerkunden stets von ihm zu hören bekamen, in Wirklichkeit sagen wollte, dass man nicht mit den einzelnen Kursschwankungen, sondern mit den großen Bewegungen des Marktes an der Börse das große Geld verdienen konnte – d.h. nicht, in dem man die Kurse, die aus dem Börsenticker kamen, las und interpretierte, sondern durch die Größenbestimmung des Gesamtmarktes und die Erfassung seiner Trends.‹ (Aachen 2000, S. 106-107)

Dies zeigt euch, wie wichtig die Erkenntnis ist, dass Kurse sich in Trends bewegen. Und es führt uns direkt zur zweiten Annahme der technischen Analyse«

**Zweite Annahme der technischen Analyse**

*Die Kurse bewegen sich in Trends fort! Ein bekanntes Börsensprichwort lautet: »The trend is your friend.« Das bedeutet, dass die Wahrscheinlichkeit einer Trendfortsetzung immer höher ist als die einer Trendumkehr. Die Annahme erinnert an Newtons erstes Gesetz der Bewegung. Es besagt – frei übersetzt: Ein Körper bleibt so lange in einer geraden Bewegung, bis er durch neue Kräfte zur Änderung derselben gezwungen wird. Deswegen führen nur außergewöhnliche Ereignisse zu einer Trendumkehr, die sich aber an besonderen Konstellationen des Kursverlaufes erkennen lassen. Technische Analytiker versuchen nun mit den ihnen zur Verfügung stehenden Mitteln sich einstellende Trends frühzeitig zu identifizieren und in die entsprechende Richtung zu investieren. Man sagt dazu auch »traden«.*

## 2.4 Kurse haben ein Gedächtnis – sie vergessen nichts!

»Vorhin haben wir gelernt, dass sich Kurse in Trends bewegen. Was glaubt ihr, warum machen die Kurse das?«, fragt Herr Hinrichs die Klasse. Rolf ruft: »Meine Mutter sagt immer: ›Der Mensch ist ein Gewohnheitstier.‹ So kauft sie immer in denselben Läden ein und mein Vater bestellt in der Kneipe grundsätzlich sein Lieblingsbier und nie etwas anderes.« Britta wirft ein: »Rolf, das ist doch Blödsinn! Dieser Psycho-Kram hat doch nichts mit der Börse zu tun. Da zählen nur harte Fakten!« Rolf entgegnet: »Eben nicht. Menschen verändern ihre Verhaltensweisen nur selten und wenn, dann nur sehr langsam. Deshalb lassen sich in Charts ähnliche und immer wiederkehrende Verläufe (Trends) oder Muster erkennen.«

»Rolf, das hast du gut beobachtet«, bestätigt Herr Hinrichs. »Das Studium von Marktbewegungen hat viel mit dem Studium der menschlichen Psychologie zu tun. Kursmuster in den Charts reflektieren dabei bestimmte optimistische oder pessimistische Verhaltensweisen der Marktteilnehmer. So wurde beobachtet, dass sich die Akteure in gleichen bzw. sehr ähnlichen Situationen gleich verhalten, und zwar so, wie sie auf diese Situation schon einmal reagiert haben. Dadurch treten bestimmte Kursverläufe wiederholt auf. Anders ausgedrückt: Am Finanzmarkt kann sich die Geschichte wiederholen und ggf. gewinnbringend genutzt werden.«

> **Dritte Annahme der technischen Analyse**
> *Geschichte wiederholt sich! Deswegen wurden in den letzten hundert Jahren viele Chartbilder identifiziert und kategorisiert. Diese Chartbilder sind ein Abbild der psychischen Verfassung der Marktteilnehmer, sie zeigen also das Ausmaß von Gier und Angst. Anschließend werden sie auf die aktuellen Charts projiziert, um eine Annahme für die Zukunft treffen zu können. Weil diese Muster in der Vergangenheit funktioniert haben, wird angenommen, dass sie auch in Zukunft wieder funktionieren werden, weil der Mensch sich in gleichen Situationen ähnlich verhält. Der Schlüssel zum Erfolg in der Zukunft liegt also im Studium der Vergangenheit!*

## 2.5 Dasselbe und doch nicht gleich – Kurs ist nicht gleich Kurs

»Wir haben bis jetzt immer von dem Kurs gesprochen. Jetzt müssen wir ihn genauer spezifizieren.« Rolf fällt Herrn Hinrichs ins Wort: »Wir haben doch gelernt! Die Kursänderungen entstehen wegen des bestmöglichen Ausgleichs von Angebot und Nachfrage. Je nach den vorhandenen Orderzusätzen – Market, Limit oder Stopp – und den jeweiligen Volumina der Orders entsteht ein neuer Kurs, der die Angebots- und Nachfrageseite mit dem größten aktuell möglichen Umsatz ausgleicht. Was gibt es denn da noch mehr zu sagen? Können wir das nicht überspringen, um endlich zu den spannender klingenden Analysetechniken zu gelangen?«

Herr Hinrichs beschwichtigt: »Immer mit der Ruhe. Nur wer den Kurs zu deuten weiß, kann den Unterschied zwischen einem gewinnbringenden Trade und einer traurigen Überraschung erkennen. Dazu müssen wir unseren Horizont erweitern. Es gibt vier Kurse, die ein Anleger beachten sollte – vielmehr geht es um die Stimmung, die hinter den Kursen steht.« Während Herr Hinrichs dies sagt, schreibt er Folgendes an die Tafel:

| Name des Kurses | Kurzbeschreibung |
|---|---|
| Eröffnungskurs (eng. Open) | Dies ist der allererste Trade zwischen einen Käufer und einem Verkäufer an einen Handelstag. |
| Höchstkurs (eng. High) | Es ist der höchste Kurs, zu dem ein Käufer und ein Verkäufer das Wertpapier getauscht haben. |
| Tiefstkurs (eng. Low) | Der Tiefstkurs ist der niedrigste Kurs, zu dem ein Käufer und ein Verkäufer das Wertpapier gehandelt haben. |
| Schlusskurs (eng. Close) | Dies ist buchstäblich der letzte Kurs vor dem Läuten der Schlussglocke, zum dem das Wertpapier gekauft bzw. verkauft wurde. |

»Dieser Satz von Kursen wird oft auch als **OHLC**[4] bezeichnet«, erklärt Herr Hinrichs das Tafelbild. »Wie würdet ihr die Stimmung beim Eröffnungskurs beschreiben?« Spontan sagt Britta: »Der **Eröffnungskurs** gibt den Ton an. Er spiegelt die Hoffnungen und Ängste der Trader für den neuen Handelstag wider.« »Exakt!«, erwidert Herr Hinrichs. »Das Zusammenspiel mit den anderen Kursen offenbart sogar noch mehr. Hier ist die Beziehung zum Schlusskurs des Vortages und dem Eröffnungskurs am folgenden Handelstag von besonderer Bedeutung. Wenn der Eröffnungskurs höher als der vorherige Schlusskurs ist, bedeutet dies, dass der erste Trader des Tages vorteilhafte Meldungen über die Aktie hat bzw. erwartet, sein Kauf werde einen Gewinn abwerfen. Dies animiert andere Trader, auch zu kaufen. Liegt dagegen der Eröffnungskurs unter dem gestrigen Schlusskurs, sollten die Alarmglocken läuten! Vielleicht sind nämlich nach der Schlussglocke im Laufe der Nacht schlechte Nachrichten eingetroffen, die uns nur noch nicht bekannt sind. Da wir schon den Schlusskurs angesprochen haben, wie würdet ihr diesen beschreiben?«

»Der **Schlusskurs** fasst die Stimmung des Handelstages zusammen«, beginnt Hans-Jürgen, bevor er den Faden verliert. Peter knüpft an: »Wenn der heutige Schlusstag höher als der gestrige Schlusskurs ist, so fragen die Trader die Aktie immer stärker nach und sind auch bereit, dafür immer höhere Kurse zu bezahlen. Es

---

4   Akronym für die englische Bezeichnung *Open-High-Low-Close*.

liegt ein Gewinntag[5] vor. Falls jedoch der Schlusskurs niedriger als der Schlusskurs vom Vortag ist, so ist dies ein Signal dafür, dass die Trader bereit sind, die Aktien zu immer niedrigeren Kursen zu verkaufen. Es liegt demnach ein Verlusttag[6] vor.«

Herr Hinrichs nickt und fragt weiter: »Wie sieht es mit dem **Höchstkurs** aus?« Britta wedelt mit ihren Unterlagen und stellt fest: »Schließt der Kurs zum Höchstkurs, sind die Trader außerordentlich optimistisch. Sie erwarten, dass weitere Gewinne ins Haus stehen. Liegt der Höchstkurs jedoch nahe dem Eröffnungskurs, sind die Trader pessimistisch und erwarten weitere Verluste.«

»Kommen wir zum **Tiefstkurs**«, sagt Herr Hinrichs. Sofort meldet sich Peter zu Wort: »Fällt der Schlusskurs mit dem Tiefstkurs zusammen, so haben an diesem Tag schlechte Nachrichten bzw. Stimmung vorgeherrscht. Wenn hingegen der Tiefstkurs niedriger als der Eröffnungskurs ist, überwiegt die Anfangsstimmung des Tages.«

Völlig verwirrt sieht sich Rolf seine Unterlagen an. »Wie soll ich denn vier Kurse im Auge behalten? Da verliert man doch den Überblick!« »Um das Handling mit diesen vier Kursen zu vereinfachen, wurde der Kursbalken erfunden. Er sieht so aus«, antwortet Herr Hinrichs.

---

[5] An einem Gewinntag hört man häufig die Aussage: Heute haben die Bullen gewonnen.
[6] An einem Verlusttag hört man in den Börsengängen häufig: Heute haben die Bären gewonnen.

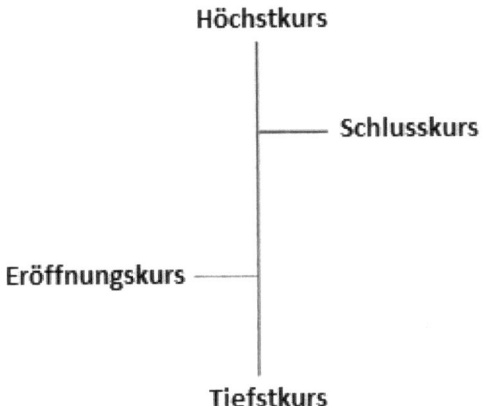

Abb. 8:  Standardkursbalken

Weiter führt Herr Hinrichs aus: »Die beiden kleinen horizontalen Linien mit der Beschriftung Eröffnungs- und Schlusskurs werden im Tradingjargon auch als **Tick-Marken** bezeichnet. Dagegen brauchen Höchst- und Tiefstkurs keine Tick-Marken, weil diese Information die Enden des Balkens liefert.« Hans-Jürgen unterbricht Herrn Hinrichs: »Was beschreibt der Kursbalken denn genau?«

»Der **Kursbalken** beschreibt die Tradingaktion in einem Wertpapier für eine gegebene Zeitspanne, z. B. für einen Handelstag[7, 8]. Der Balken erfasst aber nur die Trades, die tatsächlich abgewickelt wurden, und nicht die, die sich jemand gewünscht oder vorgestellt hätte. Von besonderer Bedeutung ist die Differenz zwischen Höchst- und Tiefstkurs. Sie gibt die tägliche **Handelsspanne** an, also die emotionalen Extreme eines Handelstages. Änderungen der Handelsspanne sind ein Indiz dafür, dass sich die Grundstimmung des Marktes hinsichtlich der Aktie geändert hat. Deswegen

---

7   Kursbalken können jede beliebige Zeitspanne abbilden: eine Minute, eine Stunde, eine Woche, einem einen Monat usw.

8   **Zur besseren Übersicht werden wir in diesem Buch als Standardzeitspanne einen Handelstag annehmen. Falls andere Zeiteinheiten verwendet wurden, wird dies explizit gesagt.** In der Regel können die Aussagen, die für einen Handelstag getroffen werden, 1:1 auf eine andere Zeiteinheit übertragen werden.

sollten Änderungen der Handelsspanne nicht nur mit bloßem Auge betrachtet werden – es reicht also nicht, nachzuschauen, ob die Balken länger oder kürzer werden.« An der Tafel erscheint folgende Abbildung:

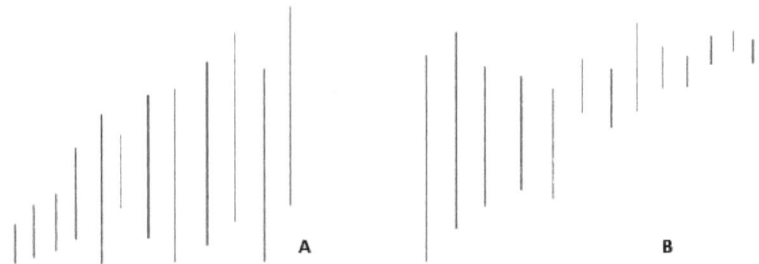

Abb. 9: (A) Verbreiterung der Handelsspanne und (B) Verengung der Handelsspanne. Zur besseren Übersicht stellt der Balken nur den Eröffnungs- und Schlusskurs dar.

»Stattdessen sollte man den Durchschnitt ermitteln. Wisst ihr, was der Durchschnitt ist?« »Klar!«, erwidert Petra. »Um den Durchschnitt zu ermitteln, muss ich zunächst an z. B. zehn aufeinanderfolgenden Handelstagen die Handelsspanne ermitteln. Anschließend bilde ich die Summe der zehn aufeinanderfolgenden Tage. Nehmen wir an, dass sie 50 Euro beträgt. Abschließend muss ich die Summe von 50 Euro noch durch 10 teilen, dann erhalte ich die durchschnittliche tägliche Handelsspanne für eine 10-Tage-Periode mit 5 Euro.« Rolf hebt die Hand: »Und wozu brauche ich die Handelsspanne?«

Bevor Herr Hinrichs etwas sagen kann, erwidert Petra: »Mal angenommen, du bekommst den Tipp, dass sich mit der Aktie XY im nächsten Monat 250 Euro verdienen lässt. Mithilfe der durchschnittlichen Handelsspanne kannst du abschätzen, ob das realistisch ist. Hätte die Aktie XY in den letzten 30 Handelstagen eine durchschnittliche Handelsspanne von 5 Euro und würde die Aktie XY jetzt jeden Tag um die gesamte durchschnittliche Handelsspanne steigen, so würde dein möglicher Gewinn bei ca. 100 Euro[9]

---

[9] Ein Monat hat ca. 20 Handelstage.

liegen. Falls dein Tippgeber nicht über Insiderwissen verfügt, welches die Umstände grundlegend ändern könnte, ist seine Vorhersage töricht.«

»Richtig, Petra«, sagt Herr Hinrichs. »Unter normalen Umständen darf man nämlich erwarten, dass die durchschnittliche Handelsspanne weiterhin gültig bleibt. Dennoch kommt es vor, dass sich die Handelsspanne ändert, besonders wenn eine Trendumkehr ins Haus steht. Schauen wir das an der Tafel genauer an.«

| Verbreiterung der Handelsspanne (eng. Range Expansion) | | Die Handelsspanne wird breiter. Die Kursbalken werden im Zeitablauf länger. Das ist ein Indiz dafür, dass sich ein Trend fortsetzt. |
|---|---|---|
| | Höhere Schlusskurse | Die Käufer sind bereit, mehr für die Aktie zu bezahlen. Der Aufwärtstrend setzt sich fort. |
| | Niedrigere Schlusskurse | Die Verkäufer versuchen zunehmend, die Aktie abzustoßen. Der Abwärtstrend setzt sich fort. |
| Verengung der Handelsspanne (eng. Range Contraction) | | Die Handelsspanne wird enger. Die Kursbalken werden im Zeitablauf kürzer. Dies deutet auf eine baldige Trendumkehr hin. |
| | Höhere Schlusskurse | Durch die Verengung der Handelsspanne befallen die Trader Zweifel, dass der Trend sich fortsetzt. Ein Teil der negativen Stimmung wird aber durch die höheren Schlusskurse ausgeglichen. Allerdings ist Vorsicht geboten! Der Trendbruch ist meistens nur aufgeschoben und nicht aufgehoben. |
| | Niedrigere Schlusskurse | Dies ist ein doppelter negativer Indikator. Es ist an der Zeit, aus dem Wertpapier auszusteigen. |

»Aus dem Höchst-, Tiefst- und Schlusskurs entsteht etwas Magisches«, sagt Herr Hinrichs.

## 2.6 Die magischen Punkte im Chart – die Pivot-Punkte

»Schon der legendäre Spekulant Jesse Livermore erkannte, dass es Kurswendepunkte – die **Pivot-Punkte** – gibt, die aus dem Höchst-, Tiefst- und Schlusskurs der Vorperiode[10] berechnet werden«, erklärt Herr Hinrichs. »Hat jemand eine Idee, wie man den Höchst-, Tiefst- und Schlusskurs zu einem Pivot-Punkt zusammenführt?« Peter will zu einer Antwort ansetzen – aber dann ist er doch ratlos. Hans-Jürgen traut sich, noch etwas unsicher: »Vielleicht, indem wir den Mittelwert aus den drei Kursen bilden?«

»Richtig, getippt Hans-Jürgen«, lobt Herr Hinrichs. Er wendet sich zur Tafel und schreibt folgende Formel an.

$$\text{Pivot-Punkt} = PP = \frac{(\text{Höchstkurs} + \text{Tiefstkurs} + \text{Schlusskurs})}{3}$$

»Was soll daran denn nun magisch sein? Das ist doch simple Mittelwertbildung«, wundert sich Rolf.

»Genau! Der Pivot-Punkt ist einfach der Durchschnittskurs des Hoch-, Tief- und Schlusskurses des Vortages. Klingt nicht wirklich spannend – aber das Magische ist, dass die Trader am nächsten Morgen die Kurse um den Pivot-Punkt herum erwarten. Am besten sehen wir uns das an einem Beispiel an.«

Herr Hinrichs holt eine Zeitung hervor und liest vor: »Der DAX hatte am 25.01.2018 einen Höchstkurs von 13.443,36 Punkten. Sein Tiefstkurs lag bei 13.222,47 und der Schlusskurs bei 13.298,36 Punkten. Damit können wir den Pivot-Punkt berechnen. Wer möchte?«

Hans-Jürgen hält einen Zettel in der Hand, seine Augen strahlen und er sieht aus, als hätte er den Stein der Weisen gefunden. Denn auf dem Zettel hatte er die Lösung bereits berechnet.

---

[10] Wenn man im Chart z. B. Tageskurse betrachtet, verwendet man den gestrigen Hoch-, Tief- und Schlusskurs für die Berechnung der Pivot-Punkte. Prinzipiell sind auch alle anderen Zeiteinheiten denkbar, wie z. B. 5-Minuten-, 10-Minuten-, Wochen- oder Monatskurse.

$$\text{Pivot-Punkt} = PP = \frac{(13.443{,}36 + 13.222{,}47 + 13.298{,}36)}{3} = 13.321{,}40$$

»Damit haben wir den magischen Punkt berechnet. Der Pivot-Punkt für den Folgetag, also den 26.01.2018, liegt bei 13.321,40«, sagt Hans-Jürgen stolz.

»Sehr gut, Hans-Jürgen. Tatsächlich eröffnete der Kurs am 26.01.2018 bei 13.298 DAX-Punkten«, sagt Herr Hinrichs. »Aber eines verstehe ich noch immer nicht. Wozu brauche ich den Pivot-Punkt?«, fragt Sabine.

»Allgemein sagt man: Durchbricht der Kurs den Pivot-Punkt von unten nach oben, liegt ein Kaufsignal vor, während eine Überschneidung von oben nach unten ein Verkaufssignal ergibt. Natürlich möchte man wissen, wo die Reise hingeht. Dazu zeigen Widerstände das Kursziel nach oben an. Umgekehrt zeigen Unterstützungen das Reiseziel an, wenn die Kurse talwärts gehen.« Sabine verschränkt die Finger ineinander und stützt das Kinn auf beide Daumen, um über Herrn Hinrichs Worte nachzudenken. Herr Hinrichs fährt fort: »Die **Widerstände** ergeben sich aus dem Pivot-Punkt und dem Höchst- und Tiefstkurs. Die Widerstände werden mit *R1*, *R2* und *R3* abgekürzt. Dabei steht das *R* für *Resistance*, zu Deutsch Widerstand.«

$$R1 = 2 \cdot \text{Pivot-Punkt} - \text{Tiefstkurs}$$

»Bleiben wir bei unserem DAX-Beispiel. Wie lautet *R1*?« Sofort springt Hans-Jürgen auf und schreibt die Rechnung an die Tafel:

$$R1 = 2 \cdot \text{Pivot-Punkt} - \text{Tiefstkurs} = 2 \cdot 13.321{,}40 - 13.222{,}47 = 13.420{,}32$$

»*R1* liegt also bei 13.420,32 Punkten.« Noch während Hans-Jürgen dies erklärt, schreibt Herr Hinrichs die Formel für *R2* an die Tafel.

$$R2 = \text{Pivot-Punkt} + \text{Höchstkurs} - \text{Tiefstkurs}$$

Und Hans-Jürgen hat auch schon die richtige Rechnung parat:

$$R2 = 13.321{,}40 + 13443{,}36 - 13.222{,}47 = 13.542{,}29$$

»Damit liegt $R2$ bei 13.542,29 DAX-Punkten«, erklärt Hans-Jürgen. »Sehr gut! Nun brauchen wir noch die Formel für $R3$«, setzt Herr Hinrichs fort:

$$R3 = 2 \cdot (\text{Pivot-Punkt} - \text{Tiefstkurs}) + \text{Höchstkurs}$$

Dann gibt er mit einer einladenden Handbewegung wieder an Hans-Jürgen ab: »Bitte, lös die Gleichung!« Hans Jürgen sieht sich die Formel kurz an und schreibt dann:

$$R3 = 2 \cdot (13.321{,}40 - 13.222{,}47) + 13443{,}36 = 13.641{,}21$$

Danach verkündet er: »Somit liegt $R3$ bei 13.641,21 DAX-Punkten.« »Für mich sind das alles böhmische Dörfer. Mir ist die bloße Berechnung der Widerstände zwar klar, doch aber was steht hinter den nackten Zahlen? Was sagen die Widerstände aus?«, fragt Petra dazwischen.

Rolf hatte die ganze Zeit über still dagesessen und den Ausführungen gelauscht. Nun weiß er aber eine Antwort: »Die Grundidee der Pivot-Punkte ist ja, zu kaufen, wenn der Pivot-Punkt von unten nach oben durchstoßen wird, bzw. zu verkaufen, wenn der Pivot-Punkt von oben nach unten durchstoßen wird. Nehmen wir an, dass der DAX am nächsten Tag den Pivot-Punkt von unten nach oben durchstößt, die Kurse steigen also. Dann ist das erste Kursziel $R1$. Ist dieses erreicht, können wir Gewinne mitnehmen oder bei einem stark steigenden Markt darauf spekulieren, dass das zweite Kursziel $R2$ erreicht wird. Wird jetzt auch $R2$[11] erreicht, können wir wieder entscheiden, den Gewinn mitzunehmen – oder auf weiter steigende Kurse zu setzen. Das Kursziel ist dann $R3$.«

---

[11] Nach Überwinden von $R1$ dient diese Marke als Unterstützung. Deshalb wird, um die Gewinne abzusichern, knapp unter $R1$ ein Stopp gelegt, d. h. ein Kurs festgelegt, zu dem verkauft wird. Das Gleiche spielt sich beim Überwinden von $R2$ ab. Dann dient $R2$ als Unterstützung und der Stopp wird knapp unter $R2$ gelegt.

»Was ist die ...? Wie sagt man gleich wieder – Unterstützung?«, wirft Sabine ein. »Ja, richtig! Die hätte ich fast vergessen«, gesteht Herr Hinrichs. »Im Prinzip werden **Unterstützungen** nach einem ähnlichen Prinzip berechnet wie die Widerstände. Die Unterstützungen werden mit $S1$, $S2$ und $S3$ abgekürzt. Dabei steht das $S$ für *Support*, zu Deutsch Unterstützung. Die Formel für $S1$ lautet:«

$$S1 = 2 \cdot \text{Pivot-Punkt} - \text{Höchstkurs} = 2 \cdot 13.241{,}40 - 13.443{,}36 = 13.420{.}32$$

Noch während Herr Hinrichs schreibt, ruft Petra in die Klasse. »Für unser DAX-Beispiel liegt $S1$ bei 13.199,43 DAX-Punkten.« Erstaunt von Petras schnellen Antwort schreibt Herr Hinrichs gleich die Lösung auf. »So weit, so gut«, sagt Herr Hinrichs. »Die Formel $S2$ lautet:«

$$S2 = \text{Pivot-Punkt} - (\text{Höchstkurs} - \text{Tiefstkurs}) = 13.241{,}40 - (13.443{,}36 - 13.222{,}47) = 13.100{,}51$$

»$S2$ ist gleich 13.100.51 DAX-Punkte!« Sichtlich beeindruckt sagt Herr Hinrichs: »Schon wieder richtig, Petra. Die Formel für $S3$ lautet so:«

$$\begin{aligned} S3 &= \text{Tiefstkurs} - \big(2 \cdot (\text{Höchstkurs} - \text{Pivot-Punkt})\big) \\ &= 13.222{,}47 - \big(2 \cdot (13.443{,}36 - 13.321{,}40)\big) \\ &= 12.978{,}54 \end{aligned}$$

Schon wieder gelingt Petra das Kunststück die Lösung auszurechnen, während Herr Hinrichs die Formel noch an die Tafel schreibt. »Für unser DAX-Beispiel liegt $S3$ bei 12.978,54 DAX-Punkten.« Jetzt wird es Herrn Hinrichs doch unheimlich: »Petra, möchtest du uns nicht verraten, wieso du immer so schnell die Lösung parat hast?« Auf Petras Gesicht zeigt sich ein spitzbübisches Lächeln. »Durchs Internet. Ich habe einfach in meine Suchmaschine ›Rechner für Pivot-Punkte‹ eingegeben und bin auf den Rechner von chartect.de

gestoßen[12]. *Et voila,* schon habe ich die Lösung, schneller als Sie schreiben konnten.[13] »Clever«, sagt Herr Hinrichs. »Aber verstehst du auch, was hinter den Zahlen steht?«
»Natürlich«, versichert Petra. »Ich möchte euch aber doch noch eine Abbildung zeigen, die das Verhalten des Kurses bei Widerständen und Unterstützung zeigt.«

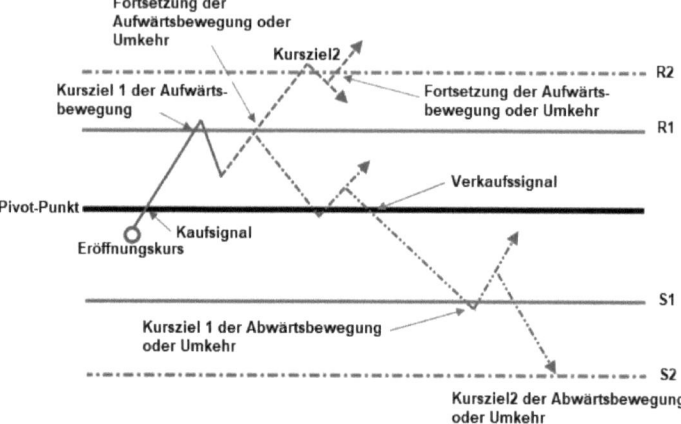

Abb. 10: Verhalten des Kurses an Pivot-Punkt, Widerstand und Unterstützung

Ungeduldig ruft Petra: »Das Verhalten bei den Unterstützungen ist spiegelbildlich desjenigen bei Widerständen. Nehmen wir an, dass der DAX am nächsten Tag den Pivot-Punkt von oben nach unten

---

[12] Viele Broker bieten heute einen Rechner für Pivot-Punkte an, mit dem sowohl die Pivot-Punkte als auch die dazugehörigen Widerstände und Unterstützungen ermittelt werden können. Oftmals werden sie auch gleich in einen entsprechenden Kurschart eingezeichnet. Ansonsten sind auch zahlreiche Online-Rechner für die Berechnungen der Pivot-Punkte im Internet vorhanden.

[13] Neben dieser Standardvariante (oder klassisch) für die Berechnung der Pivot-Punkte und den zugehörigen Widerständen und Unterstützungen gibt es diverse Varianten, vor allem für die Ermittlung des Pivot-Punktes. So ließen sich z. B. Kurslücken (s. S. 187 ff.) berücksichtigen, wenn in die Berechnung des Pivot-Punktes der heutige Eröffnungskurs einfließt. In dieser Variation ergibt sich der Pivot-Punkt als Durchschnitt aus dem gestrigeren Hoch-, Tief-, Schlusskurs und dem heutigen Eröffnungskurs. Dagegen werden die einzelnen Unterstützungen und Widerstände analog zur klassischen Vorgehensweise ermittelt.

durchstößt, die Kurse also fallen. So gibt *S1* an, wo die Reise hingehen könnte: Ein Kursziel bei fallenden Kursen. Sollte diese Unterstützung durchbrochen werden, d. h. der DAX fällt weiter, dann wandelt sich *S1* um in einen Widerstand. Wohin die Reise weitergehen kann, zeigt dann *S2* an. Sollte auch *S2* nicht halten, ist der nächste Stopp für die Abwärtsbewegung *S3*. Wiederum verwandelt sich *S2* in einen Widerstand.«

Herr Hinrichs schaut Petra sichtlich beeindruckt an. Anschließend setzt er sich an seinen Schreibtisch und blickt die Tischreihen entlang. Fast alle Schüler machen sich noch Notizen. Also wartet er einem Moment ab, bevor er sagt: »Jetzt wenden wir uns dem Arbeitsplatz der Chartanalyse zu: den Kurs-Charts. Sie machen die Kursverläufe erst sichtbar.«

## 2.7 Das Bild der Märkte – Charts können unterschiedlich dargestellt werden

Herr Hinrichs sagt: »Charts[14] sind die Seele der Kurse. Sie machen die seelenlosen Kursreihen erst verständlich. Obacht: Chart ist nicht gleich Chart, weil Kursinformationen auf mehrere Arten grafisch dargestellt werden können. Wir betrachten an dieser Stelle die am

---

14 Die Kursverläufe bzw. die Charts sind viel mehr als nur ein Abbild der Preisbewegungen einer bestimmten Aktie, Anleihe, von Rohstoffen, Indizes … Sie sind ein Psychogramm aller Marktteilnehmer hinsichtlich des betrachteten Wertes. Schließlich werden die Entscheidungen über Kauf und Verkauf an der Börse von Menschen getroffen, die sowohl rational als auch emotional handeln. Der Kurs entsteht, wie der vorherige Abschnitt zeigte, aus Angebot und Nachfrage. Dabei werden Angebot und Nachfrage in jedem Augenblick des Börsengeschehens von einer Vielzahl von Einflussgrößen bestimmt, die der »Markt« – die Gesamtheit aller Anleger – kennt, aber nicht unbedingt jeder Einzelne. Deswegen ist der Chart eine Aggregation menschlicher Handelsentscheidungen. Da am Markt auch sog. Insider – gut informierte Investoren – handeln, geht man davon aus, dass sämtliche wichtigen, kursrelevanten Informationen bereits vor ihrem eigentlichen Bekanntwerden per Ad-hoc-Meldung schon im Kurs enthalten sind. So kommt es z. B. häufig vor, dass sich Kurse schon vor der Veröffentlichung einer positiven Nachricht nach oben bewegen. Kommt diese tatsächlich, fällt die Kursbewegung nach oben oftmals enttäuschend aus bzw. der Kurs fällt sogar. An den Börsen sagt man deshalb: »*Sell on good news.*« Folglich spiegelt der Chart sämtliche Informationen über den jeweiligen Basiswert wider.

häufigsten verwendeten Chartdarstellungen: Linien-, Balken- und Kerzencharts. Fangen wir mit der einfachsten Darstellung von Charts an – den Liniencharts. Was glaubt ihr, wie wird ein Linienchart gezeichnet?«

### 2.7.1 Linienchart – die einfachste Art

Britta meldet sich zu Wort: »Für den gewünschten Zeitraum werden die Kurse mit einer Linie verbunden. So erhält man eine leicht verständliche und übersichtliche Darstellung des Kursverlaufs.« Britta skizziert an der Tafel Folgendes.

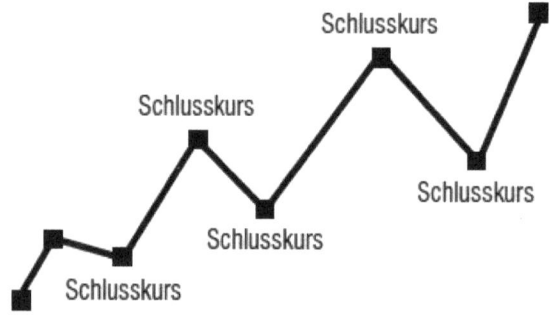

Abb. 11: Konstruktion eines Liniencharts

»Britta, das ist richtig!«, freut sich Herr Hinrichs und ergänzt: »Beim **Linienchart**[15] werden die Schlusskurse auf die y-Achse und auf der x-Achse der Zeitverlauf eingetragen. Hierdurch entsteht eine Linie, die den Kursverlauf der Aktie wiedergibt. Die Einfachheit des Liniencharts rührt daher, dass lediglich ein Kurs-Input pro Zeitperiode[16] verwendet wird. Hier ein Beispiel:«

---

[15] Natürlich kann man auch den Eröffnungs-, Tageshöchst- oder Tagestiefstkurs verwenden. Wichtig: Bleiben Sie bei einem Kurs im Chart. Eingebürgert hat sich, dass, wenn nichts anderes angegeben wird, immer der Schlusskurs zum Zeichnen des Charts verwendet wurde.

[16] Der Ausdruck »Zeitperiode« bezieht sich auf das Intervall der x-Achse im Chart.

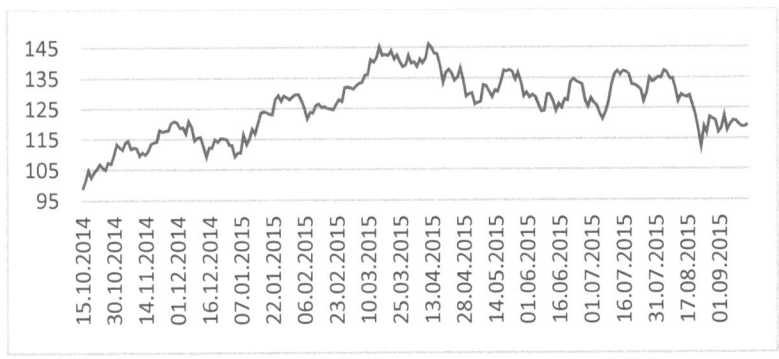

Abb. 12: Linienchart Bayer AG: Tagesschlusskurse von 15.10.2014 bis 15.10.2015

Sofort hebt Sabine die Hand: »Ich verstehe den Aufbau des Charts nicht.« »Letztlich ist ein Chart nur ein Diagramm, das den Kursverlauf des Wertpapiers über einen bestimmten Zeitraum darstellt. Der Zeitraum ist frei wählbar. Neben dem Zeitraum ist auch noch die Intervalleinteilung – die sog. Zeitperiode – der x-Achse entscheidend. Am häufigsten sind Unterteilungen in Jahre, Monate, Wochen, Tage, Stunden, Minuten oder sogar Ticks. Somit kann der Linienchart als Zeitfenster agieren, zu welchem dem Beobachter ausschließlich die gewünschte Kurshistorie einer frei wählbaren Zeitperiode angezeigt wird. Welchen Zeitraum und welche -periode habe ich für den Bayer-Chart gewählt[17]?«, fragt Herr Hinrichs.

Rolf sieht sich die x-Achse des Bayer-Charts genau an. »Der Bayer-Chart zeigt den Zeitraum vom 15.10.2014 bis zum 15.10.2015 an. Als Zeitperiode bzw. Intervalleinteilung wurde ein Tag verwendet. Zudem wurden nur Schlusskurse verwendet. Warum eigentlich?«

»Ich habe gehört, dass viele Chartisten den Schlusskurs eines Handelstages als den wichtigsten Kurs erachten«, weiß Petra. »Die besondere Bedeutung des Schlusskurses rührt daher, dass dieser die Handelszeit beendet. Der Anleger muss also warten, bevor er

---

[17] Mit anderen Worten: Ein Chart könnte einen Zeitrahmen von zehn Jahren und monatliche Zeitintervalle anzeigen.

wieder aktiv werden kann. Ist z. B. ein Aktienbesitzer eher pessimistisch hinsichtlich der weiteren Entwicklung seiner Aktie, so wird er das Risiko scheuen, seine Aktie über Nacht zu halten, da dann schlechte Nachrichten hereinkommen können, auf die er nicht reagieren kann. Der Schlusskurs zeigt also eine mögliche Richtung des Marktes in der Zukunft an.«

»Das stimmt«, bestätigt Herr Hinrichs. »Deswegen sagen viele Chartisten auch, dass ein Linienchart eine geeignete Darstellungsmethode der Tagesaktivitäten sei. Welche Schwächen und Stärken hat nun der Linienchart?« Hans-Jürgen ruft in die Klasse: »Die Stärke des Liniencharts ist es, dass man mit ihm problemlos große Datenmengen darstellen kann. Der Linienchart ist also erste Wahl, wenn man sehr lange Zeiträume betrachtet. Allerdings gibt der Linienchart nur ein vereinfachtes Bild des Tagesgeschehens wieder, weil die Kursbewegungen innerhalb eines Börsentages unberücksichtigt bleiben.«

»Genau«, sagt Herr Hinrichs und fügt hinzu. »Die Crux ist, dass wir pro Zeitperiode – also z. B. für einen Tag – auf vier meist unterschiedliche Kursdaten zurückgreifen können: Den Eröffnungs-, Höchst-, Tiefst- sowie den Schlusskurs (OHLC – Open, High, Low, Close). Der Linienchart kann allerdings, wie bereits oben erwähnt, nur einen von diesen vier Kursen abbilden. Um dieses Manko der Liniencharts auszubügeln, wurden die OHLC (oder Balken, Bar-)-Charts entwickelt.«

### 2.7.2 OHLC (oder Balken, Bar)-Chart

»Bevor wir mit den Balkencharts beginnen können, müssen wir uns noch ein paar Gedanken machen. Wisst ihr noch, was ein Kursbalken ist? «

Nach einer kurzen Pause, in der man das Rascheln von Blättern hört, weil alle Schüler zur gleichen Zeit ihre Notizen durchsuchen, steht Britta auf und zeichnet folgendes Tafelbild:

Abb. 13:   Aufbau eines Kursbalkens (bzw. Bar)

Während Britta zeichnet, erklärt sie: »Im Gegensatz zum Linienchart werden jetzt vier Informationen gleichzeitig dargestellt, nämlich der Eröffnungs-, der Schluss-, der Höchst- sowie der Tiefstkurs.«

Herr Hinrichs ergänzt: »Damit es im Chart nicht kunterbunt zugeht, wurden Regeln für das Zeichnen der **Bars** (oder Balken) aufgestellt. Sie besagen, dass der Periodenhöchst- und der Periodentiefstkurs durch eine senkrechte Linie miteinander verbunden werden. Dieser Balken zeigt die Handelsspanne an. Ferner verlangen die Regeln, dass der Schlusskurs durch einen kleinen, waagerechten Strich an der rechten Seite des Balkens gekennzeichnet wird. Dagegen wird der Eröffnungskurs durch einen kleinen, waagerechten Strich an der linken Seite des Balkens gekennzeichnet.« Rolf unterbricht die Ausführungen von Herr Hinrichs: »Was ist eine Periode?« »Eine Periode kann jede beliebige Zeitspanne sein. In der Praxis werden häufig Tagescharts betrachtet. Beträgt die Periode einen Tag, so werden auf den Kursbalken der Tageseröffnungs-, Tagesschluss-, Tageshöchst- und Tagestiefstkurs abgebildet. So ein Bar (Balken) wird für jeden Handelstag im Beobachtungszeitraum erstellt, so wie hier zu sehen:«

Abb. 14: OHLC-Chart Bayer-Tageskurse vom 19.10.2014 bis 15.10.2015

»Was könnt ihr für Informationen aus dem Balkenchart entnehmen?«, fragt Herr Hinrichs. Als erste meldet sich Sabine: »Man kann fünf Informationen aus einem OHLC-Chart ablesen: Höchst-, Tiefst-, Eröffnungs-, Schlusskurs sowie die Handelsspanne. Im Beispiel ist der Eröffnungskurs am 05.11.2014 bei 113,50 Euro, der Tiefstkurs 113,65 Euro, der Höchstkurs 116,1 Euro und der Schlusskurs 115,3 Euro. Hieraus ergibt sich eine Handelsspanne von 2,45 Euro. Die Handelsspanne gibt zugleich die Schwankungsbreite (bzw. Volatilität) der Bayer-Aktie am 05.11.2014 an.«

Angespornt durch Sabines Antwort kommt Peter eine Idee. »Durch Kombination dieser fünf Informationen zeigt ein **OHLC-Chart** ebenfalls an, ob ein Tag mit Gewinn oder Verlust abgeschlossen wurde. Ebenso kann man ablesen, ob ein Tag in der Nähe des Hochs oder Tiefs geschlossen hat, also die Stimmung erahnen, die am Ende der Handelsperiode vorherrschte. Schließt der Kurs z. B. nahe des Tagestiefs, so ist es wahrscheinlich, dass sich die Abwärtsbewegung am nächsten Tag fortsetzt.«

»Gut überlegt, Peter«, schaltet sich Herr Hinrichs ein. »Jetzt werfen wir einen Blick ins Japan des 18. Jahrhundert. Dort wurden zur Prognose der Reispreise die Kerzencharts entwickelt. Hat irgendjemand eine Idee, wie ein Kerzenchart aussehen könnte? Ein Tipp: Kerzencharts enthalten dieselben Informationen wie die Balkencharts, nur ist ihre visuelle Erfassung meines Erachtens wesentlich einfacher.«

### 2.7.3 Kerzenchart (Candlestick-Chart)

Petra geht an die Tafel und erklärt: »Eine Kerze besteht aus einem Kerzenkörper. Dies könnte die Spanne zwischen Eröffnungs- und Schlusskurs sein. Ich stelle sie als kleines Rechteck dar. Jede Kerze hat natürlich einen Docht. Dies könnten die darüber hinausragenden Tagesschwankungen sein, sprich der Höchstkurs. Somit muss der Tiefstkurs die Lunte sein. Um kenntlich zu machen, ob der Schlusskurs höher oder tiefer als der Eröffnungskurs liegt, sollten die Kerzen verschiedene Farben haben.«

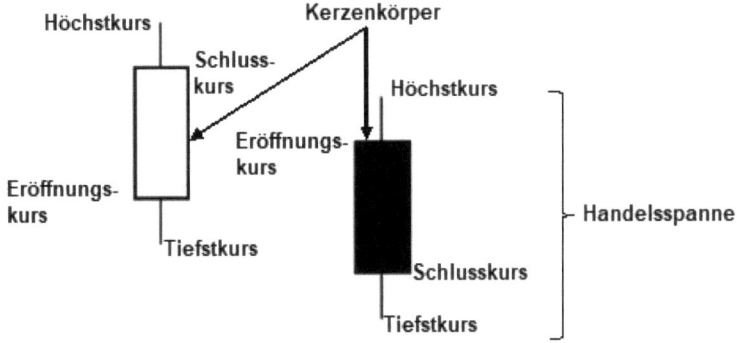

Abb. 15: Aufbau eines Kerzencharts

»Petra, das hast du gut abgeleitet«, lobt Herr Hinrichs. »Tatsächlich werden die **Kerzencharts** so aufgebaut. Liegt der Schlusskurs über dem Eröffnungskurs, so wird ein weißer und im umgekehrten Fall ein schwarzer Kerzenkörper gezeichnet[18]. Das heißt, ein weißer Kerzenkörper steht für steigende Kurse, während ein schwarzer für

---

[18] Es ist noch eine andere Farbgebung gebräuchlich. Dabei wird statt eines weißen ein grüner und anstelle des schwarzen ein roter Kerzenkörper verwendet.

fallende Kurse steht. Die Größe des Kerzenkörpers richtet sich nach der Größe der Spanne zwischen Eröffnungs- und Schlusskurs. Ebenfalls von Bedeutung sind die sogenannten Schatten (Shadows). Der obere Schatten ergibt sich aus der Differenz zwischen der Oberseite des Kerzenkörpers und dem Höchstkurs. Dagegen ergibt sich der untere Schatten aus der Differenz zwischen der Unterseite des Kerzenkörpers und dem Tiefstkurs. Ebenfalls wichtig ist die Länge der Schatten. So sind lange Schatten ein Indiz für eine hohe Unsicherheit im Markt und deuten auf keinen eindeutigen Trend im Tagesverlauf hin. Der Kerzenchart bietet dieselben fünf Informationen wie ein Balkenchart. Hinzukommt, dass bei einem Kerzenchart durch die Schwarzweiß-Darstellung optisch eine Information über steigende und fallende Kurse gegeben wird. Deshalb sagen einige Experten auch, dass ein Kerzenchart 5 + 1 Informationen liefert. Außerdem können Kerzencharts unter Verwendung von unterschiedlichen Zeiträumen wie Tag, Woche oder Monate erstellt werden. Meiner Ansicht nach machen Kerzencharts besonders Sinn auf Tages- oder Wochenbasis, da das Ende der Zeitspanne jeweils durch eine handelsfreie Zeit (Nacht bzw. Wochenende) gekennzeichnet ist.« Herr Hinrichs weist auf die Tafel. Dort erscheint ein Kerzenchart der Bayer AG.

Abb. 16: Kerzenchart der Bayer-Tageskurse vom 15.10.2014 bis 2015

### 2.7.4 Skalierung

»Welche Gemeinsamkeit haben die Linien-, Balken und Kerzencharts?«, fragt Herr Hinrichs die Klasse. Britta hebt den Kopf und klappt hastig ihr Notizbuch zu, in dem sie die unterschiedlichen Charts studiert hatte: »Ist doch klar. Bei allen Charts ist der Kurs auf der vertikalen y-Achse und die Zeit auf der horizontalen x-Achse angeordnet.«

»Richtig!«, bestätigt Herr Hinrichs. »Für die Kursachse (y-Achse) sind zwei Skalierungsarten gebräuchlich.« »Na und? Ist das wirklich wichtig? Beide Skalierungen müssen doch dasselbe anzeigen«, merkt Petra an. »Eben nicht, Petra!«, erwidert Herr Hinrichs. »Sieh dir dazu folgenden Linienchart an. Was erkennst du?«

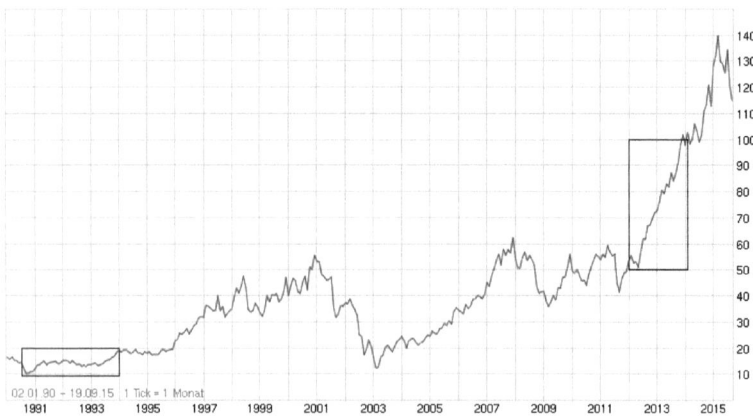

Abb. 17:   Linienchart Bayer-Monatskurse vom 02.01.1990 bis 19.09.2015 mit y-Achse linear

»Ich erkenne, dass der Kurs der Bayer-Aktie im linken Rechteck nicht von der Stelle kommt. Dagegen explodiert der Kurs geradezu im rechten Rechteck.« Peter unterbricht die Ausführungen: »Petra, du brauchst eine Brille. In beiden Fällen hat sich der Kurs verdoppelt – einmal von 10 auf 20 und das andere Mal von 50 auf 100 Euro.«

»Peter, damit hast du ins Schwarze getroffen!«, freut sich Herr Hinrichs. »Das Problem der linearen Darstellung ist, dass der Schein häufig trügt, weil der Kursanstieg im rechten Rechteck deutlich imposanter wirkt als im linken Rechteck. Um hier Abhilfe zu schaffen, wurde die logarithmische Skalierung eingeführt. Der folgende Chart ist der gleiche wie der obere, jetzt nur mit einer logarithmischen Skalierung.«

**Abb. 18:** Linienchart Bayer-Monatskurse vom 02.01.1990 bis 19.09.2015 mit y-Achse logarithmisch

»Seht ihr, bei einem logarithmischen Chart stellt sich die Kurs-Verdopplung von 10 auf 20 Euro genauso groß dar wie die Bewegung von 50 auf 100 Euro. Also, was glaubt ihr, woher kommen die Unterschiede?«

Britta studiert die beiden Bayer-Aktiencharts. »Ich glaube, dies liegt daran, dass bei der linearen (arithmetischen) Skalierung die y-Achse gleiche Abstände für gleiche Kurseinheiten zeigt. So ist der Abstand zwischen zwei aufeinanderfolgenden Einheiten immer gleich groß, also z. B. zwischen 5 und 10 Euro ist er genauso groß wie zwischen 20 und 25 Euro, nämlich 5 Euro. Dagegen zeigt die logarithmische Skalierung immer gleiche Abstände für gleiche prozentuale Veränderungen des Kurses. Daher ist der Abstand zwischen 10 und 20 Euro genauso groß wie der zwischen 50 und 100 Euro, nämlich jeweils 100 Prozent. Im Gegensatz dazu wäre das Verhältnis in der arithmetischen Darstellung 10 Punkte (für einen Kurssprung von 10 auf 20 Euro) zu 50 Punkte (für einen Kurssprung von 50 auf 100 Euro), also fünfmal länger. Darum wirkt der Kursanstieg der Bayer-Aktie bei der arithmetischen Darstellung von 50 auf 100 Euro so viel imposanter als der Kursanstieg von 10 auf 20 Euro.«

»Gut erkannt, Britta«, lobt Herr Hinrichs. »Somit wird klar, dass die Charts in der vertikalen Richtung bei der arithmetischen Skalierung verzerrt werden können, und zwar umso stärker, je größer der Kursbereich ist, der analysiert werden soll. Um dies zu verhindern, greift man eigentlich nur noch bei der kurzfristigen Betrachtungsweise mit zumeist geringen Kursschwankungen auf die lineare Skalierung zurück, wohingegen bei langfristigen Betrachtungen oftmals die Änderungen im Kursniveau erheblich sind und somit auch die Unterschiede in der Darstellung beträchtlich werden. Damit jetzt nicht Kursinformationen verloren gehen, greift man auf die logarithmische Skalierung zurück.« Peter hat schon die nächste Frage: »Bei den meisten in den Börsenzeitschriften abgebildeten Charts ist noch ein Anhängsel unter dem Chart. Was ist das?«

### 2.7.5 Anhängsel an den Aktienchart – die Umsatzdarstellung

»Meinst du dieses Anhängsel, Peter?«, fragt Herr Hinrichs. An der Tafel baut sich folgender Chart auf:

Abb. 19: Bayer-Linienchart vom 15.10.2014 bis 19.09.2015 mit dem dazugehörigen Umsatz

»Genau«, antwortet Peter. »Darauf gehen wir später noch einmal ein (s. S. 224 ff.). Aber schon jetzt könnt ihr euch merken, dass zu den besprochenen Charttypen zumeist die Umsätze (Volumen) als Histogramm unterhalb des Charts angezeigt werden. Mit Umsatz ist hier die Anzahl der in einer gegebenen Zeitspanne – bei einem Tageschart also die an einem Tag – gehandelten Aktien gemeint (oder der Wert der in Euro gehandelten Aktien). Bei Wochencharts wird das Gesamtvolumen in der betrachteten Woche verwendet usw. Um die Umsätze grafisch darzustellen, wird der Umsatz durch eine vertikale Säule unter dem Kursbalken desselben Tages (bei Tagescharts) am unteren Ende des Charts dargestellt. Dabei steht eine hohe Umsatzsäule für große Umsätze, während eine kleine Umsatzsäule für kleine Umsätze steht. Um dies besser erkennen zu können, gibt es für den Umsatz eine eigene vertikale Skala mit einer Einheit – in unserem Beispiel Euro in Mrd. Oftmals werden die Umsatzsäulen auch in Rot und Grün dargestellt. Grüne Balken zeigen an, dass der Kurs im Vergleich zum Vortag (bei Tagescharts) gestiegen ist, während rote Balken zeigen, dass der Kurs gefallen ist. Der Umsatz wird deshalb häufig angegeben, weil die Entwicklung der Umsätze in der technischen Analyse bei einer Reihe von Methoden zur Bestätigung der Signale notwendig ist.«

# 3. Das Trendkonzept – die Mutter aller Dinge

Der Börsenaltmeister André Kostolany gebrauchte in seinen Vorträgen häufig den Satz: »*Spekulieren kann jeder, es zur richtigen Zeit zu tun, dass ist die Kunst*«. Genau dabei hilft uns das Trendkonzept!

Um das Pferd nicht von hinten aufzuzäumen, möchte ich mich dem Trendkonzept nähern, indem wir zunächst einen Blick auf das Wirken von Charles H. Dow werfen. Er begründete bereits Ende des 19. Jahrhundert die klassische Theorie von Trends und Trendbewegungen. Sie ist Teil der Dow-Theorie. Nach Dow ist ein Trend zunächst einmal »nur« eine Kurs-Richtungs-Angabe: auf-, ab- oder seitwärts. Neben der Richtung des Trends spielt für Dow auch die Zeit bzw. Dauer eine Rolle. Er schuf drei Trend-Kategorien: Primär (Haupttrend, langfristiger Trend, dauert von einem halben Jahr bis zu einigen Jahren), Sekundärtrend (Zwischentrend, mittelfristiger Trend, dauert bis zu einem halben Jahr) und Tertiärtrend (Nebentrend, kurzfristiger Trend, dauert ein paar Tage bis mehrere Wochen). Um die Sache noch etwas undurchschaubarer zu machen, wird der langfristige Trend, also der Primärtrend, in drei Phasen eingeordnet, die Aussagen über das Kauf- und Verkaufsverhalten der Anlegergruppierungen erlauben: Akkumulationsphase (Insider kaufen), Phase der öffentlichen Beteiligung (Trendfolger kaufen) sowie Distributionsphase (Insider verkaufen). Im Folgenden beleuchten wir auch, wie das Verhältnis der drei Trendkategorien – Primär-, Sekundär- und Tertiärtrend – zueinander ist. Dabei wird deutlich, dass jeder Trend ein Teil einer größeren Trend-Einheit eines übergeordneten Trends ist. So beobachtet man bspw., dass der Primärtrend der übergeordnete Trend des Sekundär- und Tertiärtrends ist. Letztlich mündet dies alles in den drei Grundzielen der technischen Analyse:

1. Erkenne den gegenwärtigen Trend
2. Früherkennung von Trendpausen bzw. -veränderungen
3. Prognose des zukünftigen Trends

Eine der wichtigsten Disziplinen der Chartanalyse ist die Trenderkennung. Wer den Trend erkennt, hat an der Börse schon gewonnen. Nicht umsonst lautet eine der bekanntesten Börsenweisheiten »The trend is your friend«, zu Deutsch: »Der Trend ist dein Freund«. Das bedeutet: Handeln Sie in Trendrichtung! Denn die Wahrscheinlichkeit, dass sich ein vorherrschender Trend auch in der näheren Zukunft weiter fortsetzt, ist größer, als dass eine Trendumkehr stattfindet. Um herauszufinden, welche Trendrichtung vorliegt, werde ich Ihnen das passende Rüstzeug zur Hand geben, wie Trendlinien oder -kanäle.

Wie im wirklichen Leben auch, muss man Freundschaften pflegen: Behalten Sie das Freundchen »Trend« im Auge! Um zu erkennen, wann eine Trendumkehr bevorsteht, hat die Charttechnik einiges zu bieten, wie Widerstand, Unterstützung usw.

Sie glauben, dass es zum Trend nichts mehr zu sagen gibt? Weit gefehlt. Der Trend hält noch ein paar Überraschungen bereit. So werden z. B. die primären Trends durch sekundäre Trends in die dem primären Trend entgegengesetzte Richtung unterbrochen. Eine Bewegung gegen die Richtung des Haupttrends wird *Retracement* (Rückkehrbewegung) oder auch Korrektur genannt. Sie drückt aus, dass sich das Wertpapier zu weit vom Trend entfernt hat und jetzt wie ein Schiff seinen Kurs korrigiert. Zu Beginn des 20. Jahrhunderts entdeckte der Trader W. D. Gann, dass *Retracement* nicht willkürlich erfolgt, sondern gewissen Regeln unterliegt. Diese werden wir uns ansehen.

Zum Abschluss des Kapitels werden wir das Pferd nun doch von hinten aufzäumen, indem wir einen Blick auf die Elliot-Wellen-Theorie werfen. Dabei werden Sie Gemeinsames mit der Dow-Theorie entdecken, aber auch Unterschiede. Dies führt uns schlussendlich zu den Fibonacci-Retracements.

## 3.1 Dow-Theorie – die Ursprünge der technischen Analyse

»Die meisten Techniker, die Kursbewegungen studieren, geben ohne langes Zögern zu, dass das, was man heute technische Analyse nennt, seine Ursprünge in den Theorien von Charles Dow hat«, erklärt Herr Hinrichs. »Ab 1899 veröffentlichte Dow seine Ideen in einer Serie von Artikeln unter dem trockenen Titel *Review & Outlook* im *Wall Street Journal*.[19] Unabhängig davon machte Dow zunächst eine verblüffende Entdeckung: Die Mehrheit aller Aktien an der Börse verhält sich in gleicher oder ähnlicher Weise. So schrieb Dow: ›*Aufgrund dieser Entdeckung ist es möglich, Aktien auszuwählen, die eine gute Indikation für die wirtschaftliche Gesundheit des Landes darstellen.*‹ Dies war die Geburtsstunde des ersten Aktienindexes. Welcher könnte dies wohl gewesen sein?«

### 3.1.1 Dow-Aussage zum Kurs: Alles ist schon enthalten!

Britta rutscht unruhig auf ihrem Stuhl hin und her: »Einer ist doch der berühmte *Dow Jones Industrial Average* (kurz: *Dow Jones*). Ich habe mal gelesen, das Dow noch einen *Railroad Average* entwickelt hat, um eines der damals aktuellsten Themen an der Börse – die Eisenbahnen – abzubilden. Heute wohl vergleichbar mit dem *Nasdaq*, in dem viele Wachstumsunternehmen versammelt sind.« Hans-Jürgen unterbricht Britta: »Ich habe gelesen, dass der *Railroad Average* später in *Dow Jones Transportation Average* umbenannt wurde. Dieser Index existiert heute noch.«

Herr Hinrichs übernimmt das Ruder wieder. »Dow wendete seine theoretische Arbeit auf diese beiden Aktienmarktindizes an.[20] Er fasste seine Theorie in sechs Kernaussagen zusammen. So

---

[19] Unglückerweise schrieb Charles Dow niemals ein Buch über seine Theorie. Im Jahr 1903 fasste S.A. Nelson die Dow-Artikel in dem Buch *The ABC of Stock Speculation* zusammen. In diesem Buch wurde der Begriff »Dow-Theorie« zum ersten Mal verwandt.

[20] Natürlich lassen sich die meisten Ideen von Dow problemlos auch auf andere Indizes bzw. Aktien übertragen.

schrieb William P. Hamilton in seinem Buch »The Stock Market Barometer«: ›*Die Summe und Tendenz der Börsentransaktionen repräsentieren das gesamte Wissen der Wall Street der Vergangenheit, sofort und aus der Entfernung, im Hinblick auf die Vorhersage der Zukunft. Deshalb besteht keine Notwendigkeit, den Indizes irgendetwas hinzufügen, wie z. B. Devisenkursschwankungen. Die Börse berücksichtigt all diese Dinge von selbst.*‹ *(1922, S. 40 – 41)* Wo habt ihr das schon einmal gehört?«

Peter richtet sich steif auf und ergreift das Wort: »Das ist etwas verklausuliert die erste Annahme der technischen Analyse (s. S. 18 ff.). Sie besagt, dass im Kurs schon alles drinsteckt: die Einschätzungen aller Marktteilnehmer in Bezug auf die Vergangenheit, Gegenwart und Zukunft, Insiderwissen etc. Auch unvorhersehbare Ereignisse wie Naturkatastrophen, Terroranschläge usw. werden rasch in den Kursen eingepreist.« »Richtig!«, sagt Herr Hinrichs. »Das bedeutet, dass die **Indizes alle relevanten Informationen widerspiegeln** (erste Kernaussage der Dow-Theorie)!«

### 3.1.2  Dows Aussagen zum Trend: Der Trend ist dein Freund!

»In den vorherigen Stunden war schon sehr oft von Trends die Rede. Deshalb ist es an der Zeit, diese etwas eingehender zu erörtern«, erklärt Herr Hinrichs. »Wie würdet ihr einen Trend definieren?« Sabine blättert in ihren Aufzeichnungen. Ihre Augen leuchten auf, als sie die Lösung findet. Sie eilt zur Tafel und skizziert Folgendes.

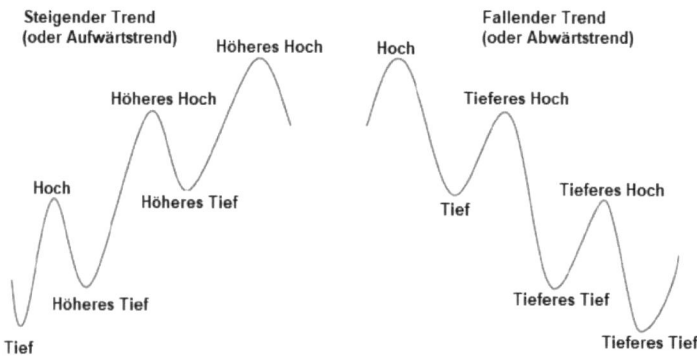

Abb. 20:   Definition eines Trends

Während sie zeichnet, sagt Sabine: »Wir haben bereits gelernt, dass der Markt nie geradlinig steigt, weil auf jeden Anstieg z. B. im Aufwärtstrend eine Korrektur folgt, die einen Teil der vorherigen Bewegung zunichtemacht. Ein steigender Trend bzw. **Aufwärtstrend** wird demnach definiert mit aufeinanderfolgenden höheren Hochs und aufeinanderfolgenden höheren Tiefs. Mit anderen Worten: Ein Aufwärtstrend weist ein Muster von steigenden Gipfeln und Tälern auf. Dagegen wird ein fallender Trend bzw. **Abwärtstrend** durch aufeinanderfolgende tiefere Hochs und aufeinanderfolgende tiefere Tiefs definiert.«

Herr Hinrichs nickt anerkennend und sagt: »Bis jetzt haben wir uns alle Beispiele nur schematisch angesehen. Ihr müsst sie euch einmal in einem aktuellen Chart ansehen, um das Ganze direkt vor Augen zu haben. Ihr werdet überrascht sein!« An der Tafel erscheint folgender Chart:

Abb. 21:   *Dow Jones Transport Index* vom 02.01.2013 bis 02.09.2015

Peter stellt erstaunt fest: »Im Chart erkennt man noch etwas: Eine Zone, in der der Kurs scheinbar keine rechte Lust hat, zu steigen oder zu fallen. Er tut einfach nichts! Er schwankt bloß zwischen zwei Werten hin und her.« »Gut beobachtet, Peter«, sagt Herr Hinrichs. »Neben den beiden von uns schon besprochenen Trendrichtungen auf- und abwärts existiert nämlich noch eine dritte – der Seitwärtstrend. Der **Seitwärtstrend**[21, 22] ist eine spezielle Form des Trends. Er ist besonders auf kurz- bzw. mittelfristigen Zeitebenen anzutreffen. Der Kurs bewegt sich typischerweise innerhalb einer Spanne, die durch das letzte signifikante Hoch und das letzte signifikante Tief definiert wird. Ein solcher Markt wird auch als trendlos bezeichnet. Was wissen wir bis jetzt über Trends?«

Sabine holt einen Zettel aus ihrem Notizbuch: »Das ist wirklich interessant. Bis jetzt haben wir festgestellt, dass der **Trend** sich in **drei Richtungen** bewegen kann: Aufwärts-, Abwärts- und Seitwärtstrend. Ein Trend ist also zunächst einmal eine Kurs-Richtungs-Angabe.« Herr Hinrichs nickt und schreibt eine Beobachtung Dows aus dem *Wall Street Journal* in der Ausgabe vom 20. Dezember 1900 an die Tafel.

> »Der Markt wird immer so betrachtet, als hätte er drei Bewegungen, die alle zur gleichen Zeit stattfinden. Die erste ist die Hauptbewegung, die zumindest ein Jahr oder mehr dauert. Die zweite ist das kurze Schwingen, das von drei Wochen bis zu drei Monaten andauert. Die dritte ist die enge Bewegung von Tag zu Tag bzw. einigen Wochen«

»Was meinte Dow wohl damit?« Hans-Jürgen denkt angestrengt nach, bis er erkennt, dass das Naheliegendste, was in seinem Kopf herumschwirrt, am meisten Sinn ergibt. »Neben der Kurs-Richtung katalogisiert Dow den Trend auch nach der Dauer und deren Wich-

---

[21] Charttechniker mögen Seitwärtstrends nicht, weil sie ihnen Grenzen aufzeigt. Wie wir später sehen werden, sind die meisten technischen Hilfsmittel und Systeme darauf ausgerichtet, Trends zu erkennen und zu nutzen, d. h. sie wurden in erste Linie für Märkte entwickelt, die sich nach oben oder unten bewegen. Dagegen funktionieren technische Hilfsmittel in trendlosen Phasen schlecht oder gar nicht. Deswegen erleben viele Charttechniker in Seitwärtstrends ihre größten Frustrationen bzw. verzeichnen sogar ihre größten Kapitalverluste.

[22] Strenggenommen hat Dow nur den Aufwärts- und Abwärtstrend beschrieben. Aber dennoch habe ich mich entschlossen, an dieser Stelle auch den Seitwärtstrend vorzustellen.

tigkeit in drei Kategorien.« Sabine gelingt das Kunststück, gleichzeitig zu lachen und zu seufzen: »Das ist verrückt!« »Eben nicht!«, hält Herr Hinrichs dagegen und schreibt Folgendes an die Tafel.

1. **Primärtrend** (nach Dow: 1. Bewegung oder Hauptbewegung): Dies sind ausgedehnte Aufwärts- oder Abwärtsbewegungen, die normalerweise ein halbes Jahr oder länger andauern und eine Wertänderung von mindestens 20 Prozent beinhalten.
2. **Sekundärtrend** (nach Dow: 2. Bewegung): Die Bewegungen des Primärtrends werden zwischenzeitlich durch Sekundärtrends in die entgegengesetzte Richtung unterbrochen. Das Ausmaß dieser Richtungsänderung beträgt in etwa 1/3 bis 2/3 der vorhergehenden Trendbewegung. Es handelt sich dabei um Korrekturen, die stattfinden, wenn die vorangegangene Dynamik des Primärtrends eine Verschnaufpause erforderlich macht. Die Dauer der Sekundärtrends kann zwischen wenigen Wochen oder mehreren Monaten betragen.
3. **Tertiärtrend** (nach Dow: 3. Bewegung): Obendrein werden die Bewegungen der Primär- und Sekundärtrends durch kleinere Preisschwankungen – die Minor- oder Tertiärtrends – überlagert. Der kurzfristige Tertiärtrend wird von Charles Dow als unbedeutend beschrieben, weil er zu leicht manipulierbar ist. Er dauert in der Regel wenige Stunden bis zu drei Wochen.

Nachdem Herr Hinrichs fertig geschrieben hat, erklärt er: »Somit ist klar, was die zweite Kernaussage der Dow-Theorie ist: **Der Kurs besteht aus drei Trends!**«

Sabine fragt vorsichtig: »Spaltet sich der Kurs irgendwie auf, damit diese drei Trends existieren können? Ich versteht das einfach nicht!« Herr Hinrichs legt nach: »Dow verglich die drei Trends mit den Tiden, Wellen und Gekräusel der Wasseroberfläche eines Ozeans. Menschen, die am Meer sind, wissen sofort, ob Ebbe oder Flut herrscht. Sie brauchen nur, das Ende einer Welle im Sand mit einem Stein oder Stock zu markieren. Überspülen die nachfolgenden Wellen diese Markierung, so herrscht Flut. Erreichen die nachfolgenden Wellen diese Markierung nicht mehr, so geht das Wasser zurück. Die Flut ist vorbei, die Ebbe tritt ein. Jeder, der schon einmal am Strand gestanden hat, konnte sehen, dass das Wasser bei Flut kontinuierlich steigt, obwohl dies nicht in einer Linie geschieht. Die Wellen sorgen dafür, dass das Wasser kommt, wieder leicht zurückläuft, wieder etwas höher kommt, zurückläuft, und so steigt der Wasserstand stetig an. Wenn man so will: Zwei Wellen vor und eine zurück! Dem aufmerksamen Betrachter am Strand fällt noch etwas anderes auf, wenn er sich die Wasseroberfläche genau ansieht – Kräuselungen. Dies sind kleine Wellen und Wasserspritzer, die keine klare Richtung haben. Übertragt dieses Modell doch jetzt auf die Börse!«

Fragend schauen sich die Schüler an, bis Petra die rettende Eingebung hat. »Die Gezeiten des Meeres entsprechen den Trends. Dabei steht die Flut für den Aufwärtstrend. Entsprechend des steigenden Wasserstands bei Flut steigen auch die Kurse in einem Aufwärtstrend. Folglich steht die Ebbe für den Abwärtstrend, weil Wasser und Kurse zurückgehen. Die Kurse schwappen wie Wellen hin und her. Deswegen kann man nicht auf Anhieb erkennen, ob ein Auf- oder Abwärtstrend vorherrscht. Dazu braucht man ein Hilfsmittel, ähnlich wie den Stock im Sand. Hier ist das der Chart. Die grafische Darstellung zeigt uns, ob die Grundrichtung des Trends aufwärts oder abwärts ist. Der Primärtrend steht also für Ebbe oder Flut, während der sekundäre Trend durch die Wellen repräsentiert wird, welche die Gezeiten bilden, und die tertiären Trends verhalten sich wie die Kräuselungen auf den Wellen, welche die Wellen durcheinanderwirbeln. Der Primärtrend verläuft also nicht geradlinig, sondern besteht (im Falle eines aufwärts gerichteten Trends) aus Aufwärtsbewegungen und Korrekturen. Diese Aufwärtsbewegungen und Korrekturen werden auch als mittelfristige Trends oder Sekundärtrends bezeichnet. Sie dauern in der Regel drei Wochen bis hin zu ein paar Monaten. Sekundärtrends können wiederum in kurzfristige Trends (Tertiärtrends) zerlegt werden. Sie haben ein noch kürzeres ›Verfallsdatum‹ und dauern in der Regel bis zu drei Wochen.« Während Petra erklärt, überträgt Herr Hinrichs ihre Gedanken in den folgenden Chart:

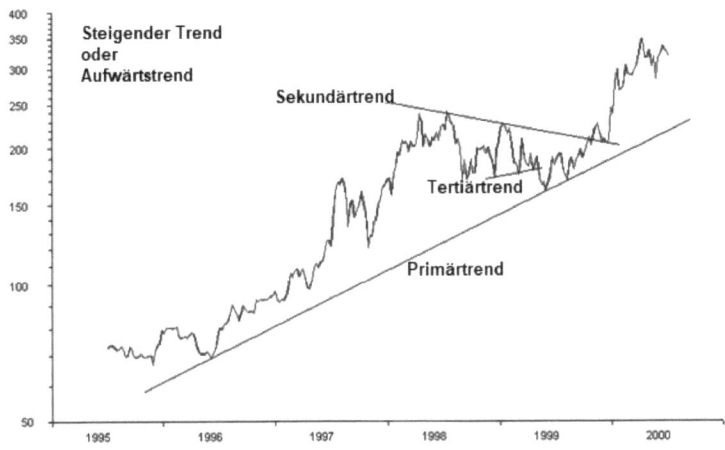

Abb. 22: Münchner Rückversicherung vom 04.07.1995 bis 04.07.2000, wöchentliche Schlusskurse

Hans-Jürgen studiert ausgiebig den Chart der Münchner Rückversicherung und lässt das Gesagte nochmals vor seinem inneren Auge Revue passieren. Er denkt bei sich: »Wie kriege ich bloß diese drei Trends unter einen Hut? Verflixt nochmal!« In der Hoffnung, dass die Stunde gleich rum ist, schaut Hans-Jürgen auf seine Uhr – und auf einmal macht es Klick. Natürlich war die Zeit der Schlüssel zum Verständnis! Die Trends stehen in einem ähnlichen Verhältnis zueinander, wie Stunden zu Minuten zu Sekunden. Sie greifen ineinander. Hans-Jürgen holt einen Zettel aus der Tasche und skizziert kurz seine Eingebung.

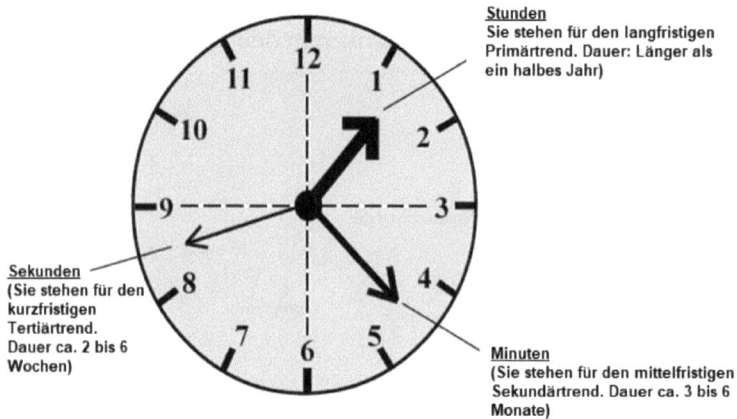

Abb. 23:  Die verschiedenen Trends in Abhängigkeit zur Zeit

Nachdem Hans-Jürgen nochmals seine Skizze angesehen hat, sagt er: »Der Chart der Münchner Rückversicherung zeigt: Jeder Trend ist Teil des nächstgrößeren Trends und besteht seinerseits aus kürzeren Trends. Der langfristige Aufwärtstrend im Chart symbolisiert den Primärtrend. Er wird durch sekundäre Bewegungen, die einige Monate dauern, in die entgegengesetzte Richtung unterbrochen, bevor der Primärtrend wieder zu seinem Aufwärtspfad zurückkehrt. Diese Sekundärtrends wiederum bilden ebenfalls keine gerade Linie, sondern bestehen aus mehreren kleineren Korrekturbewegungen, den Tertiärtrends.«

Britta verfolgt die Ausführungen aufmerksam. Nach einem kurzen Innehalten schüttelt sie den Kopf: »Dow sagte, dass diese Bewegungen alle gleichzeitig ablaufen. Wie kann das sein?«

Petra lächelt, bevor sie zu sprechen beginnt: »Mein Vater war auf Dienstreise in Russland und hat mir eine Matroschka mitgebracht. Eine Matroschka steckt jeweils in der anderen. Zudem besteht die größte Matroschka aus vielen kleineren Figuren. Die kleineren Figuren wiederum gibt es, weil es eine größere Figur gibt, die sie umschließt. Außerdem sind die kleineren Figuren in ihrer Form und Größe durch die nächstgrößere Figur begrenzt. Dagegen sind den größeren Figuren die Formen und Größe der inneren Figuren egal, solange diese sich innerhalb ihrer Außenmaße unterbringen lassen. Darum passen die anderen noch in den Bauch der übergeordneten Figur, wenn man eine Zwischenfigur weglässt. So ähnlich ist es mit den verschiedenen Trends. Sie verschachteln sich gleichzeitig in verschiedenen Zeiteinheiten.« Da ein Bild mehr als tausend Worte sagt, skizziert Petra ihre Idee an der Tafel.

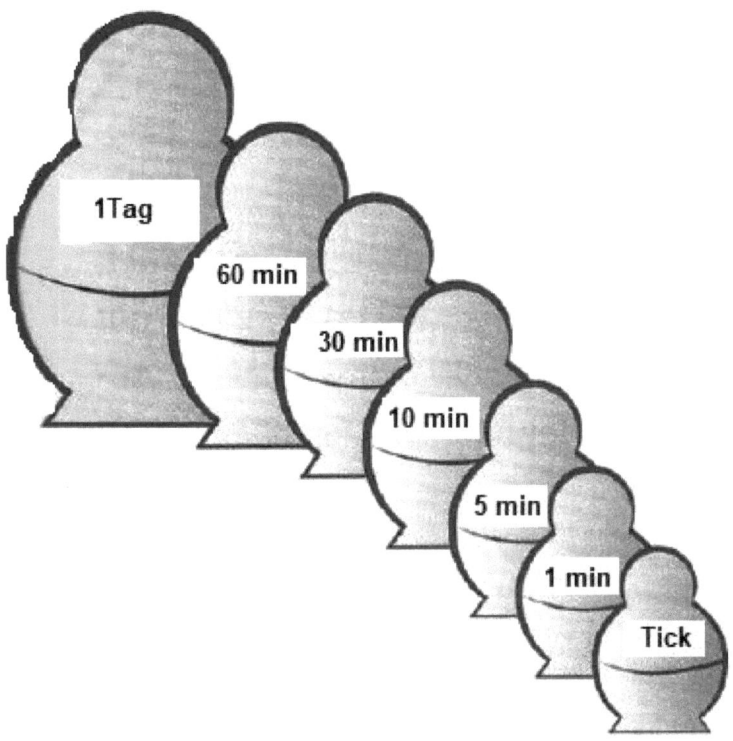

Abb. 24: Matroschka-Effekt der Zeiteinheiten
Quelle: Eigene Darstellung und Voigt 2013, S. 139

Herr Hinrichs nimmt den Gedanken von Petra auf und zeichnet Folgendes daneben.

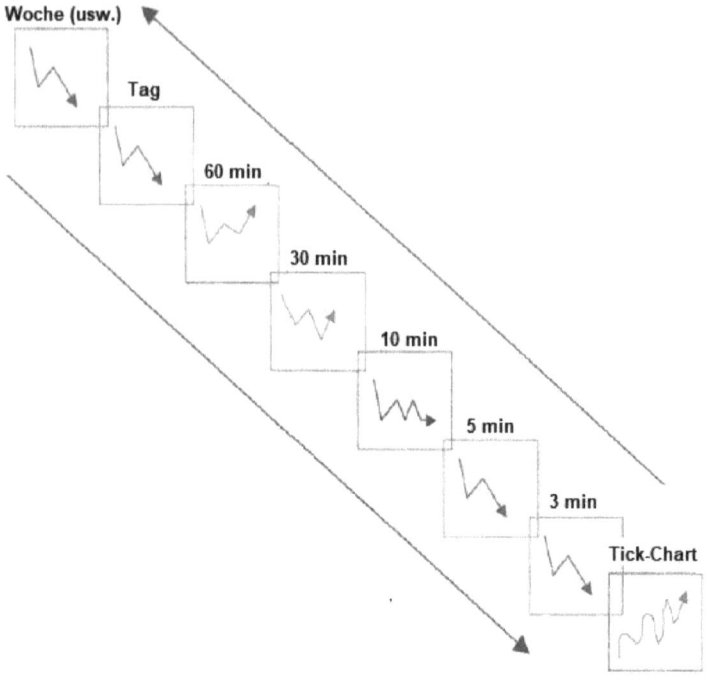

Abb. 25: Verschachtelung der Zeiteinheiten beim Handel
Quelle: Eigene Darstellung und vgl. Voigt 2013, S. 135

Britta geht ein Licht auf: »Natürlich, die verschiedenen Zeiteinheiten müssen gedanklich aufgeklappt und übereinandergelegt werden. Sieht man sich den Tageschart an, so erkennt man, dass man sich in einem Abwärtstrend befindet. Das ist der Primärtrend. Würde man nun diesen Chartverlauf aufklappen, also den Kursverlauf eine Zeiteinheit tiefer betrachten, so stellt man fest, dass sich im 60-Minuten-Chart ein Aufwärtstrend ausgebildet hat. Dieser kurze Aufwärtstrend im 60-Minuten-Chart ist in der größeren Zeiteinheit (Tageschart) nur die Korrektur-Bewegung im Abwärtstrend, also z. B. der Sekundärtrend. Würde man den Chartverlauf weiter aufklappen, würde man in den weiter untergeordneten Zeiteinheiten weitere Trends finden. Dies bedeutet: Durch die Betrachtung einer Aktie auf unterschiedlichen **Zeiteinheiten** kann ein und dieselbe Aktie unterschiedliche Trends ausweisen!«

Herr Hinrichs freut sich, dass Britta diesen Zusammenhang verstanden hat: »Richtig! Aber welche Schlüsse ziehst du daraus?« Erstaunt sieht Britta Herrn Hinrichs an: »Noch etwas?« Sabine kommt Britta zur Hilfe: »Wir haben den Trend in drei Kategorien nach seiner Dauer eingeordnet: Primär-, Sekundär- und Tertiärtrend. Doch in Wirklichkeit haben wir es mit zig Trenddauern zu tun. Mit Trends, welche nur wenige Minuten oder sogar nur Sekunden andauern, bis hin zu Trends, die mehrere Jahrzehnte andauern.«

»Deswegen kommt es in der Praxis immer wieder zu Missverständnissen, weil Charttechniker mit unterschiedlichen Analyse-Intervallen arbeiten und deshalb unterschiedliche Ansichten über lang-, mittel- und kurzfristige Trends haben. So kann es zum Beispiel sein, dass für den einen Charttechniker ein Trend von zwei Stunden Dauer bereits ein Primärtrend ist, für einen anderen ist dies jedoch ein tertiärer Trend. Deswegen führt die Pauschalaussage ›Der Markt befindet sich in einem Aufwärtstrend‹ häufig in die Irre. Es muss immer der betrachtete Zeitraum berücksichtigt werden«, merkt Herr Hinrichs an. »Welche praktischen Auswirkungen hat das?«

Gedankenverloren blättert Sabine ihre Aufzeichnungen zum Thema Charts durch. »Natürlich!«, ruft sie. »Das hat Auswirkungen auf die Chartkonstruktion. Wegen der zig Trends auf unterschiedlichen Zeitebenen muss ein Trader immer zuerst den Zeitrahmen und anschließend die Zeitintervalle eines Charts[23] festlegen. Ansonsten droht er, sich wie in einem Irrgarten zu verlaufen. Somit muss ich vier Dinge festlegen, um einen Chart zu zeichnen. Moment, ich schreibe das mal an die Tafel.«

---

[23] Denn die vorgestellten Varianten der Trendbewegungen, Aufwärts-, Abwärts- oder Seitwärtstrends, wechseln sich ständig ab und lassen sich in allen Zeiträumen beobachten. Die genannten Trendphasen können in einem Chart mit einem Monatsintervall ebenso gesehen werden wie in einem Intradaychart, der als Basis für die Kursbewegung eine Minute je Intervall hat.

Tab. 7: Chartkonstruktion

| | Festlegung | Beschreibung |
|---|---|---|
| 1. | Zeitrahmen des Charts (bzw. Chart-Zeitraum) | Ein Chart zeigt den Kursverlauf über einen bestimmten Zeitraum an, z. B. den *Dow Jones Industrial Average* vom 26. Mai. 1896 bis 31.12.2016. (Dieser Zeitraum kann frei gewählt werden.) <br><br> **Zeit** <br> ⊢────┤ **(X-Achse)** <br><br> **betrachter Zeitrahmen (von z. B. 26.05.1896 bis 31.12.2016)** |
| 2. | Zeitintervall des Charts (bzw. Chart-Zeiteinheiten) | Der Chart fasst den Kursverlauf mittels der von mir bestimmten Zeitintervalle in einem zuvor festgelegten Zeitrahmen zusammen. <br> Bleiben wir beim Beispiel des *Dow Jones*. Niemand von uns würde wohl auf die Idee kommen, einen Chart mit knapp 120-jährigen Kursverlauf grafisch mit der Zeiteinheit täglich darzustellen. Hier bieten sich eher Jahres-, Quartals- oder Monatsintervalle an. <br><br> **Zeit** <br> ⊢┬┬┬┤ **(X-Achse)** <br><br> **betrachteter Zeitrahmen jetzt, eingeteilt in ein Intervall (z.B. Tag, Monat, Jahr usw.) (z. B. wird der Zeitraum vom 26.05.1896 bis 31.12.2016 für den Dow Jones eingeteilt in Jahresintervalle)** |
| 3. | Skalierungsart des Charts (bzw. Chart-Skalierung) | Hier muss man festgelegen, welche Skalierungsart die y-Achse (Kursachse) des Charts haben soll. Bei der arithmetischen Skalierung sind die Abstände zwischen den Zahlen bzw. Kursen jeweils gleich. Dagegen sind bei der logarithmischen Darstellung die prozentualen Abstände zwischen den Kursen gleich. |
| 4. | Art des Charts (bzw. Chart-Typ) | Hier legen wir den Chart-Typ fest, z. B. Linien-, Kerzen- oder Balkenchart. |

Herr Hinrichs nickt, zufrieden mit dieser Antwort, und zeichnet folgenden Chart an die Tafel.

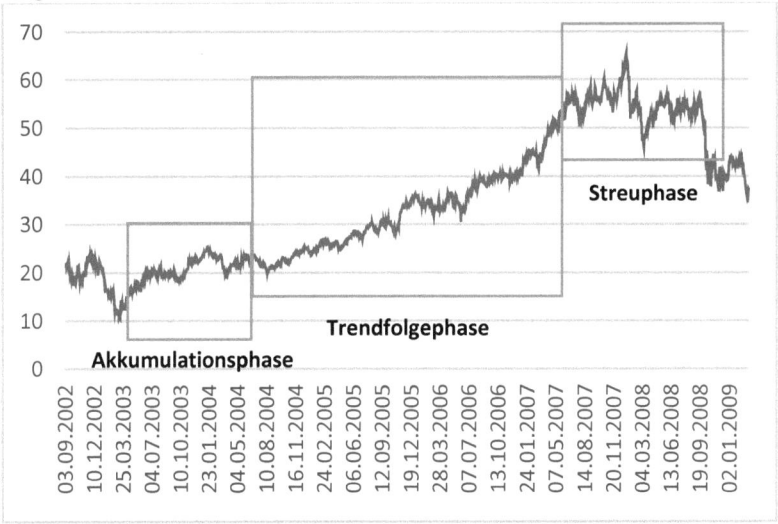

Abb. 26:  Die drei Phasen eines primären Trends für Bayer-Aktienkurse vom 03.09.2002 bis 03.03.2009

Dazu führt er aus: »Die dritte Kernaussage der Dow-Theorie ist: **Primärtrends haben drei Phasen.**«

1. **Akkumulationsphase**: Hier kaufen die »informierten« Profis die Aktien. Üblicherweise schließt sich die Akkumulationsphase nach einer langen Baisse-Phase an, in der sich die Privatanleger aus dem Aktienmarkt verabschiedet haben und zum Neueinstieg noch nicht bereit sind. Die negative Berichterstattung in der Presse lässt auf ein Andauern der Baisse schließen. Allerdings verlangsamt sich die Abwärtsbewegung, die Aktienmärkte beginnen, langsam anzudrehen, weil eine steigende Nachfrage auf eine geringe Abgabebereitschaft trifft.
2. **Trendfolgephase** (oder Phase der öffentlichen Beteiligung): Hier springt jetzt die breite Masse auf den fahrenden Zug auf. Die Aktienkurse steigen seit einigen Monaten, dies wird flankiert durch bessere Unternehmenszahlen,

d. h. steigende Gewinne. Dies greift die Presse auf und berichtet zunehmend positiver. Hierdurch werden die Privatanleger aufmerksam und fangen wieder zu investieren an. Dazu kommen noch viele Fonds, die in dieser Phase wieder neue Mittelzuflüsse verzeichnen und diese investieren müssen.
3. **Distributionsphase** (Streuphase): Jetzt verkaufen die Profis, die in der Nähe des Tiefpunktes anfingen, Aktien zu akkumulieren (als kein anderer kaufen wollte), ihre Positionen, bevor es die Masse tut. Dies bleibt unbemerkt, weil die Presseberichte noch euphorisch sind. Dies führt dazu, dass jetzt auch die schlecht informierten bzw. wenig interessierten Anleger erkennen, etwas verpasst zu haben. Eine sog. Dienstmädchenhausse beginnt. In dieser Phase ist oft die Gier die Triebfeder vieler Anleger, der Verstand ist ausgeschaltet. Dow merkte dazu an: »*Wenn der Optimismus am größten ist, sollte man verkaufen, während man voll in Aktien investieren sollte, wenn der Pessimismus am ausgeprägtesten ist.*«

»Na gut«, setzt Peter langsam an, »wozu brauchen wir diese erneute Einteilung des Primärtrends?« »Diese Einteilung des Marktes gibt Hinweise auf das Käufer- und Verkäuferverhalten in der jeweiligen Phase des Primärtrends«, erwidert Herr Hinrichs. »Die eigentliche Bedeutung rührt daher, dass sie dem Trader anzeigen, wann er handeln sollte. Er sollte versuchen, möglichst in der Akkumulationsphase zu kaufen, d. h. in der Trendfrühphase. Zudem sollte er in der Distributionsphase seine Aktien wiederverkaufen, weil es in dieser Phase häufig die ersten Anzeichen für einen Trendbruch gibt. Gerade dieses Wissen hilft auch vielen Anlegern, in der Distributionsphase ihre Aktien tatsächlich zu verkaufen, obwohl die Kurse noch steigen. Sie wissen: Das Ende steht kurz bevor. Kennt ihr ein Beispiel für eine Distributionsphase?«

Sabine blättert in dem Buch *Finanzkrisen: Mythos und Wahrheit, Anatomie und Geschichte*. Plötzlich sagt sie: »Das ist es! Der Verlauf des Neuen Marktes im Jahr 2000 ist dafür ein typisches Beispiel. Ermuntert durch Bankanalysten und Presseberichte wurde jeder Kursrückgang als ›Chance der verpassten Gelegenheit‹ oder als ›zweite Chance‹ propagiert. Dies führte dazu, dass die Privatanleger fleißig weiter Aktien kauften, weil sie glaubten, die Märkte würden weiter zulegen. Allerdings wissen wir heute durch Ermittlungen der Staatsanwaltschaft, dass damals die Banken – sprich: Profis – zur gleichen Zeit die gerade empfohlenen Aktien verkauft hatten.«

»Woran erkenne ich, dass ein Trend zu Ende geht oder beginnt?«, murmelt Rolf. Herr Hinrichs antwortet: »Dow geht davon aus, dass Signale, die sich im *Dow Jones Industrial Average* ergeben, auch vom *Dow Jones Transportation Average* bestätigt werden müssen. Mit anderen Worten, die **Indizes müssen sich gegenseitig bestätigen** (vierte Kernaussage der Dow-Theorie). Weichen die beiden Indizes voneinander ab, so geht Dow von der Fortsetzung des bisherigen Trends aus. Die beiden Signale müssen nicht gleichzeitig auftreten, jedoch erkannte Charles Dow, dass die Bestätigung umso stärker ist, desto kürzer die Zeitspanne zwischen ihnen ist. Wird beispielsweise nur in einem Index ein neuer Trend kreiert, so ist dieser neue Trend mit Vorsicht zu genießen. Nur wenn beide einen neuen Trend ausbilden, gilt er als gesichert. Seine Begründung ist: Wird in der Industrie mehr produziert, so steigt auch der Transportbedarf – und umgekehrt.« An der Tafel erscheint folgender Chart:

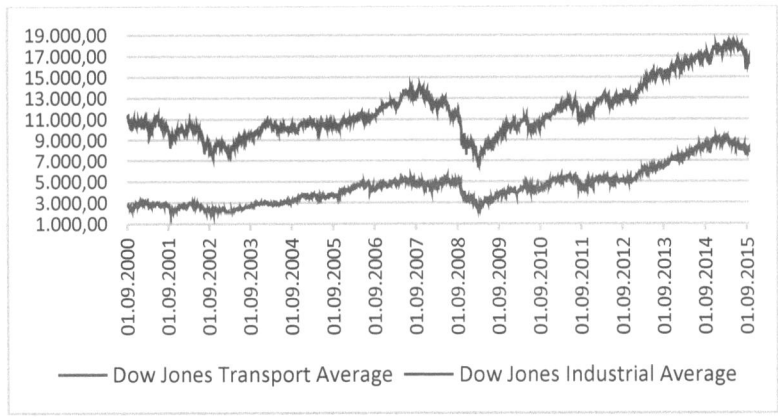

Abb. 27: *Dow Jones Industrial Average* und *Dow Jones Transport Average*

Staunend werfen die Schüler einen Blick auf den Chart. Hans-Jürgen ruft in die Klasse. »Das ist ja toll! Am 09.03.2009 lieferten sowohl *Dow Jones Industrial* als auch *Dow Jones Transportation Average* das gleiche Signal, d. h. sie bestätigten sich gegenseitig. Tatsächlich leitete dies einen Aufwärtstrend ein. Auf der anderen Seite zeigt sich, dass der *Dow Jones Industrial Index* im Sommer 2008 ein neues Hoch ausbildete, während dieses vom *Dow Jones Transport Index* nicht bestätigt wurde. Somit war der Anstieg des *Dow Jones Industrial Index* über das vorangegangene Top von Mai 2007 nur ein Strohfeuer bzw. ein Fehlsignal, was anschließend durch die heftigen Kursverluste bestätigt wurde.«

»Hört jetzt gut zu«, begann Herr Hinrichs. »William P. Hamilton, einer der Nachfolger Dows beim *Wall Street Journal*, schrieb am 25. Oktober 1929, wenige Tage vor dem großen Börsenkrach: ›*Die 20 Eisenbahnaktien haben am 23. Oktober einen Hinweis auf fallende Kurse bestätigt, den die Industrieaktien zwei Tage vorher bestätigt hatten. Die beiden Indizes gaben das Signal für einen Bärenmarkt im Anschluss an einen Bullenmarkt, der sechs Jahre gedauert hatte. Dies wurde bestätigt durch hohe Umsätze.*‹« Um seine Ausführungen zu untermauern, zeigt Herr Hinrichs seiner Klasse folgenden Chart:

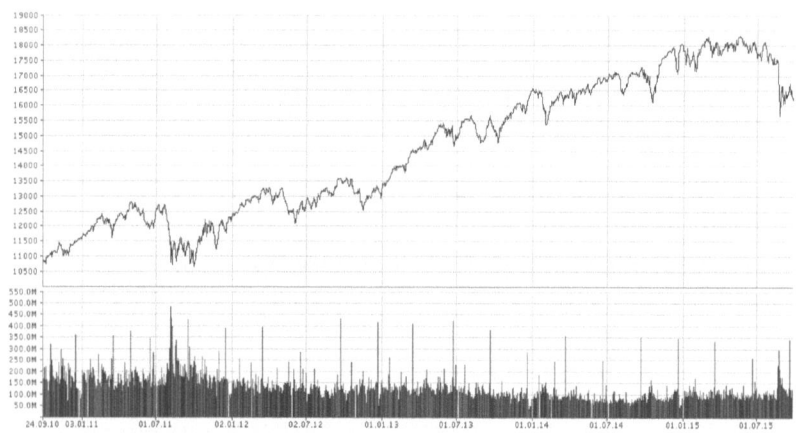

Abb. 28: *Dow Jones Industrial Average* mit Volumen

Den erstaunten Schülern erklärt Herr Hinrichs weiter: »Für Dow ist das Volumen ein wichtiger Indikator. So sagte er: ›*Volume goes with the trend*‹ (zu Deutsch: **Das Volumen sollte den Trend bestätigen!** (fünfte Kernaussage der Dow-Theorie)). Somit müssen in einem Aufwärtstrend Tage mit Kursgewinnen mit hohen Volumina einhergehen – steigende Kurse treffen also auf steigende Nachfrage –, während Korrekturtage von niedrigeren Umsätzen begleitet sind – schwächere Kurse treffen also auf wenig Abgabebereitschaft. Umgekehrt sollte in einem Abwärtstrend der Umsatz bei fallenden Kursen ansteigen und bei steigenden Kursen abnehmen. Ein Abweichen von diesem Verhaltensmuster ist ein Warnsignal, dass eine mögliche Trendwende bevorsteht. Allerdings stellte Dow klar, dass der Umsatz nur ein sekundärer Indikator ist, seine aktuellen Kauf- und Verkaufssignale stellte er vollkommen auf die Schlusskurse ab.«

»Wann ist denn nun ein Trend beendet?«, wirft Rolf etwas verärgert ein. Genervt fährt sich Sabine mit den Fingern durch das Haar, während ihr Blick zu Rolf schweift: »Hast du vorhin gar nicht zugehört? Aus der Definition des Trends ergibt sich, dass ein Warnsignal für eine mögliche Trendwende dann angezeigt wird, wenn in einem Aufwärtstrend das vorherige Hoch nicht mehr überschritten werden kann oder der vorherige Tiefpunkt bei der Korrekturbewegung unterschritten wird. Wenn sowohl der Hochpunkt als auch der Tiefpunkt unterhalb des vorherigen liegen, ist die Trendwende vollzogen.«

Herr Hinrich fügt hinzu: »**Ein Trend besteht so lange, bis es ein Signal gibt, dass er sich umkehrt!** (sechste Kernaussage der Dow-Theorie) Das klingt alles recht einfach, das ist es aber nicht! Denn wann bricht ein Trend und wann handelt es sich nur um eine kurzfristige Korrektur? Das ist eine der schwierigsten Fragestellungen in der technischen Analyse, zu deren Beantwortung eine Vielzahl von technischen Hilfsmitteln entwickelt wurde. Dies sind z. B. Trendlinien, Unterstützungs- und Widerstandslinien usw. Diese werden wir in der nächsten Stunde im Rahmen der Trenderkennung besprechen.«

## 3.2 Trenderkennung: *The trend is your friend?*

»Ohne Trend geht in der Charttechnik nichts!«, erklärt Herr Hinrichs. »Wie wir in der vorherigen Stunde gesehen haben, ist der Trend ein sehr weites Gebiet. Um sich nicht zu verirren, braucht man auf diesem unkartierten Gelände einen Kompass, der hilft, die Richtung zu halten. Wie würdet ihr vorgehen?«

»Eine Zusammenfassung über alles Wissenswerte zu Trends wäre gut, um das Wesentliche erkennen zu können«, sagt Britta. »Deine Idee ist gut! Welche Eigenschaften des Trends sind für dich besonders wichtig?«, fragt Herr Hinrichs. Britta nimmt einen Zettel aus ihrem Ordner und geht zur Tafel. Dort schreibt sie auf:

**Tab. 8: Das Wesen des Trends**

| Trend* | Trendordnung | Wichtigkeit | Trendphasen |
|---|---|---|---|
| Primärtrend | dem Sekundär- und Tertiärtrend übergeordneter Trend | Haupttrend (langfristiger Trend) Dauer: 6 Monate – mehrere Jahre) | Akkumulationsphase; Phase öffentlicher Beteiligung: Distributionsphase |
| Sekundärtrend | dem Primärtrend untergeordneter sowie dem Tertiärtrend übergeordneter Trend | Zwischentrend (mittelfristiger Trend) Dauer: 3 Wochen – 6 Monate | |
| Tertiärtrend | untergeordneter Trend | Nebentrend (kurzfristiger Trend) Dauer: Tage bis 3 Wochen | |

*Die Wahrscheinlichkeit einer Trendfortsetzung ist immer höher als die einer Trendumkehr.*

»Ein Kurs hat drei Trends, wobei der Primärtrend der wichtigste ist. Deswegen sollte man stets in Richtung des Primärtrends handeln«, erklärt Britta ihre Aufzeichnungen. »So hat man bei seiner Entscheidung durch den langfristigen Trend Rückenwind. Deswegen heißt es auch: Der Trend ist dein Freund.« Herr Hinrichs nickt und merkt an: »Ähnlich wie beim Trend mit seinen drei Richtungen hat man auch als Trader die Auswahl zwischen drei Entscheidungen – zu kaufen (long gehen), zu verkaufen (short gehen) oder gar nichts tun (draußen bleiben). Wenn der Markt steigt (Aufwärtstrend), ist es angebracht, zu kaufen. Wenn der Markt dagegen fällt (Abwärtstrend), ist es ratsam, zu verkaufen. Falls der Markt hingegen seitwärts tendiert, ist es am klügsten, einfach draußen zu bleiben.«

»Haben wir da nicht etwas vergessen?«, wirft Rolf ein. »Muss nicht zunächst die Wahl der Zeiteinheit stattfinden? Schließlich können unterschiedliche Zeiteinheiten unterschiedliche Trends aufweisen.« Anerkennend nickt Herr Hinrichs und fügt an: »Auf Grundlage von Übungstrades kann sich für einen Charttechniker eine bestimmte Zeiteinheit herauskristallisieren, in der er seine Ziele, seine zur Verfügung stehende Zeit und vor allem seine Psyche optimal auf einen gemeinsamen Nenner bringen kann. Die Wahl der Zeiteinheit ist aber auch vom Tradingkapital abhängig. Es gilt: Je kleiner die Zeiteinheit gewählt wird (10, 5, 1 Minute(n)), umso höher wird die Handelsfrequenz.« Sabine schaut auf die Tafel: »Sind denn die Sekundär- und Tertiärtrends zu nichts zu gebrauchen?« »Als Trader ist es ratsam, sich z. B. in einem langfristigen Aufwärtstrend so zu positionieren, dass man in den Anfängen mittelfristiger (Sekundärtrend) Aufwärtsbewegungen kauft. Somit dient der Sekundärtrend zur Positionierung. Oftmals nutzen Trader den tertiären Trend zum Zwecke des Timings. So würde ein Trader den Bruch eines tertiären Abwärtstrends in einem sekundären Aufwärtstrend nutzen, um Käufe zu tätigen. Somit ist der tertiäre Trend dem Trader dabei behilflich, den Einstiegspunkt in den mittelfristigen Trend zu finden. Ich fasse mal an der Tafel zusammen, wie man dabei vorgeht«, erklärt Herr Hinrichs.

| Allgemein | Unsere Annahmen |
|---|---|
| 1. Wahl der Zeiteinheit | Tageskurse! Somit besteht ein Kursbalken aus: Tageseröffnungs-, Tageshöchst-, Tagestiefst- und Tagesschlusskurs |
| 2. Finde den Trend in der Zeiteinheit | 1. Suche den Primärtrend! 2. Suche nach dem Sekundärtrend! 3. Suche nach dem Tertiärtrend! |
| 3. Überprüfung, ob eine Trendumkehr möglich ist | Untersuchung des Primärtrends (nur sein Bruch signalisiert einen Trendwechsel) |
| 4. Prognose über den zukünftigen Trendentwicklung | Solange der Primärtrend keine Trendumkehr zeigt, wird sich der Trend in dieselbe Richtung weiterentwickeln. |

Abb. 29: Plan zur Findung des Trends

»Wer die technische Analyse wirklich verstehen möchte, um erfolgreich an der Börse zu agieren, sollte sich mit Widerstand und Unterstützung beschäftigen. Von diesem Konzept lässt sich eine Vielzahl der technischen Analyseverfahren ableiten.«

### 3.2.1 Diese Marken muss man kennen: Unterstützung und Widerstand

Herr Hinrichs skizziert auf der Tafel folgenden Tageschart von Bayer.

Abb. 30: Tageschart der Bayer-Aktie mit Unterstützung und Widerstand

»Im täglichen Börsengeschehen lässt sich des Öfteren ein Phänomen beobachten: Von einem bestimmten Niveau prallen die Kurse immer wieder ab, als ob dort ein imaginäres Hindernis wäre, welches der Kurs nicht überwinden kann, wie z. B. in unserem Beispiel-Chart im September 1998. Je nach Konstellation spricht der Charttechniker dann von einer Unterstützung oder einem Widerstand. Im Allgemeinen beschreibt der Begriff Unterstützung (engl. *Support*) bzw. Widerstand (engl. *Resistance*) die Richtung, aus der sich der Kurs auf eine solche Linie zubewegt. Somit stellt ein Unterstützungsniveau ein Preis-Level dar, das ein fallender Kurs nur schwer zu unterschreiten vermag. Diese **Unterstützungslinie**[24] bildet gewissermaßen eine Barriere, an der der Kurs wieder nach oben abprallt (siehe: untere schwarze Linie im Chart). Eine **Widerstandslinie** ist exakt das Gegenteil einer Unterstützungslinie. Folglich handelt es sich um ein Preis-Niveau, an dem ein steigender Kurs seinen potenziellen Widerstand findet und die Aufwärtsbewegung zum Stillstand führt (siehe: die obere schwarze Linie im Chart), d. h. der Kurs prallt nach unten ab. In der Regel bleibt der Kurs für einige Zeit (z. B. im Bayer-Chart für ca. 8 Monate) in diesem Korridor, weshalb eine Annäherung an die Unterstützungslinie für Käufe genutzt werden kann, eine Annäherung an den Widerstand für Verkäufe. Der Grund für diese Kontinuität ist psychologisch bedingt: Es gibt immer viele Anleger, die die Aktie an einem Hochpunkt gekauft haben – ansonsten gäbe es diesen Kurs ja nicht – und damit in die Verlustzone gerutscht sind. Sie möchten verständlicherweise ihre Aktien möglichst verlustfrei wiederverkaufen, also zum alten Hochpunkt. Deshalb stellt sich in diesem Bereich ein erhöhtes Angebot (Verkaufsdruck) ein und der Kurs fällt. Umgekehrt steigt an der Unterstützung die Nachfrage, weil viele Anleger die Aktie zu diesem Kurs für günstig halten. Deswegen wird eine Unterstützungs- oder Widerstandslinie umso bedeutender, je öfter der Kurs die eingezeichnete Linie berührt hat. Als Faustregel gilt: Es wird nur eine Unterstützungs- oder Widerstandslinie in einem Chart eingezeichnet, wenn bereits drei Berührungen stattgefunden haben. Weiterhin nimmt die Bedeutung der Unterstützungs- oder Widerstandslinie zu, je höher das Handelsvolumen in einer Unterstützungs- oder Widerstandszone ist, da viele Marktteilnehmer zu diesem Zeitpunkt am Markt aktiv sind. Die Unterstützungs- oder Widerstandszone wird umso bedeutender, je länger die Zeitspanne ist, in der sich die Kurse innerhalb der Unterstützungs- oder Widerstandszone befinden. Wenn ein Kurs beispielsweise ein Jahr konsolidiert, bevor es zu einem Kursausbruch kommt, so ist diese Zone bedeutender als eine Konsolidierung von nur wenigen

---

[24] Darum wird sie häufig auch als Kursgrenze bezeichnet. Zwar gibt es keine Garantie dafür, dass der Kurs einer Aktie nicht auch noch unter die Unterstützungslinie fallen kann – da das aber nur selten vorkommt, stellt die Unterstützungslinie eine gute Grundlage für eine Entscheidung zu einem Wertpapierkauf, das heißt zur Berechnung des möglichen Verlustes, dar.

Tagen innerhalb eines Kursbereiches. Je länger die Konsolidierungsphase war, desto größer werden die Auswirkungen sein, da die Marktteilnehmer ihr Verhalten verändern werden.«

Sabine schüttelt genervt den Kopf:»Ich verstehe das nicht! Wie zeichne ich Widerstand und Unterstützung in einen Chart ein?« Bevor Herr Hinrichs antworten kann, meldet sich Peter zu Wort:»Ist doch klar, aus den vergangenen Kursen. Um eine Widerstandslinie zu zeichnen, werden einfach die auf einem Kursniveau liegenden Hochpunkte (Kursgipfel) durch eine waagerechte Linie im Chart verbunden. Zur Zeichnung einer Unterstützungslinie werden die auf einem gleichen Kursniveau liegenden Tiefpunkte (Kurstäler) mit einer waagerechten Linie verbunden. Eine Widerstandslinie liegt immer über dem aktuellen Kurs, weil sie von mehreren Hochs auf gleicher Höhe erzeugt wurde. Sie ist ein Hindernis für den Kurs, das er nur schwer durchbrechen kann. Umgekehrt stellt die Unterstützung eine waagerechte Linie unterhalb des aktuellen Kurses dar, die von mehreren Tiefs auf gleicher Höhe generiert wurde. Sie gibt dem Kurs quasi Halt gegen weitere Rückschläge.«

Herr Hinrichs fragt:»Was glaubt ihr, wie passt das Konzept von Widerstand und Unterstützung zu unserem Bild des Trends?« Um seiner Klasse bei der Antwort zu helfen, zeichnet er Folgendes an die Tafel.

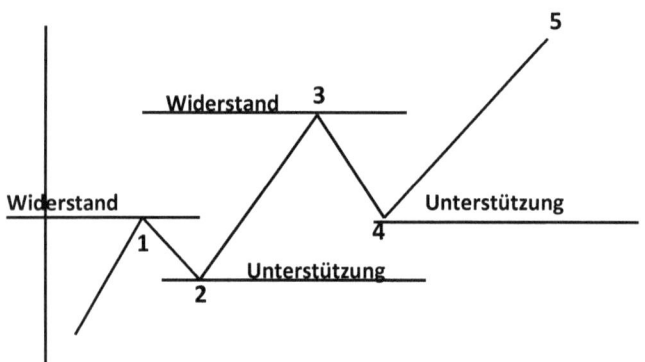

Abb. 31: Unterstützungs- und Widerstandslinien in einem Aufwärtstrend

Die Punkte 1 und 3 bilden Widerstandslinien oberhalb und die Punkte 2 und 4 Unterstützungslinien unterhalb der aktuelleren Kurse aus.

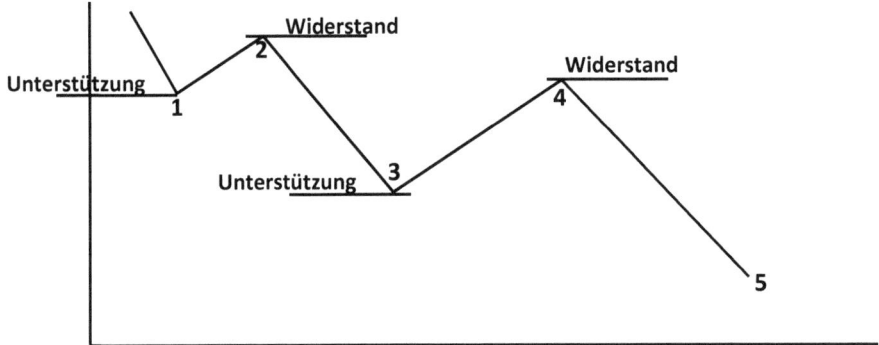

Abb. 32: Unterstützungs- und Widerstandslinien in einem Abwärtstrend

Die Punkte 1 und 3 bilden Unterstützungslinien unterhalb und die Punkte 2 und 4 Widerstandslinien oberhalb der aktuelleren Kurse aus.

Petra erinnert sich an Dows Aussagen zum Trend: »Dow sieht einen Aufwärtstrend als eine Folge steigender Hoch- und Tiefpunkte. Das bedeutet: Jeder Hochpunkt muss den vorherigen Hochpunkt übersteigen und jeder Tiefpunkt muss über dem vorherigen Tiefpunkt liegen. Darum muss im Aufwärtstrend immer wieder ein Widerstand, der sich aus dem vorherigen Hochpunkt ergab, überwunden werden. Zusätzlich darf die Unterstützung, die sich aus dem vorherigen Tiefpunkt ergab, nicht durchbrochen werden. Somit zeigt sich im Chart ein Muster von steigenden Unterstützungs- und Widerstandslinien. Daher befindet sich der Aufwärtstrend jedes Mal in einer kritischen Phase, wenn das Niveau des vorangegangenen Kurshochs getestet wird. Kommt es jetzt zu einem fehlgeschlagenen Ausbruchsversuch, ist dies ein Warnzeichen für einen Trendwechsel. Umgekehrtes beobachtet man bei einem Abwärtstrend. Da der Abwärtstrend durch eine Folge fallender Hoch- und ebenfalls fallender Tiefpunkte gekennzeichnet ist, sieht man im Chart ein Muster von fallenden Unterstützungs- und Widerstandslinien. Sollte jetzt eine Unterstützungslinie nicht durchbrochen werden, wäre dies ein Indiz für einen **Trendwechsel**[25]. In Seitwärtstrends bewegt sich der der Kurs innerhalb einer waagerechten Bandbreite zwischen dem Widerstand und der Unterstützung.«

Hans-Jürgen wirft in die Runde: »Mir ist aufgefallen, dass sich z. B. beim Chart mit dem Aufwärtstrend (s. Abb. 31, S. 74) eine Widerstandslinie in eine Unterstützungslinie wandelt, wenn diese durchbrochen wird.« Um seiner Beobachtung mehr Gewicht zu geben, zeichnet er Folgendes an die Tafel:

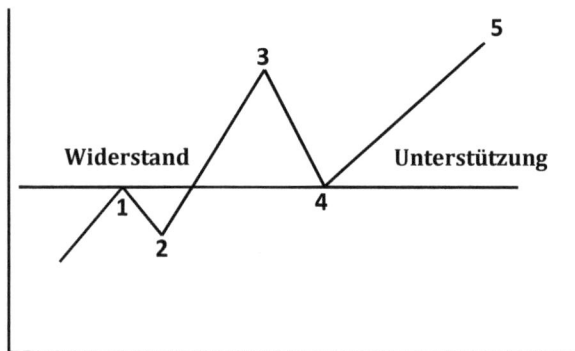

**Abb. 33:** Widerstand und Unterstützung in einem Aufwärtstrend

In einen Aufwärtstrend werden Widerstandslinien, falls sie signifikant durchbrochen werden, zu Unterstützungslinien. So wird der Widerstand von Punkt 1 nach dessen Überwindung an Punkt 4 zu einer Unterstützung.

»Hans-Jürgen, damit hast du ins Schwarze getroffen«, lobt Herr Hinrichs. »Deine Beobachtung führt zu einer wichtigen Regel beim Umgang mit Unterstützung und Widerstand. Diese besagt: Die Linien können bei einem signifikanten Bruch ihre Rollen tauschen, sodass eine Widerstandslinie zur Unterstützungslinie wird – und umgekehrt. Das Gleiche gilt für eine Unterstützungslinie, die nach unten hin unterbrochen wird. Eine Linie gilt dann als signifikant durchbrochen, wenn der neue Schlusskurs, je nach Niveau, drei

---

[25] Der Test der Unterstützungs- und Widerstandslinien führt häufig zu bestimmten Bildern im Chart, die entweder auf eine Trendumkehr hindeuten oder bloß auf eine Pause innerhalb des bestehenden Trends andeuten. Wegen ihrer Bedeutung werden sie in Kapitel 4 beschrieben.

Prozent über bzw. unter dem Wert dieser Linie liegt oder an zwei aufeinanderfolgenden Tagen jenseits des Niveaus des Widerstands oder der Unterstützung schließt. Eine weitere Beobachtung ist, dass Auf- oder Abwärtsbewegungen häufig an runden Kursmarken (wie z. B. 10, 20, 25, 50, 75, 100 ...) stoppen, weil viele Trader sie als Kursziele annehmen und danach handeln. Darum werden diese runden Zahlen auch als psychologische Unterstützungs- oder Widerstandslinien bezeichnet. Hieraus leitet sich die Handelsregel ab: *Vermeiden Sie, Wertpapierorders in der Nähe auffälliger, runder Zahlen zu platzieren!*«

Rolf macht sich einige Notizen und blättert lustlos in seinen Aufzeichnungen herum: »Ist das wieder irgendein theoretischer Firlefanz? Wo ist der praktische Nutzen?« Herr Hinrichs kontert mit einer Frage: »Rolf, wie erkennt man, wo Unterstützung und Widerstand im Chart liegen?« Rolf wedelt mit einem Zettel herum und liest vor: »In der Praxis geht man häufig so vor: Man sucht zunächst den letzten markanten Hoch- und Tiefpunkt im Chart. Anschließend zeichnet man in den Hochpunkt eine Widerstandslinie und in den Tiefpunkt eine Unterstützungslinie. Danach verlängert man die beiden Linien nach links in die Vergangenheit. So kann man überprüfen, ob es bereits Wendepunkte (bzw. andere Tief- und Hochpunkte im Aktienverlauf) auf dem Kursniveau der Linie gab. Desto mehr Wendepunkte es gab, umso bedeutender ist die Linie.« Während Rolf dies vorliest, wirft Herr Hinrichs einen Bayer-Linienchart an die Tafel.

Abb. 34: Bayer-Linienchart mit Tagesschlusskursen von Jan. 2014 bis Jan. 2015

Sofort ergreift Rolf die Chance, sein Wissen zu demonstrieren. »Die markantesten Hochpunkte liegen zwischen 143 und 145 Euro. Hier bildet sich eine Widerstandslinie (Linie 1 im Chart) aus. Diese konnte auch beim zweiten und dritten Anlauf nicht geknackt werden. Die Kurse sind anschließend auf die Unterstützung (Linie 2 im Chart) auf 138 Euro gefallen.« Sabine knüpft an: »Die Unterstützung wurde im Mai 2015 signifikant durchbrochen. Deshalb wurde sie zu einer Widerstandslinie (Linie 2 im Chart), von der der Kurs bei hohem Volumen häufig abprallte, d. h. hier liegt ein starker Widerstand vor. Erst bei Kursen um 125 Euro bildet sich eine Unterstützung (Linie 3 im Chart) aus, welche den fallenden Kurs kurzzeitig zum Stoppen bringen konnte, d.h. die Unterstützung ist nicht ganz so stark.« Britta greift den Faden von Sabine auf und sagt: »Dennoch konnte die Unterstützung bei 125 Euro den Kursverfall nicht nachhaltig aufhalten. Ende August 2015 wurde diese Unterstützung (Linie 3 im Chart) signifikant durchbrochen, sodass jetzt diese Unterstützung als Widerstand fungiert. Der Kursverfall wurde erst bei 110 Euro, der nächsten Unterstützung (Linie 4 im Chart), aufgehalten, die bis Anfang Januar 2016 hielt. Anschließend wurde die Unterstützung bei ca. 99 Euro getestet (Linie 5 im Chart), die viele Berührungspunkte in der Vergangenheit hat. Dies bedeutet, dass sie relativ stark sein müsste.« Rolf erkennt: »Hier liegt ein Muster von fallenden Widerstands- und Unterstützungslinien vor. Folglich ist die Bayer-Aktie aktuell in einem Abwärtstrend.«

Herr Hinrichs nickt den Schülern wohlwollend zu, ehe er fortfährt: »Was könnten uns die Widerstands- und Unterstützungslinien noch sagen?« Nach einigen Minuten des Überlegens kommt Hans-Jürgen eine Idee: »Ich kann eine Aussage über die zukünftige Entwicklung der Bayer-Aktie machen. Im Hinterkopf muss ich behalten, dass sich die Bayer-Aktie in einem Abwärtstrend (d. h. Primärtrend) befindet, am Muster der Unterstützungs- und Widerstandslinien zu erkennen. Der Chart zeigt, dass es im Abwärtstrend zu größeren Aufwärtskorrekturen gekommen ist. Ich könnte also auf dem Sekundärtrend zu einem kleinen Gewinn reiten, wenn ich eine mögliche Aufwärtskorrektur innerhalb des Abwärtstrends für einen Trade nutze! Der aktuelle Kurs liegt Ende 29. Januar 2016 bei 102,85 Euro. Das Chartbild verrät mir, dass die Bayer-Aktie, falls sie die 110-Euro-Barriere (Widerstand) wieder knackt, bis zum nächsten markanten Widerstand bei ca. 125 Euro klettern kann. Schafft sie hingegen den Durchbruch bei 110 Euro nicht, besteht die Gefahr, dass sie rasch auf die Unterstützungslinie um 99 Euro zurückfällt. Daraus erschließt sich mir, dass ein Kauf bei ca. 110 Euro sinnvoll ist, mit einem Kursziel von 125 Euro (nächster markanter Widerstand). Sollte dieser auch durchbrochen werden, sollten die alten Höchststände von 140 Euro getestet werden. Außerdem lässt sich ableiten, wann ich die Reißleine ziehen – also verkaufen – muss, wenn der Kurs in die falsche Richtung läuft. Dies schützt mich vor allzu hohen Verlusten. Die Verkaufsorder sollte bei 99 Euro angesiedelt werden. Falls nämlich die Bayer-Aktie auch diese Unterstützung reißt, geht es schnell abwärts. Die nächste Unterstützung dürfte ungefähr bei 90 Euro liegen.« Rolf merkt an: »Das bedeutet, dass man zunächst ruhig abwarten kann, bis der Kurs sozusagen seinen nächsten Schachzug getan hat. Denn bei diesem Trade steht einem möglichen Gewinn von 15 bis 38 Euro ein Verlustrisiko von 11 Euro gegenüber. Nur mit dem rechtzeitigen Festlegen von Ausstiegsszenarien kann ich einen Totalverlust vermeiden!«

»Genau!«, sagt Herr Hinrichs. »Dies führt uns zugleich nochmals vor Augen, was die technische Analyse leisten kann, nämlich Wahrscheinlichkeiten für ein bestimmtes Szenario aufzeigen. Eine Erfolgsgarantie gibt es natürlich nicht. Ihr müsst euch stets vor Augen halten: Es kann immer alles auch ganz anders kommen, als man denkt! Darum muss man seine Prognose stets hinterfragen. Um die Unterstützungen und Widerstände im Trendverlauf besser zu visualisieren, wurde die Trendlinie entwickelt.«

### 3.2.2 Trendlinie

Herr Hinrichs führt aus: »Oft könnt ihr einen Trend schon mit bloßem Auge entdecken. Um jedoch den optischen Eindruck zu verstärken, kann man die Kurse mit einer Linie – der Trendlinie – verbinden. Eine Trendlinie ist eine Linie, die am Anfang eines Trends beginnt und an seinem Ende aufhört. Trendlinien sind ein einfaches, aber sehr wirkungsvolles Mittel, um das Marktgeschehen zu beurteilen. Diese Linien erfüllen zwei wichtige Aufgaben: Sie geben einen Anhaltspunkt, wohin sich der Kurs entwickeln könnte, und sie warnen, wenn der Kurs ›vom richtigen Weg‹ abkommt.« An der Tafel erscheint ein Chart.

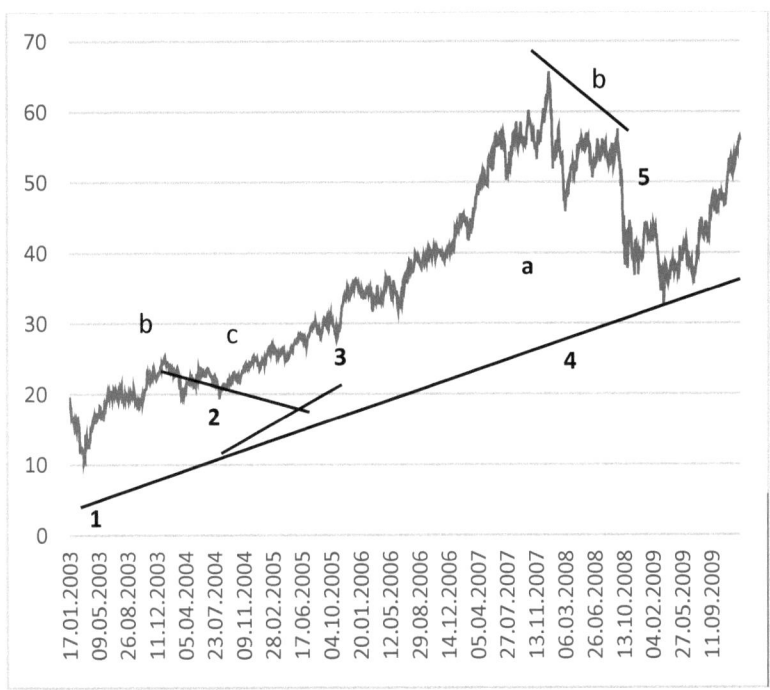

Abb. 35: Bayer-Aktienchart mit Trendlinie für den Aufwärtstrend (Primärtrend)

Rolf atmet tief durch. »Ehe ich diesen verflixten Chart verstehe, gibt es in der Hölle eine Schlitterpartie«, denkt er. »Alles in Ordnung?«, fragt Petra ihn leise. »Nein, ich steh auf dem Schlauch.« »Frag' doch einfach nach. Es gibt keine dummen Fragen, das weißt du doch. Man bleibt aber dumm, wenn man keine Fragen stellt.« Etwas zögerlich setzt Rolf an: »Wenn ich mir den Chart ansehe, springt mir die Trendlinie direkt ins Auge. Der Bayer-Aktienkurs bewegt sich stetig nach oben und an dieser Entwicklung kann ich meine Trendlinie ziehen! Kann man sie einfach so mit der Hand einzeichnen? Also: Lineal dran legen und fertig!«

»Das ist tatsächlich eine wichtige Frage, Rolf. Man kann eine Trendlinie von Hand ziehen. Allerdings besteht die Gefahr, dass man seine Wunschvorstellung über den Trendverlauf dabei mit einfließen lässt. Um dies zu verhindern, wurden die regelbasierten

Trendlinien erfunden. Deren Anfang und Ende werden durch klar vorgegebene Regeln festgelegt. Um eine solche **Trendlinie** zeichnen zu können, muss man zunächst einen klaren Startpunkt definieren. Dieser sollte nach Möglichkeit der absolute Tiefst- (für einen Aufwärtstrend) oder Höchstkurs (für einen Abwärtstrend) der abgebildeten Zeitperiode sein. Irgendwelche Ideen, wo unser Startpunkt liegen könnte?«.

»Ich habe da eine Idee!«, ruft Peter. »Unser Startpunkt müsste um den 17.03.2003 bei 10 Euro liegen, weil dies der absolute Tiefpunkt im Chart ist.« Peter zeigt auf Punkt 1 im Chart. »Dies ist unser Startpunkt für die Trendlinie«, bestätigt Herr Hinrichs. »Jeder von euch weiß natürlich aus der Mathematik, dass man zwei Punkte benötigt, um eine Gerade zu zeichnen. Wo könnte der zweite Punkt liegen? Ein Tipp: Für das Zeichnen einer Aufwärtstrendlinie benötigt man mindestens zwei Tiefs, von denen das zweite höher liegt als das erste.«

»Ich habe da etwas entdeckt. Am 13. August 2004 bildet sich zum ersten Mal ein signifikanter neuer Tiefpunkt im sich entwickelnden Aufwärtstrend aus. Er gibt uns die erste sinnvolle Möglichkeit, eine Trendlinie zu zeichnen«, sagt Sabine und deutet auf Punkt 2 im Chart.

»Diese Linie können wir nun mit derselben Steigung verlängern«, knüpft Herr Hinrichs an. »Doch sie wird nur dann zu einer Trendlinie, wenn ein weiterer Tagestiefstkurs die Linie berührt und danach nach oben wegspringt. Erst diese **dritte Berührung** (auch *Bounce* genannt) zeigt, dass es sich um eine echte Trendlinie handelt und nicht nur um eine ›einfache‹ Linie[26].« »Da ist er!«, fällt Petra Herrn Hinrichs ins Wort. »Ich sehe den Tiefstkurs. Er liegt um den 27.10.2006!« Petra zeigt auf Punkt 3 im Chart. »Dies ist die dritte Berührung, also haben wir eine echte Trendlinie!«

»Genau«, erwidert Herr Hinrichs. »Je häufiger ein Tagestiefstkurs die Trendlinie berührt, ohne sie zu kreuzen, umso mehr kann man darauf vertrauen, dass man die Trendlinie korrekt ermittelt

---

[26] Viele Trader nutzen die Bestätigung der Trendlinie und kaufen direkt nach der dritten Berührung.

hat. Ein bestandener Test der Trendlinie ermutigt mehr Käufer zum Kauf des Wertpapieres, weil sie daran glauben, dass der Trend stabil bleibt. Wer dagegen die Bayer-Aktie schon besitzt, zögert nach einem bestandenen Test der Trendlinie, sie zu verkaufen, weil er jetzt eine Flut von neuen Käufern erwartet, welche ebenfalls erkannt haben, dass die Trendlinie standhält.«

Sabine ruft fasziniert aus: »Die Trendlinie ist magisch! Die Kurse werden wie von Geisterhand zur Trendlinie gezogen, doch sobald sie diese erreichen, werden sie auch schon wieder abgestoßen.«

»Das erinnert mich an etwas«, wirft Britta ein. »Eine Trendlinie im Aufwärtstrend verhält sich genauso wie eine Unterstützung (s. S. 73).« »Gut erkannt, Britta«, sagt Herr Hinrichs. »Die Trendlinie im Bayer-Chart zeigt eine **Unterstützungslinie**[27] (oder auch Aufwärtstrendlinie) an. Unterstützung meint hier, dass die Trader erwarten, dass die Kurse nicht unter diese Linie fallen.«

Kaum hat Herr Hinrichs ausgesprochen, meldet sich schon Rolf zu Wort: »Blödsinn! Man erkennt deutlich, dass im Oktober 2008 der Bayer-Aktienkurs die Trendlinie durchbricht.« Um dies zu verdeutlichen, zeigt Rolf auf Punkt 5 im Chart.

»Kein Blödsinn!«, widerspricht Herr Hinrichs. »Jeder Trend ist irgendwann einmal vorbei. Bei Punkt 5 wird die Trendlinie gebrochen, man nennt dies auch **Ausbruch** (oder *Breakout*). Dann gilt: Die Trendlinie verliert ihre Gültigkeit. Sehr oft ist der Bruch der Trendlinie eines der besten Frühwarnsysteme für einen Trendwechsel. Allerdings führt uns der Markt manchmal auch in die Irre, d. h. der Trend setzt sich fort, nachdem die Linie durchbrochen wurde.«

Hans-Jürgen runzelt die Stirn: »Woran erkenne ich, dass die Trendlinie wirklich gebrochen ist?«

---

[27] Strenggenommen sind »echte« Widerstands- und Unterstützungslinien waagerecht, wie im vorherigen Kapitel erläutert. Deswegen sagen auch einige Trader, es handele sich bei Trendlinien um schräge Unterstützungs- bzw. Widerstandslinien. Allerdings bezeichnet die Mehrheit der Experten und Trader auch die Trendlinien schlicht als Widerstands- und Unterstützungslinien.

»Um abzuschätzen, ob ein Ausbruch falsch sein könnte, wurden Regeln aufgestellt«, beginnt Herr Hinrichs. »Die 3-Prozent-Regel sagt aus, dass der Schlusskurs drei Prozent niedriger sein muss als die Trendlinie. Wenn wie im Chart der Bayer-Aktienkurs die Aufwärtstrendlinie bei ca. 44 Euro (s. im Chart Oktober 2008) durchstößt, müsste der Kurs um 3 Prozent unterhalb von 44 Euro schließen28. Der Kurs müsste also um 1,32 Euro unterhalb der Trendlinie, also bei 42,68 Euro, schließen. Dann wäre der Trendbruch bestätigt. Andere Trader setzen eher auf Zeitfilter, wie die 2-Tage-Regel. Sie besagt, dass der Kurs an zwei aufeinanderfolgenden Tagen jenseits der Trendlinie schließen muss, um einen gültigen Bruch der Trendlinie zu erhalten, d. h. zum Bruch einer Aufwärtslinie muss der Kurs zwei Tage in Folge unterhalb der Trendlinie schließen.«

Britta muss an die gezeichnete Trendlinie, die sie vorhin im Chart noch betrachtet hatte, denken: »Was mache ich nun mit der durchbrochenen Trendlinie? Sie ist doch als Trading-Werkzeug nutzlos geworden.«

»Bei weitem nicht!«, seufzt Herr Hinrichs. »In der Stunde zu Widerstand und Unterstützung habe ich euch doch erklärt, dass ein Widerstand und eine Unterstützung ihre Rollen tauschen, wenn sie durchbrochen werden. So ähnlich ist es hier jetzt auch! Manchmal wird nämlich aus einer alten Unterstützungslinie (Trendlinie) eine neue Widerstandslinie – und umgekehrt. Aus diesem Grund lassen viele Trader die alten Trendlinien noch eine Weile im Chart stehen.«

Hans-Jürgen ergreift das Wort: »Ich hatte gedacht, eine Trendlinie ist eine Unterstützungslinie. Wie passt die Widerstandslinie ins Bild? Wo kommt die denn jetzt her?«

Peter überlegt. In seinem Kopf spielt er die Informationen, die er gehört hat, nochmals durch. Im Geiste verlängert er die Trendlinie (a) im Bayer-Chart (s. Abb. 34, S. 78) in Richtung der y-Achse. Er stellt fest: »Tatsächlich erkennt man im Bayer-Chart, dass sich

---

28 Damit ist der Tagesschlusskurs gemeint, weil wir immer Tageskurse betrachten.

die alte Trendlinie (a) in eine Widerstandslinie verwandelt hat. Im November 2009 braucht der Bayer-Kurs nämlich mehrere Anläufe, um die gedanklich verlängerte Trendlinie (a) zu überwinden.«

»Sehr gut beobachtet«, entgegnet Herr Hinrichs. »Aber die Widerstandslinie tritt auch auf ...« Weiter kommt Herr Hinrichs nicht, weil Sabine den Satz vervollständigt: »in einem Abwärtstrend. Die Trendlinie im Abwärtstrend ist also nichts anderes als eine Widerstandslinie.«

Herr Hinrichs nickt und wartet einen halben Herzschlag, aber Sabine wollte nichts hinzufügen. Darum erklärt er: »Das Traden mit Widerstandslinien folgt derselben Logik wie bei Unterstützungslinien – nur umgekehrt. Je häufiger die Tageshöchstkurse die Widerstandslinie berühren, aber nicht kreuzen, umso sicherer kann man sein, dass der Abwärtstrend richtig ermittelt wurde. Ebenso, wie bei einer Unterstützungslinie gibt es auch bei einer Widerstandslinie einen falschen Ausbruch. Trader könnten etwa zu dem Schluss kommen, dass die Aktie ein Schnäppchen ist. Sie drücken dann den Tageshöchstkurs so in die Höhe, dass er die Widerstandslinie durchbricht. Doch falls niemand kauft, kann sich der Ausbruch totlaufen. Um zu erkennen, ob ein falscher Ausbruch vorliegt, verwendet man dieselben Regeln wie bei der Unterstützungslinie – nur umgekehrt.«

»Hoppla!«, ruft Petra. »Da bin ja auf etwas gestoßen. Wenn man sich den Chart ansieht, kann man mehrere Trendlinien zur selben Zeit einzeichnen. Ich kann z. B. zwischen den Punkten 1 und 2 eine Abwärtstrendlinie einzeichnen. Dazu verwende ich als Startpunkt den Hochpunkt am 28.01.2004. Am 16. Juni 2004 (2. Punkt) bilden die Kurse zum ersten Mal im Abwärtstrend ein tieferes Tief aus. Dies ermöglicht uns, eine Trendlinie einzuzeichnen. Am 17. Juli 2004 (3. Berührung) wird die Abwärtstrendlinie bestätigt, weil die Kurse erneut an die Linie heranlaufen und anschließend wieder in sich zusammenbrechen. Und innerhalb der Abwärtstrendlinie kann ich noch eine Aufwärtstrendlinie – beginnend am 24.03.2004 – einzeichnen. Kann man in jeden Aktienchart mehrere Trendlinien einzeichnen?« Zur Illustration zeichnet Petra die vermeintlichen Trendlinien (als gestrichelte Linie) in den Chart ein. Britta springt

Petra zur Seite: »Mir scheint, dass der Fantasie kaum Grenzen gesetzt sind. Man könnte noch eine Vielzahl von Trendlinien in den Chart einzeichnen. Hat das Zeichnen der Trendlinien etwas Willkürliches an sich? Welche Trendlinie stimmt?«

Rolf nickt abwesend, während er den Aktienchart studiert. Plötzlich kommt ihm eine Idee: »Ich weiß, das klingt verrückt – aber alle Trendlinien stimmen! Wir haben doch schließlich gelernt, dass ein Trend aus drei Bewegungen besteht.« Seine Mitschüler zucken mit den Achseln, weil keiner weiß, worauf Rolf eigentlich hinauswill. Dieser schreibt Folgendes an die Tafel:

**Tab. 9:    Die drei Bewegungen des Trends**

| Bewegung | Trend | Beschreibung |
|---|---|---|
| 1 | primärer Trend | Gibt die grundsätzliche Richtung des Trends vor: auf-, ab- oder seitwärts. Dauer: ein halbes bis mehrere Jahre. |
| 2 | sekundärer Trend | Gibt die aktuelle Phase des Trends an. Korrekturen und Konsolidierungen führen die Kurse normalerweise zwischen 1/3, 2/3 oder oftmals auch ungefähr die Hälfte der vorhergehenden Bewegung des Primärtrends zurück; Dauer: drei Wochen bis sechs Monate |
| 3 | tertiärer Trend | kurzfristige Trends stellen Fluktuationen in einem mittelfristigen bzw. sekundären Trend dar und dauern in der Regel unter drei Wochen |

Als Rolf fertig geschrieben hat, ergreift er wieder das Wort. »Der langfristige Aufwärtstrend (Primärtrend)[29] der Bayer-Aktie wird durch die Trendlinie (a) erfasst, weil die Bewegung über mehrere Jahre geht. Die Trendlinie (b) erfasst einen Sekundärtrend, weil die Bewegung nur über einige Monate verläuft. Sie stellt eine Abwärtskorrektur im langfristigen Aufwärtstrend dar. Dagegen dürfte die Trendlinie (c) einen Tertiärtrend darstellen, weil sie nur über mehrere Wochen anhält, d.h. den Sekundärtrend korrigiert.«

---

[29]    Man sollte stets in Richtung des Haupttrends handeln. Sonst läuft man Gefahr, von einem fahrenden Güterzug überrollt zu werden!

»Rolf, damit liegst du richtig!«, freut sich Herr Hinrichs. »Meistens kann man einen großen Trend (Primärtrend) in einen Chart einzeichnen, und in diesem viele kleine Gegentrends (Sekundär- oder Tertiärtrends). Deshalb wurde eine Checkliste für die Wichtigkeit von Trendlinien erarbeitet, die ich euch jetzt zeige.«

**Tab. 10: Checkliste für die Wichtigkeit von Trendlinien**

| | |
|---|---|
| 1. | Je höher die Zeiteinheit ist, auf der eine Trendlinie existiert, umso wichtiger ist diese. Beispielsweise ist ein Wochentrend gewichtiger als ein Tagestrend. |
| 2. | Je länger die Trendlinie ist, desto wichtiger ist sie für den Markt, d. h. hinter kurzen Trendlinien stecken nur wenige Marktteilnehmer. |
| 3. | Je mehr Berührungen der Kurs mit der Trendlinie hatte, umso stärker ist diese. Zum Zeichnen einer Trendlinie bedarf es mindestens 2 Berührungspunkte (oder auch Füße genannt). Allerdings hat man erst einen starken Trend vor sich, wenn es 3, besser 4 bis 5 Berührungen gab, weil immer mehr Trader sie als Unterstützung oder Widerstand anerkennen. |
| 4. | Die Dynamik des Trends zeigt einen der Winkel der Trendlinie an. So sind steile Trends häufiger, aber auch kurzlebig. Flachere Trends sind dagegen langlebig, entwickeln sich dafür langsamer. Am stabilsten ist eine Trendlinie mit einem 45-Grad-Winkel. |

Herr Hinrichs macht eine kurze Pause, schaut auf seine Zettel und fährt dann fort: »Viele Trader sagen, das Ziel beim Traden mit Trendlinien sei es, einen Teil des Trends einzufangen. So sagte der berühmte Trader Bernard Baruch: ›*Ich bin bereit, anderen das erste Drittel einer Kursbewegung sowie das letzte Drittel einer Kursbewegung zu überlassen. Ich begnüge mich mit der Mitte.*‹ Damit dies gelingt, wurden einige hilfreiche Varianten der Trendlinientechnik entwickelt.«

*3.2.2.1 Kurszielbestimmung – Trennlinien-Differenz-Methode*

»Ihr könnt euch die Trendlinie auch vorstellen als eine Art fairen Wert für den Markt bzw. Einzeltitel. Mal übertreibt der Aktienkurs nach oben, mal übertreibt er nach unten«, erklärt Herr Hinrichs. Diese Übertreibungen in beiden Richtungen werden durch den Trend wieder eingefangen. Dies funktioniert ähnlich wie bei einem Gummiband. Zupft ihr daran, dann legt es – ausgehend von seinem Ruhepunkt (fairer Wert, Trend) – eine bestimmte Strecke zurück.

Anschließend wird es dann – wie bei den Finanzmärkten auch – die gleiche Strecke in die andere Richtung zurücklegen, d. h. Schwung und Gegenschwung sind ungefähr gleich. Mit anderen Worten: Der Aktienkurs entfernt sich normalerweise vom Trend nach oben hin genauso weit, wie er es zuvor nach unten getan hat, und vice versa. Dieses Phänomen nutzen wir für die Kurszielbestimmung aus. Dazu sehen wir uns nochmals den Bayer-Chart an, allerdings nur mit der Trendlinie (a) und Punkt 5, an dem die Trendlinie gebrochen wird. Sucht bitte den markantesten Hochpunkt, also denjenigen, der am weitesten von der Trendlinie (a) entfernt ist.«

Abb. 36:   Kurszielbestimmung Bayer-Aktienkurs

Peter meldet sich sofort zu Wort: »Gesucht ist der Kurs vom 10.01.2008 mit 64 Euro.« Herr Hinrichs markiert diesen Hochpunkt auf dem Chart mit einer 6, zieht eine Linie von diesem Punkt zur Trendlinie (a) und erklärt: »Nun müssen wir die vertikale Distanz zwischen dem Hochkurs und dem Schnittpunkt auf der Trendlinie abmessen. Hat jemand eine Idee, wie das geht?«

Sabine überlegt und kommt zu dem Schluss: »Die y-Achse ist die vertikale Achse. Darum müssen wir einfach die Differenz zwischen Hochpunkt – d. h. Bayerkurs von 64 Euro – und Schnittpunkt mit der Trendlinie – d. h. 44 Euro – nehmen. Daher beträgt die vertikale Distanz ca. 20 Euro.« Herr Hinrichs geht an die Tafel und zeigt auf Punkt 5. »Die berechnete Strecke von 20 Euro wird an der Stelle, an der der Trend gebrochen wurde, in die entgegengesetzte Richtung projiziert. Auf diese Weise erhalten wir unser Kursziel. Also, wer möchte das Kursziel bestimmen?«

Sofort meldet sich Petra zu Wort: »Zunächst muss der Schnittpunkt des Bayerkurses mit der Trendlinie an Punkt 5 – also der Trendbruch – ermittelt werden. Er liegt bei ca. 47 Euro. Von diesen 47 Euro brauche ich einfach nur noch 20 Euro abzuziehen und erhalte das Kursziel mit 27 Euro.«

Peter wirft ein: »Das klingt ganz schön kompliziert, kann ich das nicht einfach zeichnerisch lösen?« Und schon zeichnet er seine Lösung an die Tafel.

Abb. 37:   Grafische Bestimmung des Kurszieles

Sichtlich beeindruckt sagt Herr Hinrichs: »Peter, natürlich kann man auch so das Kursziel bestimmen.[30] Oftmals verwendet man zur Kurszielbestimmung auch noch den am zweitweitesten entfernt liegen Hochpunkt. So erhält man eine Zielzone. Wo könnte dieser Hochpunkt liegen?« Rolf zeichnet sogleich den zweiten Hochpunkt ein und markiert ihn mit einer 7.

Abb. 38:    Bayer-Aktien-Chart mit einer Preiszone

---

[30]  Selbstverständlich muss diese Prozedur in einem Abwärtstrend spiegelbildlich vorgenommen werden. Das heißt man ermittelt zunächst denjenigen Tiefpunkt, der am weitesten von der Trendlinie entfernt ist. Anschließend ermittelt man die Differenz zwischen der Trendlinie und dem Tiefpunkt. Diese Differenz wird dann, an der Stelle, wo der Trend gebrochen wurde, auf den Trend projiziert. Auf diese Weise erhält man das Kursziel für den beginnenden Aufwärtstrend.

Petra greift zu ihrem Taschenrechner und rechnet das Kursziel für den zweiten Hochpunkt aus. »Die Entfernung des zweiten Hochpunktes von der Trendlinie ist 59 Euro: (Kurs des Hochpunktes) – 42 Euro (Trendlinie) = 17 Euro. Somit liegt das Kursziel bei 30 Euro (47 Euro (Trendbruch) – 17 Euro). So haben wir einen Zielkorridor von 27 Euro bis 30 Euro.«

Herr Hinrichs stellt fest: »Wenn ihr euch den Bayer-Chart genauer anseht, stellt ihr fest, dass der Begriff Kursziel hier etwas in die Irre führt. Die ermittelten Kursziele geben vielmehr an, wo die Reise hingeht. Und welche Dynamik ein Trend hat, zeigt uns das Fächerprinzip.«

### 3.2.2.2 Fächerprinzip

»Was fällt euch bei der Kursentwicklung der Bayer-Aktie noch (s. S. Abb. 38, S. 90) auf?«, fragt Herr Hinrichs.

Hans-Jürgen hebt die Hand: »Der Aufwärtstrend der Bayer-Aktie beschleunigt sich ab Juni 2007 deutlich. Deswegen entfernen sich die Kurse deutlich von der Trendlinie.« »Hans-Jürgen, würdest du sagen, dass die Trendlinie (a) noch ausreichend das Kursverhalten widerspiegelt?« »Nein«, sagt Hans-Jürgen. »Ich würde eine steilere Trendlinie einzeichnen, damit sich die Trendlinie wieder an die Kurse anschmiegt.[31]« »Genau!«, erwidert Herr Hinrichs. »Wo würdet ihr den Startpunkt für die steilere Trendlinie legen? Ein Tipp, die neue, steilere Trendlinie muss ihren Ursprung in der flacheren Trendlinie (a) haben, damit der Trend in seiner Gesamtheit durch diese beiden Trendlinien widergespiegelt wird.«

Nach einiger Zeit des Überlegens erklärt Petra: »In der vorigen Stunde haben wir gelernt, dass eine Trendlinie im Aufwärtstrend immer mit einem Tiefpunkt beginnt. Somit muss der Startpunkt der steileren Trendlinie auch ein Tiefpunkt sein. Dieser Tiefpunkt muss in der Nähe der Trendlinie (a) liegen, damit die neue Trendlinie noch den alten Trend widerspiegelt. Deswegen ist der gesuchte Tiefpunkt der letzte Berührungspunkt des Kurses mit der

---

[31] Das Fächerprinzip wird eigentlich immer angewendet, um die Trendlinie einem verlangsamten oder beschleunigten Trend anzupassen.

Trendlinie (a).« Petra geht an die Tafel und zeichnet den Startpunkt in den Chart ein.

Abb. 39: Bayer-Chart mit drei Trendlinien

»Anschließend zeichne ich die steile Trendlinie (1), wie in der vorherigen Stunde besprochen. Für das Zeichnen einer Aufwärtstrendlinie muss ich zwei Tiefpunkte finden, von denen der zweite höher liegt als der erste. Um die Gültigkeit der Trendlinie zu bestätigen, sollte diese Linie noch ein drittes Mal von den Bayerkursen berührt und wieder verlassen werden.« »Was bedeutet es, wenn die Trendlinie (1) gebrochen wird?«, fragt Rolf. »Wenn die Trendlinie (1) durchbrochen wird, deutet dies darauf hin, dass der Trend schwächer wird, also die Dynamik nachlässt«, erklärt Herr Hinrichs geduldig. »Die Trendlinie (1) wandelt sich in einen Widerstand um. Eine Trendlinie, die zu weit weg von der Kursbewegung verläuft, ist bei der Verfolgung des Trends von geringem Nutzen. Demzufolge beschreiben weder die Trendlinie (1) noch die flachere Trendlinie (a) den Trend hinreichend genau. Wir benötigen eine dritte Trendlinie (2). Sie verwendet ebenfalls den von Petra gefundenen Startpunkt. Wer traut sich zu, die Trendlinie (2) einzuzeichnen?«

Peter holt tief Luft und sagt: »Die Trendlinie (2) schließt also mehr oder minder die Lücke zwischen der Trendlinie (1) und der Trendlinie (a). Sie liegt also zwischen diesen beiden Trendlinien.

Ansonsten würden die drei Trendlinien nicht den aktuellen Trend wiedergeben und wären nutzlos. Ausgehend vom Startpunkt suche ich den ersten Tiefpunkt, der unterhalb der Trendlinie (1) liegt, aber sich oberhalb der Trendlinie (a) befindet. Diese beiden Punkte genügen, um eine Linie zu zeichnen.« Peter geht an die Tafel, kennzeichnet den Tiefpunkt im Chart und stellt fest: »Dummerweise wird die mögliche Trendlinie, die sich aus diesem Tiefpunkt mit dem Startpunkt ergibt, kein drittes Mal von den Bayerkursen berührt und wieder verlassen. Deshalb ist dies keine gültige Trendlinie. Kann das sein?« Britta springt Peter bei: »Siehst du, Peter. Dieser Tiefpunkt und der Startpunkt ergeben eine Linie, welche der Bayerkurs ein drittes Mal berührt und wieder verlässt, d. h. die Trendlinie ist bestätigt.«

Petra ruft in die Klasse: »Das sieht ja aus wie ein Fächer!« Ihre Klassenkameraden fangen an, zu lachen, bis Herr Hinrichs das Wort ergreift: »Gar nicht so dumm, Petra. Wegen des Erscheinungsbildes wird dies auch als **Fächerprinzip** bezeichnet. Der Bruch der Trendlinien 1 und 2 signalisiert, dass der Trend immer schwächer wird. Dies nutzen einige Trader, um bei einem Aufwärtstrend ihre Positionen zu verkaufen. Beim Fächer-Prinzip achtet man also bei einem Aufwärtstrend auf flacher werdende Trendlinien. Wird die Trendlinie (a) gebrochen, leitet dies einen Trendwechsel ein, häufig mit fallenden Kursen. Dagegen achtet man in einem Abwärtstrend auf steiler werdende Trendlinien. Wird hier auch die dritte (steilste) Trendlinie gebrochen, deutet dies auf eine Trendwende hin.«

*3.2.2.3 Interne Trendlinien*

»Wie haben wir die Trendlinie bis jetzt im Chart gezeichnet? Woran haben wir uns orientiert?«, fragt Herr Hinrichs. »Beim Zeichnen der Trendlinie haben wir uns immer an den extremen Hochs und Tiefs orientiert! Dementsprechend wird entweder eine Aufwärtstrendlinie entlang aufeinanderfolgender Reaktionstiefs nach oben gezogen oder ein Abwärtstrend entlang aufeinanderfolgender Reaktionshochs nach unten. Allerdings können diese extremen Hochs und Tiefs aufgrund emotionaler Überreaktionen des Marktes für den herrschenden Markttrend manchmal nicht repräsentativ sein. Aus diesem Grund ist es ratsam vom Konzept der ›konventionellen‹ Trendlinien abzuweichen und stattdessen **interne Trendlinien** zu zeichnen. Interne Trendlinien werden durch die Kursbewegung gezogen und verbinden so viele interne Hoch- und Tiefpunkte wie möglich miteinander.« Bevor Herr Hinrichs weiter erklären kann, wirft Britta ein: »Während die konventionelle Trendlinie sich an den extremen Hochs und Tiefs orientiert, versucht die interne Trendlinie eine möglichst hohe Zahl von Kursen – interne Hoch- und Tiefpunkte – bei einer möglichst geringen Abweichung miteinander zu verbinden. Deswegen dürfte die interne Trendlinie nicht ober- oder unterhalb der Kurse liegen, sondern quer durch die Kurse gehen.« Anerkennend nickt Herr Hinrichs Britta zu und zeigt folgenden Chart:

**Abb. 40:** **Tages-Balkenchart des *Dow Jones* von Mitte 1996 bis zum Herbst 1997**
Die abgebildete interne Trendlinie wurde durch die Hochs von Anfang 1996 und den Tiefs im Frühjahr 1997 gebildet. Es zeigt sich, dass die interne Trendlinie quer durch die Kurse gezogen wurde, um möglichst viele Hoch- und Tiefpunkte miteinander zu verbinden. (Quelle: Eigene Darstellung, vgl. Murphy 2004, S. 103)

»Fällt euch etwas an der abgebildeten internen Trendlinie auf?«, fragt Herr Hinrichs. Achselzuckend sehen die Schüler sich gegenseitig an. Plötzlich bleibt Peters Blick an einem Detail im Chart haften: »Ähnlich wie konventionelle Trendlinien können interne Trendlinien mal Unterstützung oder Widerstand sein. Die abgebildete interne Trendlinie ist Anfang 1996 ein Widerstand, und knapp ein Jahr später, im Frühjahr 1997, eine Unterstützung.«

»Einige Trader haben ein gutes Auge für das Zeichnen von internen Trendlinien entwickelt und finden sie nützlich, um z. B. versteckte Widerstands- oder Unterstützungszonen zu finden. Doch die breite Masse von Charttechnikern hat ein Problem damit, dass ihre Zeichnung sehr subjektiv[32] ist, wohingegen die konventionellen Trendlinien relativ klare Konstruktionsregeln haben«, merkt Herr Hinrichs an.

### 3.2.3 Trendkanal

»Damit aus dem guten Freund – dem Trend – nicht ganz schnell ein erbitterter Feind wird, wurde der Trendkanal erfunden. Er zeigt noch besser den vorherrschenden Trend an.« Kaum hatte Herr Hinrichs dies gesagt, erscheint nochmals der Bayer-Aktienchart an der Tafel. Zuerst zeichnet Herr Hinrichs die bekannte Trendlinie (a) ein. Im zweiten Schritt zeichnet er die Linie (b) ein. Dazu zieht er vom ersten ausgeprägten Hochpunkt eine Linie, die parallel zur eigentlichen Trendlinie verläuft.

---

[32] Das liegt daran, dass interne Trendlinien keine Linien entlang dreier Hochs bzw. Tiefs sein müssen, um als bestätigt zu gelten. Sie können auch aus lediglich zwei markanten Punkten bestehen.

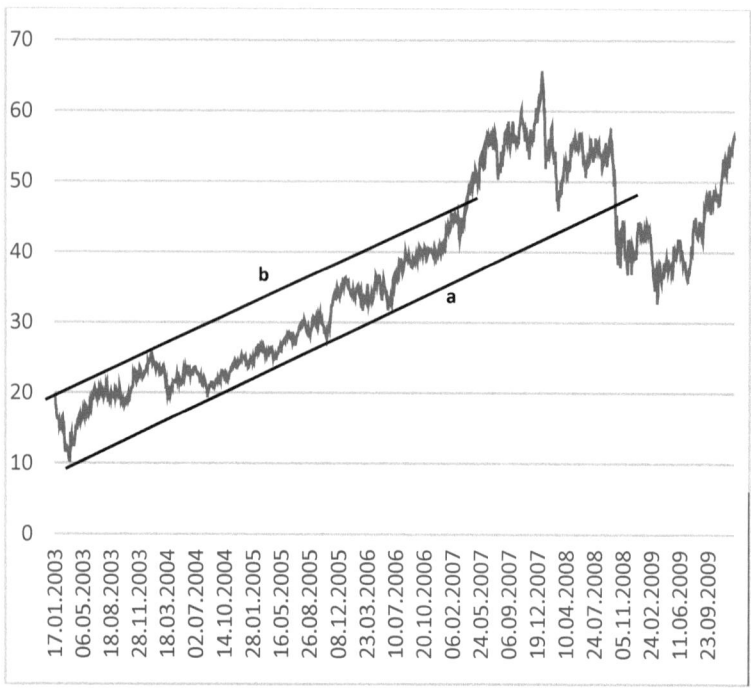

Abb. 41: Bayer-Aktienchart mit einem Trendkanal
Linie (a): Trendlinie und Linie (b): Rückkehrlinie

»Wie würdet ihr das Verhalten des Bayer-Aktienkurses zwischen den beiden Linien beschreiben?«, fragt Herr Hinrichs seine Klasse. Alle Schüler sehen sich den Chart genau an. Dann ergreift Peter das Wort. »Es sieht so aus, dass der Trend bzw. Aktienkurs zwischen den beiden parallelen Linien verläuft!«[33]

Herr Hinrichs nickt und fährt fort: »Deswegen bezeichnet man die beiden Linien auch als **Trendkanal**. Der Trendkanal besteht also aus der **Trendlinie** und einer zweiten Linie. Diese Linie wird auch als **Rückkehrlinie** (oder als seltene Kanallinie) bezeichnet. Denn wenn die Kurse in diesem Bereich verlaufen, ist die Wahrscheinlichkeit hoch, dass der Kurs von dieser Linie abprallt und zur

---

[33] Umgekehrt muss man in einem Abwärtstrend die Trendlinie parallel verschieben, bis sie die Tiefpunkte verbindet.

Trendlinie zurückfällt. Dies zeigt der Chart sehr gut: Der Kurs pendelt zwischen der Rückkehr- und der Trendlinie hin und her[34]. Darum wirkt in einem aufwärts gerichteten Trendkanal die Rückkehrlinie auch als Widerstand und die Trendlinie als Unterstützung[35]. Viele Trader nutzen dies aus. Sie kaufen in der Nähe der Trendlinie (a) und in der Nähe der Rückkehrlinie verkaufen sie, und zwar immer wieder, solange der Kanal Bestand hat. Außerdem gibt der Trendkanal dem Trader einen Hinweis auf seinen möglichen Gewinn. Der Trendkanal von Bayer in unserem Chart hat eine Breite von 10 Euro[36]. Die Trader, die in der Nähe der Trendlinie (a) gekauft haben, wissen, dass ihr wahrscheinlicher Gewinn für die nächsten Tage etwa 10 Euro beträgt, wenn sie in der Nähe der Rückkehrlinie verkaufen. Dieses Wissen ist nützlicher, als ihr vielleicht denken mögt. So bleiben Trader nämlich auf dem Teppich, denn sie erwarten keinen Gewinn, für den ein Kurs weit außerhalb des Kanals erforderlich wäre.«

Rolf meldet sich zu Wort: »Was passiert bei einem Bruch des Trendkanals? Findet dann ähnlich wie beim Bruch einer Trendlinie ein Trendwechsel statt?« »Ja und Nein«, antwortet Herr Hinrichs. »Die Linien des Trendkanals sind eher so etwas wie Schätzungen, keine sicheren Grenzen. Dabei haben die Linien einen unterschiedlichen Charakter. Der Bruch der Trendlinie (a) deutet tatsächlich auf einen Trendwechsel hin. Sie ist schließlich eine ›echte‹ Trendlinie. Dagegen sieht die Sachlage bei der Rückkehrlinie (b) etwas anders aus. Im Chart erkennt ihr, dass der Bruch der Rückkehrlinie im April 2007 zu einer Beschleunigung des Trends geführt hat. Deshalb sehen viele Trader einen Bruch der Rückkehrlinie in einem Aufwärtstrend als Grund für eine Aufstockung ihrer Positionen an. Dennoch weist die Rückkehrlinie eine gewisse Analogie zur Trendlinie auf. Ähnlich wie für die eigentliche Trendlinie gilt auch für die

---

[34] Strenggenommen spricht man von einem Trendkanal erst, wenn während der folgenden Kursrallye die Rückkehrlinie erreicht wird und dann der Kurs erneut zurückfällt, wie im Chart zu sehen im Januar 2004.
[35] Im Abwärtstrendkanal verhält es sich umgekehrt, dann stellt die Rückkehrlinie eine Unterstützung dar, während die Trendlinie als Widerstand wirkt.
[36] Dies ist nichts anderes als die Differenz zwischen Rückkehr- und Trendlinie.

Rückkehrlinie, dass je länger sie intakt bleibt und je öfter sie erfolgreich getestet wurde, umso wichtiger und verlässlicher wird sie. Oftmals wird die Rückkehrlinie auch zur Kurszielbestimmung eingesetzt. Sobald die Kurse nämlich aus einem Trendkanal ausbrechen, legen sie gewöhnlich eine Strecke zurück, die der Breite des Trendkanals entspricht. Deswegen muss man einfach nur die Breite des Trendkanals bestimmen und diesen Abstand bei einem Aufwärtstrend auf den Kurs addieren, an dem der Bruch stattgefunden hat[37]. Habt ihr eine Idee, welches Kursziel die Bayer-Aktie nach Bruch der Rückkehrlinie hat?«

Britta mustert den Chart und sieht ihre Notizen durch. »Die Differenz zwischen der Rückkehr- und Trendlinie beträgt ungefähr 10 Euro. Der Bruch der Rückkehrlinie erfolgt bei 47 Euro im April 2007. Dies bedeutet: Das Kursziel sollte bei ca. 57 Euro liegen.«

Herr Hinrichs nickt und fügt an: »Ähnlich wie bei der Kurszielbestimmung mit der Trendlinie ist dies eher eine grobe Hausnummer, eine Einschätzung, in welche Größenordnung die Reise gehen wird. Einige Charttechniker benutzen den Trendkanal auch dazu, um die Trendlinie zu adjustieren. Sie sagen: Wenn in einem Aufwärtstrend die Rückkehrlinie gebrochen wird, deutet dies darauf hin, dass sich der Trend beschleunigt. Dies führt dazu, dass sich der Kurs weit von der Trendlinie entfernt. Um diesem Umstand Rechnung zu tragen, ziehen die Charttechniker ausgehend vom letzten Reaktionstief – vor dem Bruch der Rückkehrlinie – eine steilere Aufwärtstrendlinie. Auf der anderen Seite rechtfertigt der Bruch einer Rückkehrlinie im Abwärtstrend das Zeichnen einer neuen Abwärtstrendlinie ausgehend vom letzten Hochpunkt vor dem Bruch. Wer möchte in den Bayer-Chart die neue, steilere Rückkehrlinie einzeichnen?«

Petra konzentriert sich auf den Chart und versucht in Gedanken, die neue steilere Rückkehrlinie zu finden. Als Startpunkt nimmt sie das letzte Tief vor dem Bruch der Rückkehrlinie im März

---

[37] Spiegelbildlich muss man bei einem Abwärtstrend von dem Kurs (an dem der Bruch der Rückkehrlinie erfolgte) die Breite des Trendkanals abziehen.

2007. Anschließend zeichnet sie die neue, steile Rückkehrlinie in den Chart als eine gestrichelte Linie ein.

**Abb. 42: Bayer-Chart mit gebrochener Rückkehrlinie**
In diesem Fall zeichnen viele Chartisten eine neue, steilere Trendlinie (gestrichelte Linie) ein.

»Was ist mit der Trendlinie (a)?«, fragt Peter stockend. »Ja, richtig«, ruft Herr Hinrichs. »Die hätten wir fast vergessen. Steigen die Kurse über eine Rückkehrlinie hinaus, so deutet dies normalerweise auf einen stärker werdenden Trend hin. Deswegen kann man ausgehend vom letzten Reaktionstief eine steilere Basis-Aufwärtstrendlinie parallel zu der neuen Rückkehrlinie zeichnen. Denn oftmals funktioniert die neue, steilere Unterstützungslinie besser als die alte, flachere Linie.«

Britta folgt Herrn Hinrichs Ausführungen aufmerksam. Ihr drängt sich folgende Frage auf: »Was bedeutet der Trendbruch der neuen, steileren Aufwärtstrendlinie im Juni 2007?« Peter betrachtet die beiden Trendlinien im Chart sehr genau und setzt zögerlich an: »Da die neue Trendlinie deutlich steiler und kürzer ist, hat sie eine nicht so große Relevanz wie die alte, flache Trendlinie. Darum dürfte der Bruch der neuen, steileren Trendlinie nicht zu einer Trendumkehr führen. Allerdings sollten jetzt die Alarmglocken läuten und die Kursentwicklung genau beobachtet werden. Dies ist nämlich ein Vorbote für ein drohendes Ungemach.«

### 3.2.4 Speed Resistance Lines – der Geschwindigkeit des Trends auf der Spur

»Es gibt auch eine Technik, um der Geschwindigkeit des Trends auf die Spur zu kommen, indem man die Steigung und das Gefälle eines Trends misst. Dies geschieht mithilfe der *Speedlines* (*Speed Resistance Line*)«, sagt Herr Hinrichs. »Hierzu wird eine Kursspanne zwischen Hoch- und Tiefpunkt einer Bewegung gemessen und in drei Drittel aufgeteilt.« Herr Hinrichs wendet sich zur Klasse: »Wie würde ihr die *Speedlines* in den Chart einzeichnen?« Petra schüttelt den Kopf, um klarer denken zu können. Anschließend geht sie zur Tafel und zeichnet Folgendes:

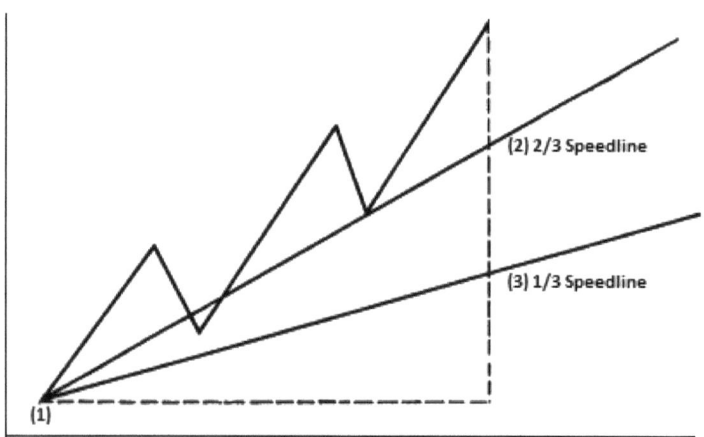

**Abb. 43:** *Speed Resistance Linie* in einem Aufwärtstrend
Vom Startpunkt (1) wird eine 1/3 *Speedline* (2/3 vom Hoch entfernt) sowie eine 2/3 *Speedline* (1/3 vom Hoch entfernt) in den Chart eingezeichnet. Man erkennt, dass die *Speedlines* im Aufwärtstrend als Unterstützungslinien fungieren. Werden

sie bei Marktkorrekturen gebrochen, so verwandeln sie sich bei Erholung der Kurse in Widerstandslinien. (Quelle: Eigene Darstellung und Murphy 2004, S. 101)

»Zunächst muss ich den höchsten Punkt des Aufwärtstrends finden. Von diesem Punkt ziehe ich eine vertikale Linie bis zu dem Niveau, an dem im Chart der Trend begann (gestrichelte Linie im Chart). Anschließend würde ich die vertikale Linie in Drittel unterteilen. Um deutlich zu machen, wo auf der vertikalen Linie die jeweiligen Drittel liegen, trage ich die Punkte 2 – der ein Drittel vom Hoch entfernt ist – und 3 – der zwei Drittel vom Hoch entfernt ist – ein. Danach ziehe ich zwei Trendlinien von Punkt 1 – dem Startpunkt des Trends – durch die Punkte 2 und 3. Die obere Linie ist die 2/3-*Speedlinie*, die untere die 1/3-*Speedline*. In einem Abwärtstrend dreht man den Prozess einfach um. Das heißt, man misst die vertikale Distanz vom Tiefpunkt des Abwärtstrends bis zu seinem Anfang. Anschließend werden vom Startpunkt des Trends zwei Linien durch die Ein- und Zweidrittel- Punkte auf der vertikalen Linie gezogen. So erhält man die beiden Speedlines.«

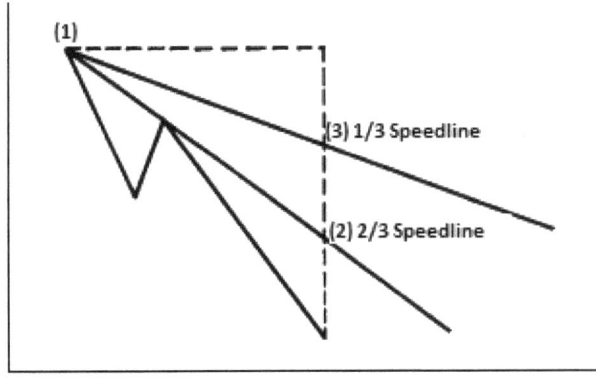

Abb. 44: *Speed Resistance Line* in einem Abwärtstrend
Vom Startpunkt (1) wird eine 1/3 *Speedline* (2/3 vom Tief entfernt) sowie eine 2/3 *Speedline* (1/3 vom Tief entfernt) in den Chart eingezeichnet. Man erkennt, dass die *Speedlines* im Abwärtstrend als Widerstandslinien fungieren. (Quelle: Eigene Darstellung und vgl. Murphy 2004, S. 101)

Herr Hinrichs nickt lächelnd. »Stellt sich natürlich die Frage, wozu die *Speed Resistance Lines* dienen. Wie ihr schon aus den vorherigen

Stunden wisst, korrigieren die Kurse nach einer bestimmten Marktbewegung um einen Teil des vorangegangenen Trends, bevor sie ihre Richtung wieder aufnehmen. Deswegen werden in einem Aufwärtstrend immer höhere Hoch- und Tiefstände generiert. Befindet sich jetzt ein Aufwärtstrend im Prozess der Selbstkorrektur, so wird in der Regel die Abwärtsbewegung an der 2/3-*Speedlinie* zum Erliegen kommen. Falls nicht, werden die Kurse bis zur unteren *Speedline* (1/3-*Speedline*) fallen. Hält diese Marke auch nicht, werden die Kurse höchstwahrscheinlich den gesamten Weg bis zum Beginn des Aufwärtstrends wieder fallen.[38] Wird dann auch diese Marke durchbrochen, muss der Trader auf der Hut sein, weil die Gefahr besteht, dass sich der Trend umkehrt. Oftmals zeigen die *Speedlines* dies früher an als die ›klassischen‹ Trennlinien. Wie alle anderen Trendlinien auch kehren die *Speedlines* ihre Rolle um, falls sie gebrochen werden. Das bedeutet: Wenn bei einer Korrektur eines Aufwärtstrends die obere Linie (d. h. die 2/3-*Speedline*) gebrochen wird und die Kurse in Richtung unterer Linie (1/3-*Speedline*) fallen, wird die 2/3-*Speedline* zu einer Barriere bzw. einem Widerstand. Erholen sich jetzt die Kurse wieder, muss erst die 2/3-*Speedline* von unten nach oben durchbrochen werden, damit die alten Hochs erneut getestet werden können. Das gleiche Prinzip gilt auch im Abwärtstrend.«

Sabine kräuselt die Stirn. »Habe ich das richtig verstanden: Wird die 2/3-*Speedline* gebrochen, steigt die Wahrscheinlichkeit, dass der Kurs bis zur 1/3-*Speedline* zurückfällt. Wird auch noch die 1/3-*Speedline* gebrochen, nimmt die Wahrscheinlichkeit zu, dass der Kurs bis zum Ursprungspunkt der Kursbewegung zurückfällt. Jedes Mal, wenn in einem Aufwärtstrend ein neues Hoch bzw. in einem Abwärtstrend ein neues Tief erreicht wird, muss ich die *Speedlines* neu zeichnen.«

Herr Hinrichs nickt: »Das ist richtig! Oftmals werden die ›klassischen‹ Trendlinien durch *Speedlines* ergänzt. Denn sie passen sich

---

[38] Dagegen bedeutet in einem Abwärtstrend der Bruch der unteren Line (2/3 *Speedline*), dass wahrscheinlich eine Rallye zur höheren Linie (1/3 *Speedline*) bevorsteht. Wird diese auch gebrochen, sollte die Rallye bis an den Gipfel des vorherigen Trends kommen.

auf veränderte Marktgegebenheiten besser und vor allem schneller an und geben so dem Trader einen Blick auf das undenkbare, aber dennoch mögliche Kursszenario. Das gilt insbesondere dann, wenn sich Kurse auf neue Höchst- bzw. Tiefststände zubewegen, weil der Trader durch eine Verlängerung der Linie ein Indiz dafür bekommt, wie sich das Kursmuster entwickeln könnte.«

## 3.3 Prozentuale Retracements – gegen den Strom schwimmen

»Ist euch noch irgendetwas anderes zum Trend aufgefallen?«, fragt Herr Hinrichs. Hans-Jürgen konzentriert sich. In seinem Kopf formt sich ein Bild eines Trends (s. z. B. Abb. 42, S. 99): »Primäre Trends werden durch sekundäre Trends in die dem primären Trend entgegengesetzte Richtung unterbrochen.« Fragend schaut er Herrn Hinrichs an. »Hans-Jürgen, du bist schon auf der richtigen Spur. Eine Bewegung gegen die Richtung des Haupttrends wird auch als *Retracement*[39] (oder Korrektur) bezeichnet[40]. Zu Beginn des 20. Jahrhunderts entdeckte der Trader W. D. Gann, dass diese *Retracements* nicht willkürlich erfolgen, sondern nach bestimmten Mustern ablaufen. Nehmen wir an, dass sich der Kurs von 100 auf 400 Euro bewegt hat. Bei 400 Euro sind die meisten Trader der Ansicht, das Wertpapier wäre überkauft, und sie beginnen zu verkaufen. Der folgende Kursverfall, das *Retracement*, stoppt nach der Beobachtung von Gann nahe 50 Prozent der ursprünglichen Bewegung von 100 auf 400 Euro, also bei 250 Euro[41]. Das ist die 50-Prozent-*Retracement*-Regel von Gann.«

---

[39] Hiermit ist gemeint, dass auf eine starke Kursbewegung oftmals eine Korrektur (*Retracement*) in die entgegengesetzte Richtung erfolgt, bevor die Kursbewegung zu ihrem ursprünglichen Trend zurückkehrt.
[40] Aus diesem Grund werden heute auch sekundäre Trends als *Retracement* (wörtlich übersetzt Rückzug) bezeichnet. Andere Bezeichnungen für *Retracement* sind *Pullback* oder *Throwback* (Rückschlag).
[41] Das Wertpapier ist um 300 Euro (= Höchstkurs – ursprünglicher Kurs = 400 - 100) gestiegen. Da wir von einem 50-Prozent-*Retracement* ausgehen, sollte das

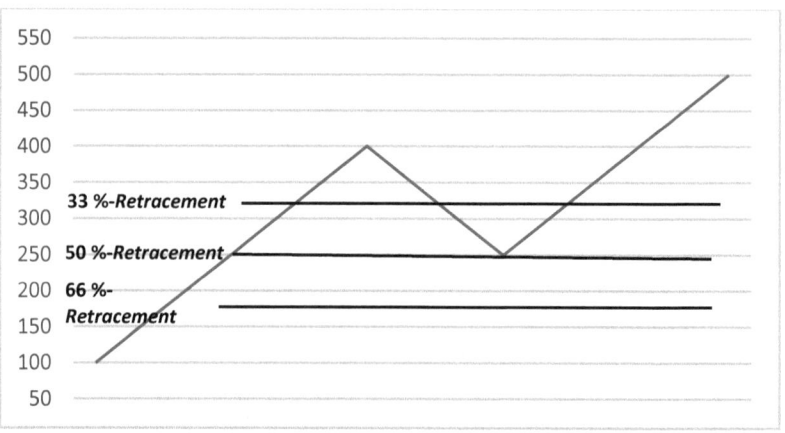

**Abb. 45: Retracement**
In der Regel fallen die Kurse um die Hälfte des vorangegangenen Aufschwungs zurück (50-Prozent-*Retracement*), bevor sie wieder anfangen, zu steigen. Die Minimum-Korrektur beträgt ein Drittel und die Maximal-Korrektur zwei Drittel des vorangegangenen Trends.

»Natürlich ist Gann auch aufgefallen, dass es andere *Retracements*[42] gibt. Heute werden die Eindrittel- und Zweidrittel-Korrekturen stark beobachtet. Man hat nämlich festgestellt, dass eine Korrekturbewegung üblicherweise im Minimum 33 Prozent und im Maximum 66 Prozent beträgt. Das bedeutet, dass z. B. im Rahmen eines Aufwärtstrends mindestens um ein Drittel der vorangegangenen Bewegung korrigiert wird. Dies nutzen Trader für einen Wiedereinstieg in einen vorhandenen Trend aus. Dazu zeichnen sie in einem Chart eine 33- bis 50-Prozent-Zone ein. Fällt der Kurs im Rahmen einer Korrekturbewegung innerhalb des Aufwärtstrends in diese Zone, so ist dies eine Kaufgelegenheit. Die Trader gehen davon aus, dass der Kurs den zuvor erreichten Höchstkurs übersteigt, wenn der Trend fortgesetzt wird, was ihnen häufig auch als Minimum-Gewinnziel dient.[43] Dagegen ist der 66-Prozent-*Retracement*

---

Wertpapier um 150 Euro (= 300 *0,5) fallen. Diese 150 Euro werden von 400 Euro subtrahiert, man erhält 250 Euro.

[42] Gann sagte dazu einmal: »Ich betrachte hauptsächlich die 50-Prozent-*Retracement*, weil sie mir am meisten Geld eingebracht hat.«

[43] Hieraus leitet sich auch die Börsenweisheit *Buy on the Dip* (zu Deutsch: »Kaufen in Korrekturen«) ab.

ein besonders kritischer Bereich, weil viele Charttechniker daran glauben, dass die Korrektur spätestens an diesen Zweidrittel-Punkt stoppen muss, wenn der vorherrschende Trend beibehalten werden soll. Hält dieser Punkt nicht, gehen die Charttechniker davon aus, dass hier höchstwahrlich eine Trendumkehr[44] vorliegt und nicht bloß eine Korrekturbewegung. «Peter zieht eine Grimasse: »Was? Das verstehe ich nicht! In einem Trend gibt es viele Hoch- und Tiefpunkte. Welche verwende ich?« Herr Hinrichs zeichnet folgenden Chart an die Tafel:

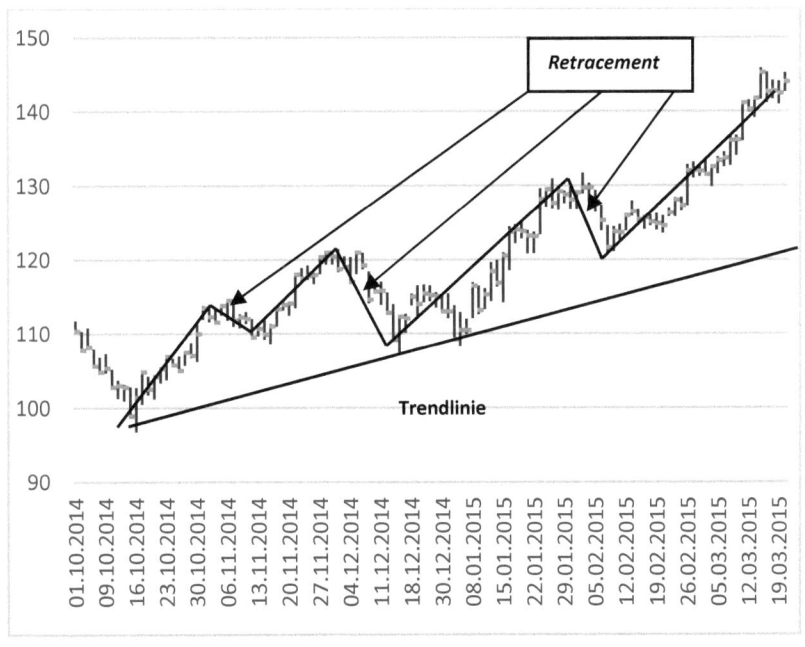

Abb. 46:  Bayer-Balkenchart mit einem Aufwärtstrend und drei *Retracements*

---

[44] Allerdings hat man beobachtet, dass ein 100-Prozent-*Retracement*, also ein Kurs, der von 100 auf 400 Euro steigt und zurück auf 100 Euro fällt, oftmals ein Doppel-*Bottom* ausbildet. Dies ist eine Formation, wie wir später sehen werden, die für steigende Kurse steht.

Peter sieht sich den Chart genau an. Dann fällt ihm die Lösung quasi wie Schuppen von den Augen: »Natürlich! Jeder Hoch- und sein dazugehöriger Tiefpunkt im Trend bilden ihr eigenes *Retracement* aus. Für mich als Trader ist besonders der letzte Hochpunkt bzw. Tiefpunkt interessant, weil er ein Indiz für die zukünftige Entwicklung liefert. Der letzte (bzw. aktuelle) Hochpunkt liegt im Bayer-Balkenchart bei 145 Euro und der Tiefpunkt bei 120 Euro. Somit beträgt der zurückgelegte Weg 25 Euro. Somit liegt das 33-Prozent-*Retracement* bei ca. 136,67 Euro, das 50-Prozent-*Retracement* bei 132,50 Euro und das 66-Prozent-*Retracement* bei 128,33 Euro. Laut Gann sollte die Korrektur also bei spätestens 132,50 Euro enden, bevor der Bayer-Aktienkurs zu seinem ursprünglichen Trend zurückkehrt. Sollte der Kurs das 66-Prozent-*Retracement* durchschreiten, ist ein Trendwechsel möglich!«

Herr Hinrichs nickt erfreut: »Gut, Peter! Viele Trader nutzen deine Beobachtung für eine Handelsstrategie aus. Zunächst warten sie in einem Aufwärtstrend auf eine Korrektur des Marktes in der Höhe des 50-Prozent-*Retracements*, um dann zu kaufen. Gleichzeitig versehen sie beim 66-Prozent-*Retracement* eine *Stopp-Loss*-Order, weil sie davon ausgehen, dass dann eine Trendwende bevorsteht. Bewegt sich der Markt dann in die gewünschte Richtung, wird die Position im Gewinn beim 23,6-Prozent-*Retracement* oder beim Erreichen des nächsten Hochpunktes verkauft.«

## 3.4 Elliott-Wellen-Theorie und Fibonacci-Zahlen

Herr Hinrichs sitzt vor seinem Pult und überlegt, wie er seinen Schülern die Fibonacci-Zahlen erklären soll. Er merkt gar nicht, dass die Stunde schon angefangen hat und die Schüler ihre Plätze eingenommen hatten. Mehr zu sich selbst sagt er laut: »Wie weit hole ich aus? Wo fange ich an?« Er wird jäh aus seinem Gedanken gerissen, als Rolf mit einem Grinsen im Gesicht ruft: »Wie wär's mit der guten, alten Art: Am Anfang!« »Warum eigentlich nicht?«, entgegnet Herr Hinrichs – und beginnt.

### 3.4.1 Eine kurze Einführung in die Elliott-Wellen-Theorie – eine andere Perspektive auf den Trend

»Fangen wir also ganz vorne an: Bei der **Wellentheorie** von Elliott[45, 46]. **Elliott**[47] untersuchte in den frühen 1930er-Jahren die Kurshistorie von Aktien- und Indexcharts auf unterschiedlichen Zeiteinheiten, vom Halbstunden- bis zum Jahreschart. Sein verblüffendes Ergebnis war, dass die Kursbewegungen nur scheinbar zufällig und unvorhersehbar sind. Er kam vielmehr zu der Erkenntnis, dass sich die kollektiven Emotionen – wie Gier und Angst – der Trader in wiederkehrenden Kursschwankungen, den Wellenmustern, niederschlagen. Durch die Identifizierung dieser Wellenmuster wird der zukünftige Kursverlauf prognostizierbar. Hierzu betrachtet man die Längen- und Zeitverhältnisse der Wellenmuster. Um die Wellenmuster quantifizierbar zu machen, musste Elliot den **Grundzyklus** einer Welle finden. Er stellte fest, dass Kursbewegungen aufgeteilt werden können: in Trends (oder Antriebsphasen) und Korrekturen. Trends zeigen die Hauptrichtung der Kursentwicklung an, während sich Korrekturen gegen den Trend bewegen. Elliot fand heraus, dass der Grundzyklus aus zwei Basiswellen, einer Impulswelle (oder Antriebs- oder Motivwelle) und einer Korrekturwelle besteht. Jede dieser Wellen besteht aus kleineren Wellen, die auch als Sub- oder Unterwellen bezeichnet werden, in einem untergeordneten Grad. Die Impulswelle wiederum hat fünf Subwellen von 1 bis 5, drei in Richtung des Trends (1, 3 und 5) und zwei entgegen dem Trend (2 und 4). Die Korrekturwelle enthält

---

[45] Dieser Abschnitt kann Ihnen nicht den perfekten »Wave-Count« beibringen. Er soll Ihnen vielmehr den Weg in die Welt Elliotts ebnen. Nach der Lektüre werden Sie die Literatur besser verstehen und sind bereit, tiefer in die Wellentheorie einzutauschen.

[46] Sämtliche Ausführungen beziehen sich auf den Aufwärtstrend.

[47] Elliott veröffentlichte seine Erkenntnisse in zwei Büchern: »The Wave Principle« von 1938 und »Nature's Law – The Secret of the Universe« von 1946. Weite Verbreitung fand die Theorie erst nach der Zusammenfassung der Erkenntnisse im Buch »Elliott Wave« von A.J. Frost und R. Prechter im Jahr 1978. Der Grund dafür war, dass Prechter mithilfe der Elliott-Wellen-Theorie mehrere korrekte Vorhersagen großer Trendwenden in den 1980er-Jahren treffen konnte sowie die US-Trading-Meisterschaft 1984 gewann.

drei Subwellen, mit A bis C gekennzeichnet, zwei in Richtung der Hauptkorrektur (A und C) und eine entgegengesetzt (B). Jeder Zyklus kann also in 8 Unterwellen aufgeteilt werden.«

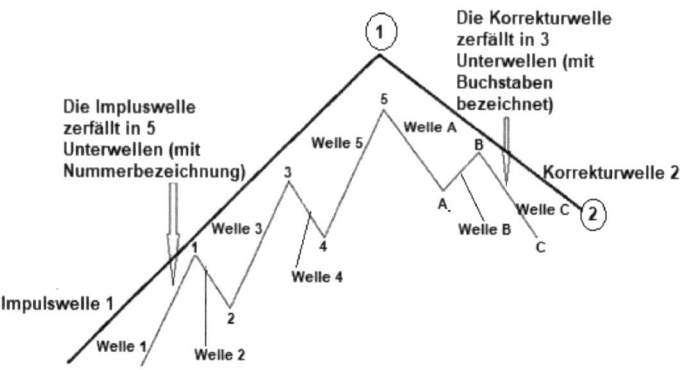

Abb. 47:   Das Grundmuster des Wellenprinzips für einen Aufwärtstrend

Die Impulswelle 1 besteht selbst wieder aus den fünf Unterwellen (siehe unterer Verlauf) 1 bis 5. Die Korrekturwelle 2 besteht als Gegenbewegung zur Impulswelle selbst wieder aus drei Unterwellen: den Wellen A, B und C. (Quelle: Eigene Darstellung und Prechter & Frost 2004, S. 28)

»Mensch, das ist ja wie Fischer-Technik. Da baut man auch mit ein paar Grundelementen die tollsten Gebilde«, sagt Rolf. »Unser Grundelement ist das 8-Wellen-Grundmuster. Wenn man diese einfach aneinanderhängt, müsste ein Gebilde herauskommen, das den bekannten Kurvenverläufen aus den Charts ähnelt.« Rolf illustriert seine Gedanken an der Tafel:

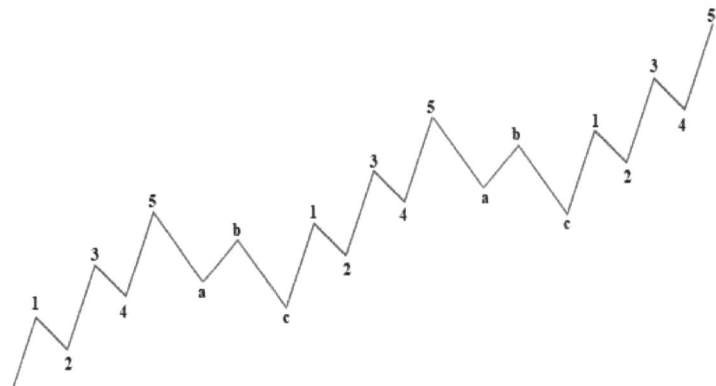

Abb. 48: Aneinanderreihung von Wellen

»Tatsächlich werden so die einzelnen Grundmuster zusammengeführt – sehr gut, Rolf«, lobt Herr Hinrichs. »Können die Unterwellen ...«, setzt Petra an, stockt dann aber, weil ihr die richtigen Worte für ihre Frage fehlen. Sie dreht sich zu ihrem Sitznachbar Rolf um, der ihr etwas zuflüstert. »Kann jede Unterwelle ebenfalls wieder in Subwellen geteilt werden?«, fragt sie nun freudestrahlend.

»Genau vor dieser Frage stand auch Elliott«, antwortet Herr Hinrichs. »Er entschied sich, zunächst einmal die unterschiedlichen großen Zyklen bzw. Wellen in Ränge einzuteilen. Er kategorisierte neun verschiedene Ränge. Der kürzeste ist der Nanozyklus, der nur wenige Minuten dauert, und der längste ist der Große Superzyklus, der bis zu 200 Jahre anhält. An der Tafel seht ihr nun eine Tabelle, die diese Überlegungen zusammenfasst.«

Tab. 11: Wellengrade und dazugehörige Bezeichnungen

| Wellengrade bzw. Zyklen | Antriebsphase (5er-Welle mit dem Trend) | | | | | Korrekturphase (3er-Welle gegen den Trend) | | |
|---|---|---|---|---|---|---|---|---|
| Großer Superzyklus (Dauer: Jahrhunderte) | [I] | [II] | [III] | [IV] | [V] | [a] | [b] | [c] |
| Superzyklus (Dauer: Jahrzehnte) | (I) | (II) | (III) | (IV) | (V) | (a) | (b) | (c) |
| Zyklus (Dauer: ein Jahr bis Dekaden) | I | II | III | IV | V | a | b | c |
| Primärzyklus (Dauer: Monate bis Jahre) | [1] | [2] | [3] | [4] | [5] | [A] | [B] | [C] |
| Zwischenzyklus (Dauer: Wochen oder Monate) | (1) | (2) | (3) | (4) | (5) | (A) | (B) | (C) |
| Minderzyklus (Dauer: Wochen) | 1 | 2 | 3 | 4 | 5 | A | B | C |
| Millizyklus (Dauer: Tage) | [i] | [ii] | [iii] | [iv] | [v] | [a] | [b] | [c] |
| Mikrozyklus (Dauer: Stunden) | (i) | (ii) | (iii) | (iv) | (v) | (b) | (b) | (c) |
| Nanozyklus (Dauer: Minuten) | i | ii | iii | iv | v | a | b | c |

(Quelle: Eigene Darstellung und Prechter & Frost 2004, S. 35)

Sabine räuspert sich: »Aus der Tabelle sieht man, dass sich die Zyklus-Wellen in den Primärzyklus aufteilen, der sich wiederum in die Zwischenzyklus-Wellen aufteilt, die sich dann selbst nacheinander in Minderzyklus-, Millizyklus-, Mikrozyklus- und Nanozyklus-Wellen aufteilen. Dies bedeutet, jede Welle, egal ob Impuls oder Korrektur, besteht aus kleineren Wellen, die aus noch kleineren Wellen zusammengesetzt sind. Größere Wellen sind wiederum Bestandteile von noch größeren Superwellen. Das ist unglaublich!«

»Das hört sich an, als denke man von Tagen, zu Stunden, zu Minuten, zu Sekunden usw.« Peter sieht sich fragend um. »Ganz so dumm ist das nicht, Peter. Schauen wir mal gemeinsam auf die folgende Abbildung«, wirft Herr Hinrichs ein.

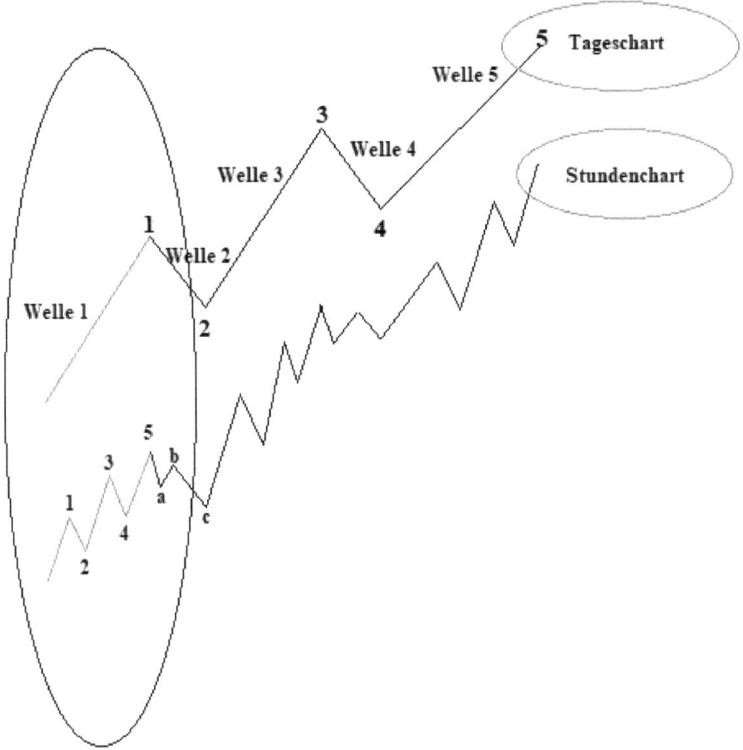

**Abb. 49:** Antriebsphase mit fünf Wellen

Welle 1 setzt sich in einem niedrigeren Zeitfenster wiederum aus fünf Unterwellen zusammen. Die Korrekturwelle 2 schließt sich an. Sie setzt sich in einem niedrigeren Zeitfenster aus drei Unterwellen zusammen.

»Ha!«, sagt Rolf. »Welle 1 des Tagescharts setzt sich im Stundenchart aus fünf Wellen zusammen. Dagegen setzt sich Korrekturwelle 2 aus dem Tageschart im Stundenchart ›nur‹ aus drei Wellen zusammen. Es kommt wieder das Grundmuster der Elliott-Wellen von 8 Wellen zustande – nur in einer kleineren Einheit.«

»Genau das entdeckte auch Elliott«, pflichtet Herr Hinrichs Rolf bei. »Die Wellenmuster sind eigentlich immer gleich aufgebaut. Elliot bezeichnete dieses Phänomen als die fraktale Natur der

Märkte. Beispielsweise zeigt eine Impulswelle, die mit dem Haupttrend geht, immer fünf Wellen in ihrem Muster. Auf einer kleineren Skala bestehen alle Impulswellen dieser zuvor erwähnten Impulswelle wieder aus fünf kleineren Wellen. In diesem kleineren Muster wiederholen sich die gleichen Muster unbegrenzt, so wie hier zu sehen:«

Abb. 50:   Aufteilung von Elliott-Wellen in verschiedene Ränge
(Quelle: Eigene Darstellung und Prechter & Frost 2004, S. 30

»Die beiden großen Wellen [1] und [2] in dem Bild stellen dabei die ersten zwei Bewegungen im Primärzyklus dar. Sie bestehen im nächst kleineren Rang, dem Zwischenzyklus, aus acht Unterwellen (1), (2), ... (8) sowie (A), (B) und (C) usw.«

»So etwas Ähnliches habe ich doch schon mal gehört«, denkt Peter. »Aber wo war das gleich noch?« Er blättert in seinen Unterlagen. Dann wird er fündig: »Das ist so ähnlich wie bei der Dow-

Theorie (s. S. 53). Jeder Trend ist ein Teil eines längeren Trends. So ist z. B. der sekundäre Trend eine Korrektur innerhalb des übergeordneten Primärtrends oder der tertiäre Trend ist eine Korrektur des übergeordneten Sekundärtrends usw.« »Ja! Tatsächlich gibt es Überschneidungen mit der Dow-Theorie. Elliott wurde von Dows Analysen beeinflusst. Er glaubte, dass seine eigene Theorie deutlich über die Dow-Theorie hinausging und sie verbesserte. Interessanterweise wurden beide Vordenker der technischen Analyse bei der Aufstellung ihrer Theorien vom Meer inspiriert. So erklären sich die Gemeinsamkeiten«, erwidert Herr Hinrichs.

Rolf schnalzt mit der Zunge, wie er es häufig tat, wenn er über etwas nachgrübelte. »Das Bild zeigt, dass sich die Wellenstruktur der großen Wellengrade aus kleinen Unterwellen zusammensetzt, die wiederum aus noch kleineren Wellen bestehen usw. Diese Wellen und Unterwellen haben alle mehr oder weniger die gleiche Struktur wie die jeweils größere Welle, zu der sie gehören. Das bedeutet: Die Grundstruktur einer Elliott-Welle, also die Aufteilung in acht Unterwellen, bleibt immer gleich, unabhängig davon, welchen Rang sie besitzt. Mit diesem Wissen kann man die Anzahl der Wellen auf der jeweiligen Wellenebene in dem Bild berechnen.«

Tab. 12: Anzahl der Wellen auf der jeweiligen Wellenebene

| Zyklus | Wellen in Antriebsphase | Wellen in Korrekturphase | Gesamtanzahl der Wellen im Zyklus |
|---|---|---|---|
| Primärzyklus | 1 | 1 | 2 |
| Zwischenzyklus | 5 | 3 | 8 |
| Minderzyklus | 21 | 13 | 34 |
| Millizyklus | 89 | 55 | 144 |

»Das ist unglaublich!«, stellt Britta euphorisch fest. »Mir ist in der Abbildung aufgefallen, dass einige Wellen einen Rang tiefer in fünf und die anderen in drei Unterwellen aufgeteilt werden. Wieso?«

»Elliott erkannte, dass eine Welle in Abhängigkeit der Richtung zum übergeordneten Trend entweder in drei oder fünf Subwellen im nächst tieferen Rang aufgespalten wird[48]«, erklärt Herr Hinrichs.

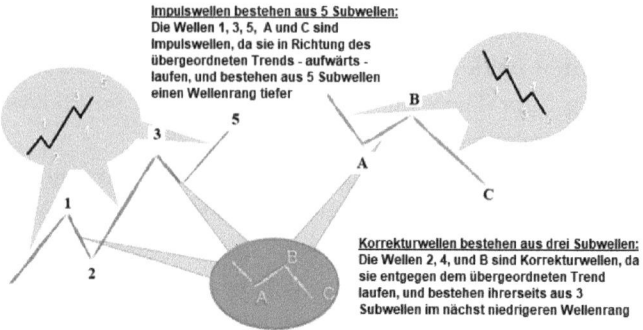

Abb. 51: Grundmuster eines Aufwärtstrends
Quelle: Eigene Darstellung und Roller & Schütz 2016, S. 28

Peter betrachtet das Bild und spürt, dass er etwas übersieht, dass eigentlich direkt vor seinen Augen liegt. Und auf einmal fällt es ihm ein: »Herr Hinrichs hat einen Fehler gemacht!«, ruft er. »Die Wellen A und C sind keine Impulswellen. Der übergeordnete Trend ist aufwärts. Es gilt: Wellen, die in derselben Richtung wie der übergeordnete Trend laufen, teilen sich einen Wellenrang tiefer in fünf Sub-

---

[48] Ob eine Welle in drei oder fünf Wellen unterteilt wird, hängt von der Trendrichtung der nächstgrößeren Welle, d. h. des nächsthöheren Rangs, ab. Wellen sind entweder eine Impulswelle und im untergeordneten Wellengrad in fünf Subwellen unterteilt, wenn sie in dieselbe Richtung laufen, wie die Welle der nächsthöheren Wellenebene, deren Bestandteil sie sind. Anderseits können Wellen auch Korrekturwellen sein, die einen Rang tiefer in drei Subwellen aufgeteilt werden. Das Charakteristische ist, das Korrekturwellen in die entgegengesetzte Richtung laufen, wie die Welle im nächsthöheren Rang, deren Bestandteil sie sind. Das heißt: Bewegungen in dieselbe Richtung wie der übergeordnete Trend teilen sich einen Wellenrang tiefer in fünf Subwellen auf, während sich Reaktionen gegen den übergeordneten Trend in drei Subwellen einen Wellengrad tiefer aufteilen.

wellen auf. Tatsächlich laufen die Wellen A und C gegen den übergeordneten Aufwärtstrend, weil sie abwärtsgerichtet sind. Aus diesem Grund müssten sie sich in drei Subwellen einen Wellengrad tiefer aufteilen. Im Gegensatz dazu müsste sich die Welle B, die in Richtung des Aufwärtstrends läuft, in fünf Subwellen aufteilen.«

»Bei der Betrachtung des Bildes hilft es, mit einem Blatt zunächst die Korrekturwellen abzudecken und nur die Impulswellen zu betrachten. Was fällt euch auf?«, erwidert Herr Hinrichs. »Das Bild zeigt, dass die drei Wellen 1, 3 und 5 in Richtung des Aufwärtstrends laufen. Sie bringen den Aufwärtstrend voran. Deswegen sind diese drei Unterwellen Impulswellen und bestehen einen Rang tiefer aus fünf Subwellen. Die Wellen 2 und 4 laufen gegen den Trend und werfen ihn zurück[49]. Deshalb handelt es sich um Korrekturwellen. Sie bestehen aus drei Subwellen einen Rang tiefer«, sagt Hans-Jürgen bedächtig. »Sehr gut, Hans-Jürgen. Kommt, weiter!«, spornt Herr Hinrichs seine Schüler an. »Jetzt deckt den ersten Teil des Bildes mit dem Aufwärtstrend ab und schaut euch die Korrekturwelle an. Was fällt euch dort auf?«

Britta und Sabine tauschen einen Blick: »Abwärtstrend«, sagen beide wie aus einem Munde. »Das Bild zeigt etwas Verblüffendes. Die Korrekturwellen A, B und C bilden einen kurzfristigen Abwärtstrend. Die Wellen A und B bestehen aus fünf Subwellen einen Rang tiefer, weil diese beiden Wellen in Richtung des kurzfristigen Abwärtstrends laufen, d. h. sie sind Impulswellen. Ganz anders sieht es bei der Korrekturwelle B aus, sie läuft gegen den kurzfristigen Trend. Somit besteht sie einen Rang tiefer aus drei Subwellen«, führt Britta weiter aus.

»Oh, das alles habe ich wohl zuvor übersehen«, denkt Peter. Bevor er etwas sagen kann, stellt Sabine eine Frage. »Woher weiß ich eigentlich, was die Welle 1, 2 usw. ist?«

»Dazu legte Elliot Regeln fest, und zwar je für die Impuls- und Korrekturwellen«, antwortet Herr Hinrichs. »Betrachten wir zunächst die Impulswellen. Eine Impulswelle in Trendrichtung lässt sich immer in fünf Subwellen einen Rang tiefer unterteilen. Sie sind

---

[49] Die Wellen 2 und 4 sind Korrekturwellen, da sie die Wellen 1 und 3 korrigieren.

in der Regel gut zu erkennen. Dabei müssen nur einige Grundregeln beachtet werden. Welche könnten das sein?«

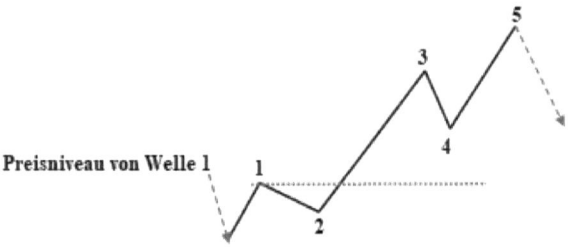

Abb. 52: Eine Impulswelle im Aufwärtstrend mit ihren fünf Subwellen

Britta schießt los: »Welle 2 kann niemals unter das Preis- bzw. Startniveau (Anfangskurs) von Welle 1 laufen.« Herr Hinrichs kann nur nicken, dann lässt sich Peter von Brittas Gedanken voller Begeisterung mitreißen: »Die Welle 3 ist niemals die kürzeste Welle.« »Meistens ist sie sogar die längste Welle«, ergänzt Herr Hinrichs.

Britta kneift die Augen zusammen, um besser sehen zu können. Jetzt erkennt sie: »Die Welle 4 darf niemals das Hoch der Welle 1 unterschreiten. Dies bedeutet, dass eine imaginäre Linie am Hochpunkt der Welle 1 als unumstößlicher Widerstand gezählt werden muss. Und das Preisniveau von Welle 5 übertrifft das von Welle 3.«

»Jede dieser Grundregeln muss eingehalten werden. Ein Verstoß ist ein K.-o.-Kriterium. Tritt ein K.-o.-Kriterium auf, muss man mit der Zählung von vorne beginnen. Die Anwendung des Wellenprinzips wäre kinderleicht, wenn die Grundregeln[50] zur vollständigen Beschreibung der Impulswellen ausreichen würden. Leider gibt es ein paar Ausnahmen. Gewöhnlich tritt bei einer der drei Impulswellen 1, 3 oder 5 eine Ausdehnung auf, das heißt, deren Bewegung überschreitet das Ausmaß der anderen Impulswellen bei weitem. In den allermeisten Fällen entwickelt sich die **Ausdehnung**

---

[50] Für viele Wellen sind etwa ein Dutzend verschiedene Regeln bzw. Richtlinien abzufragen und zu vergleichen.

(eng. *Extension*) in der dritten Impulswelle[51].« Herr Hinrichs tritt einen Schritt von der Tafel weg und folgendes Bild wird für die Schüler sichtbar.

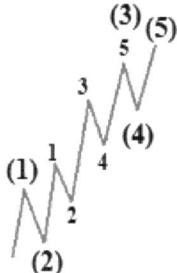

Eine Impulswelle mit ihren fünf Subwellen: (1), (2), (3), (4) und (5) enthält nur eine einzige Dehnung in einer ihrer drei Aktionswellen (1), (3) und (5). Die Dehnung ist in der (3) Aktionswelle dargestellt. Die Subwellen 1, 2, 3, 4 und 5 der gedehnten Welle (3) haben fast dasselbe Aussehen wie die anderen vier Wellen der Impulswelle.

Abb. 53:    Ausdehnung der dritten Welle

»Wie würdet ihr die Ausdehnung der dritten Welle beschreiben?«, fragt Herr Hinrichs. »Jede Impulswelle mit einer Ausdehnung hat neun Wellen, wenn man die untergeordneten Wellen mitzählt«, wirft Peter erstaunt ein. »Hmm«, macht Rolf und kratzt sich das Kinn. Anschließend holt er ein Zentimetermaß aus seiner Tasche und vermisst die Abbildung: »Eine ausdehnte Impulswelle erreicht 161,8 Prozent der Länge der anderen Impulswellen.[52] Weiter kann man feststellen, dass die anderen beiden Wellen, die in Trendrichtung, also Welle 1 und 5, häufig in etwa gleichlang sind, wenn es zu einer Ausdehnung in der Welle 3 kommt.«

Herr Hinrichs ergänzt: »Dabei gelten für die fünf untergeordneten Wellen der gedehnten Welle dieselben Regeln wie für die ›normale‹ Impulswelle. Manchmal können die Subwellen einer gedehnten Welle kaum von den anderen vier Wellen der größeren Impulswelle unterschieden werden, was zu einer Abzählung von

---

51  Wir betrachten nur diese Ausdehnung, denn sie ist an Aktienmärkten üblich. Eine mögliche Ausdehnung der fünften Welle lässt sich erahnen, wenn das Ausmaß der 1. und 3. Welle ungefähr gleich ist. Sie tritt bevorzugt in Rohstoffmärkten auf.
52  Weitere, oft anzutreffende Ausdehnungsgrade sind 200 und 261,8 Prozent.

neun Wellen ähnlicher Größe führt, anstelle der üblichen ›fünf‹ Subwellen einer Impulswelle. In einer solchen 9-Wellen-Sequenz kann es schwierig werden, genau festzustellen, welche dieser Wellen sich gedehnt hat. Aber das ist meistens sowieso irrelevant, da Abzählungen von neun und fünf Wellen im Elliott-System dieselbe technische Bedeutung haben. Die Tatsache, dass Dehnungen sich eigentlich nur in einer einzige Subwelle abspielen, liefert einen guten Hinweis auf die zu erwartende Länge der nachfolgenden Wellen. Tritt die Ausdehnung in der dritten Welle auf, so sind die erste und fünfte Welle meist ähnlich.«

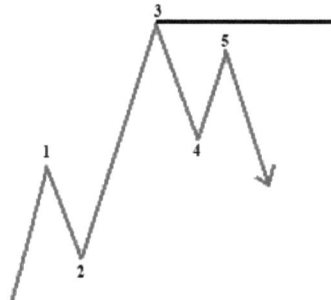

Abb. 54: Versager in einer Impulswelle

Die Schüler schauen die neue Abbildung, die sich nun auf der Tafel zeigt, verdutzt an. Aber dann ergreift Hans-Jürgen das Wort: »Welle 5 ist ein Versager, weil sie es nicht über das Hoch der Welle 3 hinaus geschafft hat. Dies verletzt eine der vorhin aufgestellten Grundregeln für die Impulswellen, d. h. es liegt eine ungültige Zählung vor.«

»Eben nicht, Hans-Jürgen!«, erwidert Herr Hinrichs heftig. »Gelegentlich kann es vorkommen, dass Welle 5 verkürzt ist. Dann überschreitet Welle 5 nicht das Hoch von Welle 3. Man spricht dann von einem **Versager in einer Impulswelle**. Aber auch beim Versager gibt es keine Überschneidung zwischen den Wellenbereichen 1 und 4. Demzufolge endet die Welle 2 nie unter dem Anfang der Welle 1. Auch hier gilt, dass die dritte Welle niemals die kürzeste Welle ist. Das Auftreten eines Versagers zeigt an, dass ein starker Trendwechsel bevorsteht – so wie hier zu sehen.«

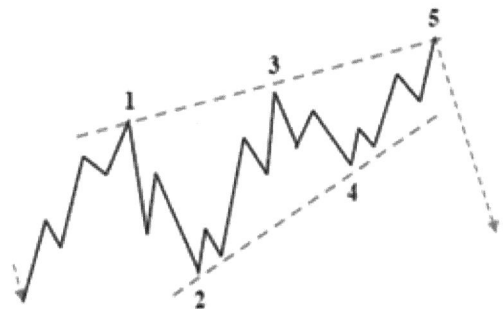

Abb. 55:   *Leading Diagonal Triangle* in einem Aufwärtstrend

»Wie wir schon festgestellt haben, ist die Unterwelle 1 einer Impulswelle ebenfalls eine Impulswelle, aber in einigen Fällen kann sie auch die Gestalt eines *Leading Diagonal Triangle* (Abk. LDT) [53] annehmen. Das LDT kommt am Anfang einer Bewegung vor, wie uns auch der Name *Leading* (anführen) schon verrät. Deswegen erfolgt nach dem Erscheinen der LDT keine scharfe Korrektur und kein Richtungswechsel, weil es kein Abschlussmuster in einer finalen Welle ist. Ebenso wie eine Impulswelle besteht ein *Leading Diagonal Triangle* aus fünf Subwellen. Wie ihr aus dem Bild entnehmen könnt, hat das LDT eine interne Struktur von 5-3-5-3-5, also die normale Struktur einer Impulswelle. Wiederum ist Welle 3 nicht die kürzeste Welle. Wo ist der Unterschied?«, fragt Herr Hinrichs.

Sabine holt tief Atem und konzentriert sich auf die Abbildung. Und schon hat sie eine Idee: »Es kommt zu einer preislichen Überlappung zwischen Welle 1 und Welle 4, während dies bei Impulswellen nicht erlaubt ist. Zudem konvergieren die Begrenzungslinien des LDT und bilden so eine steigende Keilform aus.« Der Blick, mit dem Herr Hinrichs Sabine bedenkt, ist scharf – und sie fragt sich sofort, ob sie etwas Dummes gesagt hatte. Aber Herrn Hinrichs Gesichtsausdruck wird gleich wieder weicher und er beginnt zu lächeln.

---

[53]   Das LDT kann auch in der Korrekturwelle A ausgebildet werden.

»Genau, Sabine«, sagt Herr Hinrichs. »Ebenso wie die Unterwelle 1 muss auch die Unterwelle 5 einer Impulswelle wiederum eine Impulswelle sein – es sei denn, sie kommt in Gestalt einer **Ending Diagonal Triangle** (EDT)[54] daher. Das ist, wie der Name schon andeutet, normalerweise ein Abschlussmuster.«

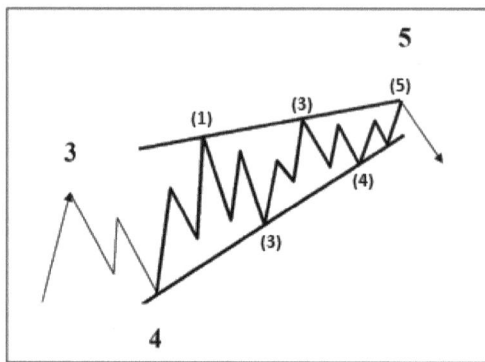

Abb. 56: *Ending Diagonal Triangle* als Abschlussimpuls eines vorangegangenen Aufwärtstrends

Völlig verdutzt sieht sich Rolf die Abbildung an: »Ich glaube, ich kann nicht mehr richtig zählen! Anders als beim LDT mit seiner internen Struktur von 5-3-5-3-5 komme ich beim *Ending Diagonal Triangle* zu einer internen Struktur von 3-3-3-3-3.«

»Keine Sorge, Rolf, du kannst noch richtig rechnen. Das ist die Besonderheit des EDTs. Es besteht zwar auch aus fünf Wellen, aber alle Wellen, so auch die Wellen 1, 3 und 5, sind dreiteiliger Natur. Ein weiteres besonderes Kennzeichen des EDT ist die notwendige Überlappung von Welle 4 und Welle 1. Außerdem sieht man im Bild, dass die Begrenzungslinien des EDTs zusammenlaufen (also konvergieren) und eine steigende Keilform bilden«, erwidert Herr Hinrichs. »Puh! Jetzt haben wir das Rüstzeug, um Impulswellen in einem Aktienchart zu erkennen«, ergänzt er. »Hat noch jemand Fragen?« »Was ist mit den Korrekturwellen 2 und 4?«, fragt Petra.

---

[54] Das EDT kommt auch in Korrekturwelle C vor.

»Die Kursbewegungen in einer Korrekturwelle[55] wirken dem übergeordneten Trend entgegen. Im Gegensatz zu den Trendmustern, wie z. B. LDT oder EDT, sind sie vielfältig und können nur schwer am Beginn einer Korrektur erkannt werden. Oftmals sind sie erst nach der Vollendung eines Musters klar zu erkennen. So sind Fehlprognosen hier besonders häufig und die Erstellung alternativer Wellenszenarien sind für vorsichtige Trader Pflicht. Es gibt einige Grundregeln, die helfen, die Korrekturmuster besser einzuordnen. Dies sind:«

1. *Rule of Alternation*: Es ist unwahrscheinlich, dass in einem Wellenzyklus gleicher Ebene zwei gleiche Korrekturformationen aufeinander folgen. Das bedeutet: In den Korrekturwellen 2 und 4 müssen unterschiedliche Korrekturmuster auftreten. Entwickelt sich also in Welle 2 ein Zickzack-Muster, so ist zu erwarten, dass sich in Welle 4 ein Flat oder Dreieck ausbildet.
2. Korrekturwellen, die ungewöhnlich schwach ausfallen, sind ein Indiz dafür, dass im Anschluss eine massive Impulswelle kommt.
3. Es ist eigentlich in allen Lebensbereichen leichter, etwas zu zerstören, als es aufzubauen. Dieses Prinzip erkannte Elliott auch bei den Wellen. Darum sollte eine Korrekturwelle auf der Zeitachse etwa 38,2 Prozent der Zeit der vorherigen Impulswelle in Anspruch nehmen.

»Erschwerend kommt noch hinzu, dass es eine Reihe verschiedener Korrekturmuster und Kombinationen gibt. Die wichtigsten sind Zickzacks, Flats (oder Flach) und Dreiecke. Betrachten wir dazu zunächst die wohl einfachste Form der Korrekturwelle, die Zickzacks. Wie würdet ihr die Zickzacks anhand des folgenden Bildes beschreiben?«

---

[55] Sämtliche Ausführungen zu den Korrekturwellen beziehen sich auf einen Aufwärtstrend. Für einen Abwärtstrend gelten stets die spiegelbildlichen Darstellungen und natürlich die entgegengesetzten Beschreibungen.

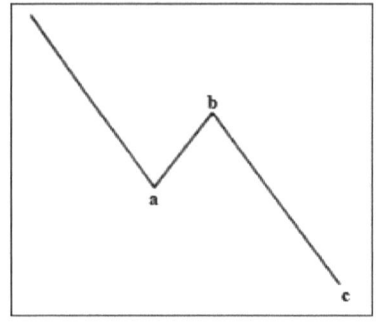 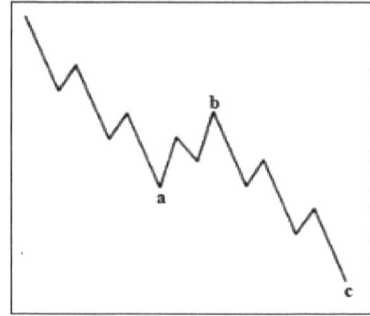

**Abb. 57:** Zickzack-Kursbewegungen
Links: Einfache Zickzack-Korrektur in einem Aufwärtstrend (abwärtsgerichtet, weil die Zickzack-Korrektur den Aufwärtstrend korrigiert)
Rechts: 5-3-5-Sequenz in einem Aufwärtstrend

Sabine tritt etwas näher an die Tafel und zählt zur allgemeinen Erheiterung die Wellen im rechten Bild. Ohne es zu merken, sagt sie laut:»1, 2, 3 Wellen ...« Als sie merkt, dass sie dies laut gesagt hat, errötet sie. Sie muss sich erst sammeln, bevor sie wieder in die Spur zurückfindet: »Das **Zickzack** (oder Zig-Zag) ist ein dreiwelliges Korrekturmuster mit einer 5-3-5-Wellenstruktur. Das bedeutet, dass die erste in Richtung des Korrekturtrends laufende Welle (a) in fünf Subwellen unterteilt werden kann. Die nachfolgende Welle (b) korrigiert die Welle (a) in drei Unterwellen und erreicht nicht den Ausgangspunkt der Welle (a). Zum Abschluss folgt schließlich die Welle (c) in Richtung des Korrekturtrends. Deshalb wird die Welle (c) in fünf Subwellen aufgeteilt. Die Welle (c) läuft dabei über den Endpunkt der Welle (a) hinaus.«

»Hervorragend, Sabine«, lobt Herr Hinrichs. »Zickzacks treten oft in Welle 2 auf und korrigieren die Aufwärtsbewegung von Welle 1 bis zu 61,8 Prozent. Dieses Korrekturmuster tritt auch als Doppel-Zickzack auf. Es besteht aus zwei einfachen Zickzacks. Die beiden Zickzacks werden durch ein weiteres Korrekturmuster, die Welle X, miteinander verbunden.« An der Tafel erscheint die Abbildung eines Doppel-Zickzacks.

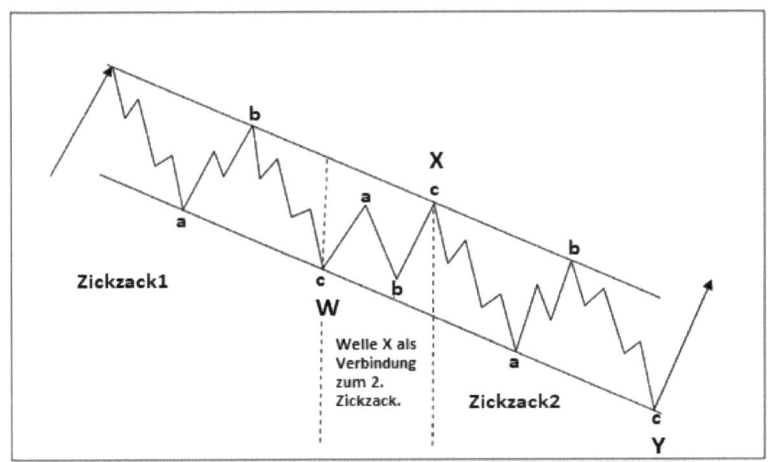

Abb. 58: Doppel-Zickzack im Aufwärtstrend
(abwärtsgerichtet, weil die Zickzack-Korrektur den Aufwärtstrend korrigiert)

»Ich sehe das so«, sagt Britta. »Im Bild ist zunächst zu erkennen, dass das erste Zickzack die Welle W ist und das zweite die Welle Y. Somit ergibt sich eine übergeordnete, dreiteilige Korrekturwelle W-X-Y.« Selbstsicher unterbricht Rolf: »Ferner zeigt das Bild, dass das Doppel-Zickzack aus einer inneren Struktur von 7 Wellen – (5-3-5)-3-(5-3-5) – besteht.« Plötzlich stockt Rolf. Britta kann sich ein Lächeln aus Schadenfreude nicht verkneifen. »Was ist das eigentlich für eine Welle X? Wie setzt die sich zusammen?«, fragt er unsicher.

»Welle X ist eine verbindende Welle. Sie besteht immer aus einem Korrekturmuster und kann viele Formen, wie Zickzack, Flat usw., annehmen. In der Abbildung nimmt Welle X die Gestalt eines Flats (oder Flach) an. Darum sehen wir uns jetzt das Korrekturmuster Flat an. Der Flat triff sowohl in Welle 2 als auch in Welle 4 auf. Flats korrigieren in der Regel 38,2 Prozent der Aufwärtsbewegung der vorangehenden Impulswelle[56]«, erklärt Herr Hinrichs.

---

[56] Elliott bezeichnete die Kombination zweier Korrekturmuster als Doppeldreier. In einer Kombination sind fast alle möglichen Kombinationen der verschiedenen Korrekturmuster möglich. Diese Korrekturen werden als W-X-Y bezeichnet. Eine mögliche Kombination wäre z. B. beginnend mit einem Zickzack

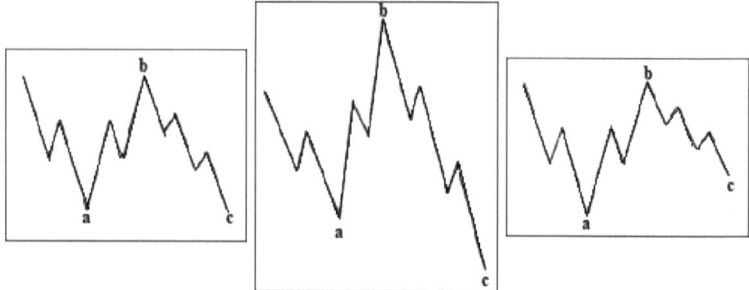

**Abb. 59:** Flat-Korrektur in einem Aufwärtstrend
Links: »Normale« Flat-Korrektur
Mitte: »Unregelmäßige« (oder erweiterte) Flat-Korrektur
Rechts: »Invers unregelmäßige« (oder verkürzte) Flat-Korrektur

»Der Unterschied zur Zickzack-Formation besteht darin, dass die erste Welle (a) der **Flat**-Korrektur aus drei Unterwellen und nicht aus fünf besteht. Der dreigliedrigen Welle (a) folgt eine ebenfalls dreigliedrige Welle (b). Welle (b) folgt eine fünfgliedrige Welle (c). Somit handelt es sich um eine 3-3-5-Wellen-Sequenz«, weiß Sabine.

Herr Hinrichs greift Sabines Gedanken auf: »Das Ausmaß der Flat-Korrektur ist meistens sehr gering, weshalb die Flat-Korrektur auch eher als eine Konsolidierung angesehen wird. Neben der normalen Flat-Korrektur existieren noch zwei zusätzliche, unregelmäßige Varianten. Sie unterscheiden sich durch Länge und Position der Anfangs- und Endpunkte der einzelnen Wellen.« »Jetzt bin ich wieder dran!«, ruft Sabine. »Beim normalen Flat, erreicht die Welle (b) das Ausgangsniveau der Welle (a). Die finale Welle (c) beendet ihre Bewegung am bzw. leicht unter dem Endpunkt der Welle (a). Dies ist ein weiterer Unterschied zum Zickzack, wo die Welle (c) diesen Punkt deutlich unterbietet. Das Bild zeigt aber auch, dass die Wellen (c) entweder sehr lang oder kurz werden. Bei einer sehr langen Welle (c) spricht man von einem erweiterten (oder unregelmäßigen) Flat. Hier übersteigt das Top der Welle (b) das Top der Welle

(Welle W), dann eine dazwischenliegende X-Welle und abschließend ein Flat (Welle Y).

(a). Zusätzlich schießt die Welle (c) über den Endpunkt der Welle (a) hinaus. Ist dagegen die Welle (c) verkürzt, so kommt man zum invers unregelmäßigen (oder verkürzten) Flat. Das verkürzte Flat entsteht, wenn Welle (b) das Top von Welle (a) erreicht, jedoch Welle (c) nicht mehr den Boden von Welle (a) erreicht.«

Jetzt ergreift Herr Hinrichs wieder das Wort: »Widmen wir uns jetzt der letzten Hauptvariante der Korrekturmuster: den Dreiecken (eng. *Contracting Triangle*).«

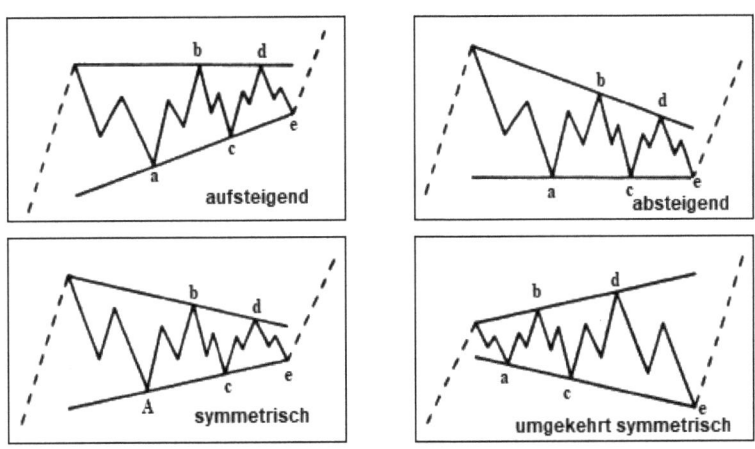

Abb. 60:   Die vier Arten von Dreiecken in einem Aufwärtstrend

»Dreiecke tauchen üblicherweise in Welle 4[57] auf. Sie sind eine seitwärts verlaufende Konsolidierungsformation, die aus fünf Wellen mit jeweils drei Unterwellen besteht. Deswegen besitzen Dreiecke eine 3-3-3-3-3-Struktur. Grundsätzlich existieren zwei verschiedene Formen von Dreiecken: zum ersten die kontrahierenden Dreiecke. Zu dieser Gruppe gehören das aufsteigende, das absteigende und das symmetrische Dreieck. Zum zweiten die selteneren expandierenden Dreiecke. Hierzu zählt man das umgekehrte symmetrische

---

[57] Ergibt die Wellenzählung ein Dreieck in Welle 2, so ist große Skepsis gegenüber der Zählung angebracht, obwohl es nicht ausschließbar ist, dass eine solche Formation tatsächlich auftaucht. Es ist aber äußerst unwahrscheinlich und die Zählung sollte unbedingt verifiziert werden.

Dreieck. Die Dreiecke werden uns noch bei den Trendbestätigungsformationen begegnen. Dabei können Dreiecke die Wiederaufnahme oder auch den Höhepunkt einer Aufwärtsbewegung signalisieren.«

Brittas Mund formt sich zu einem »Oh«. Sie drängt all die Fragen, die ihr im Kopf herumschwirren, zurück und konzentriert sich auf das Naheliegendste: »Was ist denn mit den ›echten‹ Korrekturwellen A, B und C?«

Herr Hinrichs dreht sich zur Klasse um. Die Schüler beobachten ihn erwartungsvoll: »Korrekturwelle A kann sowohl drei- als auch fünfteilig auftreten, je nachdem, ob sich ein Zickzack, Flat oder Dreieck als Korrekturmuster ausbildet. Sie kann also in Form eines Impulses oder in Gestalt einer Korrektur daherkommen. Korrekturwelle B ist am ehesten mit den Wellen 2 und 4 vergleichbar. Alle dort erwähnten Korrekturen können sich auch in Korrekturwelle B ausbilden. Einen Impuls stellt die Korrekturwelle B nie dar! Dagegen tritt Korrekturwelle C, Dreiecke bilden hier eine Ausnahme, nur als fünfteiliger Impuls auf.«

»Gut«, sagt Britta. »Jetzt wissen wir, wie sich Korrektur- und Impulswellen zueinander verhalten und welche Muster sie ausbilden. Doch die eigentliche Frage haben wir noch nicht beantwortet. Wie findet man sie im Chart?«

»Da hilft uns ein ›alter‹ Mathematiker mit dem Namen Fibonacci ...« Weiter kommt Herr Hinrichs nicht, da sich in der Klasse lauter Protest erhebt. Im Chor rufen die Schüler: »Wir wollen zählen! Wir haben genug von der Theorie. Wir wollen zur Praxis zurückkehren!« »Na gut«, gibt Herr Hinrichs nach. »Beginnen wir also mit der Zählung der Wellen in einem Chart. Der erste Schritt ist die Identifizierung eines markanten Tiefpunktes[58, 59]. Dieser Tiefpunkt markiert den Startpunkt für die Zählung. Bei der Analyse eines Aktiencharts muss man besonders darauf achten, dass

---

[58] Bei einem Abwärtstrend sucht man nach einem markanten Hochpunkt.
[59] Um den Tiefpunkt zu finden, sollte man sich auch einen längerfristigen Chartausschnitt ansehen.

man keine Regeln verletzt und jede Welle gründlich und vorurteilsfrei untersucht. Hier darf die eigene Markthaltung keine Rolle spielen. Um sicher zu gehen, dass man keine Fehler bei der Zählung gemacht hat, muss man die Elliott-Wellen-Zählung verifizieren, indem man überprüft, ob die untergeordnete Wellenzählung zum übergeordneten Chartbild schlüssig ist.«

Abb. 61:     DAX-Tageschart mit Zählung der Wellen

Die Schüler beginnen, beim Anblick des Charts aufgeregt miteinander zu tuscheln. »Wer möchte ...« setzt Herr Hinrichs an und hebt eine Hand, damit Ruhe einkehrt. »Wer möchte beginnen, die Elliott-Wellen-Zählung im Chart zu erklären?«

Im Brustton der Überzeugung eröffnet Peter den Reigen: »Der markante Tiefpunkt im Chart liegt Mitte August 2011. Er ist der Startpunkt für unsere Zählung, also der Beginn von Welle 1. Nach den Regeln der Elliott-Wellen-Zählung sollte die Welle 1 5-Unterwellen haben. Dies wird durch die 5-Unterwellen i-ii-iii-iv-v im Chart auch bestätigt. Ergo haben wir unsere Welle 1 gefunden. Sie endet im März 2012.«

Kaum hat Peter ausgesprochen, meldet sich Rolf zu Wort: »Da die nun beendete Welle 1 eine Impulswelle ist, muss sie durch eine Korrekturwelle abgelöst werden. Dabei kann es sich nur um Welle 2 handeln, die 3 Unterwellen hat. Man sieht im Chart schön die drei

Unterwellen mit der a-b-c-Beschriftung. Außerdem darf Welle 2 niemals den Anfangskurs von Welle 1 unterschreiten. Auch dies ist erfüllt, bis jetzt ist die Zählung also korrekt. Welle 2 endet Anfang Juli 2012.«

Sabine greift ein: »Auf die Korrektur von Welle 2 folgt nach den Regeln der Elliott-Wellen-Zählung Impulswelle 3. Dafür, dass es sich hier um Impulswelle 3 handelt, spricht, dass die Welle 5 Unterwellen hat. Um zu verifizieren, ob es wirklich Welle 3 ist, greifen wir auf das Regelwerk zurück. Dort steht: Welle 3 darf niemals die kürzeste sein. Sollte die bisherige Zählung also richtig sein, müsste Welle 3 mindestens so lang sein wie Welle 1. Man sieht im Chart, dass Welle 3 deutlich länger ist als Welle 1. Somit ist die Zählung bisher korrekt.«

Nach einem Augenblick des Schweigens sagt Britta etwas zögerlich: »Nachdem der Raketenmotor der Aufwärtsbewegung im Juni 2013 zum Ende gekommen ist, muss die Korrekturwelle 4 folgen. Diese Welle besteht aus einer Abfolge von 3 Unterwellen einen Rang tiefer, welche im Chart mit a-b-c-beschriftet sind. Damit die Zählung korrekt ist, darf Welle 4 niemals das Hoch von Welle 1 unterschreiten. Im Chart erkennt man, dass diese Bedingung knapp erfüllt ist, d. h. die Zählung ist noch richtig. An Welle 4 ...« Britta kommt ins Stocken und Hans-Jürgen führt ihren Gedanken weiter: »An Welle 4 reiht sich Welle 5 an. Zur Verifizierung, ob es sich hier tatsächlich um Welle 5 handelt, suchen wir in Chart nach den 5 Unterwellen von Welle 5. Im Chart sind diese 5 Unterwellen i-ii-iii-iv-v tatsächlich vorhanden, d. h. wir haben die fünfte Welle gefunden. Laut dem Regelwerk sollte die fünfte Welle das Hoch der dritten Welle übertreffen, damit die Zählung richtig ist. Da diese Bedingung erfüllt ist, sollte die Zählung der fünf Impulswellen richtig sein. Danach schließen sich die drei Korrekturwellen A-B-C an.«

Britta hatte sich, während Hans-Jürgen gesprochen hat, wieder berappelt, und fällt Hans-Jürgen nun ins Wort: »Wenn ich das Regelwerk noch richtig in Erinnerung habe, besteht Welle A entweder aus drei oder fünf Unterwellen einen Wellengrad tiefer – je nachdem, welches Korrekturmuster sich ausbildet. Ich würde sagen, dass die Welle A fünf Unterwellen ausbildet. Die nachfolgende

Welle B korrigiert Welle A. Sie hat immer 3 Unterwellen einen Wellenrang tiefer, im Chart ist dies zu erahnen. Den Abschluss bildet Welle C, die wieder in Richtung des Korrekturtrends läuft. Deswegen hat sie fünf Unterwellen einen Rang tiefer. Das ist leider im Chart nicht richtig zu erkennen. Allerdings sieht man, dass Welle C über den Endpunkt von Welle A hinausläuft. Deshalb könnte es sich um das Korrekturmuster Zickzack handeln.«

»Ja! Ihr habt die Elliott-Wellenzählung verstanden«, freut sich Herr Hinrichs. Weiter kommt er nicht, weil Sabine in Klasse ruft: »Nach der A-B-C-Korrektur schließt sich ein neuer Zyklus beginnend mit den fünf Impulswellen an. Welle 1 weist uns die Richtung. Sie ist aufwärtsgerichtet. Doch wie weit mag sie gehen?«

»Mit dem Wissen, dass Kursbewegungen immer wieder in denselben Mustern ablaufen, versucht man mithilfe der Elliott-Wellen-Analyse den Beginn eines solchen Kursmusters möglichst früh zu finden, wie wir jetzt. Wenn man den Beginn eines solchen Kursmusters gefunden hat und weiß, wie sich das Wellenmuster weiterentwickelt, dann kann man den weiteren Kursverlauf bis zur Vollendung des Wellenmusters und darüber hinaus (Ausbruchrichtung usw.) prognostizieren. Hierzu benötigt man allerdings die Hilfe der Fibonacci-Zahlenreihe«, antwortet Herr Hinrichs[60].

---

[60] Befragt man Trader zur Elliott-Wellen-Theorie, so begegnen einem entweder enthusiastische Fans oder Gegner. Ein Zwischendrin scheint es kaum zu geben. Dies liegt vielleicht daran, dass die klassische Charttechnik zum Teil nicht mit der Wellentheorie vereinbar ist, da sich die Regelwerke aus der Charttechnik und die der Elliot-Wellen-Theorie in Teilen widersprechen. Analysten, die die verschiedenen Methoden nutzen, kommen so zu widersprüchlichen Aussagen. Sicher ist jedoch, dass sich Elliott-Waver intensiv mit der Trenduntersuchung beschäftigen müssen und hierdurch einen Gewinnvorteil ausarbeiten können. **Allerdings funktioniert die Elliott-Wellen-Theorie nur in liquiden Märkten. Sehr gut eignen sich daher** *Blue Chips* **oder Werte der großen Indizes wie DAX,** *Dow Jones***, S&P 500 usw.** Es macht allerdings keinen Sinn, bei einer etwaigen kanadischen Briefkastenfirma, die die neue »ultraergiebige« Goldmine gefunden hat, irgendetwas zu zählen. **Auch bei vielen Nebenwerten führt die Anwendung der Elliot-Wellen-Theorie in die Sackgasse.**

### 3.4.2 Fibonacci-Zahlenreihe – die Mathematik der Wellen

»Wie erwähnt, scheinen die Wellen in der Elliott-Wellen-Theorie in regelmäßigen Mustern aufzutauchen. Bei seiner Beschäftigung mit den Wellen begann Elliott seine Wellen-Theorie mit einer numerischen Folge zu verbinden, die Leonardo de Pisa, auch bekannt als Fibonacci, Jahrhunderte früher entdeckt hatte. Bei der Fibonacci-Zahlenreihe lässt sich jede Folgezahl durch einfaches Zusammenzählen der beiden vorherigen Zahlen ermitteln. Ich fasse das mal zusammen:«

> Bei der **Fibonacci-Zahlenfolge** werden die beiden Zahlen 0 und 1 vorgegeben und jede weitere Zahl ist die Summe ihrer beiden Vorgänger: (0, 1);0+1 =1; 1+1=2; 1+2 = 3; 2+3 = 5; 3+5 = 8; 5 + 8 = 13; 8 +13 = 21; 13 +21 = 34; 21 + 34 = 55; 34 + 55 = 89 und so weiter. Daraus ergeben sich die Fibonacci-Zahlen: 0, 1, 1, 2, 3, 5, 8, 13, 21, 34, 55, …

»Fibonacci entdeckte diese Zahlenreihe bei der Analyse der Fortpflanzungsrate einer Kaninchen-Population. Was haben also Karnickel mit der Börse zu tun? Was fällt euch bei dieser Zahlenreihe auf?«, fragt Herr Hinrichs.

Eine Zeit lang herrscht Stille in der Klasse, bis eine Diskussion zwischen den Schülern einsetzt, in der die Argumente nur so hin- und hergeworfen werden. So ruft Rolf in die Klasse: »Ein komplexer Zyklus besteht aus insgesamt 8 Unterwellen. Das ist eine Fibonacci-Zahl …« Petra übertönte ihn: »Die Zahl 1 steht für einen Zyklus. Der Zyklus besteht aus 2 Wellen, jeweils einer Impuls- und Korrekturwelle. Die Korrekturwelle hat 3 untergeordnete Wellen und die Impulswelle hat 5 untergeordnete Wellen. Die Summe der Unterwellen der Impuls- und Korrekturwellen ist 8. All diese Zahlen sind Bestandteile der Fibonacci-Zahlenfolge.«

Schnell blättert Sabine ihre Unterlagen durch. Petra hatte sie auf eine Idee gebracht: »Das ist ja erstaunlich! Jede Anzahl der Wellen, die wir für die einzelnen Wellengrade vorhin berechnet haben (s. S. 113): 2, 8, 34, 144 usw. sind Bestandteile der Fibonacci-Zahlenfolge.«

»Mensch!«, greift Britta den Faden von Sabine auf. »Selbst die berechnete Anzahl der Impulswellen (1, 5, 21, 89 usw.) und Korrekturwellen (1, 3, 13, 55 usw.) und deren Summe sind Bestandteile der Fibonacci-Zahlenfolge.«

Herr Hinrichs verfolgt das Ganze mit einem Ausdruck der Erheiterung, weil seine Schüler nicht den entscheidenden Schluss zogen. Dann beendet er die Diskussion mit einer Handbewegung: »Genau! Die durch die Fibonacci-Zahlenfolge berechneten Zahlen 1, 3, 5, 8 ... bilden die mathematische Grundlage der Elliott-Wellen-Theorie. Mit dieser Zahlenreihe kann man noch ein wenig weiterrechnen.«

Sofort beginnen die Schüler auf ihren Notizblöcken Rechnungen mit den Fibonacci-Zahlen anzustellen. Peter schüttelt ungläubig den Kopf und traut sich dann, seine Idee der Klasse vorzustellen: »Teilt man jeweils eine Folgezahl durch ihren Vorgänger, also zum Beispiel 21÷13 = 1,615 oder 55÷34 = 1,617 usw., so nähert sich das Ergebnis immer mehr der Zahl 1,618 an.«

»Richtig!«, sagt Herr Hinrichs. »Diese Zahl ist nämlich in Wirklichkeit eine Konstante und hört auf den schönen griechischen Namen Phi.«

»Mist!«, denkt Sabine, »da war ich zu spät dran.« Sie schaut etwas enttäuscht auf ihren Notizblock und will gerade den Zettel abreißen und wegwerfen, da fällt ihr etwas auf. »Andersherum geht es auch! Teilt man den Vorgänger jeweils durch seine Folgezahl, beispielsweise 8÷13 = 0,61538 oder 13÷21 = 0,61905 usw., nähert sich das Ergebnis der Zahl 0,618 an.«

»Gut, erkannt«, erwidert Herr Hinrichs. »Diese Zahl ist wiederum eine Konstante mit dem fantasielosen Namen Phi'. Witzigerweise tauchen diese beiden Fibonacci-Relationen in der Natur ausgesprochen häufig auf. Deswegen werden die Werte 1,618 bzw. 0,618 als Goldener Schnitt oder Goldene Mitte bezeichnet, dessen Proportionen Auge und Ohr erfreuen.«

»Ha! Ich habe auch etwas entdeckt«, sagt Hans-Jürgen. »Das Verhältnis einer Zahl und der übernächsten Zahl strebt dem Wert 2,618 bzw. dem Kehrwert 0,382 entgegen, wie z. B. 13÷34= 0,3825 oder 34÷13 = 2,61838.«»Wieder ein Treffer«, freut sich Herr Hinrichs. Doch bevor er weitersprechen kann, ruft Sabine in die Klasse: »Nicht so schnell, da ist mir noch etwas Interessantes aufgefallen. Erst nach den ersten vier Gliedern der Fibonacci-Zahlen nähert sich der Wert 0,618, also Phi', an. Ich schreibe das mal für alle an die Tafel.«

Die ersten vier Glieder sind: 1 / 1 = 1; 1 / 2 = 0,5; 2 / 3 = 0,67; 3/5 = 0,5; 5 / 8 = 0,625 usw.

Anschließend fährt Sabine fort: »Erstaunlich ist doch, dass die Brüche abwechselnd über und unter 0,618 liegen. Hat das etwas zu bedeuten?«

»Behalten wir die Werte 1 und 0,5 im Hinterkopf. Wir kommen auf diese Werte später zurück, dann werdet ihr deren Bedeutung erkennen«, vertröstet Herr Hinrichs seine Schüler.

»Aber was nützt uns dies alles? Ich versteh nicht, wofür wir das brauchen könnten«, beschwert sich Rolf. Britta schmunzelt und flüstert ihrer Tischnachbarin Sabine zu: »Vielleicht hätte Rolf erst nachdenken sollen, bevor er den Mund aufmacht.« Auch Sabine muss lachen. »Was ist denn so lustig?«, fragt Herr Hinrichs etwas unwirsch. »Beantwortet lieber Rolfs Frage, anstatt zu lachen!« Mit dieser Reaktion hatten Britta und Sabine nicht gerechnet. Sabine erholt sich am schnellsten: »Die Fibonacci-Relationen geben Hinweise über die Größenverhältnisse der einzelnen Wellen zueinander. Hieraus kann man mögliche Kursziele oder Korrektur-Niveaus ableiten.«

Mit einem Kopfnicken bestätigt Herr Hinrichs Sabines Antwort. »Wenden wir uns jetzt erstmal den Größenverhältnissen der einzelnen Wellen zu. Sie werden mithilfe der **Fibonacci-Ratio** bestimmt.«

### 3.4.2.1 Fibonacci-Ratio – die Basisverhältnisse der Börse

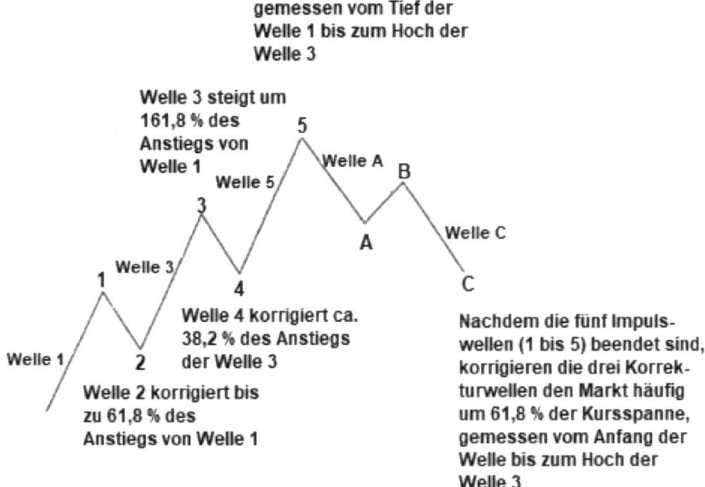

Abb. 62:   Basisverhältnisse an der Börse

»Wie ihr der Abbildung entnehmen könnt, geht die Bedeutung der Fibonacci-Zahlen weit über das bloße Abzählen von Wellen hinaus. Sie erstreckt sich sogar auf die Frage der proportionalen Beziehungen zwischen den verschiedenen Wellen. Sie spiegeln sich in den Fibonacci-Ratios wider«, erklärt Herr Hinrichs. »Peter, welche könnten dies wohl sein.«

»Hmm«, überlegt Peter. Er runzelt die Stirn. »Es könnte … vielleicht …« Dann schüttelt er den Kopf. »Ich weiß es nicht!«

»Das ist auch eine schwere Frage, ich helfe mal«, antwortet Herrn Hinrichs. »Ein mögliches Kursziel für Welle 2 erhält man, indem man die Länge von Welle 1 mit der Fibonacci-Ratio von 0,618 multipliziert und diese Strecke vom Hochpunkt der Welle 1 abzieht. Welle 2 korrigiert also in der Regel 61,8 Prozent des Anstiegs von Welle 1. In stark steigenden bzw. fallenden Märkten entstehen auch Korrekturen von 23,6 bzw. 50 Prozent des Anstiegs von Welle 1. Manchmal erfolgt auch eine Korrektur von 76,8 Prozent. Mehr als diese 76,8 Prozent sind sehr verdächtig. In diesem Fall muss mit einer Trendumkehr gerechnet werden. Ein Kursziel für Welle 3 erhält man durch Multiplikation der Länge der Welle 1 mit der Fibonacci-Ratio 1,618 und der Addition dieser Strecke zum Tiefpunkt der Welle 2. Kling kompliziert, ist es aber nicht: Die Welle steigt häufig um 161,8 Prozent von Welle 1. In starken Märkten können auch 262 Prozent oder 424 Prozent erreicht werden – oder auch nur 100 Prozent in einem schwachen Markt. Welle 4 korrigiert den Anstieg von Welle 3 oftmals um 38,2 Prozent. Zur Ermittlung des Kursziels wird einfach die Länge von Welle 3 multipliziert mit der Fibonacci-Ratio 0,382 und anschließend findet die Subtraktion dieser Strecke vom Hochpunkt der Welle 3 statt. Ebenfalls möglich sind Korrekturen von 23,6, 50 oder 61,8 Prozent.«

Herr Hinrichs spürt, dass er ins Dozieren gerät, aber seine Schüler zeigen keine Anzeichen von Desinteresse. Also fährt er fort: »Zur Ermittlung des Tops von Welle 5 erfolgt die Multiplikation der Länge von Welle 1 mit dem Faktor 3,236 (= 2 · 1,618) und der Addition dieser Strecke zum Hochpunkt (maximales Kursziel) oder Tiefpunkt (minimales Kursziel) von Welle 2. Einer Beobachtung folgend, steigt Welle 5 oftmals um 61,8 Prozent der Kursspanne vom Anfang der Welle 1 bis zum Hoch der Welle 3. Es gibt jedoch auch Versager oder Ausdehnungen von 100 Prozent bis maximal 161,8 Prozent.«

Peter trippelt mit den Fingern auf der Tischplatte. Sabine fragt: »Was ist los, Peter, warum bist du so unruhig?« »Ich habe keine Ahnung, wovon Herr Hinrichs da spricht. Was ist z. B. die Länge der Welle 1?« Sabine schlägt ihren Block auf und skizziert:

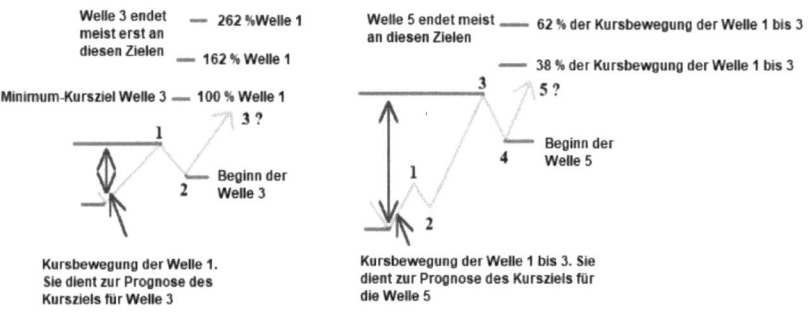

Abb. 63: Berechnung der Kursziele

Peter sieht sich die Zeichnung an und nickt Sabine dankbar zu. Dann wenden sich beide wieder den Ausführungen von Herrn Hinrichs zu.

»Nachdem fünf Wellen beendet worden sind, korrigiert der Markt häufig 61,8 Prozent der Kursspanne vom Anfang der Welle 1 bis zum Hoch der Welle 5. Dazu nutzt der Markt die drei Korrekturwellen. Hier wird es jetzt ziemlich kompliziert, weil die Korrekturwellen in vielen unterschiedlichen Korrekturmustern (s. S. 121 ff.) vorkommen.«

*3.4.2.2 Prozentuale Fibonacci-Retracements*
»Viele Elliott-Waver fanden die Nutzung dieser Fibonacci-Ratios einfach zu unhandlich. Ihnen spielte eine Entdeckung Elliotts in die Hände. Er entdeckte nämlich, dass Korrekturen am Aktienmarkt häufig eine prozentuale Wegstrecke zurücklegen, bevor sie zu drehen anfangen und wieder in Richtung des übergeordneten Trends laufen.«

»Moment!« Britta versucht, sich bemerkbar zu machen und Herr Hinrichs stoppt seinen Vortrag. »Eine Bewegung gegen die Richtung des übergeordneten Trends wird als *Retracement* bezeichnet. Greift Elliot also auf die prozentualen *Retracements* zurück, die wir vorhin besprochen haben?«

»Ja«, erwidert Herr Hinrichs. »Aber nach Elliott ergibt sich die prozentuale Wegstrecke der *Retracements* aus dem Verhältnis der Fibonacci-Zahlenfolge. Um diese Wegstrecke zu bestimmen, verwendet Elliott die Fibonacci-Ratios. Seiner Ansicht nach sind die drei wichtigsten Fibonacci-Ratios: 0,382, 0,5 und 0,618. Hieraus ergeben sich die prozentualen *Retracements* von 38,2 Prozent, 50 Prozent und 61,8 Prozent. Wie werden wohl diese *Retracements* genannt?«

Herr Hinrichs Frage ist offensichtlich rein rhetorischer Natur, weil er sofort die passende Antwort gibt: »**Fibonacci-*Retracements*** sind die in Prozent dargestellten Unterstützungs- und Widerstandszonen, deren einzelne Zahlenwerte anhand der Fibonacci-Verhältnisse gebildet werden. Sie werden zur visuellen Bestimmung von Zielen genutzt, in die die Korrektur eines Trends vordringen kann. Man geht also davon aus, dass die Korrekturen an den Fibonacci-Marken enden oder sich zumindest vorübergehend verlangsamen. Die am häufigsten verwendeten *Retracements* sind 61,8 Prozent (oftmals aufgerundet auf 62 Prozent), 38,2 Prozent und 50 Prozent[61]. Es gibt eine Faustregel bei der Anwendung der *Retracements*: Das 38,2-Prozent-Fibonacci-*Retracement* gibt das Mindestkorrektur-Kursziel an, wobei das 61,8-Prozent-Fibonacci-*Retracement* als Maximalkorrektur-Kursziel gilt. Falls jedoch die Korrektur über das 78,6-Prozent-Fibonacci-*Retracement* hinausläuft, besteht die Gefahr eines Trendwechsels. In diesem Fall sollte das Fibonacci-*Retracement* unbedingt mit anderen charttechnischen Methoden kombiniert werden, wie z. B. einer Trendlinie.«

»Und wie werden die *Retracement* angewendet?«, will Rolf nun wissen. »Dafür müssen wir im ersten Schritt die Marktbewegung, also den Trend, identifizieren, für den wir eine Korrektur erwarten«, antwortet Herr Hinrichs. »Anschließend werden im Chart zur Orientierung das 0- und 100-Prozent-Niveau eingetragen. Sie symbolisieren die Marktbewegung, die korrigiert wird. Das 0-Prozent-Niveau wird dabei am Ausgangspunkt der Trendbewegung, d. h. an einem vorausgegangenen bedeutenden Hoch- und Tiefpunkt, eingezeichnet. Das 100-Prozent-Niveau wird an dem Hoch- oder Tiefpunkt angelegt, von dem die aktuelle Korrektur startet.«

»Wie bitte?«, fragt Britta völlig verwirrt. Herr Hinrichs wirft eine Abbildung an die Tafel, um das Gesagte zu verdeutlichen.

---

[61] Daneben werden auch die *Retracements* bei 23,6 Prozent, 76,4 Prozent und 78,6 Prozent genutzt.

Abb. 64: DAX-Wochenchart von 2003 bis 2009 mit Fibonacci-*Retracements*

»Die Aufwärtsbewegung im DAX von März 2003 bis Juli 2007 wurde im August 2007 durch eine Korrektur unterbrochen. Deshalb wird das 0-Prozent-Niveau (Ursprung der Trendbewegung) an den Tiefpunkt am 14.03.2003 mit 2.188,75 Punkten vergeben. Das 100-Prozent-Niveau, von dem die Korrektur startet, wurde dem Hochpunkt am 13.07.2007 mit 8.151,57 Punkten zugeordnet[62]. Häufig verbindet man diese beiden Punkte mit einer Linie, um die Bewegung zu kennzeichnen, wofür die Fibonacci-*Retracements* berechnet werden. Wie kommen die Fibonacci-*Retracements* in dem DAX-Wochenchart zustande?«, fragt Herr Hinrichs.

»Ah! Ich habe die Lösung«, ruft Rolf freudestrahlend. »Wird ein Aufwärtstrend z. B. um 38,2 Prozent korrigiert, dann bleiben von der Aufwärtsbewegung 61,8 Prozent übrig. Der DAX legte während seiner Aufwärtsbewegung eine Strecke von 5.982,82 Punkten zurück. Dies ist die Differenz zwischen Hoch- und Tiefpunkt. Errechnet man von dieser Strecke nun 38,2 Prozent, so erhält man 2.277,80 Punkte (= 5.982,82 · 0,382). Der Kurs sollte also von

---

[62] Bei einem Abwärtstrend startet die Korrektur an einem Tiefpunkt. Deswegen ist das 100-Prozent-Niveau ein Tiefpunkt. Der Ursprung der Trendbewegung bei einem Abwärtstrend liegt bei einem Hochpunkt. Deshalb bekommt er das 0-Prozent-Niveau zugeschrieben: Alles umgekehrt im Vergleich zum Aufwärtstrend.

seinem Hochpunkt bei 8.151,57 Punkten nun 38,2 Prozent bzw. 2.277,80 Punkte zurücklaufen, d. h. auf 5.873,77 Punkte (= 8.151,57 – 2.277,80). Die Rechnung für die anderen Fibonacci-*Retracements* geht ähnlich, nur mit anderen Prozentsätzen. Dies bedeutet: Unser Mindestkorrekturziel sind 5.873,77 Punkte, das Maximalkorrekturziel sind 4.466,55 Punkte. Der DAX sollte also spätestens seine Korrektur bei 4.466,55 Punkten beenden und zum Aufwärtstrend zurückkehren. Doch im Chart passiert dies erst beim 76,4-Prozent-Fibonacci-*Retracement* bei 3.595,98 Punkten. Was war da los?«

Herr Hinrichs kann förmlich hören, wie die Gedanken seiner Schüler rattern. Britta blättert in ihren Unterlagen und liest sich die Ausführungen zum Thema Unterstützung und Widerstand (s. S. 72 ff.) nochmals durch. Kurzentschlossen teilt sie der Klasse ihre Idee mit: »Wenn wir Unterstützungs- oder Widerstandslinien in einem Chart einzeichnen, dann werden diese Linien selten exakt getroffen, sondern leicht unter- bzw. überschritten. Im Falle eines Aufwärtstrends haben sich die Fibonacci-*Retracements* als relevante Unterstützungsniveaus etabliert. Dagegen fungieren sie in einem Abwärtstrend als Widerstand. Da die Fibonacci-*Retracements* nichts anderes sind als Unterstützungs- oder Widerstandslinien, sollte man ihnen auch die gleiche Unschärfe zubilligen.«

Herr Hinrichs ergänzt: »Die Idee ist ja, dass nach jeder endenden Bewegung innerhalb eines intakten Aufwärts- oder Abwärtstrends eine Korrektur in einem bestimmten Verhältnis zur vorangegangenen Bewegung erfolgt. Je nachdem wie der vergangene Trendverlauf ist, folgt ein *Retracement* von zum Beispiel 23,2 Prozent, 38,2 Prozent, 50 Prozent, 61,8 Prozent, 76,4 Prozent, 78,6 Prozent ... der vorangegangenen Bewegung, ehe der Kurs wieder die Richtung des vorherrschenden Trends annimmt. Sobald ein *Retracement*-Niveau signifikant verletzt wird, wird das jeweils nächste Niveau automatisch zum nächsten Kursziel.«

Rolf hakt nach: »Wieso ergeben sich die Kursziele bei 38,2 Prozent und 61,8 Prozent und nicht bei anderen Fibonacci-*Retracements*?« »Das liegt daran, dass man festgestellt hat, dass die Korrektur an diesen Prozentsätzen oftmals stoppt und der Kurs wieder in die Richtung des vorherrschenden Trends läuft. Die Kursziele sind

nur als grobe Richtschnur anzusehen«, antwortet Herr Hinrichs.
Sabine hat schon die nächste Frage: »Haben Fibonacci-*Retracements* eine Art Verfallsdatum? Oder anders gefragt: Wie lange behalten Fibonacci-*Retracements* ihre Gültigkeit?«

Um Peters Mund zieht sich ein spitzbübisches Grinsen: »Nicht ewig! Ich würde sagen: Wenn die Korrektur beendet ist, also wenn an einem Fibonacci-*Retracement* die ursprüngliche Trendrichtung wieder aufgenommen wird, dann verlieren die Fibonacci-*Retracements* ihr Gültigkeit.«

»Und was kommt dann?«, fragt Herr Hinrichs.

### 3.4.2.3 Fibonacci-Extension

Abb. 65:   AMR Corp. Aufwärtstrend mit Fibonacci-*Extension* und - Retracement

In Petras Kopf beginnen sich die Puzzleteile langsam zusammenzufügen. »Aus dem Chart erkennt man auf Anhieb, dass ein *Retracement*, das 100 Prozent überschreitet, zu einer *Extension* wird. Übertragen auf den Markt heißt das: Wenn der Kurs einer vorangegangenen Trendbewegung nur korrigiert wird, handelt es sich um ein *Retracement*. Wird z. B. bei einem Aufwärtstrend der alte

Hochpunkt, von dem die Korrektur gestartet wurde, überschritten (›extensiert‹), handelt es sich um eine Extension«, teilt sie ihre Erkenntnis.

»Richtig! Im Allgemeinen dienen die **Fibonacci-Extensionen** zur Abschätzung von Kurszielen in Trendrichtung«, bestätigt Herr Hinrichs und fragt: »Wie ergeben sich wohl die prozentualen Fibonacci-Extensionen aus der Fibonacci-Zahlenfolge?«

Britta wagt sich aus der Deckung: »Die erste Fibonacci-*Extension* ist 161,8 Prozent, der Goldene Schnitt. Dieser ergibt sich durch die Division einer Fibonacci-Zahl mit ihrem Vorgänger, also z. B. 34÷21 = 1,6190.«

»Mensch«, denkt Rolf, »da war ich wohl zu zögerlich. Aber ich kann noch etwas anfügen:« »Die nächste *Extension* ist 268,1 Prozent. Sie ergibt sich durch die Division einer Fibonacci-Zahl durch eine zwei Stellen vorangehende Zahl, also z. B. 144÷55=2,618. Oder durch das Quadrat von 1,618, also (1,618·1,618=2,618). Nimmt man die Summe von 1,618 und 2,618, kommt man zur nächsten *Extension*-Stufe von 423,6 Prozent (oder 1,618+2,618=4,236). Natürlich kann man sie auch aus der Fibonacci-Zahlenfolge berechnen. Hierzu muss man einfach die Division einer Zahl dieser Reihe durch drei vorangehende Zahlen durchführen, z. B. 55÷13=4,2308.«

»Zu diesen drei *Extension Levels* kommt noch 127,2 Prozent. Dies ergibt sich durch die Wurzel von 1,618 ($\sqrt{1.618}$ = 1.272). Die wichtigsten beiden Fibonacci-*Extension Level* sind 161,8 Prozent und 261,8 Prozent. Sie dienen deswegen auch als Kursziel«, ergänzt Herr Hinrichs. Einer der Schüler stößt ein fragenden »Hm« aus. Herr Hinrichs sieht sich in der Klasse um. Er sieht, dass Sabine nervös auf ihrem Stuhl herumrutscht. »Sabine, was möchtest du fragen?« Etwas zögerlich stellt Sabine ihre Frage: »Wie kommen die Fibonacci-*Extension* in dem AMR Corp. Chart zustande?«

Hans-Jürgen stellt einige Berechnungen auf einem Zettel an, aber bevor er sich melden kann, ruft Rolf: »Die Vorgehensweise ist ähnlich wie bei den Fibonacci-*Retracements* ...« Hans-Jürgen lässt es sich aber nicht nehmen, seine Idee kundzutun, und unterbricht: »Zunächst ermittelt man, in welche Richtung der Markt geht. Aus dem Chart der AMR Corp. erkennt man, dass ein Aufwärtstrend vorliegt. Anschließend muss man im Chart das 0-Prozent- und 100-Prozent-Niveau markieren. Das 0-Prozent-Niveau wird an den Tiefpunkt Ende September 2004 mit 6,04 US-Dollar vergeben, weil er der Ursprung der Trendbewegung ist. Das 100-Prozent-Niveau, wovon die Korrektur startet, wird dem Hochpunkt Ende Dezember 2004 mit 11,7 US-Dollar zugeteilt. Ende Mai 2005 erreicht die Aktie das Kursniveau des vorherigen Hochpunkts bei 11,7 US-Dollar wieder, nach der Korrektur. Die Trader müssen jetzt das Kursziel für die Reise nach oben bestimmen. Dazu wird zunächst die Distanz zwischen dem Hoch- und Tiefpunkt ermittelt. Sie beträgt 5,66 US-Dollar (=11,7-6,04). ... « Dann stockt Hans-Jürgen: »Ich weiß nicht, was ich jetzt mit der Distanz anfangen soll«, muss er kleinlaut zugeben. Rolf kann sich ein Grinsen der Schadenfreude nicht verkneifen.

»Die einzelnen Fibonacci-*Extensions* ergeben sich, indem man zum lokalen Hochpunkt 27,1 Prozent (für 127,1Prozent), 61,8 Prozent (für 161,8 Prozent), 168,1 Prozent (für 268,1 Prozent) usw. der Kursdifferenz von Hoch- und Tiefpunkt addiert«, erklärt Herr Hinrichs.»Sobald ein *Extension*-Niveau signifikant überschritten wird, wird das jeweils nächste Niveau automatisch zum nächsten Kursziel. Bei einer Abwärtsbewegung wird genau umgekehrt verfahren, d. h. die jeweilige prozentuale Kursdifferenz wird vom Tiefpunkt subtrahiert. Wie berechnet man also die Fibonacci-*Extension* für unser Beispiel?«

Hans-Jürgen weiß nun wieder weiter: »Um die 161,8-Prozent-Fibonacci-*Extension* zu berechnen, addiere ich zum Hochpunkt von 11,07 US-Dollar 61,8 Prozent der Distanz von 5,66 US-Dollar, also 3,50 US-Dollar (=5,66·0,681). Somit ergibt sich ein erstes Kursziel von 14,57 US-Dollar.«

Herr Hinrichs nickt und sagt: »Viele Traditionalisten führten gegen die Fibonacci-*Extension* an, dass sie nicht hinreichend genug die Elliot-Wellen-Theorie widerspiegelt. Denn das Kursziel der Welle 3 wird nach Elliott-Wellen-Theorie so bestimmt:«

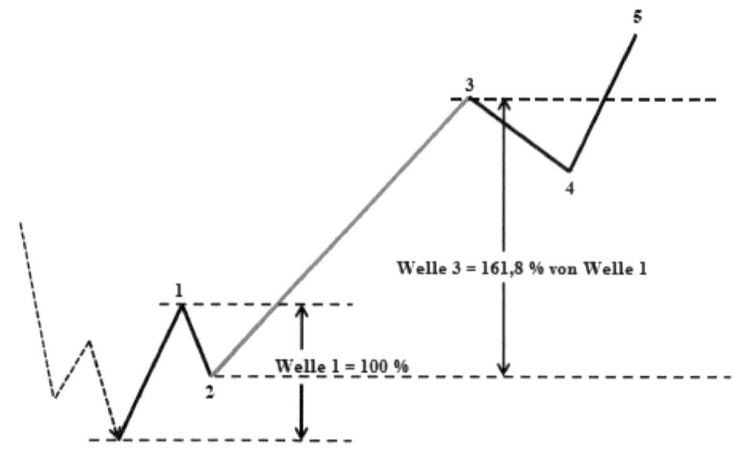

Abb. 66: Bestimmung eines Kurszieles der Welle 3 nach Elliot-Wellen-Theorie

Weiter führt Herr Hinrichs aus: »Nach Ansicht der Traditionalisten muss bei der Berechnung des Kurszieles unbedingt auch die Korrektur berücksichtigt werden. Dies führte zur Entwicklung der Fibonacci-Projektion.«

### 3.4.2.4 Fibonacci-Projektion

»Wie kommen die im Chart dargestellten Fibonacci-Projektionen wohl zustande?«, fragt Herr Hinrichs seine Schüler.

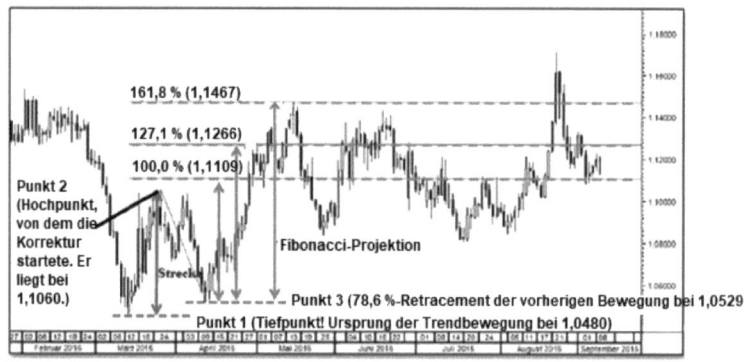

Abb. 67: Euro/US-Dollar Aufwärtstrend mit Fibonacci-Projektion

Britta unterzieht den Chart einer tiefgehenden Musterung. In Gedanken zieht sie folgende Schlüsse: Der wesentliche Unterschied zwischen der Fibonacci-*Extension* und -Projektion ist der Punkt, an dem die Strecke (also die Differenz zwischen Hoch- und Tiefpunkt) multipliziert mit der Fibonacci-Ratio hinzuaddiert wird. In einem Aufwärtstrend wird das Produkt bei der Fibonacci-*Extension* am Hochpunkt hinzuaddiert, während dies bei der Fibonacci-Projektion am Ende der Korrektur erfolgt. Die prozentualen Fibonacci-Level sind die gleichen wie bei der Fibonacci-*Extension*. Aus dem Chart wird ersichtlich, dass man die Fibonacci-Projektion erhält, indem man nach der Korrektur am Korrekturtief (im Aufwärtstrend) z. B. 161,8 Prozent der im Rahmen des vorausgegangenen Kursschubs vertikal zurückgelegten Strecke nach oben abträgt.

»Dies geschieht so«, sagt Britta nun laut. »Zunächst bestimmt man, wie bei der Fibonacci-*Extension*, das 0- und 100-Prozent-Niveau. Dies erfolgt nach denselben Regeln. Als 0-Prozent-Niveau bzw. Punkt 1 wird der Tiefpunkt 13. März 2005 mit einem Kurs von 1,0480 festgelegt. Dagegen fungiert der Hochpunkt am 22. März 2005 mit 1,1060 als 100-Prozent-Niveau bzw. Punkt 2. Die Aufwärtsbewegung zwischen dem Hoch- und Tiefpunkt wird korrigiert. In der Regel endet die Korrektur an einem prozentualen Fibonacci-*Retracement*, hier bei 78,6 Prozent. Das Ende dieser Korrektur wird als Punkt 3 markiert. Dieser Punkt ist dadurch gekennzeichnet, dass jetzt die Aufwärtsbewegung wieder aufgenommen wird, d. h. die Korrektur ist beendet. Nun möchten viele Trader wissen, wie weit diese Aufwärtsbewegung geht. Dabei helfen die Fibonacci-Projektionen. Die wichtigsten sind: 1, 1,271, 1,381, 1,618, 2,618. Oder, anders ausgedrückt: 100[63] Prozent, 127,1 Prozent, 131,8 Prozent, 161,8 Prozent oder 261,8 Prozent. Die relevantesten Kursziele ergeben sich bei den Fibonacci-Projektionen von 131,8 Prozent, 161,8 Prozent oder 261,8 Prozent. Die Berechnung der Fibonacci-Projektionen zeige ich mal am Beispiel der 161,8-Prozent-Fibonacci-Projektion. Punkt 1 ist 1,0480 und Punkt 2 ist 1,1060, wie

---

[63] Dies stellt einen Sonderfall dar. Er wird als *measured move*« bezeichnet. Man unterstellt mithin, dass die Aktie dieselbe Wegstrecke in einem zweiten Kursschub erneut zurücklegt.

bereits gesagt. Die Aufwärtsbewegung wurde um 78,6 Prozent korrigiert, d. h. Punkt 3 liegt bei 1,0529. Die Strecke zwischen den Punkten 1 und 2 beträgt 0,0580 (=1,1060-1,0480). Die Aufwärtsbewegung hat also 0,0580 zurückgelegt, bevor sie korrigiert wurde. Jetzt müssen wir von der Strecke bzw. Aufwärtsbewegung die 161,8 Prozent berechnen. 161,8 Prozent der Strecke sind 0,9380 (=0,0580 ·1,618). Zum Abschluss wird die 161,8 Prozent der Strecke an Punkt 3 mit 1,0529 addiert, und man erhält die 161,8 Fibonacci-Projektion bzw. das Kursziel. Das Kursziel beträgt 1,1467 (=1,0529 + 0,9380). Allerdings sind die Kursziele, genauso wie bei den Fibonacci-*Extensionen*, nicht in Stein gemeißelt, sie geben viel mehr nur eine grobe Richtung vor. Wird z. B. das erste Kursziel bei 100-Prozent-Fibonacci-Projektion überschritten, so wird das zweite bei 127,1-Prozent-Fibonacci-Projektion relevant usw.«

»Ich bin beeindruckt!«, grinst Herr Hinrichs. »Verfügen alle von euch über so gute Fachkenntnisse oder soll ich noch mal ein bisschen dozieren?« Petra lächelt: »Ich glaube, das haben wir alle verstanden.« »Sehr gut! Aber ich muss dennoch noch etwas mehr erklären, denn es gibt noch andere Fibonacci-Werkzeuge. Diese möchte ich an dieser Stelle nur kurz ansprechen. Sie werden fast nur von Profis eingesetzt und haben bei weitem nicht so eine Bedeutung in der technischen Analyse wie das Fibonacci-*Retracement*. Mit der Fibonacci-*Time Relation* (Zeitprojektionen) werden zeitraumbezogen mögliche zukünftige Wendepunkte in einem Kursverlauf markiert. Außerdem gibt es noch die Fibonacci-*Fanlines* oder *Arcs*, die ähnlich der *Retracements* entweder in Fächerform (*Fanlines*) oder als Halbkreise (*Arcs*) aufzeigen, wo mögliche Korrekturen hinlaufen können. Das soll es aber nun mit diesem Thema gewesen sein. Getreu dem Motto: Chartformationen sagen mehr als 1.000 Worte steigen wir nun in die Trendbestätigungsformationen ein.« »Na endlich!«, kommentierte Rolf.

# 4. Formationsanalyse – die Analyse fürs Auge

Eine Formation (Muster; eng. *pattern*) wird üblicherweise von Hand oder einer Chartsoftware in einen Chart eingezeichnet. Dabei handelt es sich um geometrische Formen, wie etwa ein Dreieck. Einige Formationsnamen, wie Doppelboden, wirken vielleicht albern, aber sie beschreiben treffend die Kursbewegung innerhalb dieser Formation. Eine sich abzeichnende Formation wird als Signal für eine bestimmte Fortentwicklung des Kurses gewertet. Die Kursformationen können in zwei Lager unterteilt werden.

1. **Trendbestätigungsformationen** zeigen an, dass der Markt nur für eine Weile verschnauft, um dann dem bestehenden Trend weiter zu folgen. Zu den bekanntesten Formationen der Trendbestätigung gehören: Dreiecke und Flaggen.
2. **Trendumkehrformationen** signalisieren dagegen das kurzzeitige oder auch endgültige Ende eines Trends. Hierbei handelt es sich also um Formationen, innerhalb derer der laufende Trend so stark abgebremst wird, dass er sich ins Gegenteil verkehrt. Hier sind das Doppelhoch oder die Schulter-Kopf-Schulter-Formation zu nennen.

Eine Formation ist stets im Wandel. Sie glauben vielleicht, die Entwicklung einer Formation zu beobachten. Aber dann ändert der Kurs seine Richtung, und die erwartete Formation tritt nicht mehr ein. Sie müssen mit der Analyse also von Neuem beginnen. Die Ermittlung von Formationen ist frustrierend und zeitaufwendig. Und man muss stets damit rechnen, Fehler zu machen und zu scheitern. Aus diesem Grund muss das Erkennen von Formationen geübt werden: Sie müssen immer und immer wieder viele Linien und Formen in einem Chart zeichnen, bis Sie die Technik beherrschen.

Man könnte viele Seiten mit der Beschreibung von Formationen füllen. Ich möchte mich nur auf die häufigsten und wichtigsten beschränken. Danach werfen wir noch einen alternativen Blick auf Trendumkehr- bzw. Trendbestätigungsformationen, indem wir uns ansehen, wie diese Formationen in Kerzencharts aussehen.

Zum Schluss werfen wir einen speziellen Blick auf den Umsatz. Der Umsatz wird von vielen Tradern samt seines Indikators – *On-Balance*-Volume – in seiner Aussagekraft unterschätzt. Wie in der Dow-Theorie erwähnt, sollten die Umsätze bei Kursbewegungen in Trendrichtung ansteigen und bei Kursbewegungen gegen den aktuellen Trend sinken. Das gilt natürlich nur so lange, wie der Trend intakt ist. Sollte sich dieses Muster nicht mehr fortsetzen, ist Gefahr in Verzug. Es besteht die Möglichkeit eines Trendwechsels. Eine Möglichkeit, dieses Unheil frühzeitig zu erkennen, liegt darin, nach Divergenzen zwischen Kurs und Umsatz zu suchen. Eine Divergenz tritt beispielsweise in einem Aufwärtstrend dann auf, wenn die Kurse auf ein neues Hoch klettern, wohingegen die Umsätze fallen. Zudem werden Sie auf den folgenden Seiten noch erfahren, dass bei fast jeder der vorgestellten Chartformationen der Umsatz zu deren Bestätigung eine wichtige Rolle spielt. Es lohnt sich also, sich mit dem Umsatz zu beschäftigen!

## 4.1 Trendbestätigungsformationen – es ändert sich nichts!

Welcher Anleger kennt das nicht: Während einer Aufwärtsbewegung einer Aktie kommt es häufig vor, dass der Trend kurzfristig stoppt und sich später wieder fortsetzt. Grund für dieses merkwürdige Verhalten kann die Angst der Anleger sein, auf eine wegen der starken Kursgewinne überbewerteten Aktie zu setzen. Erst wenn der Markt sich an das neue Kursniveau der Aktie gewöhnt hat, setzt sich der Aufwärtstrend fort. Um dieses Phänomen in den Griff zu bekommen, wurden Trendbestätigungsformationen (oder Fortsetzungs-, Konsolidierungsformationen) entwickelt.

Bei Konsolidierungsformationen handelt es sich um kurz- bis mittelfristige Formationen innerhalb eines intakten langfristigen Trends. Dieser setzt sich nach Abschluss der Formation fort. Es gibt folgende allgemeingültige Merkmale für Trendbestätigungsformationen:

⇒ Trendbestätigungsformationen sind in der Regel Bestandteile von den sekundären und tertiären Trends, weil sie den

primären Trend »nur« unterbrechen, bis dieser seine eigentliche Richtung wieder aufnimmt.
⇒ Bei allen Formationen spielt der Umsatz eine wichtige Rolle. Im Allgemeinen sollten die Umsätze während der Ausbildung der jeweiligen Formation abnehmen, aber beim Ausbruch aus der Formation deutlich zunehmen.
⇒ Bei eigentlich allen Konsolidierungsformationen spielt der Faktor Zeit eine wichtige Rolle, da sie eine kurze Verschnaufpause darstellen, in denen der Markt Luft holt, um dann in Richtung des vorherrschenden Trends wieder durchzustarten. Diese Pause sollte nicht länger als ein paar Monate dauern, weil sonst die Wahrscheinlichkeit steigt, dass es sich um eine anhaltende Konsolidierung handelt. Das heißt: Es bildet sich ein lang andauernder Seitwärtsmarkt aus.
⇒ Trendbestätigungsformationen können sowohl in einem Auf- als auch Abwärtstrend vorkommen.

Lassen Sie uns die Betrachtung der Fortsetzungsformationen mit den Dreiecken beginnen.

### 4.1.1 Dreiecke weisen die Richtung

Herr Hinrichs fragt seine Klasse: »Was wisst ihr noch aus der Geometrie über Dreiecke?« Sabine stöhnt und sagt: »Es gibt unheimlich viele davon!«

»Und welche könnten sich auch in einem Chart ausbilden?«, fragt Herr Hinrichs. Ratlos sehen sich die Schüler an. Herr Hinrichs durchbricht die Stille: »Nehmt mal ein Blatt Papier und zeichnet die Dreiecke auf, die ihr kennt. Anschließend versucht ihr in diese Dreiecke eine Zickzack-Linie als Symbol für einen Aktientrend einzuzeichnen. Ihr müsst dabei etwas um die Ecke denken.« Voller Elan machen sich die Schüler ans Werk. Herr Hinrichs geht durch die Klasse und sieht gleichseitige, gleichschenklige, unregelmäßige, rechtwinklige, spitzwinklige oder stumpfwinklige Dreiecke[64] – bis

---

[64] Bei einem gleichseitigen Dreieck sind alle drei Seiten gleich lang und die drei Winkel haben jeweils 60°. Dagegen sind bei einem gleichschenkeligen Dreieck

er bei Sabine stehenbleibt und sagt: »Da ist die erste Lösung. Sabine, gehe bitte an die Tafel und zeichne dein Dreieck.«

### 4.1.1.1 Das symmetrische Dreieck

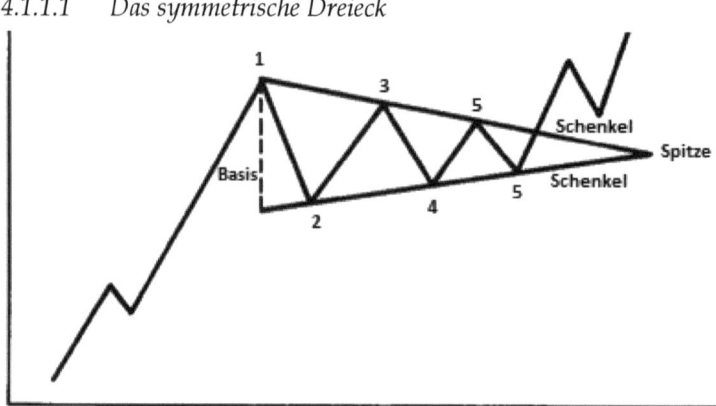

Abb. 68:   Symmetrisches Dreieck

Während Sabine zeichnet, erklärt sie: »Von einem symmetrischen bzw. gleichseitigen Dreieck spricht man, wenn ein Schenkel des Dreiecks steigt und der andere fällt. Dabei sollen beide Schenkel symmetrisch sein. Die vertikale Linie (gestrichelte Linie) wird als Basis bezeichnet. Sie gibt die Höhe der Formation an. Der Punkt, an dem sich beide Linien treffen, wird als Spitze (oder Spule) bezeichnet.«

»Ausgezeichnet!«, sagt Herr Hinrichs und zeigt neben dem symmetrischen Dreieck folgenden Chart:

---

mindestens zwei Seiten gleich lang. Bei den unregelmäßigen Dreiecken sind alle drei Seiten unterschiedlich lang. Ein rechtwinkliges Dreieck hat einen rechten Winkel. Bei einem spitzwinkligen Dreieck sind alle drei Winkel kleiner als 90°. Das stumpfwinklige Dreieck zeichnet sich dadurch aus, dass es einen stumpfen Winkel hat, d. h. einen Winkel zwischen 90° und 180°.

Abb. 69: Symmetrisches Dreieck in einem übergeordneten, langfristigen Aufwärtstrend
(Gold in US-Dollar)

»Das **symmetrische Dreieck** (eng. *symmetrical triangle*) gilt als trendbestätigend und stellt lediglich eine Pause im vorherrschenden Trend dar. Darum ist der entscheidende Faktor dieser Formation die ursprüngliche Richtung des Trends. Man muss sie zunächst ermitteln! War die Richtung des ursprünglichen Trends aufwärtsgerichtet, so hat das symmetrische Dreieck eine bullische Implikation. Man geht also davon aus, dass nach Auflösung der Formation die Kurse wieder steigen.«

Kaum hat Herr Hinrichs das letzte Wort gesprochen, ruft Petra in die Klasse: »Woher kommt eigentlich der Begriff ›bullisch‹ für steigende Kurse?« Im ersten Moment sieht Herr Hinrichs Petra völlig verdattert an. Nach einem kurzen Moment hat er sich wieder gefangen: »Ihr habt sicher schon mal eine Tierdokumentation gesehen, die zeigt, wie Tiere jagen. Vielleicht kommt ihr darauf, wenn ihr euch in Erinnerung ruft, wie ein Bär jagt und wie ein Bulle sich verteidigt,«

Hans-Jürgen grübelt kurz, bevor er antwortet: »Ein Bär schlägt sein Opfer mit der Tatze von oben nach unten. Dagegen stößt ein Bulle mit den Hörnern von unten nach oben zu. Übertragen auf die Aktienmärkte bedeutet das: Bären prügeln die Kurse nach unten, während Bullen die Aktienkurse nach oben wuchten. Deshalb würde ich sagen, dass **bullisch** für aufwärts steht. Folglich müsste **bärisch** für abwärts stehen.«

»Verdammt gut, Hans Jürgen«, sagt Herr Hinrichs. »Einen Bullenmarkt bezeichnet man auch als **Hausse**, während man einen Bärenmarkt auch als **Baisse** bezeichnet.« »Gut und schön, aber wie geht es mit den Dreiecken weiter?«, schaltet Britta sich ein.

»Natürlich!«, erwidert Herr Hinrichs. »Da sind wir etwas abgeschweift. Rufen wir uns in Erinnerung: Wenn die ursprüngliche Richtung des Trends aufwärtsgerichtet war, so zeigt das symmetrische Dreieck eine bullische Implikation. Umgekehrt geht man davon aus, dass eine bärische Implikation vorliegt, welche weiter sinkende Kurse andeutet, wenn der ursprüngliche Trend abwärtsgerichtet war. Um das Dreieck zu zeichnen, verbindet man die Hochpunkte und die Tiefpunkte miteinander. Hierdurch erhält man zwei Linien[65], die sich in einem Punkt – der Spitze – schneiden. Der Anfang des Dreiecks, also die Basis, stellt das erste Hoch dar. Fällt euch etwas im Chart auf?«

Rolf stockt der Atem. Konnte das sein oder war das bloß Zufall? Dann platzt es förmlich aus ihm heraus: »Schaut man sich Sabines Bild des symmetrischen Dreiecks und den Goldchart an, so erkennt man, dass es bei beiden sechs Umkehrpunkte gibt. Das heißt: Der Kurs berührt dreimal die obere und dreimal die untere Linie!« »Sehr gut erkannt, Rolf«, lobt Herr Hinrichs. »Tatsächlich ist die gleiche Anzahl der Umkehrpunkte in beiden Charts Zufall. Dennoch gilt: Damit ein symmetrisches Dreieck zuverlässig als solches erkannt wird, sollte der Kurs mindestens vier Umkehrpunkte haben, also mindestens zweimal die obere und zweimal die untere Linie berühren. Außerdem sollten die Umsätze ständig abnehmen, während die Kurse im Dreieck verlaufen, und erst beim Ausbruch klar erkennbar wieder ansteigen.«

»Moment! Ich habe eine Frage zum Ausbruch«, meldet sich Petra. »Sieht man sich den Goldchart an, so erkennt man, dass der

---

[65] Die meisten Charttechniker fassen die Linien als Trendlinien auf. So ist die obere Linie eine absteigende Trendlinie, also ein Widerstand. Dagegen ist die untere Linie eine steigende Trendlinie, also eine Unterstützung.

Ausbruch nicht in der Spitze erfolgt, sondern erst nach einer gewissen Zeit. Hat das etwas zu bedeuten?«

Keiner der Schüler rührt sich. Kein Stuhl knarrt, kein Papier raschelt. Alle blicken Herrn Hinrichs an. »Tatsächlich muss der Ausbruch in einem gewissen Zeitrahmen liegen, da das Dreieck sonst an Kraft verliert, weil die Kurse dann normalerweise in die Spitze und darüber hinaus driften. Die meisten Charttechniker fordern, dass der Ausbruch spätestens nach Dreiviertel[66] der Formationsbreite erfolgen muss, ansonsten ist das Dreieck für sie wertlos. Die Formationsbreite ergibt sich aus dem Abstand von Basis zur Spitze auf der Zeitskala. Beispielsweise liegt dieser Abstand in unseren Goldchart bei 73 Tagen (1. Nov.2007 (Basis) bis 12. Januar 2008 (Spitze)), d. h. der Ausbruch sollte laut Drehbruch nach 55 Tagen erfolgen, also um den 23. Dezember 2007 herum. Da der Ausbruch beim Goldchart am 21. Dezember erfolgte, weil der Kurs auf Schlusskursbasis über der oberen Linie schloss, ist diese Bedingung erfüllt!«

Petra schaut sich nochmals ihre Unterlagen zum Thema Unterstützung (s. S.72 ff.) an, bevor sie sagt: »Nach dem Durchbruch wird das Niveau der Spitze zu einer neuen Unterstützungslinie für den sich fortsetzenden Aufwärtstrend – bei ca. 800 US-Dollar.« Anerkennend nickt Herr Hinrichs und fügt an: »Umgekehrtes beobachtet man bei einem Abwärtstrend. Nach dem Durchbruch wandelt sich das Niveau der Spitze zu einer Widerstandslinie. Habt ihr eine Idee, wie man das Kursziel bestimmt?«

Niemand rührt sich. »Nein?«, fragt Herr Hinrichs. »Das ist aber wirklich ganz einfach. Das Kursziel lässt sich recht einfach mithilfe der Höhe der Formation an der Basis bestimmen. Addiert man nun diese Strecke zur Ausbruchsmarke hinzu, so erhält man einen Anhaltspunkt über den weiteren Verlauf der Reise[67]. Im Goldchart liegt das Kursziel bei etwa 903 US-Dollar.«

---

[66] Die Wahrscheinlichkeit für einen Ausbruch ist am größten, wenn das Dreieck zu zwei Dritteln vollendet ist.
[67] Bei einem symmetrischen Dreieck in einem Abwärtstrend wird die Strecke von der Ausbruchsmarke subtrahiert.

**Merke**
1. Ein symmetrisches Dreieck entsteht, z. B. innerhalb einer Konsolidierung im Aufwärtstrend, wenn immer tiefere Hochs und höhere Tiefs gebildet werden.
2. Typisch für das symmetrische Dreieck ist, dass die beiden aufeinander zulaufenden Begrenzungslinien mindestens viermal – also zweimal oben und zweimal unten – vom Kurs berührt werden. Die Umsätze nehmen ab, während die Kursausschläge innerhalb des Dreiecks immer kleiner werden.
3. Die Umsätze ziehen deutlich an, wenn die Kurse eine Begrenzungs- bzw. Trendlinie durchschneiden und die Formation vollenden.
4. Wenn das symmetrische Dreieck in einem Abwärtstrend gebildet und die Trendlinie durchbrochen wird, ist dies ein Verkaufssignal!
5. Wenn dagegen das Dreieck in einem Aufwärtstrend gebildet und die Trendlinie durchbrochen wird, ist dies ein Kaufsignal!

### 4.1.1.2 Das aufsteigende Dreieck (Aufwärtsdreieck)

»Ein **aufsteigendes Dreieck** (oder bullisches Dreieck) (eng. *Ascending Triangle*)[68] entsteht oftmals in folgender Situation. Ein Großinvestor, z. B. ein Fonds, verkauft eine Aktie – hier die Bayer-Aktie, die bei 32,30 Euro notiert –, weil ihm die Lage des Konzerns Sorge bereitet. Mit dem Verkauf eines größeren Pakets löst der Investor einen kleinen Kursverfall auf 30,60 Euro aus. Wiederum andere Anleger mit weniger Skepsis kaufen. Der Kurs erholt sich wieder auf den Anfangswert von 32,30 Euro. Dies nimmt der Großinvestor zum Anlass, nochmals ein Aktienpaket zu verkaufen. Darum sinkt der Kurs wieder, dreht aber wegen der Nachfrage der Optimisten bereits bei 31,10 Euro und landet dann abermals bei 32,30 Euro. Wiederum verkauft der Großinvestor Aktienpakte und der Kurs sinkt erneut, aber nicht mehr so stark. Kurz darauf wird die Marke von 32,30 Euro wieder erreicht. Bayer veröffentlicht jetzt wieder erwartend gute Unternehmenszahlen. Deshalb stellt der Großinvestor seine Verkäufe ein, weil seine Sorgen unbegründet waren. Somit wird der Aufwärtstrend nicht mehr gebremst. Der Kurs bricht aus dem Dreieck aus! Die Bullen übernehmen den Markt. Dieses

---

[68] Das Aufwärtsdreieck bildet eine Konsolidierungsformation innerhalb eines übergeordneten Aufwärtstrends.

Kräftespiel im Hin und Her zwischen Pessimisten und Optimisten kann zwischen 6 und 12 Wochen dauern. Für die Aufwärtsdreiecke gelten die gleichen Grundsätze wie für das symmetrische Dreieck. Wie würdet ihr die Bildung des aufsteigenden Dreiecks im Bayer-Chart erklären?«

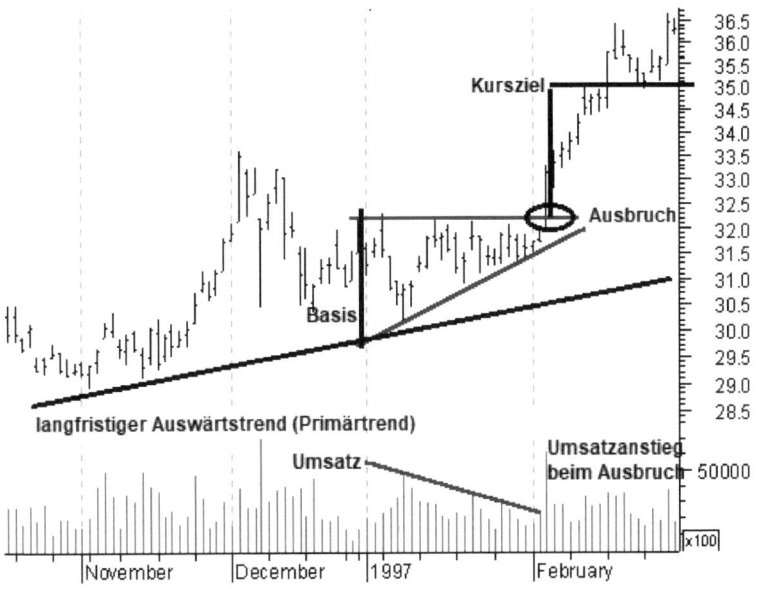

Abb. 70: Ansteigendes Dreieck
Bayer-Tageschart von 10.1996 bis 03.1997

»Das aufsteigende Dreieck hat eine steigende untere Linie und eine waagerechte bzw. horizontale obere Linie«, erklärt Peter. »Damit sich die obere Linie bilden kann, müssen die Hochpunkte auf einem ähnlichen Niveau liegen, wie der Chart zeigt. Dagegen bildet sich die untere Linie dadurch, dass die Tiefs innerhalb der Dreiecksformation jedes Mal etwas ansteigen. Weiterhin nimmt der Umsatz deutlich ab, während sich das Dreieck bildet. Das Dreieck sollte jeweils mindestens aus zwei oberen und zwei unteren Umkehrpunkten gebildet werden, im Chart sind dies sogar jeweils 3 Umkehrpunkte. Der Ausbruch sollte spätestens nach drei Vierteln der Strecke zur Spitze erfolgen, sonst fehlt die notwendige Dynamik und es besteht die Gefahr, dass der Ausbruch eher in einen Seitwärtstrend übergeht. Obendrein sollten beim Ausbruch die Umsätze deutlich anziehen, wie der Chart zeigt. Beim Ausbruch bricht der Kurs nach oben aus, da die Verkäufer endgültig aufgeben und den Käufern das Feld überlassen. Die Skepsis weicht dem Optimismus. Die logische Folge: Käufer werden zuschlagen und den Kurs in die Höhe treiben!«

Sabine räuspert sich: »Wie bestimme ich das Kursziel?« Peter weiß die Antwort: »Ähnlich wie beim symmetrischen Dreieck. Die größte Höhe des Dreiecks (Basis) wird am Durchbruchspunkt in die Ausbruchsrichtung – aufwärts – abgetragen und bildet das Kursziel, wie es im Chart dargestellt ist.«

Herr Hinrichs: »Das ist richtig, Peter! Lasst uns zum Abschluss kurz das Wichtigste zusammentragen.«

**Merke**
1. Das Aufwärtsdreieck wird nur innerhalb eines Aufwärtstrends gebildet!
2. Ein aufsteigendes Dreieck entsteht, wenn die obere Linie waagerecht ist, während die untere Linie ansteigt.
3. Typisch für das Aufwärtsdreieck ist, dass die beiden Linien mindestens viermal – also zweimal oben und zweimal unten – vom Kurs berührt werden. Die Umsätze nehmen ab, während die Kursausschläge innerhalb des Dreiecks immer kleiner werden.
4. Die Ausbruchsrichtung ist nach oben vorgegeben!
5. Beim Ausbruch ziehen die Umsätze deutlich an, wenn die Kurse die horizontale Linie durchbrechen, und vollenden damit die Formation. Das ist ein Kaufsignal!

*4.1.1.3 Das absteigende Dreieck (Abwärtsdreieck)*

Herr Hinrichs räuspert sich kurz. »Das **absteigende Dreieck** (oder *bearishe* Dreieck) (eng. *Descending Triangle*) tritt in einem Abwärtstrend auf und bestätigt ihn. Der folgende Aktienchart von FMC zeigt ein Abwärtsdreieck. Ihr seht, es ist das Spiegelbild des Aufwärtsdreiecks. Beschreibt es kurz!«

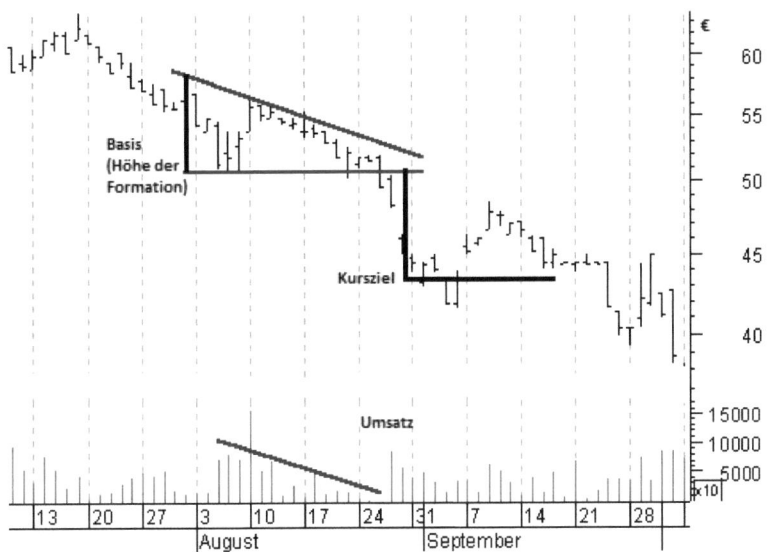

**Abb. 71:** Abwärtsdreieck
FMC-Tageschart

Britta meldet sich: »Das absteigende Dreieck besteht aus einer oberen, fallenden Linie und einer waagerechten, unteren Linie. Innerhalb des Dreiecks nimmt der Umsatz stetig ab, wobei die fallenden Kurse ein höheres Volumen haben als die steigenden Kurse, bis der Handel gegen Ende der Formation fast völlig austrocknet. Das absteigende Dreieck wird vollendet, wenn der Kurs bei steigendem Handelsvolumen die waagerechte untere Linie durchbricht, etwa um den 30. August im Chart. Die Abwärtsbewegung wird fortgesetzt. Der zu erwartende Kursrückgang beträgt (ausgehend von einem Aktienkurs von 51 Euro) 7 Euro, d. h. der Kurs fällt auf ca. 44 Euro. Dies ergibt sich aus der Ausdehnung bzw. Höhe des Dreiecks (58 Euro – 51 Euro). Dieses Kursziel erreicht die FMC-Aktie zügig, nach einer kurzen Gegenreaktion setzt sich die Abwärtsbewegung fort.«

»Sehr gut, Britta. Du hast alles Wesentliche zum Thema Abwärtsdreieck wunderbar erklärt.[69] Eines möchte ich noch ergänzen: Die Rückkehrbewegung sollte von schwachen Handelsvolumen begleitet sein, während die Umsätze bei der Wiederaufnahme des Trends erneut zunehmen.«

> **Merke**
>
> 1. Das Abwärtsdreieck wir nur innerhalb eines Abwärtstrends gebildet.
> 2. Ein absteigendes Dreieck entsteht, wenn die untere Begrenzungslinie waagerecht ist, während die obere Linie fällt.
> 3. Typisch für das Abwärtsdreieck ist, dass die beiden Linien mindestens viermal – also zweimal oben und zweimal unten – vom Kurs berührt werden. Die Umsätze nehmen ab, während die Kursausschläge innerhalb des Dreiecks immer kleiner werden.
> 4. Die Ausbruchsrichtung nach unten ist vorgegeben!
> 5. Der Ausbruch erfolgt mit steigendem Umsatz nach etwa der Hälfte bis drei Vierteln der horizontalen Breite des Dreiecks. Hiermit ist der Abstand zwischen der Basis am linken Rand des Dreiecks und der Spitze weit rechts gemeint. Dauert der Ausbruch länger, verliert das Abwärtsdreieck seine Wirksamkeit und sollte vom Anleger gemieden werden!
> 6. Erst mit dem Durchbruch durch die waagerechte Linie wird die Formation vollendet. Das ist ein Verkaufssignal!

### 4.1.2 Flaggen und Wimpel

»Mit Flaggen und Wimpel drücken die Fußballfans ihre Vereinszugehörigkeit aus«, ruft Sabine in die Klasse. Allgemeines Gelächter erhebt sich, selbst Herr Hinrichs muss schmunzeln. »Tatsächlich taugen Flaggen und Wimpel zu mehr.« Herr Hinrichs zeichnet folgendes Bild an die Tafel:

---

[69] Wegen ihres eindeutigen Charakters kommen Aufwärtsdreiecke in der Regel als Konsolidierungsmuster im Aufwärtstrend und Abwärtsdreiecke in Abwärtstrend vor. Doch gelegentlich treten diese beiden Dreiecke mitunter auch als Boden- oder Top-Formation, d. h. am Ende eines Trends, auf. Egal an welcher Stelle im Trend ein auf- oder absteigendes Dreieck auftaucht, seine klar definierte Prognoseeigenschaft bleibt bestehen. Das heißt: Ein aufsteigendes Dreieck bleibt bullisch, und das absteigende Dreieck bleibt immer bärisch.

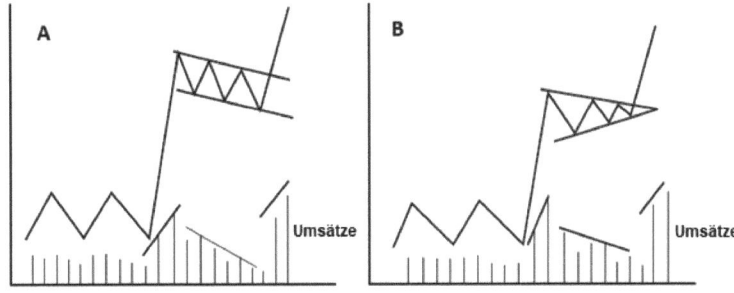

Abb. 72:    Flagge und Wimpel

Sofort meldet sich Rolf zu Wort: »A ist ein Parallelogramm und B erinnert mich sehr stark an ein kleines symmetrisches Dreieck!« Herr Hinrichs sagt: »A ist die Flagge und B ist der Wimpel. Wie man aus der Abbildung erkennt, weicht die Konstruktion der beiden Formationen leicht voneinander ab. Rolf, tatsächlich gleicht die **Flagge** einem Parallelogramm oder einem Rechteck mit zwei parallelen Trendlinien, die gegen den vorherrschenden Trend geneigt sind[70]. Dagegen wird der **Wimpel** durch zwei konvergierende Trendlinien charakterisiert. Er ähnelt einem kleinen symmetrischen Dreieck. Weiterhin zeigt die Abbildung, dass die Umsätze austrocknen, während sich jede der beiden Formationen ausbildet, und beim Ausbruch aus der Formation nimmt der Umsatz deutlich zu. Doch wie hängen die beiden Formationen zusammen? Das erkläre ich euch jetzt.«

---

[70]  Das bedeutet: In einem Aufwärtstrend ist die Flagge leicht nach unten und in einem Abwärtstrend leicht aufwärtsgerichtet.

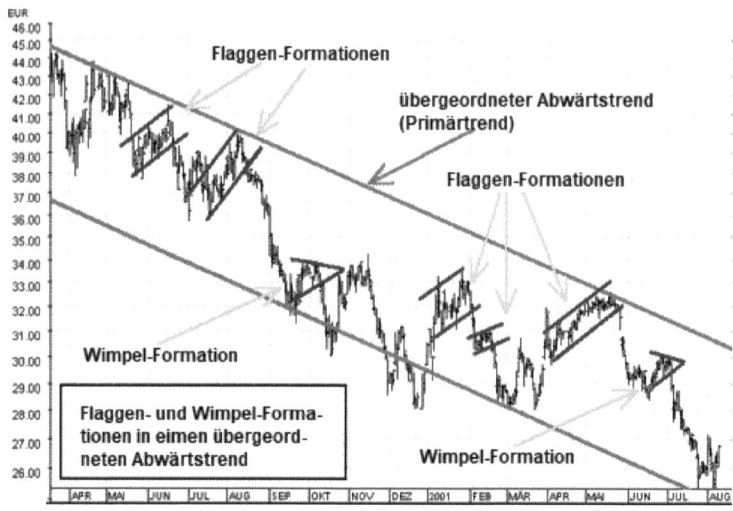

Abb. 73: Flaggen und Wimpel
Commerzbank-Chart (Quelle: Eigene Darstellung und vgl. Bopp 2002a)

»Ich habe da eine ziemlich verrückte Idee«, meldet sich Peter aus den hinteren Reihen. »Sieht man sich den Commerzbank-Aktienchart an, erkennt man, dass sich um eine Flagge zwei gegen den Ursprungstrend laufende Linien zeichnen lassen. Es sieht so aus, als bildet sich ein kleiner Aufwärtstrend im langfristigen Abwärtstrend der Commerzbank heraus. Etwas Ähnliches sieht man bei der Wimpel-Formation. Es scheint, dass sie eine abgewandelte Form der Flagge ist, bei der die beiden Linien in der Spitze zusammenlaufen. Aus dem Chart erkennt man, das beide Formationen in Situationen auftreten, in denen sich ein scharfer Anstieg oder Kursverfall gewissermaßen überschlägt und der Markt pausiert, bevor er weiter in dieselbe Richtung stürmt. Das heißt: Der Ausbruch aus einer der beiden Formationen bestätigt immer den übergeordneten Trend – in diesem Commerzbank-Beispiel also abwärts[71]. Letztlich

---

[71] Die Anleger werden kalt erwischt, wenn der Ausbruch nicht nach unten, sondern nach oben erfolgt. Diese Trendwendegefahr ist glücklicherweise nicht groß, sie tritt selten auf.

dienen diese beiden Formationen zur Beantwortung der Frage, wann ein unterbrochener Trend wieder aufgenommen wird.« »Deine Idee ist gar nicht so verrückt, Peter, sondern goldrichtig«, sagt Herr Hinrichs. Dann deutet er auf den Chart und die darin enthaltenen Flaggen: »Fällt euch irgendetwas in Bezug auf die Flaggen auf?«

Sabine ergreift selbstbewusst das Wort: »In dem Chart ist eine **Bärenflagge** (eng. *bear flag* oder *bearish flag*) dargestellt, da eine Korrektur im Abwärtstrend durch einen kurzfristigen Aufwärtstrend erfolgt.« Herr Hinrichs nickt anerkennend und fragt: »Welche Art von Flagge könnte es noch geben? Niemand? Dann hier mal ein Beispiel:«

Abb. 74: Flagge – DAX-Chart

Britta stellt erstaunt fest: »Die Flagge im Chart sieht ja spiegelbildlich zu der Bärenflagge aus. Demnach bildet sich diese Art der Flagge in einem Aufwärtstrend nach einem sehr ausgeprägten Kursanstieg aus. Das bedeutet, dass in einem Aufwärtstrend kurzzeitig die Bullen überhandnehmen. Deswegen würde ich die Flagge als **Bullenflagge** (eng. *bull flag* oder *bullish flag*) bezeichnen.«

»Welche charakteristischen Merkmale hat eine Flagge? Ein Tipp: Sie ergeben sich im Wesentlichen aus dem Trendkonzept (s. S. 51 ff.)«, sagt Herr Hinrichs. Sofort beginnen die Schüler, in ihren Unterlagen zu blättern. Hans-Jürgen hat als erstes eine Idee: »Eine

Bullenflagge besteht aus mindestens zwei Korrekturbewegungen, bei welchen jedes Zwischentief unterhalb des letzten liegt und jedes Hoch unterhalb des letzten. Die Flagge gilt als definiert, sobald sich ein zweites Zwischentief unter dem ersten ausbildet, also sobald man nach dem Trendkonzept von einem neuen Trend sprechen kann.« Petra wirft aufgeregt ein: »Ergo ist der Ausbruch aus der Bullenflagge ein Kaufsignal!«

»Genau!«, bestätigt Herr Hinrichs. »Stellt sich die Frage, welches Kursziel zu erwarten ist. Prinzipiell geht man bei der Berechnung davon aus, dass die Flagge auf Halbmast steht. Dabei wird die Fahnenstange bildlich gesehen durch die unmittelbar vorhergegangene Kursbewegung dargestellt. Das Ausmaß der vorangegangenen Kursbewegung für den DAX ist: 7.194 – 5.638 Punkte = 1.556 Punkte, d. h. die Fahnenstange ist 1.556 Punkte groß. Die Höhe der Fahnenstange wird jetzt einfach zum Ausbruchpunkt (ca. 6.340 Punkte) hinzuaddiert. Daher beträgt das Kursziel ungefähr 7.900 Punkte. Allerdings wird dieses Kursziel oftmals nicht direkt im Anschluss an den Ausbruch erreicht.[72] Wir müssen noch kurz innehalten und uns den Umsatz beim Ausbruch ansehen. Was fällt euch dabei auf?«

Sofort rufen die Schüler im Chor: »Der Umsatz steigt zum Zeitpunkt des Ausbruches deutlich an!« »Richtig!«, erwidert Herr Hinrichs. »Ihr müsst allerdings den Umsatz genau im Auge behalten. Es gilt nämlich: Je größer der Umsatz beim Ausbruch ist, desto größer ist der trendbestätigende Charakter – in unserem DAX-Beispiel also, dass der Aufwärtstrend sich fortsetzt – der Formation. Ist der Umsatz beim Ausbruch dagegen gering, besteht die Gefahr eines *Rebreaks*, also einer Fortsetzung der Konsolidierungsbewegung. In unserem Beispiel würde der DAX sich weiter abwärts bewegen, anstatt zu steigen. Kommen wir jetzt noch kurz zur Wimpel-Formation. Was wisst ihr noch über die Wimpel-Formation, die wir schon kurz angesprochen haben?«

---

[72] Die Berechnung des Kurszieles geht bei der Wimpel-Formation genauso.

»**Wimpel** treten nach scharfen und deutlichen Kursbewegungen auf, wie der Commerzbank-Chart zeigt«, fasst Peter zusammen. »Die Wimpel-Formation wird von zwei aufeinander zulaufenden Trendlinien begrenzt. Zudem sollten die Umsätze während der Ausbildung der Formation nahezu austrocken und beim Ausbruch deutlich anziehen.« Herr Hinrichs nickt: »Wir haben ja festgestellt, dass eine Wimpel-Formation so ähnlich aussieht wie ein symmetrisches Dreieck. Was unterscheidet aber beide Formationen?«

Britta setzt an: »Die Trend- bzw. Begrenzungslinien bei einem Wimpel verlaufen meist sehr steil, sodass ein Ausbruch wegen der geometrischen Form viel früher erzwungen wird als beim symmetrischen Dreieck.« »Sehr gut erkannt!«, lobt Herr Hinrichs. »Im Prinzip weisen die Wimpel ähnliche Eigenschaften wie Flaggen auf. Der Unterschied besteht eigentlich nur in ihrem Aussehen. Darum brauchen wir uns auch nicht weiter mit ihnen zu beschäftigen – wir haben bei den Flaggen-Formation schon alles gesagt.«

**Merke**

1. Flagge und Wimpel geht eine beinahe senkrechte Bewegung (Fahnenstange genannt) des Kurses bei hohen Umsätzen voraus.
2. Flagge und Wimpel korrigieren den zugrunde liegenden Trend entgegen dessen Richtung. In einem übergeordneten Aufwärtstrend bildet sich also mithilfe der Flagge oder Wimpel ein kurzfristiger Abwärtstrend aus. Entsprechend erfolgt die Korrektur im Abwärtstrend durch einen kurzfristigen Aufwärtstrend.
3. Die Ausbildung von Flagge und Wimpel geht einher mit einer Abnahme des Volumens. Die Ausbildung der Formation dauert ungefähr vier Wochen. Beim Ausbruch aus der Formation steigt das Volumen deutlich an. Dann wird der Trend wieder aufgenommen.
5. Der Ausbruch aus einer Bullenflagge bzw. -wimpel liefert ein Kaufsignal!
6. Der Ausbruch aus einer Bärenflagge bzw. -wimpel liefert ein Verkaufssignal!

### 4.1.3 Die Keil-Formation

Als die Schüler zur nächsten Stunde wieder in die Klasse zurückkehren, sehen sie folgenden Chart an der Tafel:

**Abb. 75:** Keil-Formation
BMW-Tageschart

Sofort stellt Rolf fest: »Die Formation sieht aus wie ein Keil. Mit so einem habe ich mal in einem Museum gearbeitet.« Sabine lacht. »Das gehört wohl wirklich ins Museum. Meiner Ansicht nach ist dies eine Flagge!« Rolf holt sein Handy heraus und sucht nach dem Bild eines Keils, das er Sabine zeigt: »Siehst du, Sabine, das sieht genau aus wie in dem Chart.« Bevor Sabine etwas erwidern kann, schaltet sich Britta in die Diskussion ein. »Das ist eine Wimpel-Formation!« »Alles Blödsinn!«, ruft Peter und zeichnet zwei neue Abbildungen an die Tafel:

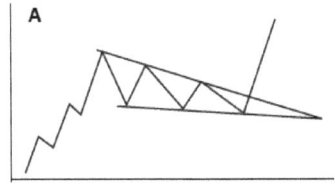 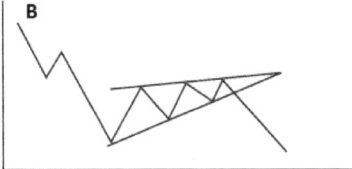

**Abb. 76:** Fallender und steigender Keil

A) Ein bullischer Keil sollte gegen den vorherrschenden Aufwärtstrend nach unten geneigt sein. Er bestätigt in der Regel den Aufwärtstrend.

B) Ein bärischer Keil sollte gegen den vorherrschenden Abwärtstrend nach oben geneigt sein. Er bestätigt in der Regel den Abwärtstrend.

Dazu erklärt er: »Verbindet man die beiden Linien in Gedanken weiter, so erhält man ein Dreieck.« Herr Hinrichs, der sich bislang zurückgehalten hat, schreitet nun ein: »An eurer Diskussion wird ein Manko der Formationsanalyse sichtbar. Die Einschätzung, welche Formation vorliegt, ist subjektiv. Erliegt nicht der Versuchung, irgendwelche Formationen aus den Charts herauszulesen, weil ihr dort eine Linie ziehen könnt oder nicht. Um nicht dieser Gefahr zu erliegen, ist es sinnvoll, sich alle Formationen im Überblick anzusehen. Sucht aus euren Unterlagen sämtliche Bilder der Konsolidierungsformationen heraus und legt sie vor euch hin. Und damit ihr nicht weiter im Dunkeln tappt: Es handelt sich bei diesem Bild um eine **Keil-Formation**. Wo liegen die Unterschiede bzw. Parallelen zu den anderen Formationen?«

Etwas zerknirscht erkennt Britta ihren Fehler: »Das ist keine Wimpel-Formation. Die Geometrie ist ganz anders. Sie hat im Vergleich zum Wimpel eine längere zeitliche Ausdehnung und einen anderen Neigungswinkel. Das heißt, ein Keil braucht in der Regel länger, bis er abgeschlossen ist. Zum anderen sind die Wimpel seitwärtsgerichtet, während Keile deutlich gegen die Trendrichtung verlaufen.« Peter schaut sich nochmals die Abbildungen der Dreiecke an, bevor er die Hände über den Kopf schlägt und ruft: »Na klar! Der Unterschied zwischen Keil und Dreieck ist die eindeutige Neigung des Keils. Sie ist entweder nach oben oder nach unten gerichtet. Zudem ist der Keil länger und schmaler ausgebildet!« Lange studiert Sabine die Bilder von Flagge und Keil. »Die sind sich

zum Verwechseln ähnlich! Ich erkenne da keinen Unterschied.« »Stimmt, nicht!«, sagt Hans-Jürgen. »Aus den Abbildungen erkennt man, dass Keile nicht von zwei parallelen Trendlinien, wie Flaggen, begrenzt werden, sondern von zwei spitz aufeinander zulaufenden Trendlinien, die gegen den übergeordneten Trend gerichtet sind.«
    Herr Hinrichs erklärt: »Von dem **Keil** (eng. *wedge*) gibt es zwei Arten, wie Peters Zeichnung zeigt: den fallenden Keil (Haussekeil) sowie den steigenden Keil (Baissekeil). Der BMW-Chart zeigt den idealtypischen Verlauf einer Keil-Formation. Die untere Linie verbindet höhere Tiefpunkte miteinander, während die obere an den Hochpunkten entlangläuft. Zunächst werden in dessen Verlauf die Kursschwankungen immer kleiner, bis es schließlich zum Ausbruch aus der Keilformation kommt. Der Keil bildet sich üblicherweise in einer Zeitspanne zwischen einem und drei Monaten aus. Er ist gegen einen etablierten Trend geneigt und wird im Allgemeinen als Trendfortsetzungsformation interpretiert.[73] Deswegen kommt es hier zu etwas Paradoxem! Keile suggerieren ein falsches Bild. Der im BMW-Chart eingezeichnete aufwärtsgerichtete Keil zeugt von einer sukzessiv fallenden Nachfrage und hat daher eine negative Implikation, d. h. fallende Kurse stehen ins Haus. Jede Aufwärtsbewegung wird nämlich schwächer, das Handelsvolumen nimmt im Verlauf der Formation ab. Irgendwann hört die Nachfrage fast komplett auf und der mittelfristige Trend (hier Aufwärtstrend) dreht. Dies geschieht in der Regel auf 2/3 des Weges zu dem Punkt, an dem sich die beiden Linien treffen würden[74]. Dieser Punkt wird im BMW-Chart gegen Ende Juli erreicht. Beim Ausbruch steigt der Umsatz wieder an. Nach dem Ausbruch setzt die BMW-Aktie ihren langfristigen Abwärtstrend wieder fort. Mit anderen Worten: Der im BMW-Chart dargestellte steigende Keil ist eine mittelfristige Zwischenerholung innerhalb eines langfristigen

---

[73] Selten taucht ein Keil an Gipfeln oder Böden eines Trends auf, um eine Trendumkehr einzuleiten.
[74] Kommt dagegen der Ausbruch fast an der Spitze der Formation, so ist Skepsis angebracht. Es droht ein Fehlsignal, weil die eigentlich erwartete Kursbewegung schnell im Keim erstickt wird.

Abwärtstrends. Umgekehrtes gilt für einen fallenden Keil. Er steht für steigende Kurse.«

Britta hebt die Hand und fragt: »Kann man bei der Keil-Formation auch ein Kursziel[75] berechnen?« »Ja!«, erwidert Herr Hinrichs. »Die zu erwartenden Kursverluste umfassen bei einem steigenden Keil ausgehend vom Ausbruchniveau mindestens die während des Keils aufgetretenen Kursgewinne. Möchte jemand den zu erwartenden Kursverlust für unser Beispiel BMW ausrechnen?«

Peter schaut sich in Ruhe den BMW-Chart an, um die benötigten Daten zu ermitteln. »Der Tiefstkurs im steigenden Keil war ca. 30 Euro und der Höchstkurs ca. 40 Euro. Daher ist der Kursgewinn 10 Euro. Diese 10 Euro brauche ich nur noch vom Ausbruchniveau – ca. 37 Euro – abzuziehen. So sollte die Aktie auf mindestens 27 Euro (=37 Euro - 10 Euro) fallen. Das passiert auch relativ schnell.«

---

**Merke**

1. Die Keil-Formation besteht aus zwei spitz zulaufenden Trendlinien. Sie tritt am Ende einer mittelfristigen Bewegung auf. Während der Ausbildung der Formation nimmt der Umsatz ab. Der Ausbruch erfolgt nach etwa 2/3 des Weges zur Spitze. Beim Ausbruch nimmt das Handelsvolumen zu. Mit dem Ausbruch ist die Formation vollendet.
2. Die Keil-Formation hat zwei Arten. Ein steigender Keil stellt eine mittelfristige Zwischenerholung (meistens im sekundären Trend) innerhalb eines langfristigen Abwärtstrends (Primärtrend) dar, wohingegen ein fallender Keil eine mittelfristige Baisse innerhalb eines langfristigen Aufwärtstrends darstellt.
3. Ein steigender Keil hat eine negative Implikation, d. h. fallende Kurse. Die Kurse fallen nach Abschluss des steigenden Keils relativ schnell. Deswegen ist für einen Charttechniker schnelles Handeln geboten. Zum endgültigen Verkaufssignal kommt es, wenn beim steigenden Keil der Kurs die untere Linie durchbricht.
4. Ein fallender Keil ist positiv, weil die Kurse steigen. Allerdings kann das Loslaufen der Kurse nach dem Ausbruch aus dem fallenden Keil einige Zeit in Anspruch nehmen. Zum Kaufsignal kommt es, wenn beim fallenden Keil der Kurs die obere Linie durchbricht!

---

[75] Die Kurszielbestimmung ist bei der Keil-Formation weniger signifikant als bei Dreieck oder Flagge.

### 4.1.4 Die Rechteck-Formation

**Abb. 77:** Rechteck-Formation
BMW-Tageschart

»Wie würdet ihr die **Rechteck-Formation** (eng. *Rectangle*, manchmal auch als *Trading Range* oder *Congestion Area* (Staugebiet) bezeichnet) beschreiben?«, fragt Herr Hinrichs. Sabines Gesicht spiegelt völliges Unverständnis wider. »Was? Das sieht doch aus wie der Trendkanal beim Seitwärtstrend.« Um dies zu verdeutlichen, hält sie eine Zeichnung (s. Abb. 21, S. 55) mit einem Seitwärtstrendkanal hoch. Dem widerspricht Petra energisch: »Ich würde die Rechteckformation als eine waagerechte Flagge ansehen!«

Rolf studiert sowohl Sabines Bild als auch den BMW-Tageschart. Da kommt ihm etwas in den Sinn: »Die BMW-Aktie lief von Mai bis August 2002 seitwärts und bildete bei 42 Euro einen Widerstand und bei 38 Euro eine Unterstützung aus. Dies sind die Grenzen des Rechteckes. Dies bedeutet, die Rechteck-Formation stellt eine Unterbrechung in einem Trend dar, während sich der Aktienkurs zwischen zwei parallelen horizontalen Linien seitwärts bewegt. Eine gewisse Ähnlichkeit mit der Flagge kann man der Rechteckformation nicht absprechen. Der wesentliche Unterschied ist, dass die Konsolidierung nicht gegen den Trend, wie bei der Flagge, erfolgt, sondern seitwärts.« Bevor Rolf weitersprechen kann, unterbricht ihn Britta: »Ich habe mir gerade noch schnell meine Aufzeichnungen zu Widerstand und Unterstützung (s. S. 72 ff) angesehen. Dort haben wir festgestellt, dass man mindestens zwei Hoch- bzw. Tiefpunkte braucht, um eine Unterstützung oder einen Widerstand in einem Chart einzuzeichnen. Das bedeutet: Man benötigt mindestens zwei Zwischenhochs und zwei Zwischentiefs auf ähnlichem Kursniveau, um von einer Rechteckformation sprechen zu können.«

Rolf wedelt heftig mit der Hand in der Luft: »Klar! Zwischen Mai bis August 2002 zähle ich drei Hoch- und Tiefpunkte, somit können wir von einer Rechteckformation sprechen. Zurück zum BMW-Chart. Mitte August fiel die BMW-Aktie aus dem Rechteck heraus. Der Aktienkurs durchbrach die untere Grenze des Rechtecks, also die Unterstützung, was als Verkaufssignal zu interpretieren ist. Nach der Trendwende – hin zum Aufwärtstrend – kam der Aktienkurs im Oktober 2002 wieder ins Stocken. Allerdings präsentiert sich das Rechteck wie auch im März 2003 als Indiz für steigende Kurse, weil der Kurs die obere Grenze durchbrochen hat. Das ist ein Kaufsignal.«

Herr Hinrichs lächelt und zeichnete wortlos eine neue Abbildung an die Tafel:

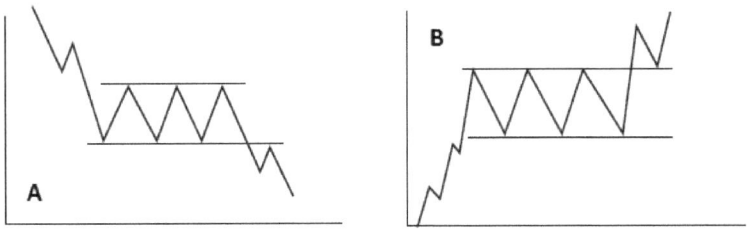

Abb. 78: Bärisches (A) und bullisches Rechteck (B)

»Wir haben also zwei Arten von Rechtecken: das bullische und das bärische Rechteck. Das Rechteck stellt eine Unterbrechung in einem Trend dar, in dem die Konsolidierung seitwärts verläuft. Der Ausbruch erfolgt meistens in Richtung des vorherrschenden Trends: nach oben in einem Aufwärtstrend, nach unten in einem Abwärtstrend. Hier solltet ihr auf das Volumen achten. Wie bei jeder anderen Konsolidierungsbewegung auch sollten die Umsätze bei der Rechteckformation stetig abnehmen und beim Ausbruch zunehmen. Es gibt aber noch eine Besonderheit: Steigt das Volumen, wenn sich obere Umkehr- bzw. Hochpunkte bilden, so erhöht sich die Wahrscheinlichkeit eines Ausbruchs nach oben – und umgekehrt. Auch Rechtecke haben in der Charttechnik einen ambivalenten Charakter: Sie bilden meist Konsolidierungsformationen aus, aber mitunter vermag ein Rechteck auch einen bestehenden Trend zu drehen, wie das Rechteck aus dem BMW-Beispiel von Mai bis August 2002 zeigt. Daher ist bei einem Rechteck – wie bei eigentlich allen Formationen – vor einer Kauf- bzw. Verkaufsentscheidung unbedingt der Ausbruch aus der Formation abzuwarten. Wie würdet ihr das Kursziel nach einem Ausbruch aus der Rechteckformation berechnen?«

Peter schließt kurz die Augen, um besser nachdenken zu können. Dann sagt er: »Das Kursziel wird bestimmt, indem die Höhe des Rechtecks am Ausbruchsniveau in Ausbruchsrichtung abgetragen wird. Sieht man sich das Rechteck von Mai bis August 2002 im BMW-Chart an, so ist die Höhe des Rechtecks die Differenz zwischen Widerstands- (42 Euro) und Unterstützungslinie (38 Euro), also 4 Euro (= 42-38). Diese wird am Ausbruchsniveau (bei 38 Euro) in Ausbruchsrichtung – sprich nach unten – abgetragen. Somit liegt das Kursziel bei 34 Euro, die die BMW-Aktie schnell erreichte.«

Sabine legt Abbildungen einzelner Konsolidierungsformationen nebeneinander auf den Tisch und ergreift das Wort: »Innerhalb der Gruppe der Trendfortsetzungsformationen scheinen Rechtecke vergleichsweise lange zu dauern.«

»Richtig! Einige Charttechniker nennen Rechtecke deshalb auch Trader-Nervensägen«, erwidert Herr Hinrichs. »Deswegen eröffnen Rechtecke vergleichsweise sichere Tradingchancen, weil der Einstieg schon im Vorfeld gut planbar ist. Am sichersten ist natürlich der Einstieg, nachdem der Kurs aus dem Rechteck ausgebrochen ist, denn erst dann ist die Rechteck-Formation abgeschlossen. Einige Spekulanten nutzen die Kursausschläge innerhalb des Rechtecks auch zum Handeln. Sie kaufen nach Kursrückschlägen nahe der unteren Unterstützungslinie und nach der erwarteten Rallye verkaufen sie in der Nähe der oberen Begrenzung. Die Risiken dieser Strategie sind überschaubar, weil die Positionen an den Extrempunkten des Rechtecks eingegangen werden. Wenn es zum Ausbruch kommt, wird der Trader seine Position sofort schließen und in Richtung des Trends weiter spekulieren.«

**Merke**

1. Die Rechteck-Formation besteht aus zwei parallel horizontal verlaufenden Trendlinien. Sie stellt eine Unterbrechung in einem Trend dar, in dem die Kurse seitwärts laufen. Das heißt, das Rechteck stellt nur eine Konsolidierungsperiode in einem laufenden Trend dar und wird gewöhnlich in der Trendrichtung aufgelöst, die vor der Rechteckformation geherrscht hat.
2. Ein Schlusskurs außerhalb entweder der oberen oder der unteren Grenze vollendet das Rechteck und deutet in die Richtung des zukünftigen Trends.
3. Die Rechteck-Formation hat zwei Arten: Eine bullische Rechteckformation kommt in einem Aufwärtstrend vor, während ein bärisches Rechteck in einem Abwärtstrend auftritt.
4. Der Umsatz sollte bei der Ausbildung der Formation abnehmen und beim Ausbruch zunehmen. Außerdem gilt: Steigt der Handelsumsatz, wenn sich die oberen Umkehr- bzw. Hochpunkte bilden, so erhöht sich die Wahrscheinlichkeit eines Ausbruchs nach oben – und umgekehrt.
5. Der Ausbruch aus einer bullischen Rechteckformation stellt ein Kaufsignal dar!
6. Der Ausbruch aus einer bärischen Rechteckformation stellt ein Verkaufssignal dar!

### 4.1.5 Die gemessene Bewegung

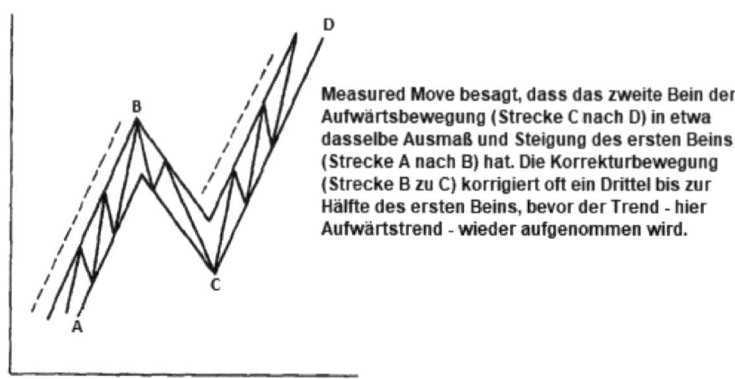

Abb. 79:   Die gemessene Bewegung
Quelle: Eigene Darstellung und Murphy 2004, S. 161

Herr Hinrichs erläutert: »Die **gemessene Bewegung** (eng. *measured move*) beschreibt das oft beobachtete Phänomen, dass ein kräftiger Kursanstieg oder -abfall in zwei gleiche Bewegungen zerfällt. Nennt doch mal ein paar Beispiele für dieses Phänomen!«

Sofort blättern die Schüler ihre Aufzeichnungen durch. Als erster meldet sich Peter zu Wort: »Wir haben bei den Konsolidierungsformationen gesehen, dass üblicherweise Flagge oder Wimpel auf halber Strecke der Marktbewegung auftauchen.« Herr Hinrichs nickt. Bevor er etwas sagen kann, ruft Britta in die Klasse: »Beim Trendkonzept haben wir besprochen, dass die Märkte die Tendenz haben, um etwa ein Drittel bis zur Hälfte des vorangegangenen Trends zu korrigieren, bevor der Trend weitergeht.«

Herr Hinrichs holt tief Luft: »Lasst uns doch einfach ins kalte Wasser springen! Letztlich dient die gemessene Bewegung dazu, ein Kursziel zu berechnen. Das geschieht mithilfe der im Chart dargestellten Bewegungen. Welche sind das?« Rolf antwortet: »Die erste Bewegung ist der starke Aufwärtstrend, also die Strecke A nach B. Die zweite Bewegung ist die Konsolidierung, d. h. die Strecke B nach C. Zum Dritten setzt sich nach der Konsolidierung der ursprüngliche Aufwärtstrend fort, also die Strecke C nach D.«

»Wie würdet ihr hieraus ein Kursziel berechnen?«, fragt Herr Hinrichs. Petra entscheidet sich, nochmals das Wesen des Trends zu studieren. Dann ruft sie: »Herr Hinrichs, Sie haben uns eine Falle gestellt! Das ist nicht fair! Die dritte Bewegung ist nämlich gar nicht vonnöten, um das Kursziel zu berechnen, vielmehr berechnet man das Ausmaß dieser Bewegung aus den beiden vorherigen. Dazu nimmt man den Anfangs- und Endwert der ersten Trendbewegung – also die Strecke A nach B – und addiert[76] diese zum Extremkurs der Gegenbewegung, d. h. der Strecke B nach C. Dann erhält man das Kursziel für die dritte Trendbewegung oder, anders formuliert, den vorläufigen Endpunkt des gesamten Trends.«

»Wie bitte?«, fragt Sabine. Um die Kurszielbestimmung per *measured move* zu verdeutlichen, zeichnet Herr Hinrichs folgenden Chart an die Tafel:

Abb. 80:   Gemessene Bewegung im Aufwärtstrend
           Deutsche-Bank-Tageschart

---

[76] Bei einem Abwärtstrend wird die Strecke subtrahiert.

»Im Februar 2003 hat sich im Chart der Deutschen Bank ein Aufwärtstrend ausgebildet, der bis Mitte Juli desselben Jahres dauerte. Das ist die erste Bewegung, also die Strecke A nach B. Der Tiefpunkt war bei 32 Euro und der Hochpunkt bei 60 Euro. Das bedeutet: Die Deutsche Bank hat bei der ersten Bewegung eine Strecke von 28 Euro zurückgelegt. Anschließend setzte eine halbjährige Konsolidierungsphase – Strecke B nach C – ein. Der Extremwert dieser Korrekturbewegung war 52 Euro. Mit Beginn des Jahres 2004 erhielt der Aktienkurs der Deutschen Bank einen starken Auftrieb. Das ist die dritte Bewegung – Strecke C nach D –, deren Ausmaß wir berechnen möchten. Dazu addieren wir zu dem Extremwert der Korrekturbewegung einfach die Strecke, die die Deutsche Bank bei der ersten Bewegung zurückgelegt hat. Die dritte Bewegung sollte uns also zunächst bis zu einem Kurs von 80 Euro (= 52 + 28) führen. Fast drei Monate später, im März 2004, wurde das Kursziel mit einer Abweichung von nur 1 Euro fast erreicht«, erklärt Herr Hinrichs.

## 4.2 Trendumkehrformationen – nichts hält ewig!

Wie bereits erwähnt: Ein Trend besteht so lange, bis er bricht. Genau an diesem Punkt treten die Trendumkehrformationen auf. Bevor wir uns mit den einzelnen Umkehrformationen beschäftigen können, sollten wir einige Punkte im Hinterkopf fest verankern:

⇒ Eine Umkehrformation tritt nur am Ende eines Trends (z. B. Aufwärts- oder Abwärtstrend) auf. Deswegen ist die Existenz eines bestehenden primären Trends eine wichtige Vorbedingung für jede Umkehrformation.

⇒ Der Bruch einer Trendlinie leitet oftmals eine Umkehrfunktion ein.

⇒ Je länger sich eine Formation ausbildet bzw. je größer ihre Ausmaße sind, umso größer ist das Ausmaß der nachfolgenden Bewegung.

⇒ Die Umsätze sollten am Tag des Ausbruchs aus der Formation und mindestens einen Tag danach deutlich steigen.

Die Schulter-Kopf-Schulter-Formation (eng. *Head Shoulder*; Abk. SKS) ist die bekannteste und verlässlichste Trendumkehrformation. Wegen ihrer Wichtigkeit werde ich diese Formation ausführlich besprechen, weil die meisten anderen Umkehrformationen nur Variationen der Schulter-Kopf-Schulter-Formation sind.

### 4.2.1 Schulter-Kopf-Schulter-Formation – der Klassiker

Herr Hinrich beginnt seine Stunde über die Schulter-Kopf-Schulter-Formation mit folgendem Chart.

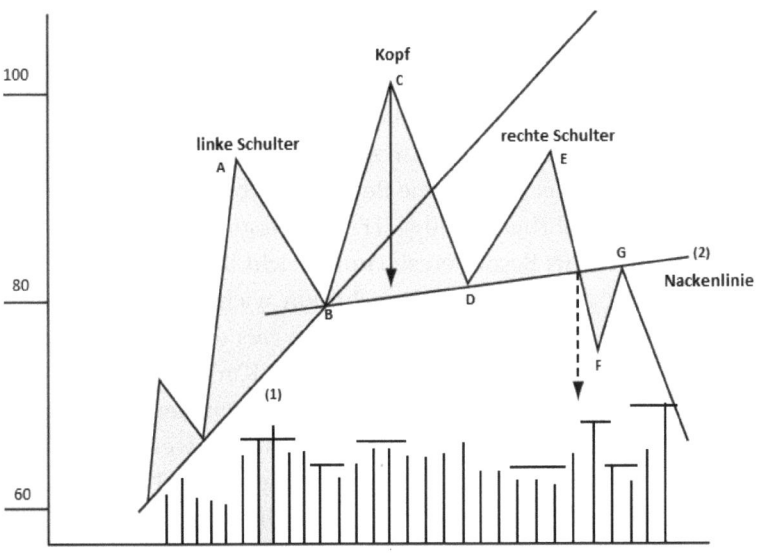

Abb. 81: Beispiel einer Schulter-Kopf-Schulter-Formation in einem Aufwärtstrend (Linie 1)

Die linke und rechte Schulter (Punkt A und E) sind etwa auf derselben Höhe. Der Kopf (Punkt C) ist höher als die beiden Schultern. Ferner beobachtet man, dass bei jedem Gipfel die Umsätze niedriger werden. Die Formation ist erst vollendet, wenn ein Schlusskurs unter der Nackenlinie (Linie 2) schließt. Die Umsätze nehmen beim Durchbruch erkennbar zu. Ein Kursziel ergibt sich aus dem vertikalen Abstand vom Kopf zur Nackenlinie (schwarzer Pfeil) und wird vom Durchbruchspunkt der Nackenlinie nach unten projiziert (gestrichelter Pfeil). Oftmals kommt es zu einer Rückbewegung, die die Kurse zur Nackenlinie zurückführen. Sie durchbrechen die Nackenlinie aber nicht, nachdem sie einmal durchbrochen wurde. Quelle: Eigene Darstellung und vgl. Murphy 2004, S. 116

»Wie der Name schon sagt, ähnelt diese Formation einem Gebilde mit einem Kopf sowie einer linken und einer rechten Schulter. Da sie bei einem Aufwärtstrend auftritt, bezeichnet man sie auch als **obere Schulter-Kopf-Schulter-Formation**. Wer von euch hat Fantasie und kann sich vorstellen, wie es zu einem solchen Gebilde kommt?«

Petra legt gleich los: »Der Kursanstieg in der linken Schulter – Punkt A – wird von einem hohen Umsatzvolumen begleitet. Hier ist die Welt des Aufwärtstrends noch in Ordnung, d. h. der Umsatz nimmt zu, während der Kurs neue Hochs erreicht. Die Korrekturbewegung zu Punkt B – d. h. ein neues Tief im Aufwärtstrend entsteht – erfolgt bei niedrigem Umsatz, was normal ist. Dem Kursrückgang in der linken Schulter folgt eine weitere Aufwärtsbewegung, die zu einem neuen Kurshöhepunkt C führt. Allerdings ist der Umsatz geringer als bei der Ausbildung der linken Schulter (bzw. Punkt A). Was ... « »... die Bewegung von Punkt A zu Punkt C ist doch eine lehrbuchmäßige Trendbewegung nach der Dow-Theorie. Also nichts Besonderes!«, unterbricht Britta.

Petra hält dagegen: »Ist sie nicht! Ein wichtiger Kernsatz der technischen Analyse lautet doch: ›*Volume goes with the trend*‹, d.h. hohe Umsätze bei Aufwärtsbewegungen der Kurse deuten auf weitere Kurssteigerungen hin. Gerade gegen diesen Kernsatz wurde bei der Ausbildung des Hochpunktes C verstoßen, weil der Umsatz geringer war als bei der Ausbildung des vorherigen Hochpunktes A. Deswegen sollte in unserem Hinterkopf die Ampel auf Gelb umspringen, weil im Aufwärtstrend irgendetwas schiefläuft.«

Rolf hatte während des Disputs zwischen Britta und Petra seine Unterlagen durchgesehen und kommt zu folgendem Schluss: »Petra hat recht! Da geschieht etwas Beunruhigendes! Der Kursrückgang zu Punkt D setzt sich unter den früheren Hochpunkt A fort. Erinnert ihr euch noch daran, dass bei einer Korrektur in einem Aufwärtstrend ein früherer Hochpunkt – wie Punkt A – als Unterstützung fungiert? Somit ist der Kursverfall deutlich unter Punkt A, sogar fast bis zum vorherigen Tiefpunkt B, ein deutliches Zeichen dafür, dass im Aufwärtstrend etwas schiefläuft.« Bevor Rolf weitersprechen kann, ruft Britta in die Klasse: »Uhh, die Kurse steigen wieder, hin zu Punkt E!«

Unbeeindruckt von diesem Zwischenruf führt Rolf aus: »Tatsächlich steigen die Kurse hin zu Punkt E wieder an, jedoch bei geringen Umsätzen. Das vorherige Hoch im Punkt C wird aber nicht erreicht. Vielmehr stockt die Aufwärtsbewegung ungefähr beim Kursniveau des Punktes A. Wie wir in den vorherigen Stunden gelernt haben, ist es für einen intakten Aufwärtstrend zwingend notwendig, dass die vorherigen Kurshöhen übertroffen werden. Das bedeutet, dass Punkt E hätte höher sein müssen als Punkt C. Das wurde jedoch nicht erreicht. Zudem ist die primäre Aufwärtstrendlinie bereits gebrochen. Die Alarmglocken sollten jetzt schrillen, es besteht die Gefahr, dass der Aufwärtstrend bricht.«

Wiederum ergreift Britta das Wort: »Das glaube ich nicht! Natürlich haben wir bis jetzt schon drei Warnmeldungen erhalten, allerdings werden sich viele Marktteilnehmer – wie ich – noch keiner Gefahr bewusst sein, da sich der bisherige Trend nur von auf- zu seitwärts verschoben hat. Folglich verschnauft der Aufwärtstrend nur und sammelt Kraft.«

Jetzt greift Herr Hinrichs ein: »Brittas Einwand ist nicht so einfach von der Hand zu weisen. Darum haben sich die Charttechniker etwas einfallen lassen. Um zu erkennen, ob der Aufwärtstrend nur pausiert oder nicht, ziehen sie eine Trendlinie unter die Kurstiefpunkte B und D. Diese wird **Nackenlinie** genannt und verläuft meist leicht ansteigend. Die Nackenlinie entscheidet jetzt über Sein oder Nicht-Sein des Aufwärtstrends. Kommt es zum Bruch der Nackenlinie nach unten, wie in Punkt F dargestellt, ist dies ein Verkaufssignal[77]. Es kommt Angst auf, was durch steigende Umsätze dokumentiert wird. Anleger werfen die Aktie unlimitiert aus dem Depot. Es droht ein Kursgewitter. Der sich abzeichnende Abwärtstrend lässt sich nun deutlich erkennen durch die fallenden Hoch-

---

[77] Die Schulter-Kopf-Schulter-Formation ist nicht vollendet, bevor die Nackenlinie auf Schlusskursbasis eindeutig durchbrochen wurde. Als Bestätigung eignet sich hier wiederum die 1- bis 3-Prozent-Regel (Schlusskurs muss z. B. 3 Prozent unterhalb der Nackenlinie sein) oder die 2-Tage-Regel (zwei aufeinanderfolgende Schlusskurse müssen unterhalb der Nackenlinie liegen).

und Tiefpunkte bei den Punkten C, D, E und F. In der Regel kommt es nach dem Durchbruch durch die Nackenlinie noch zu einem Kursanstieg bis an die Nackenlinie, wie Punkt G zeigt. Dies wird als **Rückkehrbewegung** oder *Pullback* bezeichnet. Ein Blick auf die Höhe des Umsatzes beim Durchbruch der Nackenlinie hilft uns abzuschätzen, wie groß das Ausmaß der Rückkehrbewegung ist. Erfolgt der Bruch der Nackenlinie bei sehr hohem Umsatz, so stehen die Chancen für ein *Pullback* schlecht, weil dies auf einen hohen Verkaufsdruck hindeutet. Dagegen erhöht ein geringer Umsatz die Wahrscheinlichkeit einer Rückkehrbewegung. Dieser *Pullback* sollte bei niedrigen Umsätzen stattfinden, während die nächstfolgende Wiederaufnahme des Abwärtstrends von hohen Umsätzen begleitet werden sollte.«

»Moment«, ruft Sabine. »Da komme ich nicht mehr mit. Was ist ein Verkaufsdruck?« Im ersten Moment stutzt Herr Hinrichs. Ein allgemeines Gemurmel erhebt sich in der Klasse. Dann fragt Herr Hinrichs: »Sabine, überlege mal, wie ergibt sich ein Kurs?« Wie aus der Pistole geschossen antwortet Sabine. »Der Kurs ergibt aus dem bestmöglichen Abgleich zwischen Angebot und Nachfrage.« Bevor Sabine weitersprechen kann, fragt Herr Hinrichs: »Und was entsteht dadurch?« Sabine schaut ziemlich hilflos drein. Hans-Jürgen traut sich und flüstert unsicher: »Druck. Vielleicht?«

»Genau!«, erwidert Herr Hinrichs. »Nach Ansicht der Charttechniker entsteht daraus **Druck**. So zeugt in einem Aufwärtstrend ein hohes Volumen von einem großen **Kaufdruck**, da Käufer unbedingt kaufen möchten. Dagegen zeugt in einem Abwärtstrend ein hohes Volumen von einem großen **Verkaufsdruck**, weil die Anleger unbedingt verkaufen möchten. Welcher Zusammenhang besteht zwischen Kurs und Druck?«

Petra fasst sich an den Kopf: »Natürlich! Sowohl der Kurs als auch der Umsatz messen den Druck. Denn wenn z. B. die Kurse nach oben tendieren, kann ich daraus erkennen, dass es mehr Kauf- als Verkaufsdruck gibt. Es leuchtet dann ein, dass die höheren Umsätze in derselben Richtung wie der vorherrschende Trend getätigt werden sollten, weil z. B. in einem Aufwärtstrend mehr Anleger kaufen als verkaufen.«

Herr Hinrichs nickt und fragt: »Worauf könnte sich die Aktivität in diesen Zusammenhang beziehen?« In der Klasse wird es mucksmäuschenstill. Niemand hat eine Idee. Deswegen gibt Herr Hinrichs einen Tipp: »Aktivität bezieht sich hier auf den Aktienkauf.« Das hilft Peter auf die Sprünge: »Mm ... Von **steigender Aktivität** spricht man, wenn viele Anleger Aktien kaufen. Umgekehrt spricht man von **fallender Aktivität**, wenn immer weniger Trader Aktien kaufen möchten.«

»Dieses ewige Gefasel von Umsätzen ist echt nervtötend. Sind das nicht irgendwelche langweiligen Vokabeln?«, fragt Rolf frustriert. »Eben nicht«, erwidert Herr Hinrichs und ergänzt. »Das begleitende Umsatzmuster spielt bei der Entwicklung einer Schulter-Kopf-Schulter-Formation, wie bei allen anderen Kursformationen auch, eine wichtige Rolle. Es hilft uns, die Formation frühzeitig bzw. bei ihrer Entstehung zu erkennen. Schauen wir uns das genauer an:«

Abb. 82: Ausbildung der Schulter-Kopf-Schulter-Formation im E.ON-Chart von Mai 2008 bis März 2009
Quelle: Eigene Darstellung und vgl. Wurm o. J. e

»Wie würdet ihr das Umsatzmuster einer Schulter-Kopf-Schulter-Formation beschreiben?«, fragt Herr Hinrichs. Peter schaut sich die Umsatzentwicklung im E.ON-Chart an und markiert die markanten Punkte mit einem schwarzen Balken. »Der Kopf bildet sich bei niedrigerem Volumen als die linke Schulter aus. Der Umsatz bei der Ausbildung der rechten Schulter ist niedriger als bei der linken Schulter und dem Kopf. Beim Durchbruch durch die Nackenlinie steigt der Umsatz merklich an. Während der Rückkehrbewegung sollte der Umsatz abflauen und danach erneut zunehmen, wenn sich der Abwärtstrend endgültig herausbildet.«

»Genau, Peter«, bestätigt Herr Hinrichs. »Aus dem Chart können wir auch noch eine Methode zur **Kurszielbestimmung** ableiten. Sie leitet sich aus der Höhe der Formation ab. Irgendwelche Ideen?«

Triumphierend schaut Britta in die Klasse: »Ja! Das könnte so ähnlich funktionieren wie bei der Trennlinien-Differenz-Methode (s. S. 87 ff.). Ich zeichne das mal an:«

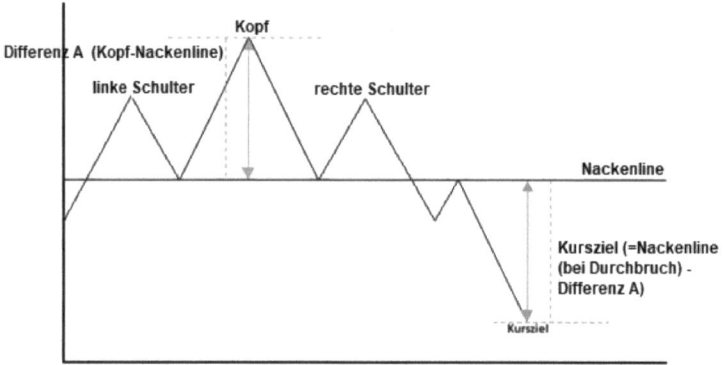

Abb. 83: Ermittlung des Kurszieles bei einer Schulter-Kopf-Schulter-Formation

Britta erklärt der staunenden Klasse: »In Analogie zur Trennlinien-Differenz-Methode bestimme ich das Kursziel, indem ich die Strecke vom Kopf bis zur Nackenlinie messe und dann am Bruch der Nackenlinie diese nach unten abtrage.«

Hans-Jürgen rechnet sofort für das Beispiel von E.ON das Gesagte durch. »Der Kopf liegt im E.ON-Chart (s. Abb. 82, S. 177) bei 51,40 Euro und die Nackenlinie bei 38 Euro. Somit ist die Differenz 13,40 Euro. Diese trage ich beim Bruch der Nackenlinie nach unten

ab. Das heißt, das Kursziel liegt bei 24,60 Euro. Somit ist Brittas Idee falsch, weil der Kursrutsch noch bis 17,80 Euro weiter ging.[78]«
»Nicht ganz so schnell!«, erwidert Herr Hinrichs. »Brittas Idee ist nämlich richtig! Erinnert euch daran, dass ein Kursziel nur ein Mindestkursziel ist. Regelmäßig gehen die Kurse über das Kursziel hinaus. Ein Mindestkursziel dient vornehmlich dazu, im Vorhinein zu ermitteln, ob eine Marktbewegung genug Potenzial hat, um das Eingehen einer Position zu rechtfertigen. Übertrifft der Markt das Kursziel, ist dies nichts anderes als das berühmte Sahnehäubchen auf dem Kuchen.[79]«

Petra brennt eine Frage unter den Nägeln: »Gibt es ein Spiegelbild einer Schulter-Kopf-Schulter-Formation, das sich am Ende eines Abwärtstrends ausbildet?« Herr Hinrichs greift diesen Gedanken sogleich auf: »Bevor wir uns diese Formation anhand eines Chartbildes anschauen, werfen wir zunächst einen Blick auf das Modell. So wird vieles klarer. Die sog. **inverse Schulter-Kopf-Schulter-Formation** zeigt eine Umkehr des langfristigen Abwärtstrends an, d. h. sie signalisiert eine anschließende Aufwärtsbewegung. Wer möchte die inverse Schulter-Kopf-Schulter-Formation (oder Schulter-Kopf-Schulter-Bodenformation oder untere Schulter-Kopf-Schulter-Formation) anhand der Grafik erklären?«

---

[78] Dies gilt unter der Voraussetzung einer linearen Skalierung.
[79] Der Charttechniker muss natürlich weitere technische Daten berücksichtigen, wenn er ein Kursziel aus einer Chartformation ableiten möchte. Wenn sich z. B. das Kursziel von 50 Euro (aktueller Kurs 80 Euro) aus einer Schulter-Kopf-Schulter-Formation ergibt, aber eine wichtige Unterstützungslinie bei 55 Euro existiert, so wird der kluge Chartist sein Kursziel anpassen und es bei 55 Euro statt bei 50 Euro setzen.

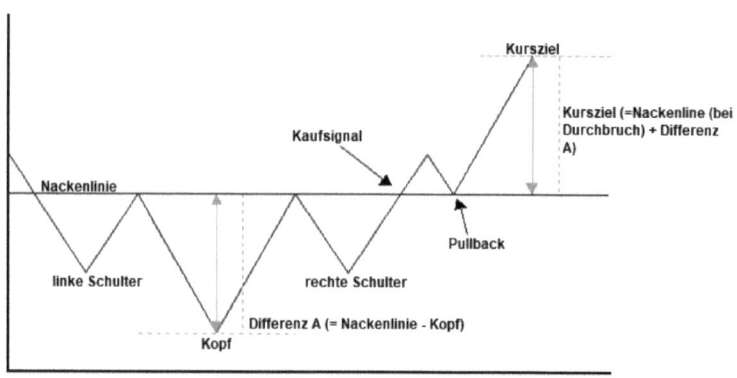

**Abb. 84:** Inverse Schulter-Kopf-Schulter-Formation

Hans-Jürgen fasst sich ein Herz und erklärt: »Auf einen Kursrückgang wird bei starken Umsätzen die linke Schulter gebildet. Darauf folgt ein leichter und kurzer Kursanstieg bei rückläufigen Umsätzen. Der anschließende Kursrückgang übertrifft von seiner Entwicklung die linke Schulter und erreicht dabei ein neues Kurstief, den Kopf. Der Kopf bildet sich bei geringeren Umsätzen aus als die linke Schulter. Es kommt wiederum zu einem Kursanstieg, welcher in etwa auf das Niveau des ersten Kursanstieges führt. Nun kann man die beiden Kurshochpunkte verbinden und erhält eine Unterstützungslinie, die Nackenlinie. Natürlich muss die Nackenlinie nicht exakt horizontal verlaufen. Der jetzt folgende Kursrückgang kann das Kursniveau des Kopfes nicht mehr erreichen, die rechte Schulter bildet sich aus bei weiter rückläufigen Umsätzen. Der folgende Kursanstieg endet nicht an der Nackenlinie, sondern durchbricht diese bei starken Umsätzen. Es entsteht dann ein neuer Aufwärtstrend. Häufig kommt es nach dem Durchbrechen der Nackenlinie (auch *Pullback* oder Rückkehrbewegung genannt) zu einem leichten Kursrückgang bis an die Nackenlinie heran. Dieser Kursrückgang sollte allerspätestens als Kaufsignal genutzt werden, da hierdurch die Schulter-Kopf-Schulter-Bodenformation nochmals bestätigt wird.« Britta setzt ein: »Ein Kursziel kann ausgehend von der größten senkrechten Stelle der Formation – sprich Kopf-Nackenlinie (d. h. Differenz A) – ermittelt werden Diese Strecke trägt am Bruch der Nackenlinie nach oben auf.«»Bravo!«, ruft Herr Hinrichs in die Klasse. »Und so sieht die Schulter-Kopf-Schulter-Bodenformation aus. Wie würdet ihr sie beschreiben?«

Abb. 85: Allianz-Tageschart: Kursverlauf Juni bis Oktober 2004
Quelle: Eigene Darstellung und vgl. Daeubner 2005, S. 67

Sofort meldet sich Rolf zu Wort: »In den Sommermonaten des Jahres 2004 befand sich die Allianz-Aktie in einem Abwärtstrend. Es bildeten sich innerhalb des Abwärtstrends lehrbuchartig die linke Schulter und der Kopf aus. Bei der Ausbildung der rechten Schulter war der Abwärtstrend schon gebrochen. Anfang September wurde die Nackenlinie von den Kursen durchstoßen. Somit erhält die inverse Schulter-Kopf-Schulter-Formation ihre Gültigkeit und die Allianz-Aktie generiert ein Kaufsignal. Ebenso sehen wir ein *Pullback*, jetzt wird es endgültig Zeit zum Kauf der Allianz-Aktie. Zur Bestimmung des Kursziels muss ich die Differenz zwischen der Spitze des Kopfes und der Nackenlinie messen. Diese Differenz beträgt neun Euro. Diese Differenz addiere ich zu der Stelle, an der die Nackenlinie gebrochen wurde. Die Allianz-Aktie stand bei ungefähr

82 Euro, als die Nackenlinie gebrochen wurde. Infolgedessen beträgt unser Kursziel um die 91 Euro.«

Herr Hinrichs nickt Rolf anerkennend zu: »Auf Folgendes müsst ihr bei der Interpretation einer Schulter-Kopf-Schulter-Formation besonders achten:«

> **Merke**
> 1. Die SKS-Formation zeigt die Umkehr des langfristigen (primären) Trends an! Da die Umkehr eines Trends Zeit benötigt, entwickelt sich auch die SKS-Formation über Wochen bzw. Monate. Die obere SKS-Formation signalisiert einen beginnenden Abwärtstrend, während die untere SKS-Formation ein Indiz für einen Aufwärtstrend ist.
> 2. Die Formation ist erst beendet, wenn der Kurs die Nackenlinie durchbricht! Bei der unteren SKS-Formation bricht der Kurs von unten durch die Nackenlinie, während der Kurs bei der oberen SKS-Formation die Nackenlinie von oben durchbricht.
> 3. Ebenfalls ist der Umsatz zu beachten, der bei der Ausbildung der jeweiligen Formationsteile auftritt. Dabei sollte die Ausbildung der linken Schulter mit einem hohen Umsatz einhergehen, die folgende Korrekturbewegung, also die Bewegung hin zur Ausbildung des Kopfes, sollte mit einem niedrigeren Umsatz erfolgen. Der Kopf selbst – also das Hoch (bei oberer SKS-Formation) bzw. Tief (bei unterer SKS-Formation) – sollte bei hohen Umsätzen gebildet werden, die aber geringer sind als diejenigen bei Ausbildung der linken Schulter. Dagegen wird die rechte Schulter bei vergleichsweise geringen Umsätzen gebildet.
> 4. Besonders wichtig ist, dass die Umsätze beim Durchbruch durch die Nackenlinie kräftig ansteigen. Umso geringer die Umsätze nämlich sind, umso größer ist die Gefahr eines Fehlausbruchs.
> 5. Der Durchbruch der Nackenlinie liefert bei der oberen SKS-Formation ein Verkaufssignal, wohingegen es bei der unteren SKS-Formation ein Kaufsignal ist.

### 4.2.2 Dreifachspitze bzw. -boden

Herr Hinrichs zeichnet folgenden Chart an die Tafel:

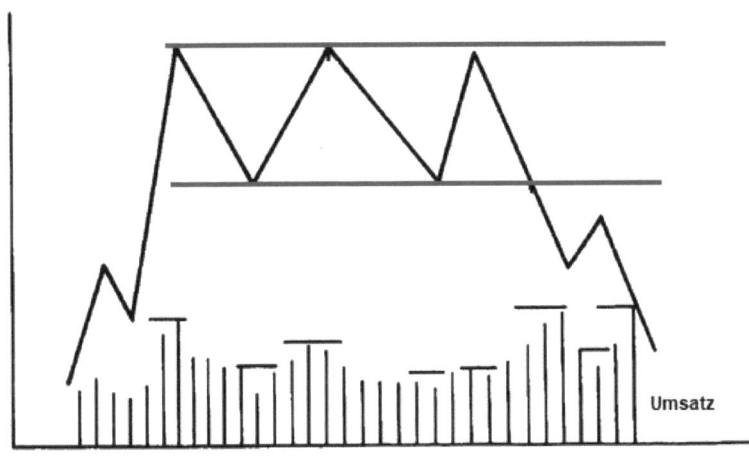

Abb. 86: Welche Formation ist das?
Quelle: Eigene Darstellung und vgl. Murphy 2004, S. 126

»Ist das nicht die Schulter-Kopf-Schulter-Formation?«, fragt Petra. Lächelnd sagt Herr Hinrichs: »Da bist du mir auf den Leim gegangen! Die meisten Erkenntnisse, die wir gewonnen haben, als wir die Schulter-Kopf-Schulter-Formation besprochen haben, sind nämlich auch auf die anderen Umkehrformationen anwendbar. Man bezeichnet die Formation im Chart als **Dreifachspitze** (oder Top) (eng. *triple top*). Sie ist eine leichte Variation der Schulter-Kopf-Schulter-Formation.[80] Folglich besteht eine Dreifachspitzeformation ebenfalls aus drei Spitzen und zwei Tiefs. Der wesentliche Unterschied besteht darin, dass die drei Gipfel auf ungefähr demselben Niveau liegen. Fällt euch noch etwas auf? Denkt zurück an das Gesagte über Widerstand und Unterstützung!«

Peter hat eine Erleuchtung: »Die Linie, die durch die drei Spitzen bzw. Gipfel verläuft, markiert eine Widerstandszone, während die Linie, die durch die beiden Tiefpunkte geht, eine Unterstützung darstellt.«

---

[80] Die Formationen sind sich so ähnlich, dass Charttechniker sich oftmals streiten, ob es sich um eine Schulter-Kopf-Schulter- oder Dreifachspitzeformation handelt.

Da kommt Sabine eine Idee: »Die Unterstützungslinie, die Peter gefunden hat, hat dieselbe Funktion wie die Nackenlinie bei einer Schulter-Kopf-Schulter-Formation. Das bedeutet: Erst ein Bruch dieser Unterstützungslinie schließt die Dreifachspitzeformation ab und liefert entsprechend ein Verkaufssignal.«

Herr Hinrichs konkretisiert die Aussage Sabines: »Diese Unterstützungslinie bezeichnet man bei der Dreifachspitzeformation auch als **Signallinie**.[81] Ähnlich wie bei der Schulter-Kopf-Schulter-Formation sollte der Umsatz ein bestimmtes Muster haben. Irgendwelche Ideen?«

Rolf macht sich noch einige Notizen und blättert in seinen Aufzeichnungen. Dort stößt er auf die Lösung: »Das Handelsvolumen bei der Dreifachspitze sollte mit jedem Gipfel sukzessive abnehmen und mit dem Bruch der Signallinie signifikant steigen. Was mich noch interessieren würde: Wo findet man im Chart diese Formation?«

Herr Hinrichs zeichnet einen Chart an die Tafel.

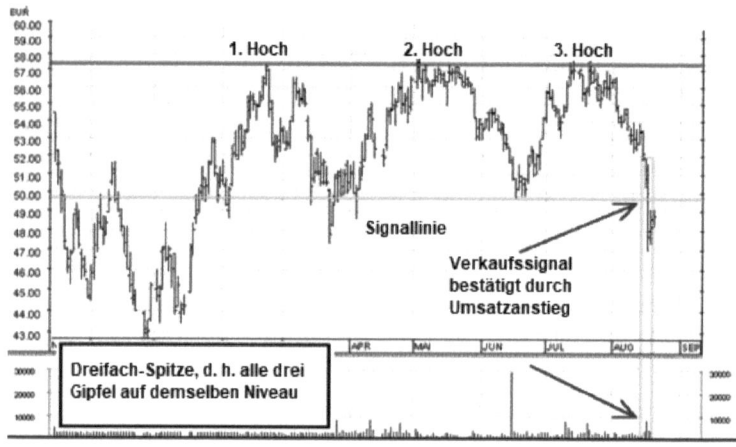

Abb. 87:   Dreifachspitze (Daimler-Chart)
Alle Gipfel liegen in etwa auf demselben Niveau. Zudem sollte der Umsatz bei jeder Anstiegsbewegung abnehmen. Die Formation ist vollendet, wenn bei anziehendem Volumen die Signallinie gebrochen wird. (Quelle: Eigene Darstellung und Bopp 2002d)

---

[81]   Häufig wird sie auch als Bestätigungslinie bezeichnet, weil erst ihr Durchbruch die Vollendung der Formation anzeigt.

Bevor Herr Hinrichs etwas sagen kann, ergreift Sabine das Wort: »Kommt es zur Dreifachspitze, haben die Optimisten drei Mal vergeblich auf steigende Kurse gesetzt. Dann werfen selbst die größten Bullen das Handtuch. Somit handelt es sich um eine obere Trendwendeformation, ähnlich der oberen Schulter-Kopf-Schulter-Formation. Sie zeigt an, wenn ein Aufwärtstrend gebrochen wird.«

»Da fällt mir noch etwas auf«, ruft Petra in die Klasse. »Die Bestimmung des Kurzzieles müsste so ähnlich gehen wie bei der Schulter-Kopf-Schulter-Formation. Das heißt, die Höhe der Formation zum Ausbruchspunkt müsste einfach nach unten projiziert werden. So ergibt sich das Mindestkursziel. Ich zeichne das mal an die Tafel.«

Abb. 88:     Dreifachspitze (Roth & Rau)
Quelle: Eigene Darstellung und vgl. Hornrich 2008, S. 22

»Der Chart von Roth & Rau zeigt einen fast idealtypischen Verlauf einer Dreifachspitze. Nach einem Aufwärtstrend bildet sich zwischen 255 und 260 Euro eine Widerstandszone aus, die der Kurs nicht nach oben durchbrechen konnte. Fast gleichzeitig etablierte sich eine Unterstützung bei 195 Euro, die auch nicht nach unten gebrochen wurde. Damit war die Dreifachspitze perfekt. Wie wir bei der Schulter-Kopf-Schulter-Formation gelernt haben, wird der Aktienkurs in der Regel vom Durchbruchspunkt aus mindestens die Strecke zurücklegen, die der Höhe der Formation entspricht. Die

Höhe der Formation entspricht der Strecke von der Signallinie bis zum Gipfel, also ca. 65 Euro (Höhe der Formation = Gipfel – Signallinie = 260 Euro - 195 Euro = 65 Euro). Das Kursziel liegt bei etwa 130 Euro (Kursziel = Signallinie - Höhe der Formation = 195 Euro - 65 Euro = 130 Euro). Der Chart zeigt, dass der Aktienkurs von Roth & Rau fast punktgenau das Mindestkursziel erreicht.«

»Ähnlich wie bei der Schulter-Kopf-Schulter-Formation erfolgt oftmals nach dem Ausbruch eine Rückbewegung (*Pullback*) zum Ausbruchspunkt«, erklärt Herr Hinrichs weiter. »Das Gegenstück zur Dreifachspitze ist der **Dreifachboden** (oder *bottom*) (eng. *triple bottom*). Der Dreifachboden legt das Fundament für höhere Kurse. Er ist vergleichbar mit einer inversen bzw. unteren SKS-Formation, mit dem Unterschied, dass die drei Tiefs auf demselben Niveau liegen. Ebenso ist beim Dreifachboden das Umsatzverhalten zu beachten. Das Volumen nimmt von Tal zu Tal ab. Besonders wichtig ist, dass ein deutlicher Umsatzanstieg beim Ausbruch über die Signallinie erfolgt.« Um dies zu illustrieren, zeichnet Herr Hinrichs folgenden Chart und fragt: »Könnt ihr meine Ausführungen zum Dreifachboden anhand des Charts nachvollziehen?«

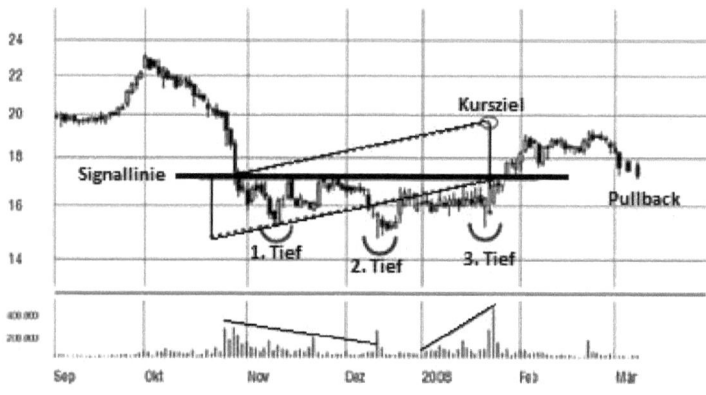

Abb. 89:   Dreifachboden (Grammer-Chart)
Quelle: Eigene Darstellung und Hornrich 2008, S. 23

Hans-Jürgen nickt und holt seine Notizen hervor: »Bei der Grammer-Aktie bilden sich die drei Täler in einem Bereich von 15 Euro aus. Die Signallinie liegt bei 17 Euro. Ein kräftiger Umsatzanstieg beim Verlassen der Dreifachbodenformation zeigt, dass die Formation vollendet ist. Dies leitet eine Aufwärtsbewegung ein. Somit ist die Dreifachbodenformation eine untere Umkehrfunktion. Die Kurszielbestimmung funktioniert hier analog der Dreifachspitze, mit einer Ausnahme: Die Höhe der Umkehrformation am Ausbruchspunkt muss jetzt nach oben projiziert werden. Sie gibt das minimale Kursziel nach oben an. Ebenso wie bei der Dreifachspitze ist ein *Pullback* an die Signallinie auch hier nichts Ungewöhnliches.«

»Genau!«, sagt Herr Hinrichs. »Das Manko ist: Wenn sich die Dreifachspitze bzw. der Dreifachboden ausgebildet hat, haben viele Anleger den Chart oft schon aus den Augen verloren. Denn es dauert einige Monate oder sogar Jahre, bis sich diese Umkehrformation ausbildet. Bis dahin pendelt der Kurs eher langweilig ständig zwischen dem oberen Widerstand und der unteren Unterstützung hin und her. Im Allgemeinen gilt: Je länger die Vollendung braucht, desto signifikanter ist das folgende Signal. Zum Schluss fassen wir die Formationen nochmals kurz und prägnant zusammen:«

**Merke**

1. Die Dreifachboden- bzw. Dreifachspitzeformation zeigt die Umkehr des langfristigen (primären) Trends an! Da die Umkehr eines Trends Zeit benötigt, entwickelt sich auch diese Formationen über Wochen bzw. Monate. Die Dreifachspitzeformation signalisiert einen beginnenden Abwärtstrend, während die Dreifachbodenformation auf einen Aufwärtstrend hindeutet.
2. Die drei Höchst- bzw. Tiefstkurse sollten ungefähr auf demselben Niveau liegen. (Toleranz zwei bis vier Prozent Abweichung der Kurse)
3. Die Formation ist erst beendet, wenn der Kurs die Signallinie durchbricht! Bei der Dreifachbodenformation bricht der Kurs von unten durch die Signallinie, während bei der Dreifachspitze der Kurs von oben die Signallinie durchbricht.
4. Bei der Dreifachspitze sollte das Handelsvolumen mit jedem Gipfel sukzessive abnehmen und mit dem Bruch der Signallinie signifikant zulegen. Umgekehrtes gilt beim Dreifachboden, dort nimmt von Tal zu Tal das Handelsvolumen ab und mit dem Bruch der Signallinie wieder signifikant zu.
5. Der Durchbruch der Signallinie liefert bei der Dreifachspitze ein Verkaufssignal, wohingegen es beim Dreifachboden ein Kaufsignal liefert.

### 4.2.3 Doppelspitze und -boden – doppelt hält besser

»Von jeher werden die Kurse durch Angst und Gier getrieben. In der Charttechnik lösen zwei Buchstaben – W und M – ähnliche Gefühle aus. Seht euch einmal folgenden Chart an:«

Abb. 90: Doppelspitze (Inditex-Aktie)
Quelle: Eigene Darstellung und vgl. Wurm o. J. a

Britta ruft freudestrahlend in die Klasse: »Die Doppelspitze sieht ja im Chart wie ein M aus.« »Genau!«, erwidert Herr Hinrichs. »Darum wird die **Doppelspitze** (oder Top) (eng. *double top*) auch als **M-Formation** bezeichnet. Wie würdet ihr die Bildung der M-Formation beschreiben?«

Schweigen breitet sich in der Klasse aus. Die Schüler sehen sich achselzuckend an. Doch dann erinnert sich Rolf an das Trendkonzept (s. Abb. 20, S. 54): »Charakteristisch für die M-Formation sind zwei Hochs, die sich nahezu auf gleichem Niveau befinden. Bei unserem Beispiel der Inditex-Aktie liegen diese Tops bei 122 Euro bzw. 121 Euro.« Herr Hinrichs wirft ein: »Meistens liegen diese beiden Tops mehr als einen Monat auseinander.« Rolf lässt sich von dieser Unterbrechung nicht aus dem Konzept bringen: »Man erkennt, dass der Umsatz während der ersten Aufwärtsbewegung deutlich zunimmt, was im Aufwärtstrend normal ist. Diesen Anstieg des Umsatzes beobachtet man auch bei der Ausbildung des zweiten Hochs bei 121 Euro, nur merklich geringer. Zwischen den beiden Tops kommt es zu einer Abwärtsbewegung auf 111 Euro, bei fallenden Volumina.«

Herr Hinrichs nickt anerkennend und blickt kurz auf seine Notizen: »Die M-Formation ist aber erst dann eindeutig charakterisiert bzw. vollendet, wenn bei steigenden Umsätzen die Signallinie durchbrochen wird[82, 83, 84]. Das ist ein Verkaufssignal, da angenommen werden muss, dass sich der langfristige Aufwärtstrend dreht und mit weiteren Kursverlusten zu rechnen ist. Den mindestens zu erwartenden Kursrückgang bestimmt man, indem man zunächst den Abstand zwischen Zwischentief (111 Euro) bzw. Signallinie und den beiden Tops (bei 121 und 122 Euro) ermittelt. Dieser Abstand wird vom Durchbruchspunkt aus nach unten projiziert (siehe Pfeil im Chart). Somit liegt das Kursziel der Inditex-Aktie bei 100 Euro (= Durchbruchspunkt - Abstand = 111 - 11 = 100 Euro). Was glaubt ihr, wie sieht das Pendant zum Doppeltop aus, der Doppelboden?«

Hans-Jürgen überlegt kurz und meldet sich: »Ist doch klar! Dreht man den Buchstaben M um, so erhält man ein W. Somit müsste man im Chart ein W erkennen.« Lachen breitet sich in der Klasse aus. Doch als ein neuer Chart an der Tafel erscheint, verstummt das Lachen. Freudestrahlend ruft Hans-Jürgen in die Klasse: »Seht, im Chart von MAN erkennt man ein W.«

---

[82] Oftmals beobachtet man, dass die Kurse in einer seitwärts gerichteten Konsolidierungsphase münden und anschließend eine Wiederaufnahme des originären Aufwärtstrends erfolgt, falls die Unterstützung nicht gebrochen wird.

[83] Nicht ungewöhnlich ist, dass es zu einer Rückkehrbewegung bis zum Durchbruchspunkt kommt, bevor der Abwärtstrend fortgesetzt wird.

[84] Die meisten Charttechniker verlangen einen Schlusskurs jenseits der Signallinie, damit die Formation vollendet ist. Daneben werden häufig auch Filter eingesetzt, um Fehlinterpretationen zu verhindern, beispielsweise die 1-Prozent-Regel. Sie besagt, dass der Schlusskurs mindestens 1 Prozent unterhalb der Signallinie liegen muss, damit die Formation als vollendet gilt. Daneben werden auch Zeitfilter wie z. B. die 2-Tage-Regel eingesetzt. Diese Regel besagt, dass die Schlusskurse mindestens an zwei aufeinanderfolgenden Tagen unterhalb der Signallinie liegen müssen, damit die Formation vollendet ist.

Abb. 91: Doppelboden (MAN-Aktienchart von 1996 bis 1997)
Quelle: Eigene Darstellung und vgl. Schulz o. J.

»Genau!«, sagt Herr Hinrichs und führt aus. »Ersetzt man das geschilderte Angstszenario bei der M-Formation durch eine entsprechend starke Gier, gelangt man zur W-Formation. Ein Beispiel dafür ist der Chart von MAN. Wie würdet ihr die **W-Formation** bzw. den **Doppelboden** (oder *bottom*) (eng. *double bottom*) beschreiben?«

Britta atmet tief durch und erinnert sich an die M-Formation. Dann sagt sie: »Der Doppelboden ist das Spiegelbild der Doppelspitze. Darum tritt er am Ende eines Abwärtstrends auf. Die W-Formation besteht aus zwei zeitlich voneinander getrennten Tiefpunkten. Die Formation wird vollendet, wenn die Signallinie bei hohen Umsätzen durchbrochen wird. Das Kursziel ergibt sich ebenso wie bei der Doppelspitze aus der Ausdehnung der Formation. Das heißt, man misst den Abstand zwischen den Tiefs und der Signallinie. Dieser Abstand wird vom Durchbruchspunkt aus nach oben projiziert. Der Abstand zwischen den Tiefs und der Signallinie beträgt ca. 2,75 Euro (= Signallinie – Tief = 20,75 Euro - 18 Euro). Folglich beträgt das Kursziel für die MAN-Aktie 23,5 Euro (= Durchbruchspunkt + Abstand = 20,75 Euro + 2,75 Euro).«

»Das hast du gut erklärt, Britta!«, lobt Herr Hinrichs. »Fassen wir das Wichtigste zusammen:«

> **Merke**
> 1. Die Doppelboden- bzw. -spitzeformation zeigt die Umkehr des langfristigen (primären) Trends an! Da die Umkehr eines Trends Zeit benötigt, dauert die Entwicklung dieser Formation wenigstens einen Monat. Die Doppelspitzeformation signalisiert einen beginnenden Abwärtstrend, während die Doppelbodenformation auf einen Aufwärtstrend hindeutet.
> 2. Die zwei Höchst- bzw. Tiefstkurse sollten ungefähr auf demselben Niveau liegen. Die Differenz zwischen den beiden Höchst- oder Tiefstkursen sollte nicht mehr als vier Prozent betragen.
> 3. Die Formation ist erst beendet, wenn der Kurs die Signallinie durchbricht! Bei der Doppelbodenformation bricht der Kurs von unten durch die Signallinie, während der Kurs bei der Doppelspitze die Signallinie von oben durchbricht.
> 4. Bei der Doppelspitze sollte das Handelsvolumen mit jedem Gipfel sukzessive abnehmen und mit dem Bruch der Signallinie signifikant zulegen. Umgekehrtes gilt beim Doppelboden, dort nimmt von Tal zu Tal das Handelsvolumen ab und mit dem Bruch der Signallinie wieder signifikant zu.
> 5. Der Durchbruch der Signallinie liefert bei der Doppelspitze ein Verkaufssignal, wohingegen es beim Doppelboden ein Kaufsignal liefert.

### 4.2.4 Untertassenformationen kündigen die Kurswende an

Nach der Pause kommen die Schüler wieder in den Klassenraum und entdecken folgenden Chart an der Tafel.

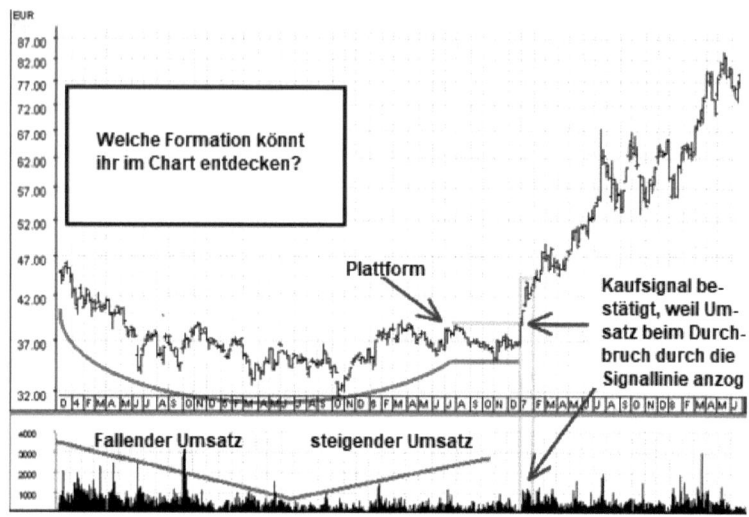

Abb. 92: Welche Formation ist das?
Deutsche Bank-Chart vom 1994 bis 1998 (Quelle: Eigene Darstellung und vgl. Bopp 2002b)

Sabine ruft spontan aus: »Das sieht ja aus wie eine Untertasse!« Allgemeines Gelächter erhebt sich, bis Herr Hinrichs das Wort ergreift: »Sabine, du hast recht! Diese Formation nennt man **Untertassenformation** (engl. *Cup & Handle*) oder runder Boden (engl. *rounding bottom*). Diese Formation entwickelt sich sehr langsam. Sie zeigt den allmählichen Wechsel des Deutsche-Bank-Aktienkurses von abwärts über seitwärts hin zu aufwärts an. Wie würdet ihr den Kursverlauf bei dieser Formation beschreiben?« Bei seinen Ausführungen fährt Herr Hinrichs mit dem Zeigestock die rote Linie im Chart nach. Und prompt kommt Sabine eine Idee: »Zunächst werden die Kursschwankungen bei fallenden Umsätzen immer geringer. Man könnte meinen, die Deutsche-Bank-Aktie schläft langsam ein. Bei geringen Umsätzen stagniert dann der Aktienkurs und unter allmählich wiederauflebender Kaufbereitschaft geht es wieder nach oben, bei steigenden Umsätzen.«

»Genau, Sabine, so entsteht der Hauptteil der Untertasse, die einer großen Kurve ähnelt«, ergänzt Herr Hinrichs. »Allerdings ist die Formation noch nicht vollendet. Es bedarf nämlich noch der

Ausbildung einer Plattform an der rechten Seite der Formation. Dabei besteht die Plattform aus zwei Linien. Die erste Linie verbindet die beiden Höchstkurse. Sie hat die Funktion der Signallinie. Die zweite wird unterhalb der Tiefstkurse parallel gezogen.«

Rolf unterbricht die Ausführungen von Herrn Hinrichs, weil ihm eine Frage unter den Nägeln brennt: »Wann soll man nun einsteigen? Der Deutsche-Bank-Aktienkurs kann ja ewig zwischen den beiden Linien schwanken.« »Ein Kaufsignal wird erst generiert, wenn die Aktie bei erhöhtem Umsatz die obere Linie, die Signallinie, durchbricht. Bei der Deutschen Bank dauerte die Ausbildung der Plattform ein halbes Jahr. Doch die Geduld des Charttechnikers zahlte sich aus, weil die Deutsche Bank nach dem Ausbruch um mehr als 100 Prozent zulegte«, erwidert Herr Hinrichs.

»Bei allen bis jetzt besprochenen Trendwendeformationen gab es eine Topfformation, die anzeigt, dass ein Auf- in einen Abwärtstrend mündet. Gibt es so etwas auch bei der Untertassenformation?«, fragt Sabine.

»Ja!« sagt Herr Hinrichs. »Sie heißt **umgekehrte Untertasse**. Sie wird genauso gebildet, wie die Untertassenformation, nur, wie der Name schon andeutet, umgekehrt. So ist es nicht verwunderlich, dass sich bei der Ausbildung der umgekehrten Untertasse ebenfalls das Umsatzverhalten verkehrt, wie der folgende Chart zeigt.«

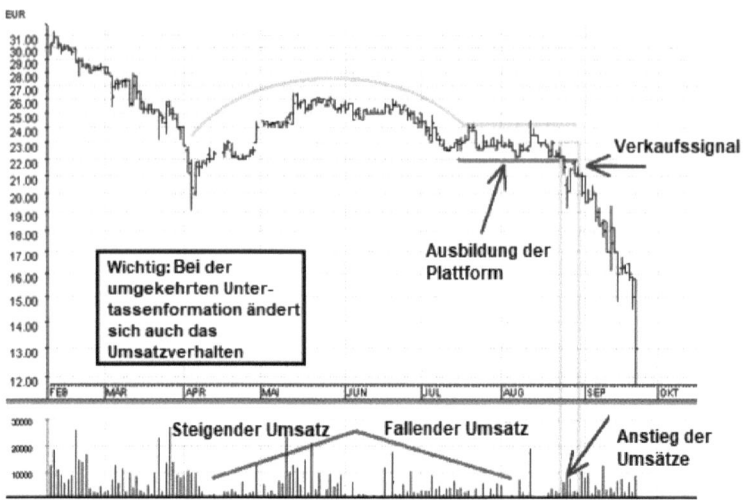

Abb. 93: Umgekehrte Untertassenformation (Condomi-Chart von Februar bis Oktober 2001)
Quelle: Eigene Darstellung und vgl. Bopp 2002b

Hans-Jürgen sieht sich die beiden Charts genauer an und stellt fest: »In beiden Fällen wird die Formation vollendet, wenn der Ausbruch durch die Signallinie mit einem Anstieg des Umsatzes bestätigt wurde.« »Richtig!«, sagt Herr Hinrichs und merkt an: »Viele Charttechniker verlangen sogar, dass die Umsätze beim Ausbruch deutlich anziehen. Ansonsten könnte es sich nämlich um eine Falle handeln. Dies bedeutet, dass der nachfolgende Kurs eine andere Kursrichtung einschlägt als die Untertassenformation eigentlich vorhersagt.«

### 4.2.5 V-Formationen – manches ist anders, als es zunächst erscheint

»Die V-Formation ist etwas besonderes!«, beginnt Herr Hinrichs. »Könnt ihr euch vorstellen, warum? Schaut mal auf den folgenden Nike-Chart.«

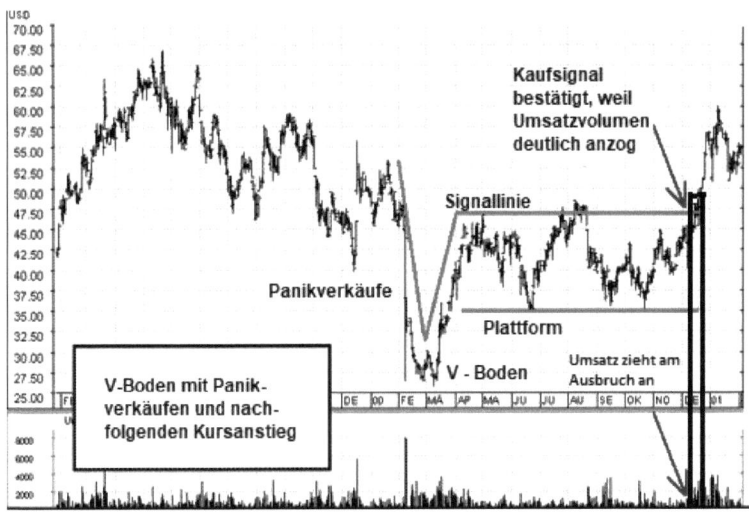

Abb. 94: V-Bodenformationen: Nike-Aktienchart von 2000
Quelle: Eigene Darstellung und Bopp 2002c

Ratlosigkeit breitet sich in der Klasse aus. Herr Hinrichs zeigt auf die Zeitachse des Charts. Jetzt dämmert es Rolf: »Alle bis jetzt behandelten Chartformationen waren Ausdruck einer zeitbeanspruchenden Trendwende, die sich über mehrere Wochen bzw. Monate hinstreckte. Im Allgemeinen läuft eine Trendwende so ab: Der bestehende Trend schwächt sich bis zu jenem Punkt ab, an dem Angebot und Nachfrage im Gleichgewicht sind, um dann im Wechsel gemäß des Kräfteverhältnisses von Angebot und Nachfrage in einen neuen Trend zu münden. Dagegen beobachtet man bei der **V-Formation** einen abrupten Trendwechsel, der ohne oder nur mit einer geringen Vorwarnung einsetzt.«

Petra runzelt die Stirn. »Wenn der Trendwechsel abrupt erfolgt, wie lassen sich die V-Formationen dann erkennen?« »Die V-Formation ist schwierig zu identifizieren und auch schwer für Käufe oder Verkäufe zu nutzen«, bestätigt Herr Hinrichs. »Sehen wir uns den Nike-Chart an: Hier seht ihr eine **V-Bodenformation**. In längeren Abschwüngen kann es zu einer Situation kommen, in der sich die Anleger um jeden Preis von ihren Aktien trennen wollen. Es kommt dann im Verlauf des Abschwungs noch einmal zu einem plötzlichen Kurseinbruch, dem *wash-out* (Auswaschen). Diesem Kursverfall folgt dann ein ebenso plötzlicher Kursanstieg, der in einer Seitwärtsphase mündet. Es bildet sich also, ähnlich wie bei der Untertassenformation, eine Plattform aus. Ebenso wie bei der Untertassenformation ergibt sich ein Kaufsignal, wenn der Aktienkurs die Signallinie bei deutlich steigenden Umsätzen durchbricht. Als die Nike-Aktie dieses Kaufsignal lieferte, stieg der Kurs zügig um mehr als 20 Prozent an.«

Petra und Rolf wechseln einen Blick. Dann fragt Rolf: »Gibt es ähnlich wie bei der Untertassenformation auch eine spiegelbildliche Darstellung? Sie müsste dann ja der Vorbote von dramatischen Kursverlusten sein.« Herr Hinrichs antwortet, indem er folgenden Chart an die Tafel wirft:

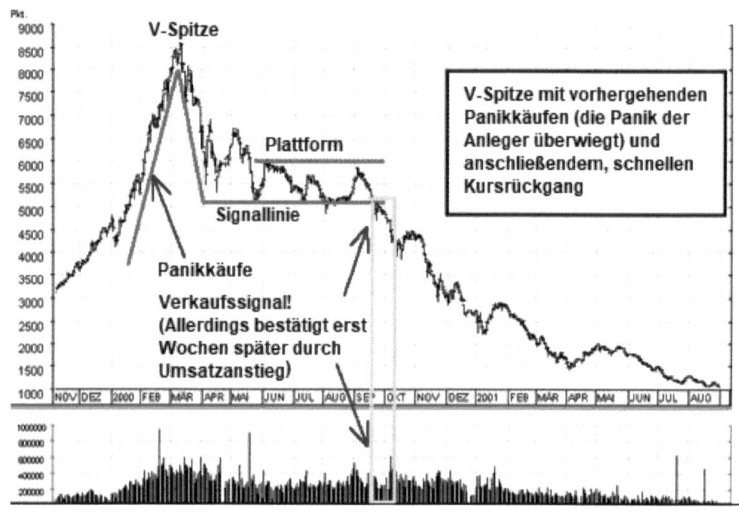

Abb. 95: Nemax-All-Share-Index von November 2000 bis August 2001

Quelle: Eigene Darstellung und vgl. Bopp 2002c

»Die **V-Spitze** kommt immer am Ende eines Aufwärtstrends vor. Sie ist ein Warnsignal, das vor massiven Verlusten schützt. Ähnlich wie beim V-Boden bildet sich eine Plattform heraus. Ein Verkaufssignal ergibt sich, wenn die Signallinie bei steigenden Umsätzen nach unten durchbrochen wird.«

Etwas konsterniert sagt Petra: »Na toll! Hätte ich beim Nemax-All-Share das Verkaufssignal abgewartet, hätte ich Verluste von fast 40 Prozent hinnehmen müssen.« Herr Hinrichs erwidert: »Petra, wärst du im Markt geblieben, hättest du noch wesentlich mehr verloren, wie der Chart zeigt. Diese Formation ist keine Vollkaskoversicherung vor Kursverlusten, sondern nur eine Teilkaskoversicherung, die einem vor einem wirklich großen Verlust schützt.«

### 4.2.6 Gaps verstehen – Kurslücken

Abb. 96: Bayer-Kerzenchart von Mai 2015 bis Mai 2016
Hinweis: Das Kästchen zeigt eine Lücke im Chart

Sabine ruft erstaunt in die Klasse: »Da ist eine große, sichtbare Lücke zwischen zwei Kursbalken im Chart, und zwar am 19. Mai 2016 zwischen 96 und 92 Euro. Als wenn der Kurs einen Sprung gemacht hätte. Wie kann das sein? Wir haben doch gelernt, dass jeder Balken alle Transaktionen während einer bestimmten Periode – hier Tag – erfasst!« Sabine schaut Herrn Hinrichs verwirrt an.

»Kurslücken[85, 86] – in der Sprache der Charttechniker auch *Gap* – sind Gebiete in einem Balken- oder Kerzenchart, in denen keine Handelsaktivität stattgefunden hat«, erklärt Herr Hinrichs. »Eine Aufwärtskurslücke tritt auf, wenn das Tief eines Tages höher ist als das Hoch des vorherigen Tages. Umgekehrt ist es bei einer Abwärtskurslücke: Dort liegt das Hoch eines Tages niedriger als das Tief des vorherigen Tages, wie der Bayer-Kerzenchart zeigt. Es gibt verschiedene Arten[87] von Gaps, die in unterschiedlichen Phasen eines Trends auftreten. Schauen wir uns dazu den nächsten Chart an.«

---

[85] Viele Trader vertreten die Ansicht, dass Gaps häufig durch Nachrichten ausgelöst werden, etwa über Gewinne oder andere Ereignisse ob wahr oder erfunden spielt keine Rolle. So erklären sie den Gap beim Bayer-Kerzenchart am 19.Mai 2016 damit, dass Bayer an diesem Tag die 62 Mrd. Euro schwere Übernahme von Monsanto bekannt gegeben hat. Diese Übernahme wurde von der Mehrheit der Trader äußerst negativ gesehen. Daher sind Gaps wertvolle Muster, weil man sofort erkennt, wie der Markt Unternehmensnachrichten interpretiert.

[86] Bei der Darstellung eines Kursverlaufs mit Balken- oder Kerzencharts kommt es immer wieder vor, dass Bewegungen so sprunghaft erfolgen, dass Lücken im Chart entstehen. Diese Lücken sind nur sichtbar in den Balken- oder Kerzencharts in den anderen Chart-Typen (s. S. 19 ff.) werden sie überdeckt, wegen deren Konstruktion.

[87] Eine unbedeutende Art von Gap, sind die gewöhnlichen Gaps (common gap). Sie entstehen aus keinem besonderen Grund aus dem Nichts. Common Gaps können bei Kursen mit Trend und ohne Trend auftreten. Wenn der Kurs einen Trend folgt, ändert sich durch die Gaps nichts. Wenn hingegen der Kurs keinen Trend folgt, stößt der gewöhnliche Gap keinen Trend an. Es ist also, so als wäre er Garnicht vorhanden gewesen! In der Regel tritt ein gewöhnlicher Gap auf, wenn die Liquidität (Handelsvolumen) niedrig ist, d. h. wenige Teilnehmer im Markt sind. Um es noch einmal deutlich zusagen, gewöhnliche Gaps haben keinerlei Aussagekraft!

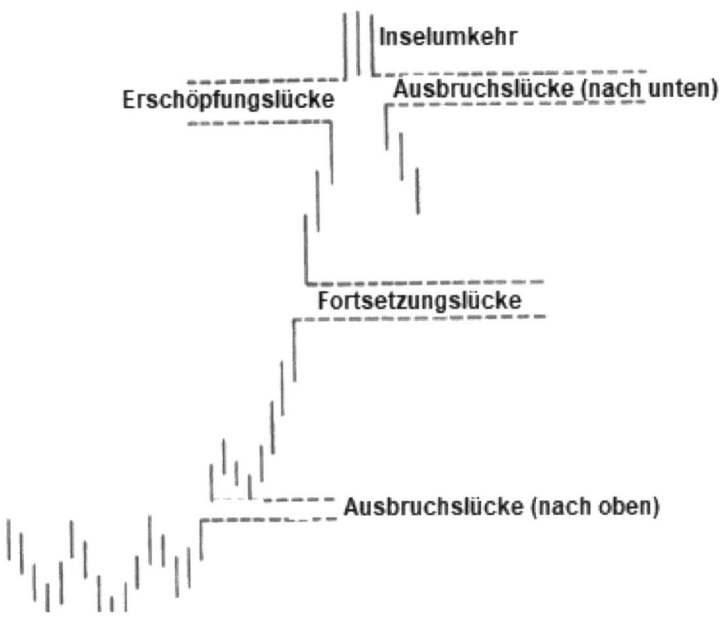

**Abb. 97:** Die *Gap*-Arten
Die Ausbruchslücke (nach oben) zeigt die Vollendung der Bodenbildung an. Es entsteht ein Aufwärtstrend. Die Fortsetzungslücke taucht nahe des Mittelpunkts der Bewegung auf. Eine obere Erschöpfungslücke, der nach kurzer Zeit eine Ausbruchslücke (nach unten) folgt, hinterlässt eine Inselumkehr. (Quelle: Eigene Darstellung und vgl. Murphy 2004, S. 107)

Britta fährt sich mit den Fingern durch das Haar, während sie nachdenkt. Plötzlich kommt ihr eine Idee: »Im Chart passiert zunächst nicht viel und dann auf einmal – peng! Folglich scheint die Ausbruchslücke Dinge anzustoßen.« »Sehr clever, Britta«, lobt Herr Hinrichs. »Die **Ausbruchslücke** (*Breakaway Gap*) zeigt sich in der Regel nach der Vollendung einer wichtigen Chartformation und signalisiert den Beginn einer signifikanten Marktbewegung, wie z. B. einen neuen Trend. So kann der Bruch einer wichtigen Trendlinie – die eine Trendumkehr anzeigt – ebenfalls mit einer Ausbruchslücke zusammenfallen. Normalerweise führen *Breakaway Gaps* zu einer größeren Veränderung im Aussehen des Charts, wie z. B. eine Verbreiterung der täglichen Handelsspanne, Anstieg der

Volatilität oder einem wesentlich höheren Handelsvolumen. Diese Änderungen treten auf, weil Ausbruchslücken viele neue Trader anziehen, die alles durcheinander würfeln. Ausbruchslücken werden in der Regel nicht wieder gefüllt.[88] Es gibt zwei Arten von Ausbruchslücken: Erstens die **Upside Breakaway Gap** (nach oben gerichtete Ausbruchslücke). Neue Käufer wollen die Aktie unbedingt besitzen und sind bereit, immer höhere Kurse dafür zu bezahlen. So ist es nicht verwunderlich, dass *Upside Breakaway Gaps* sich bei Marktkorrekturen innerhalb eines Aufwärtstrends als Unterstützungszonen erweisen. Zweitens die **Downside Breakaway Gap** (nach unten gerichtete Ausbruchslücke). Die Trader können die Aktien nicht schnell genug loswerden und akzeptieren deshalb immer niedrigere Kurse. Was stellt ihr euch unter einer Fortsetzungslücke vor?« Peter lehnt sich in seinen Stuhl zurück und wirft einen Blick in die Runde. Da sich keiner seiner Klassenkameraden meldet, sagt er leise: »Im Chart sieht es so aus, als würde der Aufwärtstrend bei der Fortsetzungslücke den Schwung beschleunigen!« Fast hätte Herr Hinrichs gelächelt, doch stattdessen neigt er den Kopf und nickt. »**Fortsetzungslücken** (*Runaway Gap*) treten in der Regel auf, wenn die Kursbewegung schon weiter fortgeschritten ist. Im Allgemeinen entstehen diese Lücken irgendwo in der Mitte der Bewegung[89] nach oben (bzw. nach unten). Der Unterschied zu einer *Breakaway Gap* ist: Eine *Runaway Gap* setzt einen bestehenden Trend fort, während eine Ausbruchslücke den Trend startet. Hat irgendjemand eine Idee, was eine Erschöpfungslücke sein könnte?«

---

[88] Die Lücke zu schließen (eng. *filling the gap*) bedeutet, dass die Kurse zu der Marke zurückkehren, die sie vor dem *Gap* hatten.

[89] Viele Trader nutzen die Fortsetzungslücke – weil sie üblicherweise ungefähr auf halben Weg innerhalb eines Trends auftritt – zur Abschätzung der verbleibenden Entwicklung. Dazu messen sie die Distanz vom ursprünglichen Trendsignal bis zur *Runaway Gap*, die der Trend bereits zurückgelegt hat. Durch einfache Verdoppelung der Distanz erhält man dann einen Fingerzeig, wohin die Reise gehen wird: Liegt das Trendsignal bei einem Abwärtstrend bei 100 Euro und die Fortsetzungslücke bei 80 Euro, so beträgt die Distanz 20 Euro. Die Verdoppelung beträgt 40 Euro. Jetzt subtrahiert man einfach von 100 Euro die 40 Euro und weiß, dass der Abwärtstrend bis in den Bereich von um die 60 Euro gehen könnte. Achtung: Bei einem Aufwärtstrend findet eine Addition auf den Kurs des Trendsignals statt.

Ohne lange zu überlegen, ruft Rolf in die Klasse »Aufhören! Die Erschöpfungslücke signalisiert, dass die Party vorbei ist, d. h. sie tritt am Ende eines Trends auf.« Herr Hinrichs nickt. »Tatsächlich treten **Erschöpfungslücken** (*Exhaustion Gaps*) nahe des Endes einer Marktbewegung auf. Charttechniker erwarten eine *Exhaustion Gap*[90] in der Regel erst, nachdem alle Kursziele erreicht wurden und die beiden anderen Typen von Lücken aufgetreten sind. Die Erschöpfungslücke symbolisiert z. B. in einem Aufwärtstrend das letzte Aufbäumen der Kurse. Allerdings verliert dieser Aufwärtsschub schnell an Kraft und die Kurse schwächen sich innerhalb weniger Tage bzw. Wochen wieder ab. Wenn die Kurse unter dieser Lücke schließen, ist dies bei einem Aufwärtstrend ein Indiz für eine Trendumkehr. Mitunter werden die Kurse nach der Ausbildung einer Erschöpfungslücke in einem Aufwärtstrend einige Tage (oder sogar Wochen) in einem engen Band seitwärts tendieren, bevor sie plötzlich mit einer Lücke nach unten rauschen. Im Chart hinterlässt eine solche Konstellation einzelne isolierte Kursbalken, die wie Inseln im Meer der Kursbalken aussehen.« Bevor Herr Hinrichs weitersprechen kann, ruft Britta in die Klasse: »Im Chart erkennt man, dass zwei Lücken eine **Inselumkehr** formen. Nach einer Kursrallye im Aufwärtstrend bildet sich zunächst eine Erschöpfungslücke aus, die von einer Ausbruchslücke nach unten gefolgt wird. Sie zeigt normalerweise einen Trendwechsel an!« »Britta, du hast mir die Worte aus dem Mund genommen«, sagt Herr Hinrichs etwas stolz.

### 4.2.7 Umkehrtage

»Der Vollständigkeit möchte ich noch kurz auf den **Umkehrtag**[91] eingehen«, sagt Herr Hinrichs zu seiner Klasse. »Für sich alleine hat

---

[90] Zudem werden Erschöpfungslücken anhand des Volumens von einem *Runaway Gap* unterschieden. Eine *Exhaustion Gap* hat normalerweise ein geringeres Volumen als eine Fortsetzungslücke. Viele Charttechniker vertreten auch die Ansicht, dass man das Durchhaltevermögen des Trends skeptisch beurteilen sollte, wenn man wilde neue Höchstkurse (oder Tiefstkurse) sieht, die nicht von einem entsprechend großen Volumen begleitet werden.

[91] Der Umkehrtag hat viele alternative Namen, wie z. B. *Top-Reversal-Day, Bottom-Reversal-Day, Buying* oder *Selling Climax*.

diese Chartformation keine größere Bedeutung, doch im Zusammenspiel mit anderen technischen Formationen kann sie manchmal recht nützlich sein. Seht euch dazu die folgende Abbildung an. Wie würdet ihr anhand dieser Abbildung den Umkehrtag definieren?«

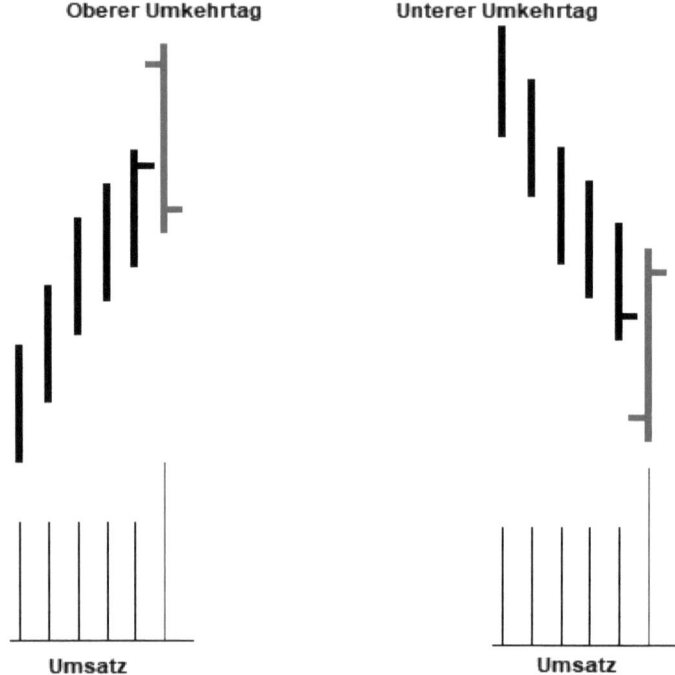

**Abb. 98:** Oberer und unterer Umkehrtag

Nach der allgemeinen Definition liegt der Schlusskurs unter dem des Vortages. Zusätzlich ist an den Umkehrtagen der Umsatz relativ hoch.

Britta richtet ihr Augenmerk auf die Abbildung und hat eine Eingebung. »Es scheint so, dass diese Formation aus einem einzigen Kursbalken besteht, der an der richtigen Stelle im Chart erscheinen muss. Nach einer längeren Aufwärtsbewegung – Aufwärtstrend – bildet der Kurs zunächst am **oberen Umkehrtag** ein neues Hoch aus, um dann plötzlich umzukippen und unter dem Schlusskurs des vorangegangenen Tages zu schließen. Das Umgekehrte gilt am Höhepunkt der Baisse bzw. im Abwärtstrend. Der Kurs bildet zunächst wieder am **unteren Umkehrtag** ein neues Tief aus, um dann zu drehen und über dem Schlusskurs des vorangegangenen Tages zu schließen. Somit signalisieren beide Umkehrtage, dass im Tagesverlauf ein wichtiges Ereignis eintrat, das die Börsenstimmung grundlegend verändert hat.«

»Sehr gut«, lobt Herr Hinrichs Britta und ergänzt: »Die Umkehrtage kommen entweder an einem Gipfel (Aufwärtstrend) oder Tal (Abwärtstrend) vor, d. h. zum Ende eines Trends. Je größer die Handelsspanne und je stärker die Umsätze an den Umkehrtagen sind, desto wahrscheinlicher ist es, dass ein kurzfristiger Trendwechsel stattfindet. Die meisten Charttechniker beobachten eher Umkehrwochen bzw. -monate, weil sie ein starkes Signal für einen Trendwechsel liefern. Was würdet ihr unter einer Umkehrwoche verstehen?« Ohne zu zögern, erklärt Rolf: »Bei einem Wochenchart schließt jeder Kursbalken die Handelsspanne einer kompletten Woche ein, wobei der Schlusskurs am jeweiligen Freitagabend und der Eröffnungskurs am jeweiligen Montagmorgen gebildet werden. Die untere Wochenumkehr entsteht, wenn der Markt während der Woche niedriger notiert und ein neues Tief markiert, jedoch am Freitag oberhalb des vorangegangenen Freitag-Schlusskurses schließt.« »Richtig!«, sagt Herr Hinrichs. »Es gilt: Eine Wochenumkehr ist bedeutender als eine Tagesumkehr. Eine Monatsumkehr ist wiederum bedeutender als eine Wochenumkehr.« Bevor Herr Hinrichs weitersprechen kann, hebt Petra den Arm und fragt: »Sind die Umkehrtage nur im Balkenchart zu sehen?« »Ja und nein«, antwortet Herr Hinrichs. »Man sieht sie im Balkenchart am deutlichsten. Bei anderen Charttypen werden sie häufig übersehen.«

Als Herr Hinrichs die Unterrichtsstunde beenden will, hebt Britta ihren Arm. »Ja, Britta?« »Ich habe vor kurzem einen Artikel in der Zeitschrift *Börse-Online* über Chartformationen gelesen. Dort tauchten Formationen wie Doji, Hammer, *Hanging Man* auf. Was ist das?« »Das sind wichtige *Candlestick*-Chartmuster«, antwortet Herr Hinrichs. Weiter kommt er nicht, weil Rolf ihn unterbricht und etwas altklug bemerkt: »Man sollte wissen, was die Kerzen sagen, um mit den anderen Akteuren am Finanzmarkt Schritt halten zu können.« Herr Hinrichs seufzt. »Eigentlich, wollte ich diese Muster übergehen, aber ich sehe ein, dass ein kurzer Überblick sinnvoll ist.«

## 4.3 Kerzen, die jeder Trader kennen sollte – die wichtigsten *Candlestick*-Chartmuster

»Der Trader Steve Nison machte 1990 die *Candlesticks* populär. Um *Candlesticks*-Formationen zu verstehen, muss man ihren Aufbau kennen. Wer möchte uns auf die Sprünge helfen?« Herrn Hinrichs Blick streift über seine Schüler und bleibt bei Britta hängen. »Klar, dass er mich jetzt auf dem Kieker hat«, denkt diese. »Nun, Britta?«, fordert Herr Hinrichs auf. Fieberhaft blättert Britta ihre Unterlagen durch und studiert die Ausführungen zu Kerzencharts (s. S. 43 ff.) nochmals.

»Puh«, sagt sie. »Ich glaube, es ist am besten, wenn ich die Kerze zunächst an die Tafel zeichne und dann erkläre.«

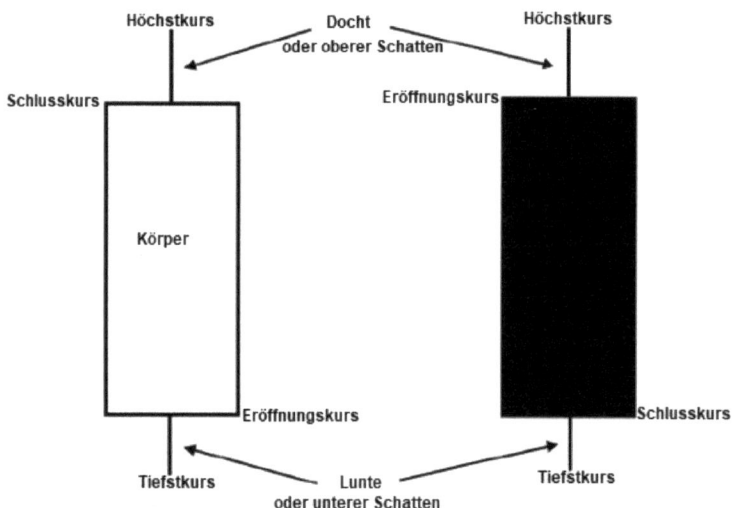

Abb. 99: Kerze (Candle)

»Im Hinterkopf muss man haben, dass eine Kerze immer eine Zeiteinheit umfasst, also z. B. einen Handelstag.[92] Die Darstellungsform einer Kerze legt das Augenmerk auf den Eröffnungs- und Schlusskurs. Dabei markieren Eröffnungs- und Schlusskurs den oberen und unteren Rand des Kastens. Der Kasten wird auch als **Körper** bezeichnet. Der Körper umfasst die Handelsspanne zwischen Eröffnungs- und Schlusskurs. Die Farbe des Körpers zeigt das Ergebnis des täglichen Kampfes zwischen den Bullen und Bären an. Ein weißer oder grüner Körper zeigt an, dass der Schlusskurs höher ist als der Eröffnungskurs, d. h. die Bullen haben obsiegt. Je länger der Körper ist, umso positiver ist die Stimmung am Markt. Dies gilt besonders, wenn der Schlusskurs weit über dem Eröffnungskurs liegt, da aggressiv gekauft wurde. Dagegen zeigt ein schwarzer oder roter Körper an, dass die Bären die tägliche Schlacht zwischen den Bullen und den Bären gewonnen haben, weil der Schlusskurs niedriger ist als der Eröffnungskurs. Je länger der Körper ist, umso schlechter ist die Marktstimmung, weil mehr Verkäufer als Käufer am Markt tätig waren. Wichtig bei der Ermittlung der Farbe des Körpers ist, dass sie sich stets auf die Zeiteinheit der Kerze, d. h. auf den Eröffnungs- und Schlusskurs innerhalb dieser Periode, aber nicht auf den Schlusskurs des Vortages bezieht.«

Wie aus dem Nichts schießt Sabines Hand in die Luft: »Was meinst du damit?« Kurz überlegt Britta, dann sagt sie: »Das heißt: Ob der Schlusskurs von heute höher oder tiefer liegt als der von gestern hat keinen Einfluss auf die Farbe der Kerze. Die dünne, vertikale Linie am oberen Rand heißt **oberer Schatten** oder **Docht** und zeigt den Höchstkurs an. Folgerichtig heißt die vertikale Linie am unteren Rand **unterer Schatten** oder **Lunte** und zeigt den Tiefstkurs an.«

»Aber was sagen uns die einzelnen Kerzen jetzt über die Zukunft?«, fragt Peter. »Um diese Frage zu beantworten, muss ich etwas weiter ausholen«, erwidert Herr Hinrichs und fährt fort. »Entscheidend bei der Analyse mit *Candlesticks* ist, wo die Chartmuster

---

[92] Aber auch, wenn man die Zeiteinheit des Charts anders wählt, sodass eine Zeiteinheit eine Woche, einen Monat oder gar nur 5 oder 10 Minuten umfasst, bleibt es dabei: **eine Zeiteinheit = eine Kerze.**

im Trendverlauf vorkommen. So machen bullische Umkehrformationen im Aufwärtstrend ebenso wenig Sinn wie bärische Umkehrformationen im Abwärtstrend. Aufgrund dessen muss man den bestehenden Trend[93] ermitteln, bevor man mit der eigentlichen Analyse der Kerzenmuster beginnen kann. Das ist kein zusätzlicher Aufwand, weil die Trendbestimmung ohnehin einer der ersten Analyseschritte bei der Chartanalyse ist. Es gibt weit über 70 unterschiedliche *Candlestick*-Formationen. Wir sehen uns an dieser Stelle nur die wichtigsten und am häufigsten genutzten an. Eine *Candlestick*-Formation kann aus einer einzelnen Kerze oder einer Kombination aus mehreren, normalerweise aber nicht mehr als fünf Kerzen bestehen. Die meisten *Candlestick*-Formationen deuten den **Stillstand eines Trends** oder eine **Trendumkehr** an. Dagegen sind Kerzenmuster, die auf die Fortsetzung eines Trends hindeuten, relativ selten. Ich glaube, wir fangen mit den einfachsten *Candlestick*-Formationen an, die nur aus einer einzelnen Kerze bestehen. So gibt es Kerzen ohne oder nur mit einem kaum sichtbaren Kerzenkörper. Was könnte das bedeuten?«

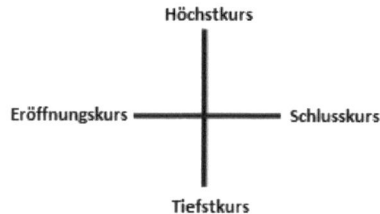

Abb. 100:    Doji
Eine *Candlestick*-Formation, die nur aus einer Kerze besteht.

Peter sieht nachdenklich zur Tafel »Das bedeutet ...«, setzt er an. »Das bedeutet, dass der Eröffnungs- und Schlusskurs nahe beieinanderliegen bzw. gleich sind. Daraus schließe ich, dass das Kräfteverhältnis zwischen den Bullen und Bären in etwa gleich groß war. Das bedeutet, dass bei einem bestehenden Trend die Kraft des

---

[93] Genauer gesagt muss man die Trendrichtung vor der Ausbildung der *Candlestick*-Formation bestimmen.

Trends erlahmt.« »Genau«, sagt Herr Hinrichs und ergänzt: »Deshalb findet man **Doji** auch häufig an Widerstands- und Unterstützungszonen sowie in Konsolidierungsformationen. Der Doji hat noch drei Brüder. Wie unterscheiden sie sich?«

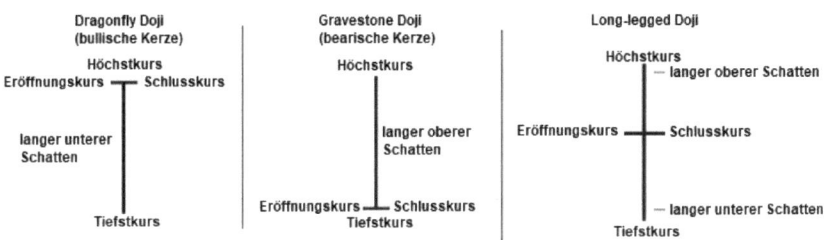

Abb. 101:    Die drei Brüder des Doji

»Verdammt«, denkt Sabine, »mir liegt die Lösung quasi auf der Zunge.« Sie schaut immer wieder zur Tafel und auf ihre Notizen, bis sich auf einmal die Lösung vor ihrem inneren Auge abzeichnet. »Aus einem *Long legged Doji* erkennt man, dass der obere und untere Schatten besonders ausgeprägt sind. Das bedeutet, dass der Höchst- und Tiefstkurs weit vom Eröffnungs- und Schlusskurs entfernt liegen. Mir scheint es, als hätten heftige Käufe und Verkäufe zu diesem Doji geführt. Das heißt: Beide Seiten, sowohl Käufer als auch Verkäufer, waren sehr aktiv. Deshalb vermute ich, dass dieser Doji zeitnah einen Trendimpuls auslöst, dass sich also eine Seite durchsetzt.«

Abb. 102:    DAX-Tageschart mit Doji und *Long legged Doji*

207

»Ich hatte recht!«, frohlockt Sabine. »Richtig, Sabine. Bleiben noch die anderen beiden Doji«, entgegnet Herr Hinrichs.

Peter raunt Petra zu. »Für jemanden, der in den Code aus Zahlen und Buchstaben nicht eingeweiht ist, könnten das auch Hieroglyphen sein.« »Ganz so schlimm ist das nicht!«, flüstert Petra ihm zu. »Beim *Dragonfly Doji* ebenso wie beim *Gravestone Doji* liegen der Eröffnungs- und Schlusskurs nahe oder sogar unmittelbar an dem Höchst- bzw. Tiefstkurs der Handelsspanne. Der Unterschied ist, dass der *Dragonfly Doji* einen langen unteren Schatten hat, während der *Gravestone Doji* einen langen oberen Schatten hat. Beim *Dragonfly Doji* versuchten die Verkäufer, den Kurs zu drücken. Sie schafften es zwar, einen Tiefstkurs zu erreichen, aber nicht, den Schlusskurs auf diese Marke zu drücken. Das erkennt man daran, dass der Schlusskurs wieder beim bzw. fast beim Eröffnungskurs liegt. Es müssen also vor Handelsende Käufer auf den Markt gekommen sein und so ausreichend gekauft haben, dass der Schlusskurs beim oder fast beim Eröffnungs- und Höchstkurs lag.« Petra merkt gar nicht, dass ihre Stimme immer lauter wird, sodass ihre Klassenkameraden alles mit anhören können. Herr Hinrichs nickt jedoch zustimmend und fragt: »Was sagt das aber nun aus?« Nun weiß Petra nicht mehr weiter. Herr Hinrichs erklärt deshalb: »Die Interpretation der *Dragonfly Doji* hängt von den vorangegangenen *Candlesticks* ab, d. h. dem Trend.«

Petra überlegt kurz, bevor sie antwortet: »In einem Abwärtstrend könnte ein *Dragonfly* Doji neue Käufer anzeigen. Dies könnte das Ende des Abwärtstrends einläuten. Erscheint dagegen der Dragonfly Doji nach einer Reihe von Aufwärtskerzen, bedeutet dies, dass die Käufer es nicht geschafft haben, den Kurs über den Eröffnungskurs zu einem neuen Höchstkurs zu treiben, wohingegen die Verkäufer einen Tiefstkurs erreicht haben. Deswegen könnte der Aufwärtstrend gefährdet sein.«

»Somit haben wir zwei von drei Doji abgehakt«, sagt Herr Hinrichs. »Was ist mit dem dritten?« Sabine sagt zögerlich: »Beim *Gravestone Doji* haben die Käufer einen Pyrrhussieg errungen. Obwohl sie es geschafft haben, den Kurs auf einen Höchstkurs über den Eröffnungskurs zu treiben, haben die Verkäufer sich am Ende des Tages erfolgreich gewehrt. Deshalb liegen Schlusskurs, Eröffnungskurs und Tiefstkurs auf einem ähnlichen Niveau. Ebenso wie beim *Dragonfly Doji* hängt die eigentliche Interpretation von den vorangegangenen Kerzen ab. Erscheint ein *Gravestone Doji* nach einer Reihe von Aufwärtstrendkerzen, also im Aufwärtstrend, so haben es die Käufer nicht geschafft, den Schlusskurs beim Höchstkurs zu halten, d. h. die Verkäufer dominieren. Folglich besteht die Gefahr, dass der Aufwärtstrend endet. Dagegen deutet ein *Gravestone Doji* in einem Abwärtstrend an, dass neue Käufer in den Markt getreten sind. Deshalb ist das Ende des Abwärtstrends nicht mehr weit.«

»Neben Dojis gibt es noch weitere wichtige Kerzenformationen, die aus einer Kerze bestehen. Schauen wir uns diese mal an«, sagt Herr Hinrichs.

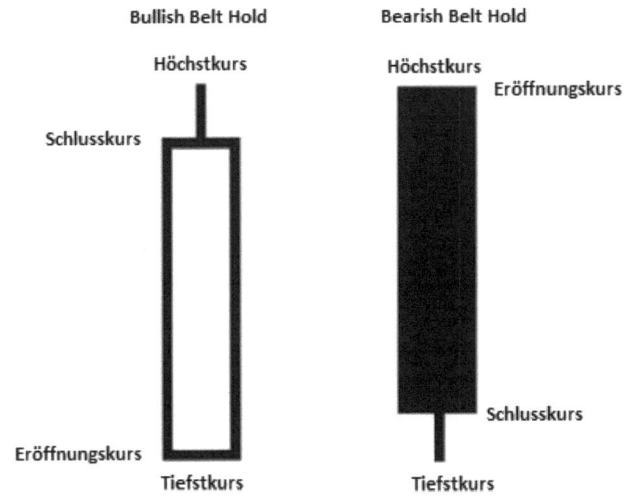

Abb. 103: *Bullish* und *Bearish Belt Hold*

»Wie ihr aus der Abbildung erkennt, besteht ein *Belt Hold* aus einer weißen oder schwarzen Kerze. Ein **Bullish Belt Hold** zeichnet sich dadurch aus, dass der Kurs sehr tief eröffnet, worauf eine starke Rallye startet und der Kurs sehr hoch mit einer weißen Candle schließt. Umgekehrtes erfolgt beim **Bearish Belt Hold**. Hier erfolgt die Eröffnung sehr hoch und der Schlusskurs liegt sehr tief. Deswegen ist die Kerze schwarz. Voraussetzung für einen *Bullish Belt Hold* ist ein vorausgehender Abwärtstrend, während beim *Bearish Belt Hold* ein Aufwärtstrend vorausgeht. Was glaubt ihr, was sagen diese beiden Formationen aus?«

Peter sagt ins Blaue hinein: »Einen Trendwechsel vielleicht?«

»Richtig getippt, Peter. Dies ist eine Trendumkehrformation«, bestätigt Herr Hinrichs. »Dabei ist die Größe der Kerze von entscheidender Bedeutung. Je größer die Kerze, desto größer ist die Wahrscheinlichkeit für eine Trendumkehr.«

Herr Hinrichs ordnet seine Blätter. »Oh«, sagt er. »Da habe ich ja fast eine wichtige Umkehrformation aus einer Kerze vergessen, nämlich Hammer und *Hanging Man*.«

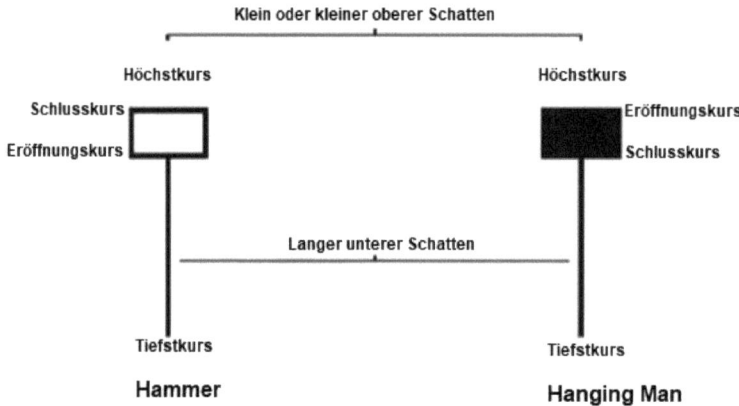

Abb. 104:     Hammer und Hanging Man

»Die *Hanging-Man*-Formation sieht aus wie ein Gehenkter«, ruft Rolf in die Klasse, und der Schalk funkelt in seinen Augen. Ohne mit der Wimper zu zucken, erwidert Herr Hinrichs: »In der Tat leitet sich der Name dieser Formation von dieser Assoziation ab, während die Hammer-Formation eine gewisse Ähnlichkeit mit einem Hammer hat. Wodurch zeichnen sich diese Formationen aus?«

Sabine klappt ihr Notizbuch auf und studiert kurz die Beschreibungen der vorherigen *Candlestick*-Formationen. Dann sagt sie: »Zunächst fällt auf, dass beide *Candlestick*-Formationen einen kleinen Körper und einen langen unteren Schatten haben und keinen bzw. nur einen sehr kleinen oberen Schatten. Der untere Schatten ist mindestens doppelt so lang wie der Kerzenkörper. Die Farbe des Körpers ...« Sabine weiß nicht mehr weiter. Herr Hinrichs nickt ihr aufmunternd zu und fährt fort: »Das Besondere bei diesen Formationen ist: Der Körper kann sowohl weiß als auch schwarz sein[94]. Ob es sich um einen **Hammer** oder *Hanging Man* handelt, erkennt man aus ihrer Position in Bezug zu den vorangegangenen *Candlesticks*. Der Hammer kommt nur innerhalb eines Abwärtstrends vor, während der *Hanging Man* nur im Aufwärtstrend vorkommt. Beide Formationen läuten das Ende des Trends ein!«

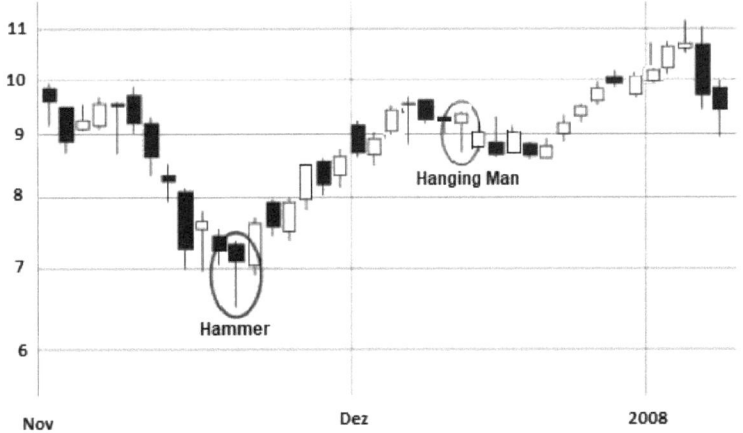

Abb. 105: Axtrion-Chart: Hammer und *Hanging Man*

»Um das Wesen des Hammers zu verstehen, muss man sich Folgendes vor Augen führen: Nach einer hohen Eröffnung fällt der Kurs deutlich. Allerdings kann er sich im Handelsverlauf wieder kräftig erholen, um in der Nähe des Eröffnungskurses bzw. im günstigen Fall mit einer weißen Kerze über diesem zu schließen. Dies sagt uns, dass der Verkaufsdruck im Abwärtstrend deutlich nachlässt. Darum gilt der Hammer im Abwärtstrend als bullisches

---

[94] Häufig hat der Hammer jedoch einen weißen Körper, während der *Hanging Man* einen schwarzen hat.

Signal für eine mögliche untere Trendwende. Wie wir schon bei den Trendbestätigungsformationen gesehen haben, muss der Hammer bestätigt werden. Er wird bestätigt, wenn die Eröffnung am nächsten Tag auf einem höheren Kursniveau stattfindet und eine weiße Kerze ausgebildet wird. Mit anderen Worten: Der Kurs fängt an zu klettern. Beim *Hanging Man* kehren sich die Verhältnisse um. Der Kurs klettert im Aufwärtstrend zwar noch ein wenig, doch im Handelsverlauf kann das hohe Kursniveau nicht gehalten werden, weil die Anschlusskäufer ausbleiben. Die Folge ist, dass der Kurs zwischenzeitlich deutlich nachgibt und mit Mühe nahe des Eröffnungskurses bzw. mit einer schwarzen Kerze darunter abschließt. Die Bestätigung des *Hanging Man* erfolgt mit der nächsten Kerze, wenn Eröffnungs- und Schlusskurs unterhalb des Kerzenkörpers des *Hanging Man* liegen. Im Allgemeinen gilt noch, dass die Signale sowohl von *Hanging Man* als auch von Hammer umso signifikanter sind, je länger der untere Schatten ist. Außerdem spielt die Zeitebene eine wichtige Rolle. Es gilt: Ein Hammer im Wochenchart liefert ein nachhaltigeres Signal als ein Hammer im Tageschart.«

Herr Hinrichs eilt nun weiter – er will das Thema abschließen – und zeigt einen neuen Chart: Die Formation *Bullish* und *Bearish Engulfing Pattern*.

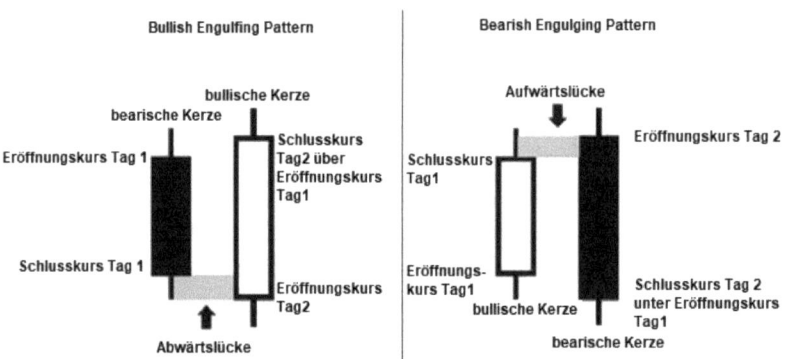

Abb. 106: *Bullish* und *Bearish Engulfing Pattern*

»Ein *Engulfing Pattern* ist also eine Formation, die sich aus zwei Kerzen zusammensetzt«, murmelt Britta. »Wenn beim Hammer der

Name etwas über die Bedeutung dieser Formation preisgibt, so vielleicht auch hier. Der Namensbestandteil to engulf besagt zu Deutsch ›etwas verhüllen‹ oder ›verschwinden lassen‹, d. h. ein *Engulfing Pattern* verhüllt eine oder mehrere vorausgehende Kerzen. Was nutzt das?« Sie stockt, als sie merkt, dass sie die anderen anstarren. »Entschuldigt, ich habe laut gedacht und mich dabei verzettelt.«

»Ganz und gar nicht«, erwidert Herr Hinrichs. »Du warst schon auf dem richtigen Weg. Ein *Bullish Engulfing Pattern* tritt eigentlich nur in einem Abwärtstrend auf. Dabei wird, wie ihr aus der Abbildung entnehmen könnt, eine lange weiße Kerze nach einer schwarzen Kerze gebildet. Diese lange weiße Kerze umschließt bzw. verhüllt den schwarzen Kerzenkörper der vorangegangenen Kerze vollständig. Der untere Schatten des kleineren, schwarzen Kerzenkörpers muss nicht zwingend verhüllt sein[95]. Wie beim Hammer lässt der Verkaufsdruck im Abwärtstrend nach und die Bullen gewinnen langsam wieder die Oberhand. Der Abwärtstrend endet. Schauen wir uns das doch noch einmal genauer an.«

Abb. 107: WYNN-Resorts-Tageschart mit *Bullish Engulfing Pattern*

---

[95] Natürlich können auch mehrere vorausgehende Kerzen umschlossen werden. Dann ist die Signifikanz des Signals sogar noch stärker.

»Wie würdet ihr das Spiegelbild des *Bullish Engulfing Pattern*, das *Bearish Engulfing Pattern*, beschreiben?«

Rolf massiert sich mit den Fingerspitzen die Schläfen und denkt nach. Dann nimmt er seinen Block zur Hand und skizziert seine Idee, bevor er antwortet: »Das **Bearish Engulfing Pattern** ist das Gegenstück zum *Bullish Engulfing Pattern*, folglich tritt es am Ende eines Aufwärtstrends auf. Die Farben sind dabei lediglich vertauscht: Jetzt bildet sich nach einer weißen Kerze eine lange schwarze Kerze, die mit ihrem Körper den Kerzenkörper der vorhergehenden weißen Kerze vollständig umschließt. Das bedeutet, dass im Aufwärtstrend die optimistischen Bullen ihre Kauflust verlieren, die Bären die Oberhand gewinnen und der Verkaufsdruck sich verstärkt. Damit ist der Aufwärtstrend zu Ende.«

»Richtig«, sagt Herr Hinrichs. »Und was passiert, wenn ihr das *Engulfing Pattern* an der Vertikalen spiegelt?« Sabine greift zu ihrem kleinen Schminkspiegel und legt ihn vertikal an das *Engulfing Pattern*. »Aha, so sieht das also aus«, sagt sie und geht zur Tafel, um folgende Abbildung zu zeichnen.

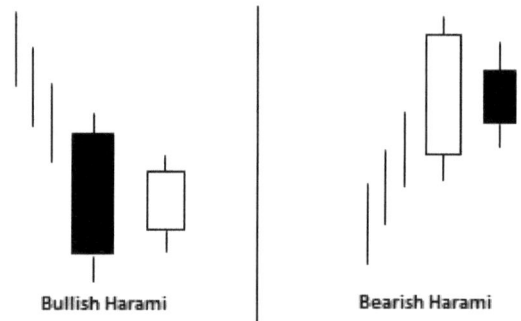

Abb. 108:   *Harami Pattern*

Bevor Sabine etwas sagen kann, ruft Hans-Jürgen spontan: »Die Formation sieht aus wie eine schwangere Frau.« In der Klasse erhebt sich Gelächter. Sabine entgegnet spöttisch: »Na klar! Die schwarze Kerze ist schwanger!« »Seht doch!«, sagt Hans-Jürgen etwas genervt. »Das Kind, die kleinere Kerze, befindet sich im Bauch der Mutter, der längeren Kerze. Um das zu erkennen, braucht man nur etwas Fantasie.«

»Hans-Jürgen hat nicht ganz unrecht«, greift Herr Hinrichs ein. »Der Name der Formation, Harami, leitet sich vom japanischen Wort für schwangere Frau ab. Deshalb darf Hans-Jürgen uns die Formation nun auch erklären – ich helfe auch mit einer neuen Abbildung!«

Hans-Jürgen schaut verblüfft auf. »Hmm, der Unterschied zur *Engulfing Pattern* ist, dass jetzt die Längen der Kerzenkörper vertauscht sind.«

Abb. 109:   Progressive-Corp.-Tageschart mit *Bullish Harami*

Hans-Jürgen schaut abwechselnd auf den Chart und die Harami-Abbildung, bis er etwas erkennt: »Im **Bullish Harami** ist der Körper der ersten Kerze schwarz und der der zweiten Kerze weiß. Der erste Kerzenkörper umschließt den zweiten Körper vollständig. Ähnlich wie beim *Engulfing Pattern* ist es nicht so wichtig, ob der Schatten des kleinen Kerzenkörpers umschlossen wird. Der Eröffnungskurs der kleineren weißen Kerzen ist höher als der Schlusskurs der langen schwarzen Kerze.«

»Sehr gut, Hans-Jürgen«, sagt Herr Hinrichs. »Bis auf ein kleines Detail. Der *Bullish Harami* kommt nur in einem Abwärtstrend vor und läutet dessen Ende ein.« »Dieses Detail ist mir tatsächlich entgangen«, räumt Hans-Jürgen unwillig ein. Er ärgert sich nur kurz, weil es im gleichen Moment Klick macht: »Das bedeutet dann auch, dass eine bullische weiße Kerze gefolgt von einer kleineren schwarzen Kerze in einem Aufwärtstrend den **Bearish Harami** ergibt. Die große Kerze muss wiederum die kleine Kerze vollständig umschließen. Die Eröffnung der zweiten kleineren, schwarzen Kerze erfolgt unter dem Schlusskurs der großen weißen Kerze. Tritt der Bearish Harami in einem Aufwärtstrend auf, so steht das Ende bevor.«

»Genau«, sagt Herr Hinrichs »Ähnlich wie beim *Engulfing Pattern* hängt die Signifikanz des Signals vom Größenverhältnis der beiden Kerzen zueinander ab. Die Signalwirkung ist umso stärker, je kleiner der kleine Kerzenkörper ausfällt.[96] Es gibt noch eine Abwandlung vom *Engulfing Pattern*: Das *Piercing Pattern* und das *Dark Cloud Cover*. Seht euch die Abbildung an der Tafel an und versucht, diese Formationen zu erklären.«

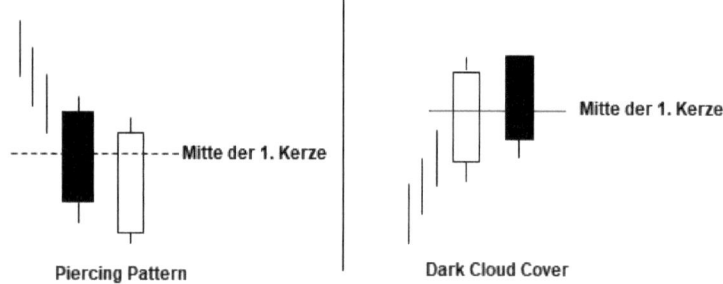

**Abb. 110:** *Piercing Pattern* und *Dark Cloud Cover*

Peter legt los: »Das *Piercing Pattern* hat eine gewisse Ähnlichkeit mit dem *Bullish Engulfing Pattern*. Es besteht ebenso aus zwei Kerzen und kommt nur im Abwärtstrend vor. Der Unterschied zum *Bullish Engulfing Pattern* ist, dass die zweite, weiße Kerze die vorhergehende schwarze Kerze nicht vollständig umschließen muss. Wenn ich die Abbildung richtig deute, so muss die weiße Kerze

---

[96] Tritt die zweite, kleinere Kerze in Form eines *Doji* auf, so spricht man von einem *Harami Cross*. Er hat eine hohe Aussagekraft.

mindestens 50 Prozent des Vortagesverlustes wettmachen.« »Richtig!«, unterbricht Herr Hinrichs. »Diese 50 Prozent sind in der Abbildung als Mitte der 1. Kerze dargestellt.« »Das bedeutet, dass die zweite Kerze der *Piercing Pattern*-Formation den Kerzenkörper vom Vortag mindestens zur Hälfte abdecken muss«, setzt Peter seine Gedanken fort. »Je mehr die zweite Kerze abdeckt, desto stärker ist das Signal. Schließt die weiße Kerze sogar oberhalb des Hochs der vorhergehenden Kerze, handelt es sich um ein *Bullish Engulfing Pattern*.«

»Mit anderen Worten sagt die Formation uns, dass die Bullen den Verkaufsdruck vollständig absorbieren und sogar Kaufdruck aufbauen können. Dies führt letztlich dazu, dass der Abwärtstrend endet. Ein Trendwechsel steht bevor!«, wirft Sabine ein.

»Richtig! Und nun schauen wir uns das Pendant zum *Piercing Pattern*, das *Dark Cloud Cover*, genauer an.«

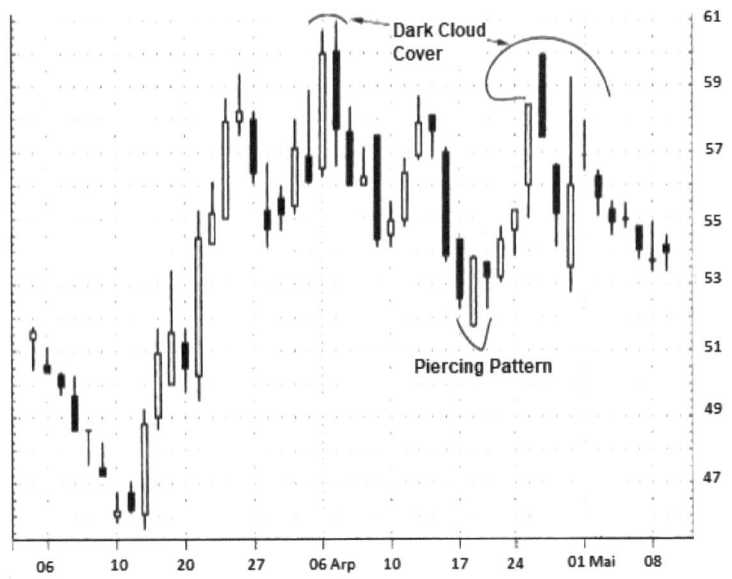

Abb. 111: American-General-Tageschart mit *Piercing Pattern* und *Dark Cloud Cover*

Sabine fasst zusammen: »Das **Dark Cloud Cover** beschreibt die Umkehr eines Aufwärtstrends. Die erste weiße Kerze, also die lange, läuft in Richtung des Aufwärtstrends. Danach entsteht eine kleinere schwarze Kerze, welche unterhalb einer gedachten 50-Prozent-Linie bzw. der Mitte der ersten weißen Kerze schließt, d. h. die Kurse fallen und mindestens 50 Prozent der Vortagesgewinne werden wieder zunichtegemacht. Das bedeutet: Es fehlen die Anschlusskäufer, das Blatt wendet sich zugunsten der Bären, der Aufwärtstrend kommt zum Erliegen.«

Herr Hinrichs nickt Sabine zu und ergänzt: »Je weiter der Schlusskurs der kleineren schwarzen Kerze in den unteren Bereich der langen weißen Kerze hineinragt, desto aussagekräftiger ist das Signal. Sowohl beim *Dark Cloud Cover* als auch beim *Piercing Pattern* solltet ihr stets auf eine Bestätigung des Signals durch eine andere Trendumkehrformation warten, bevor ihr das Signal handelt. Hierdurch erhöht sich die Zuverlässigkeit des Signals merklich und ihr mindert die Gefahr, doch auf dem falschen Fuß erwischt zu werden.«

Während Herr Hinrichs spricht, kommt er unglücklich mit seinem Zeigefinger auf die Tastatur seines Computers. Der American-General-Chart verschwindet und eine andere Abbildung erscheint auf der Tafel. »Oh, das war nun keine Absicht«, sagt Herr Hinrichs, während sich die Schüler das Lachen verkneifen müssen. »Nun ja: Hier seht ihr jetzt also die bekanntesten Muster mit drei Kerzen. Sie weisen auf einen langfristigen Trendwechsel hin. Der *Morning Star* leitet die Umkehr eines Abwärtstrends ein, während der *Evening Star* die Umkehr eines Aufwärtstrends einläutet. Wie würdet ihr die Formationen beschreiben?«

**Abb. 112:** *Evening Star* und *Morning Star*

»Der Abendstern ...«, sagt Rolf träumerisch, fährt dann aber sogleich fort: »Der *Evening Star* bildet sich am Ende eines Aufwärtstrends heraus. Der Kerzenkörper der ersten Kerze ist weiß, da wir uns immer noch im Aufwärtstrend befinden. Zur Eröffnung des folgenden Handelstages zeigt sich oberhalb dieses Körpers eine Kurslücke. Die Handelsaktivität an diesem zweiten Tag ist etwas eingeschränkt. Sie ist geprägt von Unsicherheit. Deshalb liegt der Schlusskurs in der Nähe des Eröffnungskurses, aber in jedem Fall oberhalb des Körpers des Vortages. Der Kerzenkörper dieser zweiten Kerze ist im Vergleich zur ersten Kerze deutlich kleiner.« »Diese Konstellation hat sogar einen eigenen Namen«, unterbricht Herr Hinrichs. »Sie wird als Star-Formation bezeichnet, weil der Star ein kleiner Körper (weiß oder schwarz) ist, der durch eine Kurslücke von der vorhergehenden großen Kerze getrennt ist. Wenn ein Star nicht aus einem kleinen Körper, sondern aus einem *Doji* besteht, wird er als *Doji Star* bezeichnet. Nun kannst du wieder übernehmen, Rolf.«

Sofort sprudelt es aus Rolf heraus: »Am dritten und letzten Tag der Formation eröffnen die Kurse mit einer Lücke unterhalb des Körpers der Star-Kerze und schließen unterhalb des Mittelpunktes der ersten Kerze. So entsteht ein langer, schwarzer Kerzenkörper, der den ersten, weißen Kerzenkörper mindestens zur Hälfte überdeckt. Diese Kerze leitet die Umkehr ein.«

Herr Hinrichs öffnet in der Zwischenzeit das Suchfenster seines Browsers, in den er den Suchbegriff »Chart Morning Star« eintippt. Bevor er den gefundenen Chart an die Tafel wirft, modifiziert er ihn noch kurz.

Abb. 113: Lucent-60-Minuten-Chart

»Wie ihr seht, ist der **Morning Star** der Vetter des *Evenings Stars*. Deswegen zeigt er auch das spiegelbildliche Verhalten: Die erste Kerze hat einen großen, schwarzen Körper, weil wir uns immer noch im Abwärtstrend befinden. Die zweite Kerze hat einen sehr kleinen Körper, der unterhalb des vorangegangenen Kerzenkörpers liegt[97]. Die dritte Kerze hat einen großen, weißen Körper, der über die Hälfte des schwarzen Kerzenkörpers bedecken sollte. Sie leitet die Trendwende ein. Nun gehen wir noch einen Schritt weiter: Um die Aussage von *Candlestick*-Formationen zu verbessern, werden sie häufig mit anderen Indikatoren benutzt. Seht euch nochmals den Lucent-60-Minuten-Chart an! Er zeigt neben dem *Morning Star* auch eine Unterstützungs- und Trendlinie. Der *Morning Star*

---

[97] Manchmal wird diese Kerze auch von einem *Doji* gebildet. In einem solchen Fall spricht man von einem *Morning Doji Star*.

bildet sich genau an der Unterstützungslinie aus. Die Unterstützungslinie bestätigt ihn also. Diese Kombination weist darauf hin, dass dies der Anfang eines Aufwärtstrends ist. Wir haben viele *Candlestick*-Formationen in dieser Unterrichtsstunde kennengelernt. Welche erkennt ihr im Chart noch?«

»Ich sehe einen *Bullish Engulfing Pattern*«, antworten Peter und Rolf wie aus einem Munde und tauschen ein Grinsen. »Lass mich nur machen«, sagt Rolf zu Peter. »Der *Bullish Engulfing Pattern* bildet sich an einer Unterstützungslinie aus. Das heißt, dass die Unterstützungslinie den *Bullish Engulfing Pattern* bestätigt. Somit wird das Ende des Abwärtstrends, der etwa um 10 Uhr begann, eingeläutet, und die Kurse steigen wieder.«

Britta scheint mit ihren Gedanken meilenweit entfernt. Doch das täuscht, denn kaum hat Rolf ausgesprochen, räuspert sie sich und sagt: »Ich sehe einen *Bearish Engulfing Pattern,* der sich an einer Widerstandslinie ausbildet. Er beendet den Aufwärtstrend, den Rolf vorhergesagt hat. Das Auftauchen des *Bearish Engulfing Pattern* ist ein Zeichen für einen Trendwechsel hin zum Abwärtstrend. Die Signifikanz dieses Zeichens wird dadurch erhöht, dass es sich an einer Widerstandszone ausbildet. Der Abwärtstrend mündet in den vorhin von Herrn Hinrichs besprochenen *Morning Star,* der wiederum einen Aufwärtstrend einläutet.«

Herr Hinrichs nickt und fährt fort: »*Candlesticks* können auch durch z. B. *Relative-Strength-,* Moment- und viele andere Indikatoren bzw. Oszillatoren bestätigt werden, die wir in der übernächsten Stunde ausführlich berechnen werden. Deswegen kratzen wir jetzt nur ein bisschen an der Oberfläche. Die meisten Oszillatoren sind so konstruiert, dass sie innerhalb einer bestimmen Bandbreite schwanken, z. B. zwischen 0 bis 100. Signale werden von den Oszillatoren u. a. dann generiert, wenn sie die sog. Extrembereiche verlassen, nachdem sie zuvor dort notiert haben. Ein bekannter Standard-Extrembereich z. B. für den Relative-Stärke-Indikator (kurz RSI) ist 30 und 70. Man spricht für den RSI von einem überkauften Bereich bei Werten von über 70, während der Bereich unter 30 als überverkauft gilt. Ein Verkaufssignal zeigt der RSI an, wenn der RSI im überkauften Bereich, also bei Werten größer 70, verläuft und dann in den Bereich zwischen 30 und 70 fällt. Umgekehrt ergibt sich ein Kaufsignal, wenn der RSI im überverkauften Bereich, d. h. bei Werten kleiner 30, verläuft und dann auf Werte zwischen 30 und 70 steigt. Der RSI kann jetzt eingesetzt werden, um die Gültigkeit von *Candlestick*-Mustern zu bestätigen. Notiert der RSI im überkauften Bereich, bedeutet dies, dass vorher eine Aufwärtsbewegung stattgefunden hat. Deswegen sind nur bearishe *Candlestick*-Umkehr-Formationen gültig. Steht der RSI dagegen im überverkauften Bereich, fand zuvor eine Abwärtsbewegung statt. Dann sind nur bullische *Candlestick*-Umkehr-Formationen gültig. Generiert nun der RSI ein Verkaufssignal und im Chart erscheint eine bearishe Umkehr-Formation, wird die Aussagekraft der Formation deutlich erhöht. In der Regel finden *Candlestick*-Formationen im RSI-Bereich zwischen 30 und 70 keine Beachtung, weil ihre Aussagekraft gering ist. Generiert der RSI ein Kaufsignal und im Chart ist eine bullische *Candlestick*-Umkehr-Formationen auszumachen, so ist die Aussagekraft der Formation deutlich erhöht.« Herr Hinrichs hält kurz inne. Er überlegt, wie er das Zusammenspiel von Kerzenformation und RSI möglichst anschaulich zeigen kann. Dann hat er eine Idee und lässt folgenden Chart an der Tafel erscheinen:

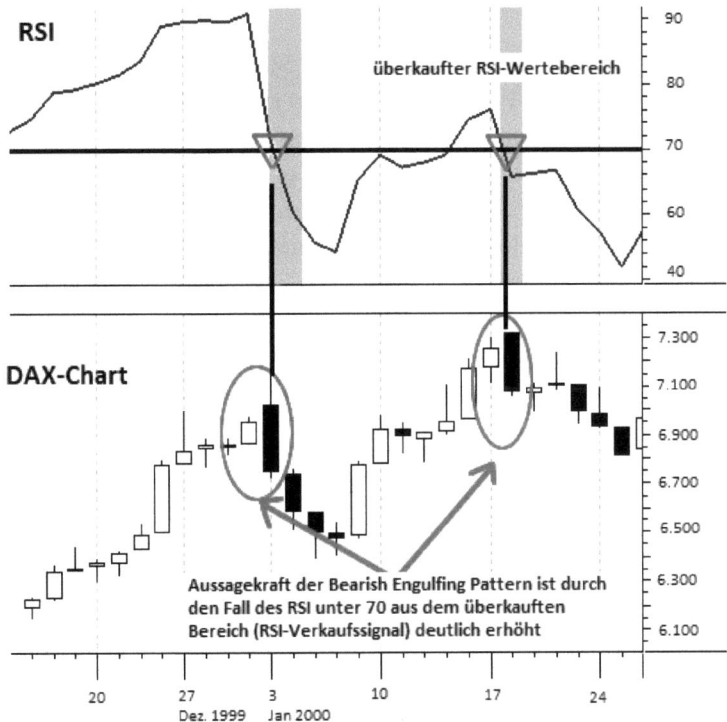

**Abb. 114:** DAX-Tageschart und RSI-Chart

»Am 3. Januar 2000 verlässt der RSI den überkauften Bereich und fällt unter den Wert von 70. Im Kerzenchart bildet sich eine *Bearish Engulfing Pattern*-Formation aus. Hierdurch wird die Aussagekraft der Kerzenformation deutlich erhöht. Tatsächlich fand anschließend ein Abwärtstrend statt«, erklärt Herr Hinrichs. »Außerdem wird im Chart deutlich, dass die *Candlestick*-Formationen oft ein bzw. zwei Perioden vor dem Auftreten der Signale des Oszillators erscheinen. Ebenso bildet sich im Kerzenchart am 17. Januar 2000 eine *Bearish Engulfing Pattern*-Formation aus, die durch den RSI bestätigt wird, weil er den überkauften Bereich verlässt. Jetzt haben wir einem Einblick in die Welt der *Candlestick*-Formationen bekommen. Wenden wir uns nun also dem nächsten Werkzeug im Werkzeugkasten der technischen Aktienanalyse zu – dem Umsatz.«

## 4.4 Das Umsatzwerkzeug

Sabine liest an der Tafel das Thema der Stunde: Das Umsatzwerkzeug – und stöhnt. »Wir haben doch bei jeder Formation ausführlich den Umsatz schon besprochen! Wieso muss das denn nochmal sein?« Herr Hinrichs schmunzelt und erwidert: »Ich musste vor kurzem mein Auto zur Reparatur bringen. Was, glaubt ihr, ist das zweitwichtigste Werkzeug eines Mechanikers, neben dem Schrauber?«[98]

Spontan ruft Rolf in die Klasse: »Licht! Ohne Licht kann der Mechaniker den Fehler unter der Motorhaube nicht finden, weil es einfach zu dunkel ist.« »Genau!«, ruft Herr Hinrichs freudestrahlend. »Der unter dem Kurschart angebrachte Umsatz wirft Licht auf den im Chart dargestellten Kursverlauf. Ohne dieses Licht würde man auf so manchen Kursverlauf hereinfallen. Deshalb ist es ein wichtiges Spezialwerkzeug, welches unbedingt gesondert behandelt werden muss!«

Peters Hand schießt nach oben: »Ich habe da eine Frage: In den vorherigen Stunden haben wir einmal vom Umsatz gesprochen und dann wieder vom Volumen. Wo liegt der Unterschied?« Sabine kramt in ihrer Tasche herum und fischt ihr Englischwörterbuch heraus. »Ich glaube, Volumen und Umsatz sind austauschbare Begriffe, da der englische Begriff *volume* mit Volumen und Umsatz ins Deutsche übersetzt werden kann.[99]«

Für Petra passt auch nach dieser Erklärung etwas nicht zusammen: »Habe ich das richtig verstanden: Das Volumen zeigt den Umfang der Trader-Beteiligung an. Wenn z. B. ein Kursanstieg von steigendem Volumen begleitet wird, wird die Richtung durch eine entsprechende Nachfrage bestätigt. Daher ist das Volumen der direkte Beweis für die Nachfrage.«

---

[98] Vgl. Molzahn 2012, S. 33
[99] Häufig bezeichnet das Volumen eher die Anzahl der gehandelten Aktien in Stück, während der Umsatz den Gesamtwert der gehandelten Aktien in Geld angibt. Wechseln also z. B. an einem Tag 1.000 Aktien zu einem Kurs von 10 Euro den Besitzer, dann beträgt das Volumen 1.000 und der Umsatz 10.000 Euro.

»Ja und nein, Petra«, stellt Herr Hinrichs fest. »Das Volumen verrät uns nur die Anzahl der gehandelten Aktien, nicht die Anzahl der Teilnehmer. So kann z. B. ein sprunghafter Anstieg des Volumens nur aufgrund einer Handvoll Trader zustande kommen. Um hier nicht in die Irre geführt zu werden, beobachten die Charttechniker die Bewegungen von drei Datenreihen: Kurs, Umsatz und *Open Interest*[100]. Allerdings sind **Umsatz** und *Open Interest* nur von sekundärer Bedeutung. Sie werden hauptsächlich als **bestätigende Indikatoren** eingesetzt, wobei Umsätze deutlich wichtiger sind als *Open Interest*. Deswegen konzentrieren wir uns ausschließlich auf den Umsatz.«

Etwas zaghaft hebt Sabine ihre Hand und fragt. »Was bedeuten ›bestätigende Indikatoren‹? Was bestätigen sie?« Peter schaltet sich ein: »Das Umsatzniveau misst den Druck hinter einer Preisbewegung. Höhere Umsätze bedeuten höheren Druck. Vergleicht man die Höhe der Umsätze mit der Kursbewegung im Chart, kann man daraus den Kauf- bzw. Verkaufsdruck hinter einer Marktbewegung ablesen. Diese Information benutze ich dazu, eine Kursbewegung zu bestätigen – oder eben nicht. Beispielsweise wissen wir durch das Trendkonzept, dass die Umsätze bei einer Kursbewegung in Trendrichtung ansteigen und sich bei einer Kursbewegung gegen den aktuellen Trend abschwächen. Deshalb sollten in einem Aufwärtstrend die Umsätze hoch sein und bei Kursrücksetzern abnehmen. Solange sich dieses Muster fortsetzt, sagt man: Die Umsätze bestätigen den Kurstrend. Als Anleger kann ich auf eine Fortsetzung des vorherrschenden Trends vertrauen.[101]«

---

[100]   *Open Interest* ist die Gesamtzahl aller ausstehenden Long- oder Short-Kontrakte am Terminmarkt, aber – Achtung – nicht die Summe der beiden. Deshalb sind *Open Interest* in erster Linie auf die Terminmärkte begrenzt. Allgemein gilt: 1. steigendes *Open Interest* in einem Aufwärtstrend ist bullish; 2. fallendes *Open Interest* in einem Aufwärtstrend ist bearish. 3. steigendes *Open Interest* in einem Abwärtstrend ist bearish. 4. fallendes *Open Interest* in einem Abwärtstrend ist bullish.

[101]   Bei einem Abwärtstrend sollte das Volumen während der Kursbewegung nach unten höher und bei Kurserholungen (nach oben) niedriger sein. Solange dieses Muster beobachtet werden kann, ist der Verkaufsdruck größer als der Kauf-

Zur Untermauerung des von Peter Gesagten blendet Herr Hinrichs folgenden Chart auf der Tafel ein.

**Abb. 115: Siemens-Aktienchart (2011) in einem Abwärtstrend**
In einem Bärenmarkt sollte das Volumen in Abwärtswellen zulegen und sich in Erholungen hinein abschwächen.

Sabine studiert den Chart sorgfältig. Ihr drängt sich folgende Frage auf: »Was ist, wenn das Volumen den Trend nicht mehr bestätigt?«

Herr Hinrichs antwortet: »Es besteht Anlass zur Skepsis, sobald der Trend durch das Volumen nicht mehr bestätigt wird. Man spricht dann von einer **Divergenz**. Liegt eine Divergenz vor, ist der Trend anfällig für eine Umkehr. Schaut mal, das könnt ihr in folgendem Chart sehen.«

---

druck und der Abwärtstrend sollte sich fortsetzten. Viele Charttechniker fangen an, nach einer Bodenbildung Ausschau zu halten, wenn sich der Umsatzverlauf zu verändern beginnt.

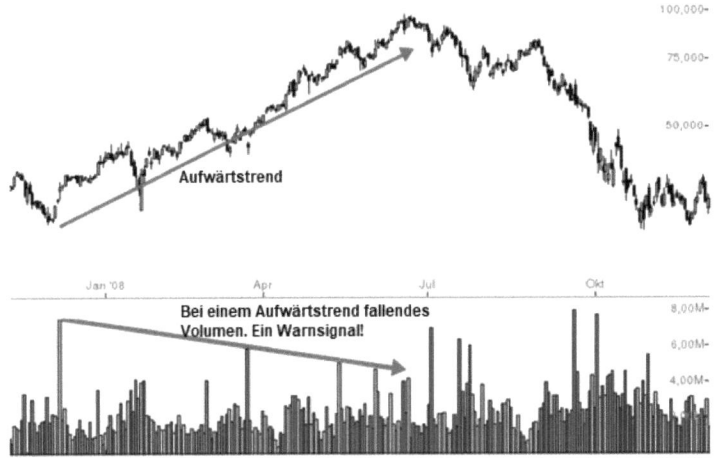

Abb. 116: K & S-Chart: Aufwärtstrend mit fallendem Volumen

»Wow!«, ruft Petra in die Klasse. »Das **Volumen** läuft den **Kursen voraus!**« »Gut erkannt, Petra«, sagt Herr Hinrichs. »Aus diesem Grund sollte jeder Trader auf eine Bestätigung, z. B. in Gestalt eines Trendlinienbruchs, durch den Kurs abwarten. Divergenzen können im Extremfall durchaus über Monate, wie der K & S-Chart zeigt, Bestand haben. Deshalb stellen Divergenzen lediglich ein Warnsignal dar und nicht bereits ein konkretes Handelssignal. Blicken wir noch kurz auf die Kursformationen (Doppelboden, Kopf-Schulter-Formationen, Flaggen etc.). Wie sieht es dort mit dem Volumen aus?«

Sofort meldet sich Peter zu Wort. »Der Ausbruch aus allen Arten von Formationen ist von einem ansteigenden Handelsvolumen begleitet, damit die Zuverlässigkeit der Formation gewährleistet ist.[102] Außerdem ist bei Fortsetzungsformationen eine Abnahme des Volumens im Verlauf der Ausbildung des Musters typisch, wohingegen bei Umkehrformationen die Bewegungen in Richtung des

---

[102] Auch bei allen anderen wichtigen Chart-Entwicklungen (wie z. B. Widerstand und Unterstützung) steigert ein höheres Handelsvolumen die Zuverlässigkeit des entsprechenden Signals.

späteren Ausbruchs von höherem Volumen begleitet werden sollten als Bewegungen in ursprünglicher Trendrichtung.«
Petra sieht sich Umsatz und Kurs von K&S (s. Abb. 116) an. Frustriert sagt sie: »Die Darstellung des Umsatzes durch Säulen ist nicht so übersichtlich. Man erkennt z. B. bei einem Abwärtstrend schlecht den Umsatzverlauf. Die Charttechniker sind doch so ausgefuchst! Gibt es keine bessere Möglichkeit, um den Umsatz mit dem Kurs in Verbindung zu bringen?«

»Natürlich gibt es die!«, sagt Herr Hinrichs. »Zwar wollte ich erst nächste Stunde im Rahmen der Indikatoren auf eine alternative Darstellungsweise des Umsatzes mit dem **On-Balance-Volume-Indikator** (Abk. OBV) eingehen, aber das können wir auch jetzt machen. Generell ermöglicht uns der On-Balance-Volume-Indikator einen Blick auf die Tankanzeige des Trendvehikels. Der Treibstoff von Kursbewegungen ist das Geld der Anleger, das investiert oder abgezogen wird. Versiegt der Treibstoff, wird auch der Trend versiegen![103]«

»Der Treibstoff des Trends ist der Umsatz!«, ruft Peter. »Ergo verbindet der On-Balance-Volume-Indikator den Kursverlauf mit dem Umsatz.« In der Zwischenzeit hat Herr Hinrichs folgendes Berechnungsschema für den OBV-Indikator an die Tafel geschrieben.

Schlusskurs heute > Schlusskurs gestern = Addition des Tagesumsatzes zum Vortageswert
Schlusskurs heute < Schlusskurs gestern = Subtraktion des Tagesumsatzes vom Vortageswert

**Abb. 117:** Vereinfachte Berechnung des OBV

»Mist!«, ärgert sich Sabine. »Jetzt kommt die Mathematik ins Spiel!«
»Ganz so schlimm ist es nicht«, beschwichtigt Herr Hinrichs. »Zunächst stellt man fest, ob der Kurs über oder unter dem Vortagsschluss liegt. An Tagen mit steigenden Schlusskursen werden die Volumina zum bisherigen Volumen addiert. Dagegen werden die

---

[103] Rose 2006, S. 402-410

Volumina an Tagen mit fallenden Schlusskursen vom bisherigen Volumen subtrahiert.«

»Das ergibt ja eine Linie, die entweder ansteigt oder fällt«, ruft Peter – und prompt erscheint der nächste Chart auf der Tafel.

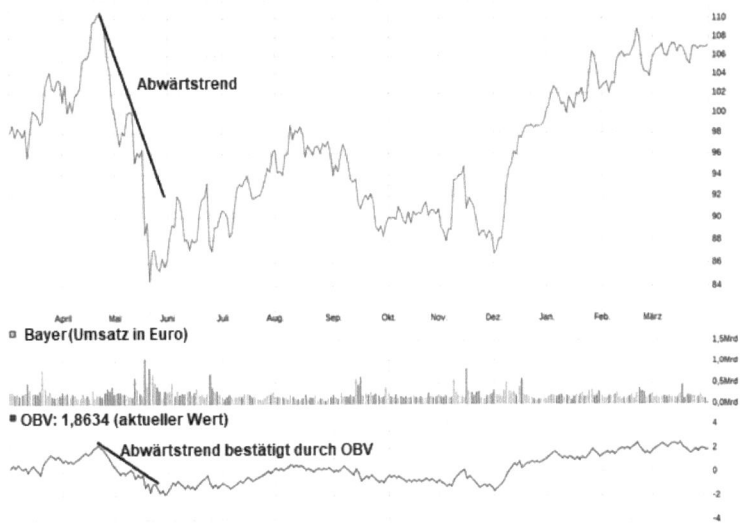

Abb. 118:   Bayer-Tageschart von März 2016 bis März 2017 mit OBV

Bevor Herr Hinrichs den Chart erklären kann, ruft Petra schon: »Das ist ja toll! Man erkennt mithilfe des OBV-Indikators wunderbar den Umsatzverlauf. Der OBV-Indikator folgt dem Trend. Im Abwärtstrend bildet Bayer nacheinander fallende Hoch- und Tiefpunkte aus. Der Trend ist gesund, da der Indikator dieses Muster nachahmt. Wir können daraus erkennen, dass der Umsatz in Trendrichtung stets höher ist als gegen die Trendrichtung. Ende Mai zeigt sich im Bayer-Chart, dass der Kurs auf ein neues Tief fällt, während der Indikator über seinem letzten Tief bleibt. Der Trend ist in Schwierigkeiten, weil jetzt an Tagen mit aufwärtsgerichteten Kursbewegungen das Volumen steigt, während es an Tagen mit abwärts gerichteten Kursbewegungen fällt. Somit betreten die Bullen

das Parkett und nehmen die Bären auf die Hörner. Der Abwärtstrend kann so nicht mehr lange überleben.«
»Gut erkannt, Petra«, lobt Herr Hinrichs. »Im Allgemeinen gilt: Der OBV-Indikator sollte mit dem Trend gehen. Wenn der Kurs steigt, sollte auch die OBV-Indikator-Linie ansteigen. Entsprechend sollte die OBV-Indikator-Linie fallen, wenn der Kurs fällt. Laufen die beiden Linien – also Kurs und OBV-Indikatorlinie – auseinander, ist der Trend nicht mehr in Ordnung, d. h. die Divergenz betritt das Spielfeld.«

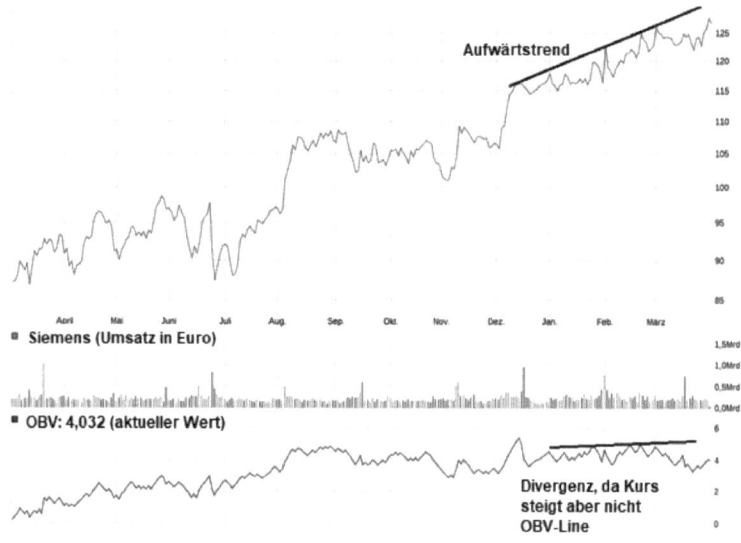

Abb. 119:  Siemens-Chart von März 2016 bis März 2017 mit Divergenz

»Wie aus dem Siemens-Chart zu erkennen ist, kommt der Divergenz eine große Bedeutung zu[104]. Der Siemens-Kurs generiert ein

---

[104] Wichtig: Divergenzen haben nur in einem definierten Trend Aussagekraft. In trendschwachen Phasen oder in seitwärts gerichteten Märkten haben sie keinerlei Bedeutung.

neues Top, wobei die OBV-Indikator-Linie dieses nicht mehr nachvollziehen kann.[105] Dies bedeutet, dass die Kurse zwar noch steigen, aber das Volumen diesen Anstieg nicht mehr unterstützen kann, d. h. die Breite der Anleger ist bereits investiert und keine neuen Käuferschichten werden mehr angezogen. Dem Trend geht die Kraft aus. Es deutet sich ein Trendwechsel an!« Um seine Schüler noch auf eine weitere Besonderheit des OBV-Indikators aufmerksam zu machen, zeichnet Herr Hinrichs folgenden Chart an die Tafel.

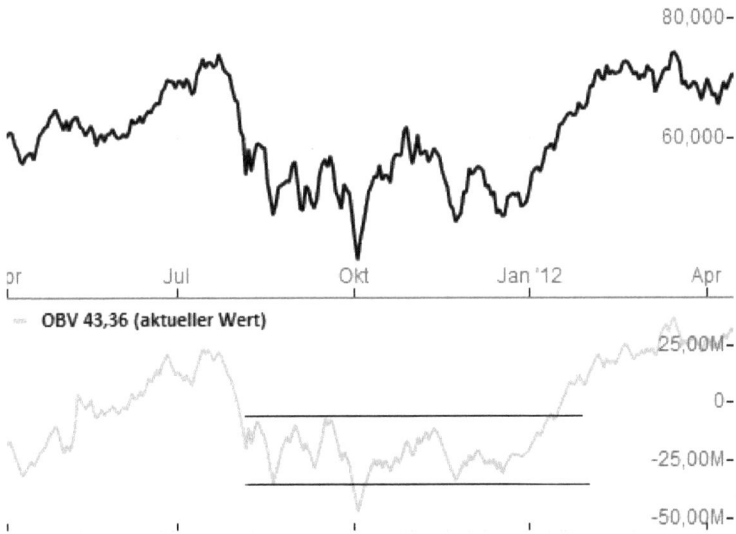

Abb. 120: BMW-Chart von April 2011 bis April 2012
Quelle: Eigene Darstellung und vgl. Berteit 2017

»Da ist ein Trendkanal in den OBV-Chart eingezeichnet«, stellt Britta erstaunt fest. »Bedeutet das, dass man den OBV-Chart genauso charttechnisch analysieren kann wie den Kurschart?«

»Genau!«, bestätigt Herr Hinrichs. »Es können Trendlinien, Widerstands- und Unterstützungslinien, Kanäle und alle anderen

---

[105] Sie wird auch als bearische Divergenz bezeichnet. Im Gegensatz dazu zeigt der Bayer-Chart (s. Abb. 118) eine bullische Divergenz, da die Bayer-Aktie fällt, während der OBV-Indikator leicht steigende Tiefpunkte ausbildet, sprich: einen gegensätzlichen Verlauf zeigt.

besprochenen Chartformationen in den OBV-Chart eingezeichnet werden. Da das Volumen dem Kurs vorauseilt, werden die Formationen oft eher im OBV-Chart aufgelöst als in einem Kurschart.«

**Merke**

1. Wenn Ihr den Kurs eines Charts begutachtet, Linien und Formationen erkannt und eingezeichnet habt, dann müsst Ihr unbedingt einen Blick auf den Umsatz werfen, um eine sichere Entscheidung treffen zu können.
2. Umsätze werden in allen Märkten verfolgt. Dagegen werden *Open Interest* nur an Terminmärkten verfolgt. Umsätze und *Open Interest* sind bestätigende Indikatoren.
3. Die Umsätze laufen den Kursen voraus, sodass sich eine Umkehr des Kurstrends schon im Volumenverlauf andeutet.
4. Umsätze steigen bei einer Kursbewegung in Trendrichtung an und bei einer Kursbewegung gegen aktuellen Trend schwächen sie sich ab. Solange dies Umsatzmuster besteht, wird der aktuelle Trend durch die Umsätze bestätigt.
5. Von Divergenz spricht man, wenn der Trend durch das Volumen nicht mehr bestätigt wird. Dann ist der Trend anfällig für eine Umkehr.
6. Die Auflösung aller Kursformationen (beim Ausbruchspunkt) sollte von hohen Umsätzen begleitet werden, wenn das durch den Ausbruch ausgelöste Signal zuverlässig sein soll.

## 5. Die Mathematik der Märkte – Indikatoren und Oszillatoren

Eine Schwalbe macht noch keinen Sommer, ein Chartsignal allein liefert noch kein Kauf- oder Verkaufssignal. Besser ist es, die Chartsignale mit Indikatoren abzusichern.

Unter Indikatoren versteht man mathematische oder statistische Berechnungen auf Basis von Kurs- und/oder Volumenzeitreihen. Da diese Verfahren meist umfangreiche Berechnungen erfordern, verhalf ihnen auch erst die zunehmende Verbreitung des Computers in den 1970er-Jahren zum Durchbruch. Heute werden die schwierigen Berechnungen von leistungsfähigen Chart-Programmen übernommen und die Ergebnisse erscheinen zumeist als farbige Kurven oder Grafen unterhalb des Charts. Im Gegensatz zu der »klassischen« Chartanalyse (Formationsanalyse, Trendkonzept), bei der z. B. Chartformationen reichlich Platz für Interpretationsspielräume lassen, geben die Indikatoren klare Kauf- und Verkaufssignale[106]. Denn es gibt meist einfache und klare Regeln für ihre Interpretation. Wie beliebt die Indikatoren sind, zeigt sich daran, dass bis heute wohl mehr als 3.000 verschiedene entwickelt wurden. Jedes Jahr kommen weitere dazu[107]. Veröffentlicht werden sie in einschlägigen Fachblättern sowie in diversen Büchern der Entwickler. Die Beliebtheit der Indikatoren rührt daher, dass sie Anleger auf vielfältige Weise bei ihren Anlageentscheidungen helfen.

---

[106] Vorsicht: Die Tatsache, dass Indikatoren für alle Charttechniker dieselben Ergebnisse liefern, darf nicht missverstanden werden. Ebenso wie die klassische Charttechnik liefern die technischen Indikatoren auch Fehlsignale und sind somit allein keine optimale Entscheidungsgrundlage. Der Vorteil der Indikatoren liegt darin, dass - im Gegensatz zur Formationsanalyse - unterschiedliche Charttechniker dieselben Signale erhalten.

[107] Heute bieten viele Chartprogramme komfortable Entwicklungs-Tools an, mit deren Hilfe Anleger selbst Indikatoren kreieren oder bereits vorhandene Indikatoren selbst programmieren und diese auch entsprechend testen können. Allerdings wird wohl die Masse der Anleger auf die in den Chartprogrammen enthaltenen 30 und mehr Indikatoren zurückgreifen.

- Die Indikatoren können eingesetzt werden, um konkrete Handelssignale zu erzeugen, d. h. der Indikator signalisiert dem Anleger den genauen Ein- und/oder Ausstiegszeitpunkt.
- Indikatoren helfen auch bei der Auswahl von Wertpapieren. Hierzu berechnet man einen Indikator für alle Wertpapiere einer Gruppe (z. B. für alle DAX-Werte). Anschließend wählt man die Werte aus, die die besten Indikatoren aufweisen. Die Moment-Strategie nutzt beispielsweise diese Idee aus. Dort werden diejenigen Wertpapiere ausgewählt, die sich in der Vergangenheit am besten entwickelt haben.
- Natürlich ist auch eine Kombination von Indikatoren möglich. Dann fungiert ein Indikator als Signalgeber und ein zweiter Indikator als Filter. Die Aufgabe des Filterindikators ist, nur dann Signale des Signalgebers durchzulassen, wenn vorher festgelegte Bedingungen erfüllt sind. So gibt es z. B. viele Indikatoren, die in Phasen ausgeprägter Trends sehr gute Ergebnisse liefern, aber viele Fehlsignale, wenn der Markt sich seitwärts bewegt. Mithilfe eines zweiten Indikators (Filterindikator), der die Trendintensität misst, wird nun versucht, den ersten Indikator nur dann zum Zuge kommen zu lassen, wenn die Aussicht auf Erfolg – d. h. in Phasen mit einem Trend – groß ist.

Es gibt natürlich noch viele weitere Möglichkeiten, Indikatoren[108] einzusetzen. Die Kombination von »klassischer Charttechnik« mit verschiedenen Indikatoren und vor allem mit dem Wissen, wann welcher Indikator zuverlässige und unzuverlässige Ergebnisse liefert, steigert die Trefferquote deutlich, da z.B. Fehlsignale der Formationsanalyse minimiert werden.

---

[108] Vielfach werden Indikatoren auch zur Bestimmung der Positionsgröße eingesetzt, also zur Beantwortung der Frage: Wie viel soll ich investieren? Hierfür setzt man auf Indikatoren, die die Beweglichkeit eines Wertpapiers (Volatilität) messen. Die Beweglichkeit wird jetzt als Maß für das Risiko angesehen. Wird nun die Positionsgrößenberechnung über die Volatilität des zu kaufenden Wertpapiers gesteuert, kann das Risiko einheitlich über die einzelnen Positionen des Wertpapierdepots gestreut werden.

Um sich im Irrgarten der Indikatoren nicht zu verirren, teilt man die Vielzahl der verfügbaren Indikatoren gemäß ihrer Einsatzgebiete in folgende Gruppen[109] ein:

1. Trendfolge-Indikatoren
2. Oszillatoren
3. Trendstärke-Indikatoren

Im Folgenden werde ich nur auf die gebräuchlichsten eingehen. Ganz ohne Mathematik wird es jedoch nicht gehen, denn sonst bleiben Indikatoren für Sie eine Art Blackbox. Aber keine Angst, ich werde die Mathematik nur so weit erläutern, wie es für das Verständnis notwendig ist. Denn bei den tausenden Indikatoren, die es gibt, passiert es viel zu leicht, dass zwei mit wohlklingendem Namen ausgewählt werden, die dasselbe bzw. ähnliches messen. Dann ist es nicht verwunderlich, wenn sich die Signale beider Indikatoren gegenseitig bestätigen. Darum müssen sich Charttechniker vor der Analyse mit technischen Indikatoren informieren, was diese eigentlich messen.

Abschließend bleibt noch die Frage zu klären: Wie viele der unterschiedlichen Indikatoren sollten für die Analyse herangezogen werden? Es macht sicherlich keinen Sinn, mit zu vielen Indikatoren zu arbeiten, weil man schnell den Überblick verliert und sich verheddert. Wenn z. B. 10 Indikatoren einen Aufwärtstrend anzeigen, bringt es einen nicht viel weiter, wenn man noch einen weiteren Indikator zurate zieht. In der Praxis hat es sich bewährt, zwischen ein bis drei Indikatoren einer Gruppe zu nutzen, um das Ergebnis gegenzuchecken. Bevor Sie für Ihre Analysen Indikatoren einsetzen, sollten sie die von Ihnen bevorzugten Indikatoren über mehrere Jahre zurückverfolgen. Beobachten Sie Indikatoren über einen längeren Zeitraum, werden Sie ein Gefühl dafür entwickeln, in welcher Marktlage die Ergebnisse vertrauenswürdig und wann sie mit Vorsicht zu genießen sind.

---

[109] Oftmals lassen sich die Indikatoren nicht eindeutig einer Kategorie zuordnen. Die Kategorisierung dient auch eher dem Verständnis, dass Indikatoren bestimmte Aufgaben haben und manchmal nur in Kombination sinnvolle Ergebnisse liefern.

## 5.1 Trendfolge-Indikatoren: Die Trendversicherung

Der wohl überwiegende Teil der Indikatoren ist trendfolgender Natur. Diese Indikatoren generieren Signale, wenn der Wertpapierkurs einer bestimmten Richtung (ab- oder aufwärts) folgt. Anschließend folgen sie diesem Trend, bis er wechselt. Folglich funktionieren die **Trendfolgeindikatoren** (Abk. Trendfolger) in Trendmärkten besonders gut. Wenn aber kein eindeutiger Trend vorliegt, generieren die Trendfolger Fehlsignale.

Wie der Name Trendfolger schon vermuten lässt, folgen diese Indikatoren dem Trend mit zeitlichem Abstand. Deswegen werden Sie mithilfe der Trendfolgeindikatoren nicht den optimalen Ein- oder Ausstiegspunkt erwischen. Wozu sind Trendfolger dann gut? Jeder, der schon einmal an der Börse gehandelt hat, hat die Erfahrung gemacht, eine Aktie, mit der er am Puls der Zeit lag, zu früh verkauft zu haben. Wer will schon Gefahr laufen, Buchgewinne wieder abzugeben. Hier greift die Trendversicherung der Trendfolger ein. Sie kann verhindern, dass man einem intakten Aufwärtstrend zu früh den Rücken kehrt bzw. in einen Abwärtstrend zu früh einsteigt. Man muss darauf warten, dass die Trendfolgeindikatoren drehen – und die Welt ist in Ordnung. Wie jede Versicherung kostet auch diese Trendversicherung etwas. Denn Sie werden so sicherlich nicht zum absoluten Hoch aussteigen bzw. zum absoluten Tief einsteigen. Allerdings erzielen Sie mit Sicherheit ein besseres Ergebnis, als wenn Sie sich auf ihr Bauchgefühl verlassen würden.

**Merke**

1. Am Anfang steht die Frage nach dem Trend: Liegt aktuell ein Trend vor? Oder: Entsteht gerade ein neuer Trend? Denn Trendfolgeindikatoren dürfen nur angewendet werden, wenn ein Auf- bzw. Abwärtstrend vorliegt. Zur Ermittlung, ob ein Trend vorliegt, muss man auf die Mittel des Trendkonzeptes oder der Formationsanalyse zurückgreifen.
2. Trendfolger laufen dem Trend hinterher und geben ein Signal, wenn der Trend dreht. Das heißt: Erst dreht der Markt und dann der Indikator!
3. Beim Handel mit Trendfolgern gilt folgender Grundsatz: Den Indikatoren in Trendrichtung folgen, bis sie ein Trendwendesignal liefern!

## 5.1.1 Gleitende Durchschnitte

»Liebe Schüler«, sagt Herr Hinrichs und seine Stimme erhebt sich über dem Stimmenwirrwarr. Die Köpfe der Schüler drehen sich zu ihm um, und jene, die ihn nicht hatten kommen sehen, blinzeln überrascht. Das Gerede verebbt zu fast völliger Stille, sodass Herr Hinrichs beginnen kann: »Die **gleitenden Durchschnitte** (Abk. GD) oder *Moving Average* (Abk. MA) sind der Archetyp (bzw. die Urform) der Trendfolge-Indikatoren. Sie werden von den Charttechnikern wohl am häufigsten benutzt. Als die Charttechniker noch mit Hand auf Millimeterpapier ihre Charts malen mussten, brauchten sie einen einfach zu berechnenden Durchschnitt. Dazu verwendeten sie den **einfachen gleitenden Durchschnitt** – oder auch *Simple Moving Average* (Abk. SMA).« Herr Hinrichs schreibt, während er dies ausführt, die Gleichung des einfachen gleitenden Durchschnitts an die Tafel.

$$GD = (C_1 + C_2 + C_3 + ... C_n) / n$$
GD = gleitender Durchschnitt; C = Schlusskurs; n = Anzahl Perioden

Petra wühlt mit einer Hand in ihrer Tasche und holt ein Mathematikbuch heraus. »Das ist nichts anderes als der arithmetische Durchschnitt«, stellt sie fest. »Die Berechnung ist ganz einfach: Wenn ich heute vier Becher Kakao trinke, morgen drei Becher und übermorgen zwei Becher, dann habe ich im Durchschnitt drei Becher täglich getrunken. Die Rechnung ist: 4 + 3 + 2 = 9 Becher. Das Ganze dividiert man durch drei Tage und erhält: 3 Becher täglich.[110]«

Mit einem Schmunzeln erwidert Herr Hinrichs: »Zuviel Kakao ist auf Dauer ungesund. Darum wechseln wir jetzt zurück zu den Aktien. Gehen wir davon aus, dass der tägliche Schlusskurs[111] von Bayer in den letzten fünf Tagen so ausgesehen hätte.«

---

[110] Ein Vorteil des gleitenden Durchschnitts ist, dass man keine Start- und Endpunkte wählen muss, sodass dieser subjektive Faktor entfällt. Dafür kommt jedoch ein anderer Faktor ins Spiel, nämlich die Anzahl der Perioden, die Sie für die Berechnung des Durchschnitts wählen.

[111] Man kann davon ausgehen, dass alle gleitenden Durchschnitte den Schlusskurs verwenden, wenn nichts anderes angegeben ist.

1. Tag: 128,75 Euro
2. Tag: 129,25 Euro
3. Tag: 125,60 Euro
An den weiteren Tagen jeweils: 122,80 Euro; 118,25 Euro

Sabine rechnet mit ihrem Taschenrechner eifrig den Durchschnitt aus: »Summe aller Aktienkurse geteilt durch die betrachteten Tage, also 624,65 Euro : 5 Tage = 124,93 Euro ist der Durchschnitt!« »Richtig!«, antwortet Herr Hinrichs.

»Aber ...« beginnt Britta zögerlich zu fragen. »Was nutzt der Durchschnitt aller Bayer-Aktienkurse?« »Gute Frage«, stimmt Herr Hinrichs zu. »Charttechniker haben den gleitenden Durchschnitt erfunden. ›Gleitend‹ (eng. *moving*) bedeutet, dass der Durchschnitt mit jedem neuen Handelstag neu berechnet wird. Dazu wird der aktuelle Kurs hinzugezählt und der älteste Kurs weggelassen. Damit erreicht man, dass die Anzahl der Handelstage konstant bleibt.« Während Herr Hinrichs dies erklärt, schreibt er Folgendes an die Tafel:

1. Tag: 128,75 €   2. Tag: 129,25 €   3. Tag: 125,60 €   4. Tag: 122,80 €   5. Tag: 118,25 €
Der Kurs am 6. Tag ist 112,35 €.

Peter denkt laut nach: »Am Abend des sechsten Tages schaue ich mir den Schlusskurs an. Zur Berechnung des gleitenden Durchschnitts entfällt der Aktienkurs des ersten Tages und der Aktienkurs des sechsten Tages kommt hinzu, sodass wir wieder fünf zu messende Tage haben. Also berechne ich die Summe der Reihe

129,25; 125,60; 122,80; 118,25; 112,35 (= 608,25 €)

und teile alles durch fünf und erhalte den neuen gleitenden Durchschnitt von 121,65 Euro.« »Stimmt, genau!«, sagt Herr Hinrichs und ergänzt. »Morgen geht man dann in gleicher Weise vor, auch übermorgen usw. Auf diese Weise entsteht eine Reihe von Punkten, die mittels einer Kurve miteinander verbunden werden. Die verwendete Anzahl der Handelstage (auch als Periodenlänge bezeichnet) gibt der Kurve bzw. dem gleitenden Durchschnitt seinen Namen.

Beispielsweise bezeichnet man die sich aus unserem Bayer-Aktienkursbeispiel ergebende Kurve als 5-Tage-gleitender-Durchschnitt oder GD-5 bzw. SMA-5. Normalerweise wird der gleitende Durchschnitt nicht in einem eigenen Chartfenster dargestellt, sondern gemeinsam mit dem Kursverlauf in einem Fenster.«

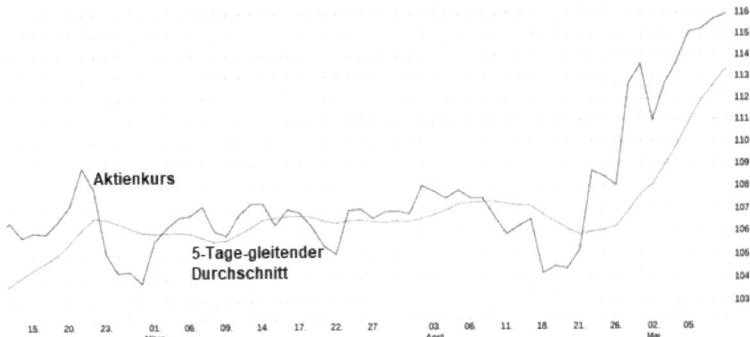

Abb. 121: Bayer-Tageschart vom 13.03 bis 08.05.2017 mit 5-Tagegleitendem Durchschnitt

Hans-Jürgen sieht sich den Chart in Ruhe an und stellt pointiert fest: »Man kann den gleitenden Durchschnitt so charakterisieren: Er folgt, er führt nicht, er antizipiert nie, sondern reagiert nur auf den Aktienkurs. Er kann noch weiter steigen, nachdem der Aktienkurs bereits zusammenbricht. Das liegt daran, dass der gleitende Durchschnitt ein nachziehender Indikator ist, der den Kursverlauf glättet, um einen Trend besser erkennbar zu machen.«

Petra holt nochmals ihr Mathematikbuch hervor und sieht sich die Ausführungen zum arithmetischen Durchschnitt an. Anschließend wirft sie einem Blick auf die Formel des gleitenden Durchschnitts in ihren Notizen. »Aha!«, ruft sie aus. »Je länger der Zeitraum für die Berechnung des Durchschnitts gewählt wird, z. B. 200 anstatt 5 Tage, desto träger folgt der gleitende Durchschnitt dem tatsächlichen Kursverlauf.« Weiter kommt Petra mit ihren Ausführungen nicht, weil Rolf eine Frage in den Raum wirft: »Wird der gleitende Durchschnitt aus 5, 10, 20, 50, 100 oder 200 Tagen oder einer beliebigen anderen Anzahl gebildet?«

Herr Hinrichs muss kurz überlegen. »Die Anzahl der Tage ist grundsätzlich frei wählbar. Allerdings haben sich in der Börsenpraxis einige Standards ausgebildet. Für langfristige Betrachtungen werden am häufigsten die Durchschnittslinien über 38, 90 und 200 Tage verwendet. Dagegen werden bei kurzfristigen Betrachtungen die 5-, 10-, 20- sowie 50-Tage-Durchschnitte verwendet.« Schon ruft Petra die nächste Frage in den Raum: »Wann entstehen Kauf- bzw. Verkaufssignale?« Um diese Frage zu beantworten, zeichnet Herr Hinrichs folgendes Diagramm an die Tafel:

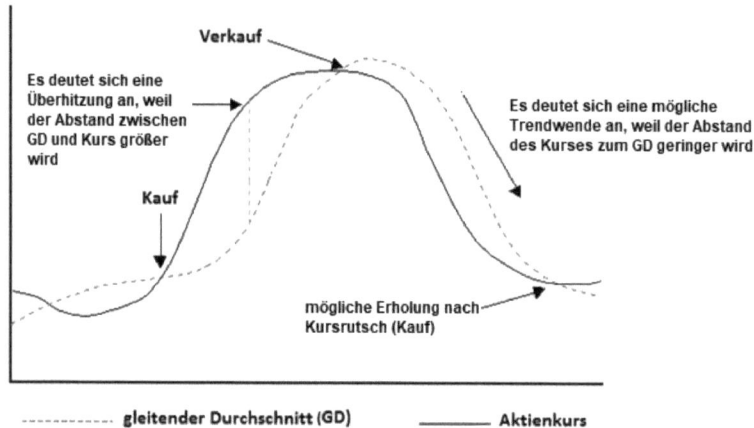

Abb. 122: Ansteigende gleitende Durchschnittslinie

Herr Hinrichs fragt: »Welche Regeln könnt ihr aus dem Diagramm herleiten?« In der Klasse ist es ruhig geworden. Herr Hinrichs deutet mit dem Zeigefinger auf Petra. Petras Verstand beginnt, auf Hochtouren zu laufen, und rattert eine Vielzahl an Möglichkeiten durch, bis sie erkennt: »Lagen die Kurse bisher unter der Durchschnittslinie und diese wird im Kursverlauf nach oben geschnitten, so liegt ein Kaufsignal vor. Steigen die Kurse über die Linie des gleitenden Durchschnitts weiter an, d. h. der Abstand zur Durchschnittslinie vergrößert sich weiter, besteht eine Überhitzungsgefahr. Das bedeutet: Die Aktienkurse können wieder bis zur Durchschnittslinie zurück oder darunter fallen. Schneidet der Kurs die

Durchschnittslinie von oben nach unten, ist dies ein Verkaufssignal. Fallen die Kurse unter der Durchschnittslinie weiter ab, d. h. der Abstand zur Durchschnittslinie vergrößert sich weiter, entsteht eine Überkauft-Situation. Das führt dazu, dass die Aktienkurse wieder bis zur Durchschnittslinie steigen können, d. h. der Abstand wird wieder kleiner. Dann besteht die Chance auf eine Trendwende.«

»Stimmt!«, sagt Herr Hinrichs. »Eine Kleinigkeit muss ich aber noch ergänzen. Je kürzer die Durchschnitte – z. B. für 5 oder 100 Tage – gewählt werden, desto häufiger werden auch Signale produziert. Bei kürzeren Durchschnitten kommen die Signale also früher als bei langen. Dieser Vorteil wird allerdings dadurch erkauft, dass die Zahl der Fehlsignale bei kurzen Durchschnitten deutlich höher ist als bei langen. Charttechniker haben zudem herausgefunden: Lange Durchschnitte funktionieren besser, je länger ein Trend intakt ist. Kürzere Durchschnitte sind im Vorteil, wenn sich der Trend dreht. Um das Beste aus dem Universum der Durchschnitte zu vereinen, wurde die *Double-Crossover*-Methode entwickelt. Das ist nichts anderes als die Kombination von zwei gleitenden Durchschnitten, nämlich einem kurzen und einem langen.«

Abb. 123:   Bayer-Aktienkurs-Tageschart mit Golden-Cross-System

»Die **Double-Crossover-Methode** verwendet nicht die Schnittpunkte zwischen Kursverlauf und gleitendem Durchschnitt, son-

241

dern die Schnittpunkte zwischen den beiden gleitenden Durchschnitten. Bei dieser Methode geht man davon aus, dass der längerfristige Durchschnitt den übergeordneten Trend darstellt und der kurzfristigere Durchschnitt durch das Kreuzen mit dem längerfristigen Durchschnitt die Signale liefert. Beliebt ist das Modell mit der 200-Tage-Linie und der 50-Tage-Linie, dem sog. **Golden-Cross-System**. Schneidet die 50-Tage-Linie die 200-Tage-Linie von oben nach unten, ist dies ein Verkaufssignal. Die Charttechniker sprechen dann vom ›Todeskreuz‹ (eng. *Death Cross*). Im umgekehrten Fall, wenn die 50-Tage-Linie die 200-Tage-Linie von unten nach oben passiert, entsteht ein Kaufsignal in Form eines goldenen Kreuzes (eng. *Golden Cross*).[112]«

»Aber ...«, setzt Peter an. »Mir ist in den verschiedenen Bayer-Charts aufgefallen, dass die gleitenden Durchschnitte falsche Signale liefern. Z. B. schneidet der Kurs den Durchschnitt von unten nach oben, was ein Kaufsignal ist. Doch tatsächlich kehrt der Kurs nach wenigen Tagen wieder um. Wie behandelt man so etwas?«

»Dieses Phänomen bezeichnet man als *Whipsaw*-Verlust (eng. *whipsaw* = Schrotsäge), da die Kursbewegung einer Bewegung beim Sägen ähnelt. Um dies zu verhindern, arbeitet man mit Filtern. Anstatt die Kreuzung der gleitenden Durchschnittslinie ausschließlich als Kauf- oder Verkaufssignal zu nehmen, wird ein Filter verwendet. Erst wenn dieser Filter das Kauf- bzw. Verkaufssignal betätigt, handelt man. Die gebräuchlichsten Filter findet ihr in dieser Tabelle«, erklärt Herr Hinrichs.

---

[112] Eine langfristige Betrachtung zeigt: Mit dem Golden-Cross-System hätten die Anleger die großen Verluste der vergangenen Jahrzehnte vermeiden können, wenn sie nach dem Auftreten des Death Cross aus dem Aktienmarkt ausgestiegen und bis zum Erscheinen des goldenen Kreuzes dem Markt ferngeblieben wären.

Tab. 13: Die gebräuchlichsten Filter

| Filter | |
|---|---|
| Zeit | Der 2-Tage-Filter: Besagt, dass der Tagesschlusskurs an zwei aufeinanderfolgenden Tagen jenseits des gleitenden Durchschnitts schließen muss, um ein gültiges Signal zu erhalten. Beispiel: Der Kurs kreuzt die gleitende Durchschnittslinie von unten nach oben. Das Kaufsignal wird bestätigt, wenn der Tagesschlusskurs sich an zwei aufeinanderfolgenden Tagen oberhalb der Durchschnittslinie halten kann. |
| Prozent | Die 3-Prozent-Regel: Besagt, dass der Schlusskurs drei Prozent niedriger bzw. höher sein muss als die gleitende Durchschnittslinie. Wenn z. B. der Bayer-Aktienkurs im Dezember 2015 die gleitende Durchschnittslinie bei ca. 110 Euro (s. Abb. 123, S. 241) nach unten durchstößt, müsste der Kurs um weitere 3 Prozent fallen, um ein gültiges Verkaufssignal zu liefern. Der Kurs müsste also um 3,30 Euro unterhalb die Durchschnittslinie fallen, also unter 106,70 Euro schließen, damit das Verkaufssignal bestätigt wäre. |

Wieder nimmt Petra ihr Mathematikbuch zur Hand. Sie hat das Gefühl, irgendetwas übersehen zu haben. Sie liest sich nochmals das Kapitel über Durchschnitte durch. Dann macht es Klick, und Petra fragt: »In meinem Mathematikbuch steht, dass es noch weitere Arten der Berechnung von Durchschnitten gibt. Verwendet man in der technischen Analyse auch noch andere Arten der Berechnung?«

»Ja!«, erwidert Herr Hinrichs. »Es gibt noch viele weitere Berechnungsarten. Die beiden wichtigsten sind: linear gewichteter gleitender Durchschnitt (eng. *Weight Moving Average* = WMA) und exponentiell gewichteter gleitender Durchschnitt (eng. *Exponential Moving Average* = EMA). Sie unterscheiden sich vom linear gewichteten Durchschnitt in der Gewichtung der einzelnen Kurse. Die beiden anderen Berechnungsarten gehen davon aus, dass die aktuellen Kurse wichtiger sind als die älteren. Na, Petra, hast du eine Idee, wie man den WMA oder EMA berechnet?«, fragt Herr Hinrichs auffordernd. »Tatsächlich habe ich eine Idee. Beim WMA wird jedem Tag (oder Schlusskurs) ein Gewicht verliehen. Üblicherweise wird das Gewicht so verteilt, dass den aktuellen Kursen ein höheres Gewicht verliehen wird als den älteren. Zum besseren Verständnis sehen wir uns das Bayer-Aktien-Beispiel von vorhin nochmals an. Am ersten Tag stand die Bayer-Aktie bei 128,75 Euro, am 2. Tag bei

129,25 Euro, am 3. Tag bei 125,60 Euro, am 4. Tag bei 122,80 Euro und am 5. Tag bei 118,25 Euro. Der normale Durchschnitt wäre jetzt die Summe aller Aktienkurs geteilt durch 5 Tage, also 624,65 Euro : 5 Tage = 124,93 Euro.« Plötzlich stockt Petra. Sie starrt auf die Formel in ihrem Mathematikbuch. Um ihr zu helfen, fragt Herr Hinrichs: »Wie sieht jetzt ein gewichteter Durchschnitt aus? Ein Tipp: In der Regel wird dem jüngsten Tag das höchste Gewicht eingeräumt.« Petra fängt an zu strahlen, weil sie auf einmal die Formel in ihrem Buch versteht: »Die Gewichtung der Börsenkurse bezieht sich auf die Anzahl der beobachteten Tage, in unserem Fall also 5. Der jüngste Tag erhält dann ein Gewicht von 5, der zweitjüngste ein Gewicht von 4, der drittjüngste ein Gewicht von 3 etc. Der älteste Tag, also der vor 5 Tagen, erhält ein Gewicht von 1. Somit sieht unsere Bayer-Aktienkurs-Formel nun wie folgt aus:«

(128,75 € mal 1) + (129,25 € mal 2) + (126,50 € mal 3) + (122,80 € mal 4) + (118,25 mal 5)

»Dies ist nur die erste Hälfte der Rechnung. Das Ergebnis ist 1849,20 Euro. Dieses Ergebnis müssen wir noch durch die Summe der Gewichte teilen, also in unserem Fall durch 1+2+3+4+5 = 15. Der gewichtete gleitende Durchschnitt liegt also 123,28 Euro.« »Bravo!«, freut sich Herr Hinrichs und zeigt folgenden Chart an der Tafel:

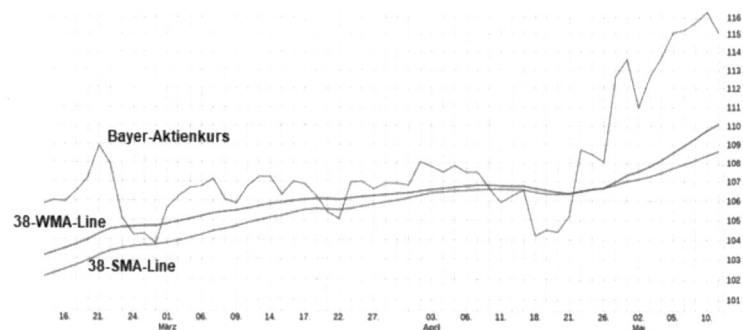

Abb. 124: Bayer-Tageschart mit 38-WMA-Linie und 38-SMA-Linie

»Man erkennt, dass der gewichtete gleitende Durchschnitt, d. h. die 38-WMA-Linie, schneller auf die aktuellen Kursveränderungen reagiert als der linear einfach gleitende Durchschnitt, d. h. die 38-SMA-Linie. Die 38-WMA-Linie hätte bereits am 20. Mai 2017 ein Kaufsignal generiert, während die 38-SMA-Linie erst einen Tag später dran war«, merkt Peter an.

»Allerdings hat diese Schnelligkeit nicht nur Vorteile«, greift Herr Hinrichs ein. »Der gewichtete gleitende Durchschnitt generiert nämlich mehr Fehlsignale als der einfache gleitende Durchschnitt, weil er den aktuellen Kursen ein höheres Gewicht einräumt.« Nach seiner Erklärung schreibt Herr Hinrichs die Formel für den **exponentiell gleitenden Durchschnitt** (*Exponential Moving Average* = **EMA**) an die Tafel.

$EMA_t = EMA_{t-1} + (SF*(C_t - EMA_{t-1}))$

- **EMA$_t$** ist der zu berechnende heutige *Exponential Moving Average*. Das kleine **t** steht für den Zeitpunkt. Sagen wir, dass **t** für heute steht. **t-1** (also »heute minus 1«) meint also den gestrigen Tag. **EMA$_{t-1}$** meint damit den gestrigen EMA.
- **SF** (oder auch *smoothing factor*, Glättungsfaktor, Gewichtungsfaktor) ist ein exponentieller Gewichtungsfaktor, der in der Regel mit der Formel 2 / (n+1) berechnet wird. Das **n** in der Formel steht für die Anzahl der Tage bzw. Periode (auch Wochen, Monate). Würden wir einen 5-Tage-EMA betrachten, sähe die SF-Berechnung so aus:
SF = 2 / (5+1) = 2 / 6 = 0,33333
- **C$_t$** ist der »Schlusskurs« (eng. *close* = C) des heutigen (oder jeweiligen) Tages oder der betrachteten Periode.

»Einen Euro für deine Gedanken«, flüstert Peter Rolf zu. »Mir ging gerade durch den Kopf: Petras Frage vorhin hat einen Kiesel ins Rollen gebracht, der diese Lawine ausgelöst hat.« Peter nickt. »Diese Formel ist wirklich ein schweres Geschütz.« Als Peter sich umsieht, kann er sehen, dass seine anderen Klassenkameraden ähnlich denken.

»Habt ihr das alles verstanden?«, fragt Herr Hinrichs unsicher. Als er die ratlosen Mienen seiner Schüler sieht, sagt er mitfühlend: »Macht nichts, ich hätte es auch nicht sofort verstanden. Lasst uns die Formel einfach aufdröseln. Seht euch dazu zunächst die Formel ohne die Bedeutung der Variablen an, also die reine Berechnung. Was fällt euch auf?« Peter nimmt seinen Mut zusammen: »Während z. B. ein linear gleitender Durchschnitt eine bestimmte Anzahl von Daten[113] braucht, fließen in die Berechnung des exponentiellen gleitenden Durchschnitts nur ein paar Variablen ein: EMA von gestern, Schlusskurs und SF.«

Aufgeregt wedelt Petra mit ihrem Mathematikbuch herum, um sich Gehör zu verschaffen. »Das ist eine Gleichung mit zwei Unbekannten – EMA von heute (= $EMA_t$) und EMA von gestern (= $EMA_{t-1}$) sind unbekannt. Das bedeutet, dass die Gleichung unlösbar ist.« Rolf ruft freudestrahlend in die Klasse: »Glück gehabt! Wir brauchen die Gleichung nicht zu lösen. Auf zu neuen Ufern!«

»Nicht ganz so schnell, Rolf!«, wirft Herr Hinrichs ein. »Es gibt eine Lösung. Da es am ersten Tag der Betrachtung keinen Vortageswert geben kann, ist der EMA für den ersten Tag gleich dem Schlusskurs des ersten Tags. Damit ist eine Unbekannte durch eine bekannte Größe ersetzt. In der Formelsprache sieht das so aus:«

$EMA_t = C_t$ oder $EMA_1 = C_1$ ⟶ $C_t = EMA_{t-1} + (SF * (C_t - EMA_{t-1})$

Für alle weiteren Folgeperioden, also t > 1, gilt dann:

$EMA_t = EMA_{t-1} + (SF*(C_t-EMA_{t-1}))$

»Werfen wir jetzt noch einem Blick auf den *SF*.«

$$SF = \frac{2}{(n+1)}$$

---

[113] Das liegt daran, dass der einfache lineare gleitende Durchschnitt definiert ist als die Summe der Schlusskurse im betrachteten Zeitraum geteilt durch die Anzahl der Tage im betrachten Zeitraum ist.

Petra studiert eingehend die Formel und rechnet einige Werte aus, bevor sie sagt: »Anders als bei den anderen Durchschnitten fließt die Periode $n$ nur in die Berechnung des Glättungsfaktors ein. Geben wir beispielsweise als Periode $n = 21$ ein, dann beträgt der Glättungsfaktor $(2 / (21+1)) = (2 / 22) = 0{,}091$. Bei $n = 55$ beträgt der Glättungsfaktor $(2 / (55+1)) = (2 / 56) = 0{,}036$.[114]«

Herr Hinrichs sieht sich in der Klasse um und sieht viele ratlos dreinblickende Schüler. Um etwas Licht ins Dunkel zu bringen, sagt Herr Hinrichs: »Nehmen wir wieder unseren Bayer-Aktienkurs zur Hand. Am ersten Tag stand die Bayer-Aktie bei 128,75 Euro, am 2. Tag bei 129,25 Euro, am 3. Tag bei 125,60 Euro, am 4. Tag bei 122,80 Euro und am 5. Tag (heutiger Tag) bei 118,25 Euro. Welchen Wert würde der exponentielle Durchschnitt am ersten Tag einnehmen?« Peter überlegt kurz und antwortet: »Ist doch klar! E-MA$_t$ = 128,75 Euro, weil am ersten Tag der Betrachtung der EMA gleich des Schlusskurses des ersten Tags ist.«

»Richtig, aber während wir diesen Wert noch durch Überlegen ermitteln konnten, müssen wir die folgenden ausrechnen«, sagt Herr Hinrichs. Sabine starrt auf den Bildschirm ihres Tablets, an dem sie einige Versuche unternimmt, die Formeln zu lösen. Plötzlich schnappt sie nach Luft. »Oh, kann das wirklich so einfach sein? Ich habe einfach den EMA des vorherigen Tages und den Glättungsfaktor $(2 / (5+1)) = 0{,}3333$ in die Formel für die Folgeperioden eingesetzt und dieses Ergebnis bekommen:«

---

[114] Daraus folgt: Je kleiner $n$ ist, umso dichter schmiegt sich der EMA an den Kursverlauf an. Je größer $n$ wird, desto größer ist der Abstand zum Kursverlauf.

$$EMA_{2(für\ zweiter\ Tag)}$$
$$= EMA_{1(für\ ersten\ Tag)}$$
$$+ \left(\frac{2}{(n+1)}\right.$$
$$\left. \cdot \left(Schlusskurs_{(zweiterTag)} - EMA_{1(für\ ersten\ Tag)}\right)\right)$$
$$= 128{,}75\ € + \left(\left(\frac{2}{5+1}\right) \cdot (129{,}25\ € - 128{,}75\ €)\right)$$
$$= 128{,}75 + \left(\frac{2}{6} \cdot 0{,}5\ €\right) = 128{,}92\ €$$

$$EMA_{3(für\ dritter\ Tag)}$$
$$= EMA_{2(für\ zweiten\ Tag)}$$
$$+ \left(\frac{2}{(n+1)}\right.$$
$$\left. \cdot \left(Schlusskurs_{(dritter\ Tag)} - EMA_{2(für\ zweiten\ Tag)}\right)\right)$$
$$= 128{,}92\ € + \left(\left(\frac{2}{5+1}\right) \cdot (125{,}60\ € - 128{,}92\ €)\right)$$
$$= 128{,}75 + \left(\frac{2}{6} \cdot -3{,}32\ €\right) = 128{,}11\ €$$

Rechenbeispiel mit 5-Tage-EMA-Bayer-Aktienkurs

| Tag | Kurs | Gewichtungsfaktor | EMA |
| --- | --- | --- | --- |
| 1 | 128,75 € | 0,3333333 | 128,75 € |
| 2 | 129,25 € | 0,3333333 | 128,92 € |
| 3 | 125,60 € | 0,3333333 | 128,11 € |
| 4 | 122,80 € | 0,3333333 | 126,34 € |
| 5 (heute) | 118,25 € | 0,3333333 | 123,64 € |

Weiter führt Sabine aus: »Ähnlich wie der gewichtete gleitende Durchschnitt räumt der exponentielle gleitende Durchschnitt den aktuellen Kursen ein höheres Gewicht ein. Daher ist der EMA etwas höher als beim linearen gleitenden Durchschnitt.«

Petra hebt die Hand und fragt: »Warum ist der exponentielle gleitende Durchschnitt wichtig? Die Signallogik ist doch bei allen drei besprochenen Durchschnitten gleich. Sie unterschieden sich doch nur dadurch, dass der eine Durchschnitt das Signal früher oder später liefert als der andere.«

Herr Hinrichs holt tief Luft und antwortet: »Das Konzept der gleitenden Durchschnitte dient als Grundgerüst für eine Vielzahl von Indikatoren. Deren Ziel ist es, die Signale schneller zu generieren bei gleichzeitiger höherer Zuverlässigkeit, sprich mit weniger Fehlsignalen. Eine dieser Weiterentwicklungen ist der MACD-Indikator, einer der am häufigsten benutzten Indikatoren.«

> **Merke**
>
> 1. Gleitende Durchschnitte folgen dem Trend mit zeitlicher Verzögerung!
> 2. Für alle drei besprochenen Varianten des gleitenden Durchschnitts gilt die Kreuzungsregel (eng. *crossover rule*). Sie sagt aus, dass man an dem Punkt kaufen soll, an dem der Kurs die gleitende Durchschnittslinie nach oben kreuzt – und dass man an dem Punkt verkaufen soll, an dem der Kurs die gleitende Durchschnittslinie nach unten kreuzt.
> 3. Verwendung von zwei gleitenden Durchschnitten: Crossover-Methode:
> a) Wenn der kürzere gleitende Durchschnitt den längeren gleitenden Durchschnitt von unten nach oben kreuzt, entsteht ein Kaufsignal.
> b) Wenn der kürzere gleitende Durchschnitt unter den längeren gleitenden Durchschnitt fällt, wird ein Verkaufssignal erzeugt.

### 5.1.2 MACD

Bevor Herr Hinrichs einige Worte zum MACD sagen kann, kommt ihm Rolf mit einem Witz zuvor. »Früher haben sich die Fürsten Hofnarren gehalten. Heute halten sich die Bankfürsten Chartisten.« In der Klasse erhebt sich Gelächter, selbst Herr Hinrichs stimmt mit ein. Gelöst beginnt er die Stunde: »Der **MACD** (Abk. für *Moving Average Convergence Divergence*) zeigt einerseits die Richtung und die Stärke des Trends an und andererseits ist er in der Lage, einen möglichen Trendwechsel anzuzeigen.«

»Dann ist der MACD-Indikator ja die sprichwörtliche eierlegende Wollmilchsau«, ruft Rolf grinsend. Auch Herr Hinrichs muss schmunzeln und wirft folgenden Bayer-Chart an die Tafel.

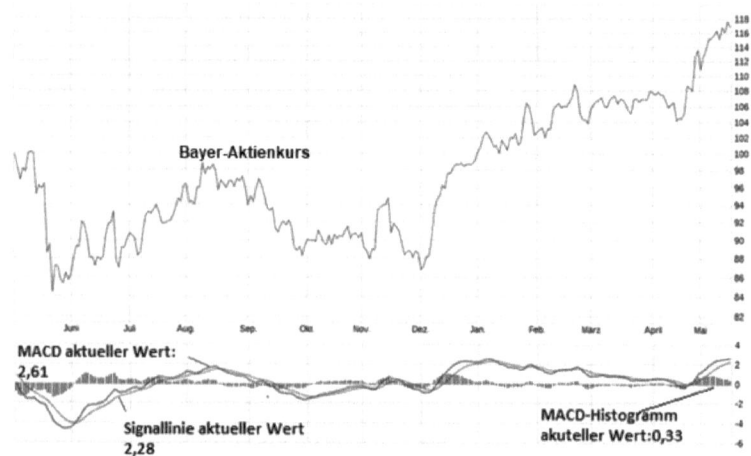

Abb. 125: Bayer-Aktien-Tageschart mit MACD
Mai 2016 bis Mai 2017

»Oh, nein«, ruft Sabine aus. »Der MACD sieht wirklich kompliziert aus. Jetzt geht es in die Vollen!«

»So kompliziert ist es nicht«, entgegnet Herr Hinrichs. »Der MACD verwendet nur Altbekanntes in neuem Gewand. Er verwendet nämlich einen kurz- und langfristigen exponentiellen gleitenden Durchschnitt (EMA). Als Standard zur Berechnung des MACDs hat sich ein 12-Tage- und 26-Tage-exponentieller-gleitender-Durchschnitt durchgesetzt. Zum MACD gelangt man, indem man einfach den längeren Durchschnitt vom kürzeren abzieht. Die Formel zur Berechnung des MACD sieht so aus:«

MACD = EMA (12) – EMA (26)

Sofort ergreift Hans-Jürgen das Wort: »Bei einem aktuellen Bayer-Kurs von 116,30 Euro und den jeweiligen Ständen der Durchschnitte von 115,05 Euro für den 12-Tage-exponentiellen-gleitenden-Durchschnitt (EMA-12) und den 26-Tage-Durchschnitt (EMA-26) von 112,44 Euro ergibt sich somit ein aktueller MACD-Wert von 115,05 – 112,44 = 2,61.«

Blinzelnd starrt Britta auf den Bayer-Chart und schnappt nach Luft. »Wo kommt denn die Nulllinie her?« Petra zögert zunächst mit der Antwort, die ihr auf der Zunge liegt. Schließlich sagt sie: »Aus der Formel des MACD erkennt man, dass es positive und negative MACD-Werte geben kann, je nachdem, ob der EMA-12 kleiner oder größer als der EMA-26 ist. Die Nulllinie ist die optische Grenze zwischen dem positiven und negativen Bereich. Aber ob sie irgendeine Bedeutung für die Analyse hat, weiß ich nicht.«

»Natürlich hat sie das!«, löst Herr Hinrichs auf. »Doch treten wir zunächst einen Schritt zurück. Ein MACD-Wert im positiven Bereich deutet auf ein bullisches Marktumfeld hin, während ein MACD-Wert im negativen Bereich einen Bärenmarkt andeutet. Steigt der MACD-Wert im positiven Bereich, beschleunigt sich der Aufwärtstrend. Umgekehrt beschleunigt sich der Abwärtstrend, wenn der MACD-Wert im negativen Bereich weiter fällt. Ein fallender MACD-Wert oberhalb der Nulllinie lässt auf ein Nachlassen der Aufwärtstrenddynamik schließen, d. h. eine mögliche Trendumkehr deutet sich an. Vice versa lässt ein steigender MACD-Wert unterhalb der Nulllinie auf ein Nachlassen des Abwärtsmomentums schließen. Aus dieser Beobachtung ergeben sich die ersten Kauf- bzw. Verkaufssignale des MACD-Indikators. Hat dazu jemand eine Idee? Rolf, du vielleicht?«

Rolf rutscht das Herz in die Hose. Er blättert seine Notizen durch – und wird fündig. »Natürlich, die *Double-Crossover*-Methode«, denkt er und erklärt laut. »Der MACD-Indikator zeigt bloß die Lage zweier gleitender Durchschnitte zueinander an. Somit müsste sich ein Signal am Schnittpunkt des MACD-Wertes mit der Nulllinie ergeben, weil sich dann die beiden Durchschnitte kreuzen. Kommt der MCAD-Wert aus dem negativen Bereich – Bärenmarkt – und steigt über die Nulllinie an, liegt ein Kaufsignal vor. Beispielsweise kommt der MACD-Indikator Anfang Dezember 2016 im Bayer-Chart aus dem bärischen Bereich und steigt über die Nulllinie an, was ein Kaufsignal war. Falls jedoch der MACD-Wert aus dem positiven Bereich kommend unter die Nulllinie fällt, ist dies ein Verkaufssignal, wie z. B. Mitte September 2016 im Bayer-Chart.«

Britta seufzt: »Ist das noch keinem aufgefallen? Im Bayer-Chart ist nicht nur die MACD-Linie abgebildet, sondern ich sehe noch eine weitere Linie. Was hat es mit der auf sich?«

»Diese Linie wird als Signallinie bezeichnet«, antwortet Herr Hinrichs. »Diese mitlaufende Linie ist nichts anderes als der 9-Tage-exponentieller-gleitender-Durchschnitt des MACD-Wertes. Aus dieser Linie lässt sich nun eine ähnliche Signallogik ableiten wie bei den gleitenden Durchschnitten und dem Aktienkurs.«

Petras Gesicht verwandelte sich in eine Maske der Überraschung, als ihr die Lösung einfiel. »Kreuzt der MACD die Signallinie von unten nach oben, ergibt sich ein Kaufsignal. Umgekehrt gilt: Kreuzt der MACD die Signallinie von oben nach unten, liegt ein Verkaufssignal vor.«

Einen Herzschlag lang ist es still in der Klasse, bis Herr Hinrichs das Wort ergreift: »Genau! Häufig betrachtet man auch die Lage des Signals in Relation zur Nulllinie. Im Allgemeinen gelten Kaufsignale aus MACD und Signallinie als ›besser‹, wenn sie unterhalb der Nulllinie entstehen. Im Gegensatz dazu gelten Verkaufssignale als ›besser‹, wenn sie oberhalb der Nulllinie entstehen. Das ist wie im Fußball: Ein Ballverlust in der gegnerischen Hälfte, wenn die eigene Mannschaft weit aufgerückt ist, führt in der Regel zu einem verhängnisvollen Konter mit einem Gegentor – und an den Börsen zu Verlusten.«

Britta wundert sich: »Vor ein paar Minuten haben wir festgestellt, dass der zugrunde liegende Trend umso stärker ist, je weiter sich der MACD von der Mittellinie entfernt. Liegen also der MACD und Signallinie unterhalb der Nulllinie, so liegt ein Abwärtstrend vor. Liefern der MACD und die Signallinie ein Kaufsignal, bedeutet dies doch nichts anderes als ein Signal, gegen den Trend zu spekulieren. Ich würde also gegen einen starken Trend spekulieren.«

»Deshalb muss ein solches antizyklisches Signal immer kritisch hinterfragt werden. In der Regel werden solche Signale mit anderen Indikatoren und auf Basis des Trendkonzeptes überprüft. Erst, wenn diese das Signal bestätigen, sollte man handeln«, erwidert Herr Hinrichs.

Sabine hat noch eine Frage: »Was hat es mit diesem Histogramm auf sich?« Herr Hinrichs wirft einen Blick auf den Bayer-Chart, bevor er antwortet: »Aus den 12- und 26-Tage-exponentiellen-gleitenden-Durchschnitten haben wir die MACD-Linie berechnet. Indem wir den 9-Tage-gleitenden-exponentiellen-Durchschnitt aus der MCAD-Linie berechnet haben, sind wir zur Signallinie gekommen. Was wäre der nächste logische Schritt?« Herr Hinrichs nickt Peter zu, der zögernd sagt: »Wir wenden den MACD auf den MACD an, d. h. wir nehmen die Differenz aus dem ursprünglichen MACD und seiner Signallinie. Fertig ist das Histogramm. Wie vorhin ausgerechnet, liegt der aktuelle MACD-Wert bei 2,61 und aus dem Chart kann man entnehmen, dass der aktuelle Wert der Signallinie 2,28 ist. Somit ergibt sich ein Wert von 0,33. Er wird als Balken im Histogramm dargestellt.«

Herr Hinrichs ist verblüfft von Peters Antwort und fügt an: »Liegt der Wert des Balkens oberhalb der Nulllinie, dann befindet sich die MACD-Linie oberhalb der Signallinie. Sind jedoch die Werte für die Balken negativ, so befindet sich die MACD-Linie unterhalb der Signallinie. Kauf- bzw. Verkaufssignale treten dann auf, wenn die Werte der Balken von negativ zu positiv oder umgekehrt wechseln, weil es in diesem Fall immer zu einem Kreuzen der MACD-Linie und der Signallinie gekommen ist. Besonders interessant sind auch Divergenzen. Eine bullische Divergenz liegt vor, wenn der Aktienkurs noch fällt, während der MACD bzw. das Histogramm schon steigt. Dies deutet auf ein Nachlassen der Abwärtsbewegung hin, d. h. eine Wende zum Aufwärtstrend steht bevor. Gleiches gilt für die andere Seite der Medaille. Der Aktienkurs steigt noch weiter, während der MACD bzw. das Histogramm bereits fällt.« Zur Illustration erscheint folgender Chart an der Tafel.

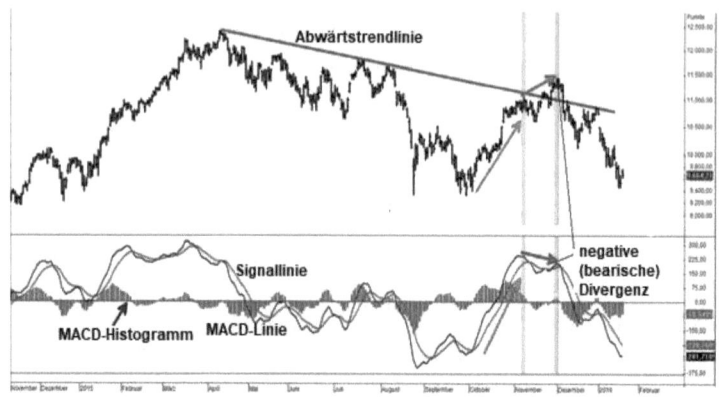

Abb. 126: DAX-Tageschart von Nov. 2015 bis Feb. 2016 mit negativer (bearisher) Divergenz
Quelle: Eigene Darstellung und vgl. Sommer 2016

»Ha!«, stößt Peter aus. »Fast wären wir auf eine Bullenfalle im November 2015 reingefallen. Im Oktober 2015 laufen der DAX-Kurs und die MACD-Linie zunächst synchron, d. h. der Aufwärtstrend ist intakt. Während der DAX im November 2015 noch ein neues Hoch markiert, dreht der MACD bereits ab, d. h. der MACD markiert ein tieferes Hoch als noch wenige Wochen zuvor. Es bildet sich eine negative Divergenz aus. Die Alarmglocken schrillen ganz laut, obwohl der Bruch der Abwärtslinie zunächst als Kaufsignal interpretiert werden kann. Die Divergenz rät jedoch zum Abwarten.«

**Merke**

1. Der MACD-Indikator zeigt die Richtung des Trends an. Die Lage des MACD-Indikators zur Nulllinie zeigt die Trendrichtung an. Liegt der MACD-Wert im positiven Bereich (über der Nulllinie), liegt ein Aufwärtstrend vor, liegt er im negativen Bereich (unter der Nulllinie) ein Abwärtstrend.
2. Neben der Richtung eines Trends, liefert der Indikator auch Kauf- und Verkaufssignale. Wenn die MACD-Linie die Signallinie nach oben kreuzt, entsteht ein Kaufsignal. Kreuzt der MACD dagegen die Signallinie von oben nach unten, ist dies ein Verkaufssignal.

3. Außerdem beschreibt der Indikator auch die Stärke eines Trends. Je größer der Abstand des MACD zur Nulllinie ist, desto kräftiger ist der Trend.

a) Im positiven Bereich (oberhalb der Nulllinie) ist ein steigender MACD ein Signal für ein zunehmendes Momentum im Aufwärtstrend. Dagegen ist ein fallender MACD ein Indiz für eine nachlassende Dynamik des Aufwärtstrends.

b) Im negativen Bereich (unterhalb der Nulllinie) ist ein fallender MACD ein Zeichen für einen stärker werdenden Abwärtstrend, wohingegen ein steigender MACD im Abwärtstrend ein Indiz für nachlassende Dynamik im Abwärtstrend ist.

4. Divergenzen zwischen dem Aktienkursverlauf und dem MACD weisen auf Schwächen im vorhandenen Trend hin und deuten einen möglichen Trendwechsel an.

a) Erreicht ein Aktienkurs neue Hochpunkte und werden diese nicht durch gleichzeitige Hochs im MACD bestätigt, so spricht man von einer negativen Divergenz. Das bedeutet, dass die Marktsättigung der Aktien hoch ist und deshalb bald mit verstärkten Verkäufen und damit einhergehenden sinkenden Kursen zu rechnen ist.

b) Umgekehrt wird als positives Zeichen gewertet, wenn neue Tiefs im Aktienkurs nicht mehr vom MACD bestätigt werden. In diesem Fall spricht man von einer positiven Divergenz. Sie liegt vor, wenn der Aktienkurs im Rahmen eines Abwärtstrends einen neuen Tiefpunkt ausbildet, während der MACD über seinem letzten Tiefpunkt bleibt. Dies weist darauf hin, dass die Verkäufe abnehmen.

### 5.1.3 Bollinger Bänder

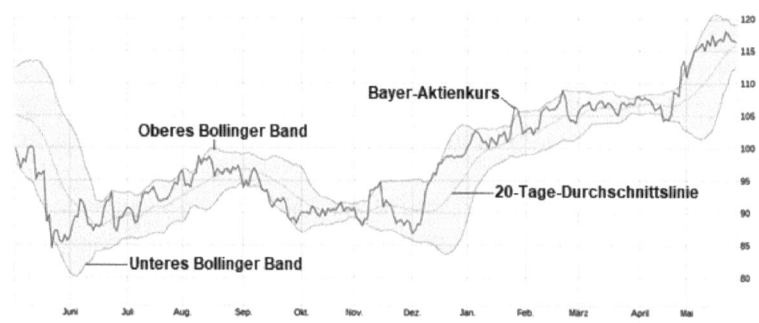

Abb. 127: Bayer-Chart vom Mai 2016 bis Juni 2017 mit Bollinger Bändern

»Der Chart zeigt die **Bollinger Bänder**. Sie sind ähnlich wie der MACD-Indikator eine Weiterentwicklung der Idee der gleitenden Durchschnitte. Der Name dieses Indikators geht auf seinen Erfinder John Bollinger zurück«, sagt Herr Hinrichs. »Wie ihr aus dem Chart erkennen könnt, werden ein unteres und oberes Trading-Band um einen einfachen gleitenden Durchschnitt geschlagen. Üblicherweise verwendet man einen Durchschnitt, der über 20 Tage berechnet wurde. Für den Abstand der Trading-Bänder zum gleitenden Durchschnitt wird die Standardabweichung benutzt. Was ist die Standardabweichung?«

Petra hat wieder ihr Mathematikbuch zur Hand und schlägt es auf der Seite zur Standardabweichung auf. »Die Standardabweichung beschreibt, wie die Kurse um einen Durchschnittskurs – hier den 20-Tage[115]-einfachen-gleitenden-Durchschnitt – streuen. Bei einer großen Standardabweichung schwankt der Kurs stark um seinen Durchschnitt, bei einer kleinen Standardabweichung nur gering«, erklärt sie.

---

[115] Bollinger Bänder können auch auf Wochen- oder Monatscharts angewendet werden. Dann verwendet man anstatt 20 Tage 20 Wochen bzw. 20 Monate als Periodenlänge.

»Das kann man so sagen«, stimmt Herr Hinrichs zu. »Weiterhin haben Statistiker festgestellt: Liegt das obere Band zwei Standardabweichungen über und das untere Band zwei Standardabweichungen unter dem gleitenden Durchschnitt, dann ist gewährleistet, dass 95 Prozent aller Kurse in den Bereich zwischen dem oberen und unteren Band fallen[116].«

»Ha!«, entfährt es Peter sichtlich erfreut. »Die Berechnung der Bollinger Bänder geht so: Um die Mittellinie im Bayer-Chart zu konstruieren, verwenden wir einen einfachen 20-Tage-gleitenden-Durchschnitt des Bayer-Aktienkurs. Für diese Periode wird nun einfach per Computer die Standardabweichung berechnet und der zweifache Wert dieser nach oben und unten am Durchschnitt abgetragen. Die derzeitige Standardabweichung beträgt 1,69 Euro. Multipliziert mit dem Faktor 2 ergibt sich eine Schwankungsbreite von 3,38 Euro. Der aktuelle Durchschnittswert beträgt 115,65 Euro. Addieren wir 3,39 Euro hinzu, bekommen wir das obere Bollinger Band bei 119,23 Euro. Subtrahieren wir die zweifache Standardabweichung vom Durchschnitt, erhalten wir das untere Bollinger Band mit 112,47 Euro.«

Herr Hinrichs hat genug gehört. »Danke, Peter. Aber was sagen die Bollinger Bänder nun aus?«

»Im Klartext sagen uns die Bollinger Bänder, wo sich 95 Prozent der Kurswerte aufhalten werden, nämlich zwischen dem unteren und dem oberen Band. Diese Information ist aber nutzlos fürs Traden. Nur weil sich der Kurs irgendwo in dieser Zone aufhalten wird, kennen wir die Richtung, in die er sich zukünftig bewegen wird, noch lange nicht«, meint Britta unwillig. Ringsum kommt leise Unruhe im Klassenzimmer auf, als alle auf den Kern der Diskussion zusteuern: Was ist jetzt zu tun? Herr Hinrichs greift ein: »Man soll die Flinte nicht gleich ins Korn werfen! Hier ist Um-die-Ecke-Denken angesagt. In der Regel werden die Kurse nämlich als nach oben überdehnt bzw. überkauft angesehen, wenn sie das

---

[116] Dies ist die Standardeinstellung der Bollinger Bändern. Sie kann beliebig variiert werden.

obere Band berühren. Umgekehrt gelten die Kurse nach unten überdehnt bzw. überkauft, wenn sie das untere Band berühren.«

Sabine deutet auf den Chart: »Ich glaube, der einfachste Weg, die Bollinger Bänder zu nutzen, ist die Definition des oberen und unteren Bandes als Kursziel.«

Rolf stößt einen Pfiff aus: »Anders gesagt: Wenn die Kurse vom unteren Band abprallen und über die 20-Tage-Durchschnittslinie steigen, wird das obere Bollinger Band zum Kursziel nach oben – und umgekehrt. In einem starken Aufwärtstrend sollten die Kurse zwischen dem oberen Band und der 20-Tage-Durchschnittslinie schwanken. Falls jetzt irgendwann die 20-Tage-Durchschnittslinie nach unten durchstoßen wird, ist dies ein Zeichen, dass ein Trendwechsel nach unten – Abwärtstrend – bevorsteht. Umgekehrtes gilt für einen starken Abwärtstrend. Dort sollte der Kurs zwischen dem unteren Band und der 20-Tage-Durchschnittslinie fluktuieren. Durchkreuzt der Kurs die 20-Tage-Durchschnittslinie von unten nach oben, so ist dies ein Signal für einen Trendwechsel hin zu einem Aufwärtstrend.«

Petra wundert sich laut: »Im Bayer-Chart sieht es so aus, als würden sich die Bollinger Bänder ausdehnen oder zusammenziehen. Es scheint …« Petra kann ihre Satz nicht mehr zu Ende bringen, da Peter sie unterbricht: »Das liegt an der Standardabweichung! Wenn die Kurse volatiler werden, also stärker schwanken, wird sich der Abstand zwischen den beiden Bändern ausweiten, weil die Standardabweichung größer wird. Bei niedrigeren Schwankungen der Kurse wird der Abstand dagegen geringer, da die Standardabweichung kleiner wird. Die Bänder haben also die Tendenz, zwischen Expansion und Kontraktion zu wechseln, je nach Marktvolatilität.«

Herr Hinrichs fügt an: »Sind die Bollinger Bänder ungewöhnlich weit voneinander entfernt – wie im Dezember 2016 –, ist dies ein Indiz dafür, dass der aktuelle Trend seinem Ende zugeht. Umgekehrt sind Bereiche, in denen der Abstand zwischen den beiden Bändern im Chart sehr klein wird – wie im April 2017 zu sehen –, ein Indiz für eine deutliche Kursreaktion. Das liegt daran, dass starken Kursbewegungen zumeist Phasen mit niedriger Volatilität vorausgehen. Deshalb ist der Abstand zwischen den Bändern klein. Das kann eine Trendumkehr sein, aber auch der Ausbruch aus einer Konsolidierungsformation. Das Manko ist, dass die Bollinger Bänder die Richtung des Ausbruchs nicht anzeigen können.«

**Merke**

1. Im Normalfall pendeln die Kurse zwischen den Bollinger Bändern. Stößt der Kurs an eines der Bänder und prallt davon ab, so wird das gegenüberliegende Band als Kursziel definiert, sobald der Kurs die 20-Tage-Durchschnittslinie durchbrochen hat.
2. Bei einem Aufwärtstrend bewegen sich die Kurse nahe des oberen Bands, während sie sich bei einem Abwärtstrend am unteren Band entlang bewegen. Durchkreuzt bei einem Aufwärtstrend der Kurs die gleitende Durchschnittslinie von oben nach unten, ist dies ein Indiz für eine Trendwende hin zum Abwärtstrend. Falls in einem Abwärtstrend der Kurs die gleitende Durchschnittslinie von unten nach oben durchstößt, ist dies ein Zeichen für einen Trendwechsel hin zum Aufwärtstrend.
3. In trendlosen Phasen werden die Bollinger Bänder als Widerstands- und Unterstützungszonen angesehen, wobei Ausbrüche als Indiz für einen Trendwechsel interpretiert werden.
4. Eine Verengung der Bollinger Bänder deutet auf eine bevorstehende deutliche Kursbewegung hin.
5. Eine deutliche Verbreitung des Abstandes der Bollinger Bänder deutet darauf hin, dass der aktuelle Trend zu Ende geht.

### 5.1.4 AROON-Indikator – den Trend frühzeitig erkennen

Herr Hinrichs betritt nach der Pause die Klasse und beginnt: »AROON bedeutet aus dem Sanskrit übersetzt: Das erste Licht der Dämmerung. Der Erfinder Trushar Chande wählte diesen Namen, weil er mit diesem Indikator den Anfang eines neuen Trends aufspüren wollte. Mit diesem Ziel vor Augen entwickelte Chande zwei Indikatorlinien: AROON-Up und AROON-Down. Die **AROON-Up** zeigt die Anzahl der Tage seit dem vergangenen Kurshoch beim Basiswert (z.B. Aktie) in Relation zur Gesamtlänge der betrachteten Periode in Tagen an. Die **AROON-Down** wird analog der jeweils letzten Tiefstände ermittelt.« Während seiner Erklärungen, schreibt Herr Hinrichs die Formeln für die Berechnung von AROON-Up und AROON-Down an die Tafel.

$$\text{AROON-Up} = 100 \cdot \left(\frac{(\text{Periode} - N_{Hoch})}{\text{Periode}}\right)$$

mit $N_{Hoch}$ = Anzahl der Tage seit dem letzten Hoch; Periode = betrachtete Zeitspanne, z. B. 14 Tage.

$$\text{AROON-DOWN} = 100 \cdot \left(\frac{(\text{Periode} - N_{Tief})}{\text{Periode}}\right)$$

mit $N_{Tief}$ = Anzahl der Tage seit dem letzten Tief; Periode = betrachtete Zeitspanne, z. B. 14 Tage.

»Ich verstehe das nicht! Kann mir jemand helfen?«, fragt Sabine. In der Klasse setzt betretendes Schweigen ein. Den anderen Schülern steht die gleiche Frage ins Gesicht geschrieben. »Schon gut, schon gut«, beschwichtigt Herr Hinrichs und lässt neben den Formeln noch einen Chart auf der Tafel erscheinen.

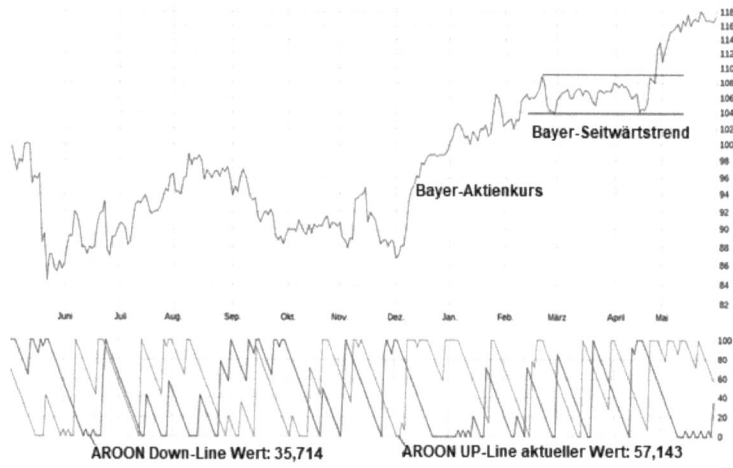

**Abb. 128: Bayer-Tageschart mit AROON Up/Down-Linie**
Mai 2016 bis Juni 2017
Zur Berechnung des AROON-Indikators wurde die Periode auf 14 Tage festgelegt.

Peter spricht als Erster: »AROON-Up bzw. AROON-Down messen jeweils die Anzahl der Tage, die seit dem letzten Hoch (AROON-Up) bzw. Tief (AROON-Down) im Markt vergangen sind. Bayer hat vor 6 Tagen ein neues Hoch in der eingestellten Zeitspanne von 14 Tagen[117] erreicht, wie der Chart zeigt. So ergibt sich ein aktueller Wert für den AROON-Up von 57,134.« Dann schreibt Peter Folgendes an die Tafel:

$$\text{AROON-Up} = 100 \cdot \left(\frac{(\text{Periode} - N_{Hoch})}{\text{Periode}}\right) = 100 \cdot \left(\frac{(14 - 6)}{14}\right) = 57{,}134$$

Sabine nimmt ein leeres Blatt hervor und stellt einige Berechnungen an. Anschließend blickt sie ihre Mitschüler auffordernd an. »Aus dem Chart erkennt man, dass das letzte Tief 9 Tage zurückliegt. So ergibt sich ein aktueller AROON-Down-Linien-Wert von 100 * (14-9) / 14 = 34,714. Aus der Konstruktion der Formeln ergibt sich auch, dass sowohl die AROON-Up- als auch die AROON-Down-Linie lediglich Werte zwischen 0 und 100 annehmen kann.«

»Das ist alles schön und gut! Doch wie setze ich den AROON-Indikator ein?«, wirft Rolf ein. Sabine wirft einen verstohlenen Blick zu Peter hinüber. Peter zuckt nur ratlos mit den Schultern. Herr Hinrichs lässt das Schweigen nicht lange andauern: »Ein Aufwärtstrend liegt vor, wenn der AROON-Up über dem AROON-Down verläuft, wie der Bayer-Chart zeigt. Umgekehrt wird ein Abwärtstrend angezeigt, wenn der AROON-Down über dem AROON-Up liegt. Außerdem stellte Chande fest, dass der Trend umso stabiler ist, je höher der entsprechende AROON-Wert ist. Werte des AROON-Up über 70 deuten auf einen starken Aufwärtstrend hin. Andererseits signalisieren Werte des AROON-Down über 70 auf einen starken Abwärtstrend hin. Je gleichmäßiger dabei einer der beiden Indikatorlinien im oberen Bereich – also über 70 – verläuft, desto stabiler ist der jeweilige Trend. Wenn sowohl der AROON-Up als auch der AROON-Down unterhalb von 70 notieren, spricht

---

[117] Die Periodenlänge kann frei gewählt werden, wobei längere Zeiteinstellungen – z. B. 100 Tage – dazu dienen, eher längere und größere Trends sichtbar zu machen. Häufige Periodenlängen liegen zwischen 8 und 30 Tagen.

dies für eine trendlose Phase[118]. Im Bayer-Chart erkennt man, dass AROON-Up und AROON-Down nach der kurzen Rallye von Anfang Mai in eine trendlose Phase bzw. Konsolidierung übergehen. In der Regel nähern sich während einer Konsolidierung die AROON-Up- und AROON-Down-Line einander an. Ein Crossover der beiden Linien deutet einen möglichen Trendwechsel an. Dies gilt besonders nach Phasen, in denen einer der beiden AROON-Werte über einen längeren Zeitraum im oberen Bereich – also über 70 – notierte. Ein solcher Kreuzungspunkt zeigte Anfang Dezember 2016 im Bayer-Chart einen Trendwechsel zum Aufwärtstrend an.«

Hans-Jürgen unterbricht Herrn Hinrichs Ausführungen. »Manchmal fallen die Werte des AROON-Up bzw. -Down kurzzeitig unterhalb der Marke von 70, um kurze Zeit später wieder auf Werte von über 70 zu steigen. Das ist z. B. Ende Januar 2017 im Bayer-Chart passiert. Was hat das zu bedeuten?«

»Das bezeichnet man als *Reentry*-Signale. Da diese *Reentry*-Signale recht häufig vorkommen, sollte man nach Unterschreiten der 70er-Marke abwarten, bis es zur Kreuzung der beiden Indikatorenlinien kommt. Dann ist allerdings Handeln angesagt.«

---

**Merke**

1. Ein Aufwärtstrend liegt vor, wenn gilt:
a) Die AROON-Up-Linie liegt über der AROON-Down-Linie.
b) Die AROON-Up-Linie sollte über dem Schwellenwert von 70 liegen, nur dann liegt ein stabiler Trend vor
2. Ein Abwärtstrend liegt vor, wenn gilt:
a) Die AROON-Down-Linie liegt über der AROON-Up-Linie.
b) Die AROON-Down-Linie sollte über dem Schwellenwert von 70 liegen, nur dann liegt ein stabiler Abwärtstrend vor.
3. Die Kreuzung der AROON-Up- und der AROON-Down-Linie deutet auf einen Trendwechsel hin.
a) AROON-Up kreuzt über AROON-Down –> bullisches Signal

---

[118] In seitwärts gerichteten Märkten treten die für Trendfolger typischen Probleme auf, d. h. die Anzahl der Fehlsignale steigt. Ebenso wird kritisiert, dass der Indikator bei schnellen Wechseln von Aufwärts- und Konsolidierungsphasen beim Kurs des Basiswertes oft unzureichende Ergebnisse liefert.

b) AROON-Down kreuzt über AROON-Up –> bearishes Signal
4. Liegen die Werte von AROON-Up und AROON-Down zwischen 70 und 30, liegt ein trendloser Markt vor.

### 5.1.5 Der *Parabolic SAR* – ein einfaches Handelssystem?

»Wäre es nicht toll, wenn man einen Indikator zur Hand hätte, mit dem man in der Lage wäre, Gewinne laufen zu lassen und der mit Fortdauer eines Trends die Stopps immer näher an die Kurse rücken lassen würde?«, fragt Herr Hinrichs.

Petra ruft begeistert: »Ja! Das wäre toll. Einem Trend folgen, und wenn er dreht, rechtzeitig aussteigen – mit maximalem Gewinn. Ein Traum jedes Anlegers.«

»Genau!«, erwidert Herr Hinrichs Petras Begeisterung. »Dieses Ziel vor Augen, entwickelte Welles Wilders das *Parabolic SAR-System*. Dabei steht SAR für *Stop-And-Reverse*: Eine Position wird ausgestoppt und ebendort wird zeitgleich wieder eine neue eröffnet.«

»Was …?«, fragt Rolf verwundert. Dann wird ihm klar, was das bedeutete: »Somit ist jedes Verkaufssignal einer Long-Position gleichzeitig das Kaufsignal für eine Short-Position. Interessant ist dies für alle Trader, die immer im Markt sein möchten, also beispielsweise mit Optionsscheinen (*Call* für Long-Position bzw. *Put* für Short-Position) in beide Richtungen spekulieren möchten.« »Als ob ich jemals mit Optionsscheinen handeln würde, die sind doch viel zu riskant«, denkt Petra. Aber dann fällt auch bei ihr der sprichwörtliche Groschen: »Man könnte auch eine alternative Strategie fahren. Wenn ein Kaufsignal für die Long-Seite gegeben wird, kauft man eine Aktie. Kommt jetzt das Verkaufssignal der Long-Position, wird die Aktie verkauft und statt eine Short-Position am Markt einzugehen, legt man den Verkaufserlös auf ein Sparkonto. Liefert jetzt der *Parabolic SAR* wieder ein Kaufsignal auf der Long-Seite, nimmt man das Geld vom Sparkonto und kauft die Aktie wieder. Das Spiel beginnt von Neuem.«

»Tatsächlich gibt es eine solche Strategie«, antwortet Herr Hinrichs etwas gedankenverloren. »*Parabolic* bedeutet, dass die

Stopps mit Fortdauer des Trends näher an den Kursverlauf herangezogen werden. Natürlich sind die Stopps zu Beginn weit vom Kurs entfernt. So soll gewährleistet werden, dass man in der volatilen Phase eines jungen Trends nicht zu früh ausgestoppt wird[119]. Den ersten vom *Parabolic SAR* erzeugte Stopp nennt man auch Eingangsstopp. Dieser wird im weiteren Verlauf immer näher an den Kurs herangezogen ... « Herr Hinrichs ist ganz vertieft in seine Ausführungen, als er an den Laptop stößt. Und schon wird folgender Chart an die Tafel geworfen.

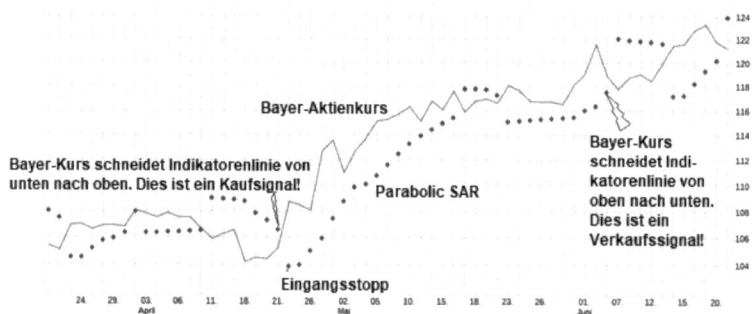

Abb. 129: Bayer-Tageschart von Ende März bis Ende Juni 2017 mit *Parabolic SAR*

Der *Parabolic SAR* gibt Einstiegs- sowie Ausstiegssignale und legt den Eingangsstopp fest. Dieser wird dann im weiteren Verlauf immer dichter an den Kurs herangezogen.

Ein lautes Lachen erhebt sich in der Klasse. Nur Peter schaut scheinbar gedankenverloren aus dem Fenster. Noch mit einem Schmunzeln über sein Missgeschick auf den Lippen spricht Herr Hinrichs Peter an: »Hier spielt die Musik.« »Nein, tut sie nicht!«, erwidert Peter. Herr Hinrichs sieht Peter verdutzt an. Ungerührt fährt Peter fort: »Hier an den Fensterscheiben sind mathematische Figuren des letzten Kurses aufgehangen. Und es gibt Parallelen zu unserem Thema: Sieht man sich den Chart an, so erkennt man einen

---

[119] Das orientiert sich an der alten Börsenregel, dass die Stopp-Loss zu Beginn des Engagements weiter gefasst sein sollten und später möglichst nah am Kurs liegen sollten, um den aufgelaufenen Gewinn zu sichern.

parabel-ähnlichen Verlauf der Stoppmarken, z. B. vom 22. April bis zum 18. Mai 2017. Dieser kommt zustande, weil sich der Abstand zwischen nachlaufender Stoppmarke und aktuellem Kurs verringert, je weiter der Trend gelaufen ist.«

Während Peter dies sagt, überlegt Herr Hinrichs, wie er die Stunde wieder in geordnete Bahnen lenken kann. Er entscheidet sich dafür, die Formel zur Berechnung des *Parabolic SAR* an die Tafel zu schreiben.

Für einen Aufwärtstrend: $SAR_t = SAR_{t-1} + AF_t \cdot (Höchstkurs_{t-1} - SAR_{t-1})$

Für einen Abwärtstrend: $SAR_t = SAR_{t-1} + AF_t \cdot (Tiefstkurs_{t-1} - SAR_{t-1})$

»Die Berechnung des *Parabolic SAR* möchte ich für einen Aufwärtstrend[120] erläutern. Als Startwert wird der Tiefstkurs des vorangegangenen Abwärtstrends verwendet, d. h. der erste Indikatorwert im Aufwärtstrend ist gleich der Tiefstkurs des vorangegangenen Abwärtstrends. Ab der Berechnung des zweiten Indikatorwertes kommt der Akzelerations- oder Beschleunigungsfaktor $AF$ ins Spiel. Er übernimmt die Gewichtung von Kurs zu *Parabolic SAR*-Werten. In der Standardeinstellung beginnt der Beschleunigungsfaktor $AF$ mit dem Wert 0,02. Dadurch hält man den Indikator zu Beginn des einsetzenden Trends auf Distanz zum Kurs. Der Beschleunigungsfaktor $AF$ erhöht bzw. beschleunigt für jeden Rechenschritt um 0,02[121], also auf 0,04, 0,06, 0,08 ... Dies gilt aber nur, wenn in der jeweiligen Zeiteinheit bzw. Periode (Tage, Woche ...) ein neues Hoch im Aufwärtstrend markiert wird. Ansonsten bleibt der Beschleunigungsfaktor $AF$ unverändert. Maximal darf der Beschleunigungsfaktor $AF$ in der Standardeinstellung einen Wert von

---

[120] Die Berechnung des *Parabolic SAR* im Abwärtstrend erfolgt analog, mit der Ausnahme, dass als Startwert für die erste SAR-Marke der im vorherigen Aufwärtstrend erreichte Höchststand verwendet wird.

[121] Je kleiner der Startwert ist, desto größer wird der Abstand zum aktuellen Kurs und umso mehr Luft zum Atmen hat der Kurs, bevor er ausgestoppt wird. Umgekehrt gilt: Je höher der Beschleunigungsfaktor zu Anfang ist, desto dichter liegt der *Parabolic SAR* am Kursverlauf. Hierdurch steigt die Gefahr, zu früh ausgestoppt zu werden.

0,2 annehmen. Hierdurch passt sich der Indikator mit der Zeit immer schneller an die Kursbewegungen an und man erhält seine charakteristische parabolische Form, wie sie sich z. B. vom 23. Juni bis 7. Juli im Chart zeigt. Wilder verfeinerte die Formel zur Berechnung des *Parabolic SAR* mit folgender Bedingung: Die Höchstkurse der letzten und vorletzten Zeiteinheit (Tag, Woche usw.) dürfen vom *Parabolic SAR* nicht unterschritten werden[122]. Falls dies passiert, wird der *Parabolic SAR* auf den letzten Höchstkurs festgelegt. Wird der *Parabolic SAR* vom Kurs geschnitten, wird der Stopp ausgelöst und die Position wird gedreht. Das höchste Hoch des abgeschlossenen Aufwärtstrends ist nun der Startwert des beginnenden Abwärtstrends.«

»Die Berechnung des *Parabolic SAR* ist ziemlich kompliziert«, flüstert Rolf Sabine zu. »Finde ich nicht«, erwidert Sabine. »Wirklich?«, fragt Rolf unsicher. Sabine holt kurz entschlossen ein Schmierblatt hervor und erklärt: »Der Bayer-Chart hat als Periode ein Handelstag. Nehmen wir mal an, der gestrige $SAR_{t-1}$ ist 104 Euro, der Beschleunigungsfaktor $AF_t$ ist 0,02 und der Höchstkurs$_t$ ist 104,5 Euro. Dann ergibt sich der heutige $SAR_t$ wie folgt:«.

$$SAR_t = SAR_{t-1} + AF_t \cdot (Höchstkurs_{t-1} - SAR_{t-1})$$

$$SAR_t = 104 + 0{,}02 \cdot (104{,}5 - 104) = 104{,}1$$

Rolf strahlt über beide Wangen, weil er die Berechnung verstanden hat. Herr Hinrichs ergreift wieder das Wort. »Handelssignale entstehen, wenn der *Parabolic SAR* die Kurslinie schneidet. Ein Kaufsignal wird gegeben, indem die Indikatorlinie die Kurslinie von unten nach oben schneidet. Bei einem Kreuzen der Indikatorlinie durch die Kurslinie von oben nach unten erhält man ein Verkaufssignal. Je stärker der zugrunde liegende Trend ist, desto hochwertiger sind die generierten Handelssignale. In Seitwärtsmärkten überwiegt allerdings die Zahl der Fehlsignale, sodass in diesen

---

[122] Im Abwärtstrend gilt: Die Tiefstkurse der letzten oder vorletzten Periode (Tag, Woche …) dürfen nicht überschritten werden. Falls dies dennoch passiert, wird der *Parabolic SAR* auf das Tief des letzten Tages korrigiert.

Marktphasen auf eine Anwendung des Indikators zu verzichten ist. Gerade wegen dieser Gefahr wird der *Parabolic SAR* gerne mit anderen Indikatoren wie dem ADX (s. S. 298 ff.), der die Trendstärke misst, kombiniert. Im Falle der Kombination mit dem ADX wird der *Parabolic SAR* nur dann verwendet, wenn der ADX anzeigt, dass ein Trend vorliegt.«

**Merke**

1. Der Parabolic SAR liefert nur in Trendmärkten, also im Auf- oder Abwärtstrend, zuverlässige Handelssignale. Dagegen sind Seitwärtsmärkte Gift für den Indikator, weil er dann viele Fehlsignale liefert.
2. Schneidet der Kurs des Basiswertes – z. B. Aktie – die Indikatorlinie von unten nach oben, so ergibt sich ein Kaufsignal.
3. Schneidet der Kurs des Basiswertes die Indikatorlinie von oben nach unten, so erhält man ein Verkaufssignal.
4. Eine Besonderheit des Indikators ist, dass er immer im Markt ist. Damit ist gemeint, dass jedes Verkaufssignal einer Long-Position gleichzeitig das Kaufsignal für eine Short-Position ist. Dies ist besonders interessant für Leute, die permanent im Markt aktiv sein möchten, z. B. mit Hebelzertifikaten (Long/Short), um in beide Richtungen zu spekulieren.
5. Daneben platziert der Indikator einen Eingangsstopp, der im weiteren Verlauf immer dichter an den Kurs herangezogen wird. Dies ergibt den parabelförmigen Verlauf des Indikators.

### 5.1.6 Der CCI – Zwitter zwischen Trendfolger und Oszillator

Herr Hinrichs sieht auf die Uhr. Wenn er sich beeilte, könnte er noch in dieser Unterrichtsstunde den *Commodity Channel Index* (kurz CCI) ansprechen. Deshalb zeichnet er schnell folgenden Bayer-Aktienchart an die Tafel.

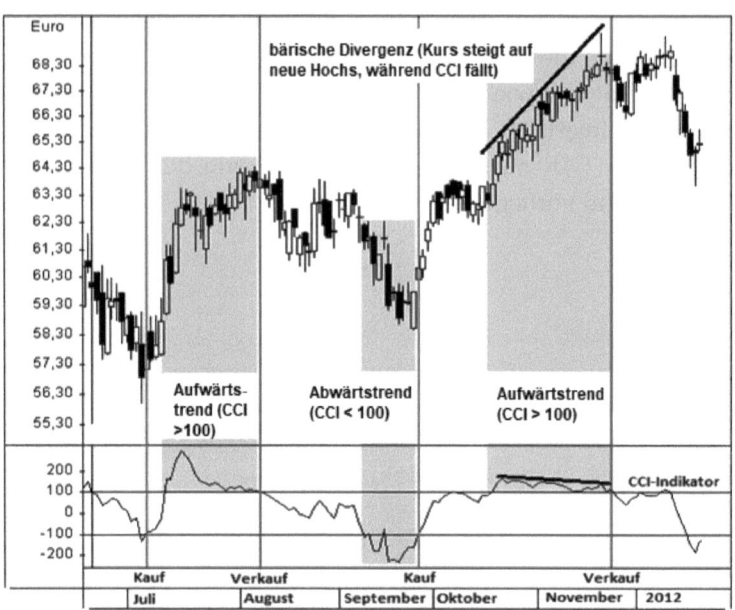

Abb. 130: Bayer-Tageschart mit CCI-Indikator mit Standardperiodenlänge von 20 Tagen

Die Schüler betrachten den Chart mit CCI und versuchen zu ergründen, wie der Indikator funktionieren könnte. Herr Hinrichs hat die Antwort aber schon parat: »Das ist der *Commodity Channel Index* (kurz CCI). Er wurde von dem Rohstoffhändler Donald Lambert entwickelt, um den Beginn und das Ende von Zyklen auf den Rohstoffmärkten zu erkennen. Heute findet er überall in der technischen Analyse Anwendung. Die Grundidee des CCI ist die Annahme, dass Kurse um ihre Mittelwerte schwanken. Lambert bezeichnete den Mittelwert auch als signifikanten Kurs. Deshalb ist ein Großteil dieser Schwankungen nicht als trendgerichtete Bewegung anzusehen, sondern eher als zufällige[123] Schwankungen, die

---

[123] Die Charttechniker sagen gerne Rauschen, um das an der Börse unbeliebte Wort Zufall zu vermeiden.

als durchschnittliche Abweichung vom Mittelwert gemessen werden. Erst Kursbewegungen über diese Abweichung hinaus gelten als Beginn eines starken Trends.«

Sabine hört aufmerksam zu, vielleicht weil sich einige Fragen in ihrem Kopf entwickeln, die raus wollen: »Was ist der signifikante Kurs? Wie groß muss die Abweichung von diesem Kurs sein, damit ein Trend vorliegt?«

Mittlerweile sitzt Herr Hinrichs an seinem Schreibtisch. Eine schwarze Kunstledermappe liegt auf dem Tisch. Weiterhin liegen auf dem Tisch verstreut einige Zettel mit Berechnungen. Herr Hinrichs greift einen ganz bestimmten Zettel und sagt: »Der Reihe nach. Vor genau denselben Fragen stand auch Donald Lambert bei der Entwicklung des Indikators. Zunächst bestimmte Lambert den signifikanten Kurs (alternative Bezeichnung: Kursschwerpunkt oder typischer Kurs). Dazu wird der arithmetische Durchschnitt aus Hoch-, Tief- und Schlusskurs berechnet. In einen Tageschart wie den Bayer-Chart werden also das Tageshoch (H), Tagestief (L) und der Tagesschlusskurs (C) addiert und durch Drei geteilt.« Während Herr Hinrichs dies erklärt, schreibt er die entsprechende Formel an die Tafel.

$$\text{signifikanter Kurs} = \frac{H+L+C}{3}$$

»Von den signifikanten Kursen einer festgelegten Periode $n$ wird anschließend ein einfacher, gleitender Durchschnitt (SMA) – der signifikante Durchschnitt – berechnet. Die Periode $n$ ist frei wählbar. Wie üblich hat sich auch beim CCI eine Standardeinstellung durchgesetzt, die auf 20 Tage (oder Wochen, Monate usw.) eingestellt ist.[124]«

---

[124] Im Allgemeinen, wie bei eigentlich allen Trendfolgern, lassen kürzere Zeiteinstellungen – wie z. B. 5 Tage – den Indikator schneller auf Veränderungen reagieren und zeigen folglich einen beginnenden Trend früher an als längere Zeiteinstellungen – wie z. B. 200 Tage. Allerdings neigen kurze Zeiteinstellungen auch zu mehr Fehlsignalen.

$$\text{signifikanter Durchschnitt} = \frac{\Sigma \text{ signifikanter Kurs über n-Perioden}}{\text{Periodenlänge n}}$$

mit Periodenlänge n = 20 Tage (frei wählbar)

»Im dritten Schritt wird die durchschnittliche Abweichung des signifikanten Kurses von seinem gleitenden signifikanten Durchschnitt errechnet. Damit wird ein Maß für die täglichen Schwankungen der Kurse ermittelt. Hierzu werden die Werte der letzten $n$-Perioden addiert und anschließend ein Durchschnitt aus diesen gebildet. Hatte beispielsweise die Bayer-Aktie einen gestrigen signifikanten Kurs von 66 Euro und der durchschnittliche signifikante Kurs für gestern lag bei 64 Euro, dann erhalten wir für den gestrigen Tag eine Abweichung von 2 Euro. Diese Rechnung wird rückwirkend für die letzten $n$-Perioden durchgeführt. Danach werden die Einzelergebnisse aufsummiert und anschließend das Ergebnis durch die Anzahl der Perioden $n$ geteilt, um den Durchschnitt (dA) zu erhalten. Jetzt ist es nur noch ein kleiner Schritt, um den CCI-Wert zu erhalten.«

$$CCI = \frac{\text{signifikanter Kurs - durchschnittlicher signifikanter Kurs}}{0{,}015 \cdot \text{durchschnittliche Abweichung (dA)}}$$

»Lambert führte den Faktor 0,015 ein, damit ein Großteil der Indikatorwerte innerhalb der Skalenwerte von +100 bis -100 liegen. Alle diese Werte können laut Lambert als unbedeutendes Rauschen abgetan werden.«

»Seht ihr das nicht?«, sagt Sabine und macht eine Handbewegung Richtung Tafel. »Herr Hinrichs hat vergessen, die Nulllinie einzuzeichnen.« »Eben nicht, Sabine«, erwidert Herr Hinrichs. »Die Nulllinie selbst hat beim CCI-Indikator, anders als bei vielen anderen Trendfolgern, keine Bedeutung. Es werden im Allgemeinen zwei weitere Linien bei +100 und -100 eingetragen. Bewegt sich der CCI-Indikator zwischen den beiden Linien, spricht man von einem trendlosen Markt.«

Petra sieht auf die Uhr und fragt ungeduldig: »Wie nutze ich denn nun den CCI-Indikator?« Sabine beugt sich vor, um Petra direkt anzusprechen: »Ist das nicht klar? Das zeigt doch der Bayer-Chart besonders gut. Steigt der CCI über die +100-Marke, wird ein beginnender Aufwärtstrend angenommen, während bei einem Rückfall des CCI-Wertes unter die -100-Marke mit einem beginnenden Abwärtstrend gerechnet wird. Der vorherrschende Trend wird als beendet angesehen, wenn der Indikator wieder in die neutrale Zone zwischen +100 bis -100 zurückkehrt.«

»Gut, erkannt Sabine«, lobt Herr Hinrichs. »Drehen wir jetzt den Spieß um. Erreicht der CCI eine Extremzone von +100 oder -100, so wird dies als Hinweis für eine möglicherweise zu erwartende Gegenbewegung angesehen.«

Peter hört zu und macht sich Notizen. Plötzlich reckt er die Notizen in die Höhe und zeigt auf den Bayer-Chart: »Fällt der CCI also zum Beispiel wie im September 2012 unter die untere Skalenbegrenzung bei -100 wird das anschließende Kreuzen über diese Marke im Oktober 2012 als Kaufsignal gewertet. Umgekehrt: Steigt der CCI über die Begrenzung bei +100 und fällt im Anschluss wieder unter diese Marke, ist dies ein Verkaufssignal.«

Sichtlich beeindruckt nickt Herr Hinrichs und fügt an: »Natürlich kann man mithilfe des CCI auf die Suche nach Divergenzen gehen, die einen möglichen Trendwechsel anzeigen. Eine bärische Divergenz liegt vor, wenn der Kurs noch auf neue Hochs steigt, der CCI diese aber nicht durch ebenfalls neu erreichte Hochs bestätigen kann. Beispielsweise seht ihr eine solche Divergenz im Bayer-Chart im Oktober/November 2012. Dahingegen liegt eine bullische Divergenz vor, wenn der Kurs neue Tiefs markiert, der CCI diese aber nicht ebenfalls durch neue Tiefs bestätigt. Allerdings sind die Divergenzen im CCI mit Vorsicht zu bewerten und sollten durch konkrete Signale anderer Indikatoren oder Chartformationen bestätigt werden. Die Tradingampel schaltet also von Grün auf Gelb um.«

**Merke**

1. Als Extrembereiche werden Werte des CCI von +100 und -100 definiert. Der Bereich zwischen diesen Extremen wird als trendlos bezeichnet. Dagegen werden CCI-Werte über der +100er-Marke als Indiz für einen Aufwärtstrend angesehen, wohingegen CCI-Werte unterhalb der -100er-Marke ein Zeichen für einen Abwärtstrend sind.
2. Ein Kaufsignal wird geniert, wenn der CCI-Indikator die -100er-Marke von unten nach oben durchkreuzt.
3. Ein Verkaufssignal entsteht, wenn der CCI-Indikator die +100er-Marke von oben nach unten durchstößt.
4. Divergenzen zwischen CCI und der Kursentwicklung deuten auf einen möglichen Trendwechsel hin.

## 5.2 Oszillatoren – von Kursschwankungen profitieren!

Oszillatoren sind das Gegenstück zu Trendfolgeindikatoren. Daher liefern sie die besten Ergebnisse in trendlosen Seitwärtsphasen und liefern in trendintensiven Phasen – mit Auf- oder Abwärtstrend – häufig Fehlsignale.

Konstruktion sowie Interpretation von **Oszillatoren** unterscheiden sich je nach Technik bzw. Berechnung kaum. Oszillatoren werden in der Regel unterhalb des Charts dargestellt. Sie schwanken meist um eine Mittellinie. Der Wert der Mittellinie hängt von der Berechnungsformel des Oszillators ab. Meist handelt es sich um eine Nulllinie. Oftmals ist die Skalierung auch nach oben und unten begrenzt, wobei üblicherweise eine Skala von 0 bis 100 verwendet wird. Die eigentliche Aufgabe der Mittellinie ist es, das Oszillatorenband in zwei Hälften zu teilen. Hierdurch bekommt man zwei Extremzonen, die obere und die untere Zone. Mithilfe dieser Extremzonen kann man erkennen, ob eine überkaufte (Oszillatorwert in oberer Extremzone) oder eine überverkaufte Marktlage (Oszillatorwert in unterer Extremzone) vorliegt.

Im Gegensatz zu Trendfolgern geht es bei Oszillatoren nicht darum, ihnen zu folgen, sondern zu handeln, wenn der Oszillatorwert in eine Extremzone hineingeht, weil der Kurs dann reif für eine Konsolidierung in irgendeiner Form ist. D. h., wenn der Oszillatorwert sich in der oberen Extremzone befindet, sollte man einen Verkauf des Wertpapiers ins Auge fassen, umgekehrt sollte ein Kauf erwogen werden, wenn sich der Oszillatorwert in der unteren Extremzone befindet.

**Merke**

1. Oszillatoren funktionieren besonders gut in einem Seitwärtstrend, ansonsten liefern sie häufig Fehlsignale.
2. Signalisiert der Oszillator durch Erreichen der oberen Extremzone eine überkaufte und folglich heiß gelaufene Verfassung des Kurses, so ist ein Verkauf ratsam!
3. Pendelt der Oszillator in der unteren Extremzone, so findet man gute Einstiegsmöglichkeiten, d. h. ein Kauf wäre ratsam!
4. Wichtig: Oszillatoren sind der Trendanalyse untergeordnet! Es gilt die Regel: Ein intakter Trend schließt das oszillatorische Prinzip aus. Was bedeutet dies? Nehmen wir an, dass sich die Aussage von Trendfolgeindikatoren und Oszillatoren widersprechen. Zeigt der Trendfolger beispielsweise einen intakten Aufwärtstrend an, während der Oszillator sich im oberen Extrembereich befindet, dann ist natürlich nicht von der Hand zu weisen, dass aufgrund des überkauften Oszillators die Wahrscheinlichkeit für eine Konsolidierung steigt. Jedoch gibt es nach dem Trendkonzept keinen Anhaltspunkt für eine Trendwende und schon gar kein Signal zum Verkauf des Wertpapiers. *Im Zweifel für den Trend* ist eine bekannte Börsenweisheit.
5. Als Anleger müssen Sie also die Aussage der Indikatoren und Oszillatoren stets mit den charttechnischen Argumenten (hinsichtlich des Trends) abgleichen. Ein optimales Szenario, in dem sowohl Indikatoren als auch Oszillatoren in dieselbe Richtung weisen, ist selten.

### 5.2.1 Der Relative-Stärke-Indikator

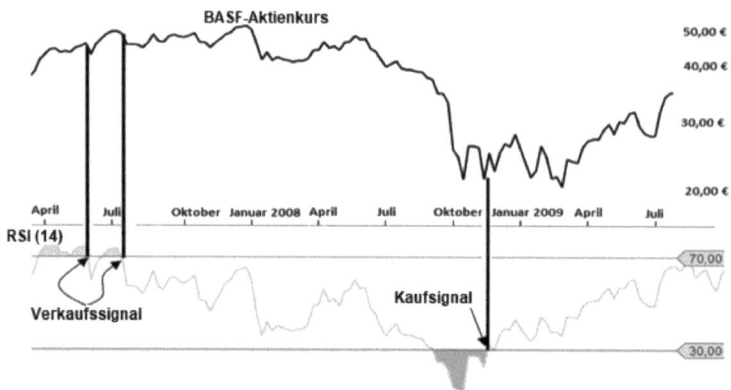

Abb. 131: BASF-Wochenchart mit RSI (14)

»Hab ihr so etwas schon einmal gesehen?«, fragt Herr Hinrichs. Alle Schüler blättern in ihren Unterlagen und suchen nach brauchbaren Informationen. Plötzlich runzelt Petra die Stirn und sieht Sabine verstohlen an. Sabine muss lächeln und Petra lässt ihr nickend den Vortritt: »Die relative Stärke drückt aus, dass eine Aktie – hier BASF – sich im Vergleich zu ihrem Index, z. B. DAX, besser entwickelt oder bei einem Kursverlust besser hält.«

»Das ist zwar richtig, hat aber nichts mit dem **Relative-Stärke-Indikator** (Abk. **RSI**) zu tun[125]«, sagt Herr Hinrichs und ergänzt: »Der RSI vergleicht das Ausmaß von Kursverlusten mit den Kursgewinnen einer bestimmten Periode. Darum gilt er auch als Indikator für das Momentum[126] einer Kursbewegung. Zur Berechnung des RSI muss man zunächst die zu betrachtende Periode festlegen. Als Standardeinstellung werden 14 Tage benutzt, für Wochencharts – wie den BASF-Chart – entsprechend 14 Wochen. Innerhalb der gewählten Periode, also 14 Wochen, werden ...«

---

[125] Der Relative-Stärke-Indikator misst nicht die relative Stärke zwischen verschiedenen Gegenständen, also z. B. Aktie und Index.
[126] Das Momentum beschreibt die Geschwindigkeit, mit der sich ein Kurs entwickelt.

»Ja, Ja! Können wir die Mathematik nicht mal überspringen?«, wirft Britta genervt ein. »Nein, können wir nicht! Das ist notwendig, damit ihr den Indikator verstehen und anwenden könnt. Schaut euch also bitte die Formel an:«

$$RSI = \frac{100 + 100}{(1 + RS)}$$

»Der Faktor *RS* wird auch als Relative Stärke bezeichnet. Er wird gebildet, indem man für die gewählte Periode den Durchschnitt der Schlusskurse mit steigenden Kursen durch den Durchschnitt mit fallenden Kursen teilt. Als Formel ausgedrückt, sieht das so aus:«

$$RS = \frac{\text{Durchschnitt der Schlusskurse von x-Tagen mit steigenden Kursen}}{\text{Durchschnitt der Schlusskurse von x-Tagen mit fallenden Kursen}}$$

»Man addiert also alle Kursveränderungen an Tagen mit steigenden Schlusskursen und teilt die Summe durch ... « »14!«, ruft Petra freudestrahlend in die Klasse. »Denn in der Standardeinstellung verwendet man als Periode in Tagescharts 14 Tage bzw. bei Wochencharts 14 Wochen etc.[127]«

»Sehr gut«, sagt Herr Hinrichs. Petra zuckt scheinbar unbeeindruckt mit den Schultern, ist aber insgeheim doch stolz über das Kompliment. Herr Hinrichs fährt fort. »Man ermittelt also einen einfachen 14-Tage-Durchschnitt der steigenden Tage. Danach wiederholt man das Prozedere für die Kursveränderungen an Tagen mit fallenden Kursen. Abschließend wird der Quotient aus den beiden 14-Tage-Durchschnitten gebildet und man erhält die Relative Stärke. Die Relative Stärke muss nur noch in die Formel für den RSI eingesetzt werden. Durch den letzten Schritt wird der RSI-Indikator auf einen Wertebereich zwischen 0 und 100 festgelegt. Wie würdet ihr diesen Bereich beschreiben?«

»Hm«, brummt Peter. »Das ist eine verzwickte Sache. Wenn man sich den BASF-Chart ansieht, erkennt man eine Dreiteilung

---

[127] Die Periode für den Durchschnitt ist variabel. Im Allgemeinen gilt: Je kürzer die Periode ist, desto empfindlicher wird der RSI.

des Wertebereichs in Werte von 0 bis 30, Werte zwischen über 30 bis 70 und Werte über 70 bis 100.«

»Fantastisch, Peter«, sagt Herr Hinrichs. »Grundsätzlich gelten Werte über 70 als überkauft[128] und Werte unter 30 als überverkauft[129]. Der RSI kann dabei auf zweierlei Weise Signale erzeugen: Zum einen durch die Lage des Indikators unter Berücksichtigung der 30er- und 70er-Marken und zum andern über Divergenzen.«

Sabine schließt die Augen und konzentriert sich. Wo hatte sie das schon einmal so ähnlich gehört? Natürlich, beim CCI (s. S. 267 ff.)! »Wenn der RSI im überkauften Bereich, also bei Werten größer 70, verläuft und dann in den neutralen Bereich (Werte zwischen 30 und 70) zurückfällt, ist dies ein Verkaufssignal – wie beispielsweise im Juli 2007 im BASF-Chart dargestellt. Wenn dagegen der RSI im überverkauften Bereich, d. h. Werte kleiner 30, verläuft und dann in den neutralen Bereich steigt, wie Ende Dezember 2007 im Chart, ist dies ein Kaufsignal.«

Herr Hinrichs nickt und fügt an: »Wenn Trends allerdings stark sind, können Wertpapiere über lange Perioden überverkauft oder überkauft sein. Eine Divergenz zwischen Kurs und Indikator ist jedoch ein Warnsignal, dass der Trend zu Ende gehen könnte. Was versteht man unter Divergenz?« Um seinen Schülern bei der Beantwortung der Frage zu helfen, wirft Herr Hinrichs folgenden BASF-Chart an die Tafel.

---

[128] Eine Überkauft-Situation liegt vor, wenn z. B. die BASF-Aktie so stark gestiegen ist, dass viele Anleger geneigt sind, Gewinne mitzunehmen.

[129] Die BASF-Aktie ist überverkauft, wenn jeder, der verkaufen wollte, bereits verkauft hat. Deshalb ist das Wertpapier relativ billig und lockt damit wieder Käufer an.

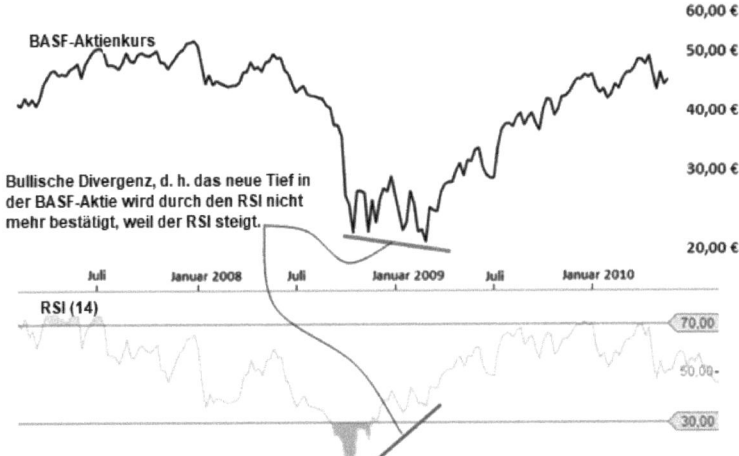

Abb. 132: BASF-Wochenchart mit bullischer Divergenz

Ohne nachzudenken, ruft Rolf in die Klasse: »Divergenz bedeutet, dass sich der RSI-Oszillator und der BASF-Aktienkurs in verschiedene Richtungen entwickeln.« Als er das ausgesprochen hat, schüttelt er den Kopf: »Hört sich bescheuert an, oder?«

»Ganz und gar nicht«, erwidert Herr Hinrichs. »Rolf, du bist auf dem richtigen Weg. Es gibt zwei Arten von Divergenzen: Die bullische Divergenz (oder auch *Bottom Failure Swing*) ist ein Muster, das wir im Abwärtstrend des Basistitels – hier BASF-Aktie – beobachten können. Während des Trendverlaufes bildet die BASF-Aktie ab Juli 2008 immer neue, tiefere Tiefpunkte aus. Der RSI-Indikator folgt dieser Bewegung zunächst auf einem Tiefpunkt in die untere Extremzone, d.h. zu RSI-Werten kleiner 30. Während die BASF-Aktie weiter fällt, bildet der RSI-Indikator aber als nächstes einen höheren Tiefpunkt heraus. Das ist ein Signal, dass der Abwärtstrend an Kraft verliert. Viele Charttechniker nehmen dieses Signal zum Anlass zu kaufen, weil dies der Beginn eines Aufwärtstrends sein könnte. Das Gegenstück, die bearishe Divergenz (oder auch *Top Failure Swing*), ist ein Muster, das im Aufwärtstrend des Basistitels auftritt. Während die Aktie immer neue, steigende Hochpunkte bildet, folgt der RSI auf einem neuen Hochpunkt über der

Marke von 70 und formt danach einen tieferen Hochpunkt aus. Diese Divergenz zeigt uns eine Schwäche im Aufwärtstrend des Basistitels auf. Viele Charttechniker nehmen dies als Verkaufssignal[130].«

»Tja, das wird wohl so sein«, entgegnet Rolf nachdenklich. »Aber stellt sich ein Trader bei der Divergenzanalyse nicht immer gegen den Trend, was nicht ohne Risiko ist? Es gilt doch der Grundsatz: Signale, die in Richtung des übergeordneten Trends weisen, sind deutlich zuverlässiger als solche, die komplett antizyklisch, d. h. gegen den Trend zeigen.«

»*Der frühe Vogel fängt den Wurm*, entgegnen die wagemutigen Charttechniker. Sie wollen möglichst früh einen Trend handeln. Ich persönlich nehme Divergenzen zum Anlass, andere Signale der Charttechnik genauer zu betrachten. Ich würde so lange abwarten, bis sich bestätigende Signale wie z. B. Umkehrmuster in kleineren Zeitebenen zeigen«, sagt Herr Hinrichs. Dann fasst er sich an den Kopf und sagt: »Mensch, da habe ich ja etwas vergessen!«

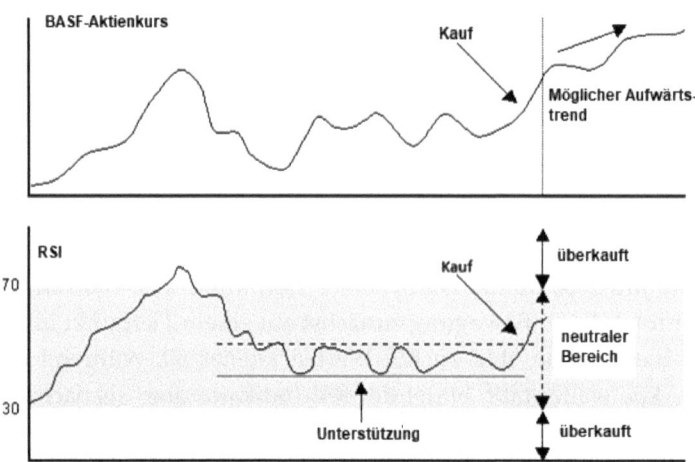

Abb. 133: BASF-Chart mit RSI(14) und Unterstützung

---

[130] Achtung: Divergenzen haben nur dann eine Aussagekraft, wenn der Basistitel in einer Trendbewegung verläuft. Deswegen beachten Charttechniker Divergenzen im Bereich der RSI-Werte 30 bis 70 nicht.

»Wie meine Skizze zeigt, bildet der RSI-Indikator Muster heraus, die wir auch aus herkömmlichen Kurscharts kennen. Wichtige Hilfsmittel zum Erkennen dieser Muster sind Trendlinien, Kanäle oder Widerstands- und Unterstützungslinien. Diese werden genauso behandelt wie entsprechende Linien im Chart des Basistitels. Handelssignale liefern hier der Bruch von Widerstand und Unterstützung, der Bruch von Trendlinien oder der Bruch von Kanälen usw.«

**Merke**

1. Der RSI bewegt sich in einer Skala zwischen 0 und 100. Er misst das Kursmomentum. Er liefert vor allem in trendlosen bzw. Seitwärtsphasen gute Ergebnisse.
2. Es gibt zwei Extremzonen. Bei Werten über 70 gilt der Kurs als überkauft, während er bei Werten unter 30 als überverkauft gilt.
3. Kreuzt der RSI die 30er-Marke von unten nach oben, wird ein Kaufsignal generiert. Schneidet der RSI die 70er-Marke von oben nach unten, ist dies ein Verkaufssignal.
4. Divergenzen deuten auf eine Abschwächung des aktuellen Trends hin.

### 5.2.2 Stochastik

Zur Einführung in die Welt des Stochastik-Oszillators führt Herr Hinrichs aus: »Der Stochastik-Indikator wurde von George C. Lane erfunden. Nach jahrelangem Studium der Börsenkurse fiel ihm Folgendes auf: Während einer Aufwärtsbewegung liegen die Schlusskurse näher an den Höchstkursen desselben Tages. Ging es mit den Kursen abwärts, beobachtete er, dass die Schlusskurse näher an den Tagestiefs lagen. Diese Erkenntnis goss Lane in den Stochastik-Oszillator. Der Stochastik-Oszillator besteht aus mehreren Komponenten. Als erstes wird die *Fast Stochastik* ermittelt, aus welcher im zweiten Schritt wiederum die *Slow Stochastik* abgeleitet wird. Zur Berechnung der *Fast Stochastik* wird die Differenz aus dem aktuellen Schlusskurs und dem niedrigsten Kurs der betrachteten Periode gebildet. 14 Perioden werden am häufigsten verwendet. Die 14 Perioden können sich auf Tage, Wochen oder Monate beziehen.

Diese Differenz wird dann durch die ermittelte Handelsspanne geteilt. Abschließend wird der Quotient mit 100 multipliziert und man erhält die Stochastik (%K). Lane fasste dies kurz und prägnant in folgender Formel zusammen:«

$$\%K = \frac{\text{(aktueller Schlusskurs - niedrigster Tiefstkurs der Periode)}}{\text{(höchstes Hoch der Periode - niedrigster Tiefstkurs der Periode)}}$$

Peter befällt eine Ahnung: »Mit Blick auf die Formel wird schnell klar, dass der Oszillator lediglich Werte zwischen 0 und 100 annehmen kann. Schließlich kann der aktuelle Schlusskurs nicht außerhalb der Handelsspanne liegen, sondern maximal am Hoch oder Tief dieser Spanne.«

Herr Hinrichs hebt beeindruckt den Blick. Dann nimmt er die Spieleröffnung von Peter an und erwidert: »Letztlich ist das Ergebnis der Rechnung eine Linie, die zwischen 0 und 100 und einer Mittellinie bei 50 schwankt. Außerdem werden zwei Extremzonen festgelegt. Zum einen gelten Werte ab 80 als überkauft und zum anderen Werte unter 20 als überverkauft. Wird also die *Fast Stochastik* nahe der Grenze von 100 gehandelt, so liegt der Basiswert nahe des Periodenhochs. Wird dagegen die *Fast Stochastik* in der Nähe des 0-Wertes notiert, so liegt der Basiswert nahe des Periodentiefs.«

»Was nützt uns das? Bis jetzt enthält der Oszillator nur eine Linie. Wie können wir da Kauf- oder Verkaufssignale erhalten?«, fragt Sabine. Plötzlich macht es bei Hans-Jürgen Klick: »Wir brauchen noch eine zweite Linie, die die Signale generiert.«

»Genau«, sagt Hinrichs. »Wir ermitteln zusätzlich zur %K-Linie eine zweite Linie, die sogenannte %D. Die Signallinie %D ist nichts anderes als ein einfacher Durchschnitt von %K über üblicherweise 3 Perioden, z. B 3 Tage oder Wochen.«

$$\%D = \frac{\text{(Summe der letzten drei %K-Werte)}}{3}$$

»Diese beiden Linien, %K und %D, ergeben gemeinsam dargestellt die *Fast Stochastik*«, ergänzt Herr Hinrichs. Zeitgleich erscheint auf der Tafel folgender Bayer-Chart:

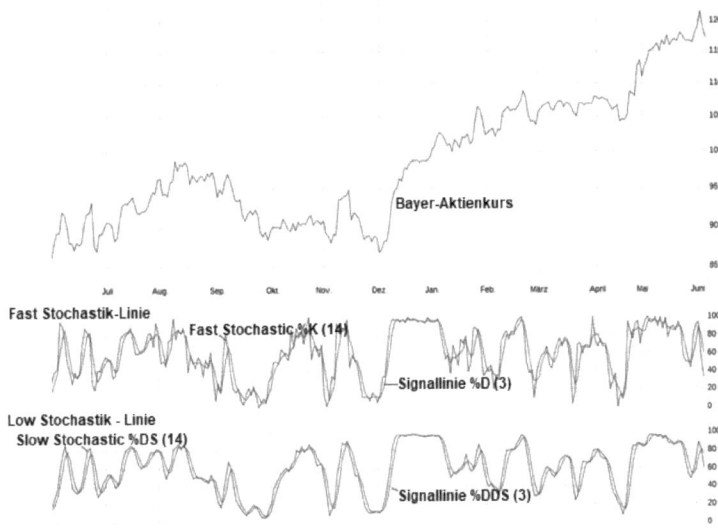

Abb. 134: Bayer-Tageschart von Juni 2016 bis Juni 2017 mit *Slow* und *Fast Stochastik*

Rolf lässt den Blick über den Chart schweifen: »Man erkennt aus dem Chart, das die %K-Linie die schnellere Linie und die %D-Linie die langsamere ist. Weiteres kann ich nicht erkennen, weil die *Fast Stochastik* sehr volatil ist, was eine Interpretation sehr erschwert.« »Dann würde ich mal sagen, dass du zum Augenarzt musst«, ruft Petra mit einem Grinsen in die Klasse. Ein paar Sekunden herrscht Stille, bevor Herr Hinrichs sagt: »Da es vielen Charttechnikern wie Rolf ging, wurde eine geglättete, langsamere Version der *Fast Stochastik* entwickelt. Die ...« »Okay, okay«, unterbricht Petra ungeduldig: »Die einen Durchschnitt verwendet, weil Durchschnitte die Eigenschaft haben, Kursserien zu glätten und zu verlangsamen.«

Herr Hinrichs fährt gelassen fort: »Genau. Die Glättung und Verlangsamung erfolgen wie üblich durch die Bildung eines Durchschnitts. Da die Signallinie %D der *Fast Stochastik* bereits ein Durchschnitt ist, ist der erste Schritt bereits getätigt. Um zur *Slow Stochastik* zu kommen, muss also nur die %K-Linie ausgeblendet werden. Übrig bleibt damit nur die %D-Linie der *Fast Stochastik*, die jetzt bei der *Slow Stochastik* als %DS-Linie bezeichnet wird.[131] Dazu muss natürlich noch eine Signallinie %DDS ermittelt werden. Was liegt näher, als auch hier einen einfachen Durchschnitt der %DS-Linie über drei Perioden zu nehmen?«

$$\%D \rightarrow \%DS$$

$$\%DDS = \frac{\text{(Summe der letzten drei \%DS-Werte)}}{3}$$

Während Herr Hinrichs die Formel an die Tafel schreibt, betrachtet Petra in Ruhe den Chart und stellt fest: »Die *Slow Stochastik* ist viel weicher und weniger volatil als die *Fast Stochastik*. Deshalb lässt sie sich einfacher interpretieren.«

»Wegen ihres geglätteten und interpretationsfreundlichen Verlaufs verwendet man in der technischen Analyse fast nur noch die *Slow Stochastik*. Wenn Charttechniker von Stochastik reden, meinen sie üblicherweise die *Slow Stochastik*. Wie würdet ihr die Stochastik interpretieren, also Signale zum Handel ableiten?«

Hans-Jürgen presst die Hände vors Gesicht und hofft auf einen Augenblick der Erleuchtung – mit Erfolg: »Aha! Der einfachste Weg ist es, die Lage der %DS-Linie zu betrachten. Ist sie in der oberen Extremzone (Werte über 80), wie im Juli 2016 im Bayer-Chart, deutet das an, dass der Bayer-Aktienkurs überkauft ist. Ist dagegen die %DS-Linie, wie im September 2016 im Bayer-Chart, in der unteren Extremzone (Werte unter 20), gilt die Bayer-Aktie als überverkauft. Das Erreichen dieser Werte liefert damit ein Kauf- (untere Extremzone) bzw. Verkaufssignal (obere Extremzone). Der Grund dafür ist, dass ähnlich wie bei einem überdehnten Gummiband auf eine Gegenreaktion spekuliert wird. Befinde ich mich z. B. in einem überkauften Markt, so ist es wahrscheinlich, dass die Kurse in Zukunft fallen werden.«

»Das kann nur in Seitwärts- oder schwachen Trendphasen nützlich sein. Herrscht ein starker Trend vor, kann der Indikator

---

[131] In vielen Chartprogrammen wird sie verwirrenderweise auch als %K-Linie geführt.

eine lange Zeit in einer der Extremzonen verharren. Im Bayer-Chart tritt eine solche Phase z.B. zwischen Dezember 2016 bis Januar 2017 auf«, wirft Britta ein.

Peter schürzt nachdenklich die Lippen und sitzt einen Moment lang schweigend da. Dann entfährt es ihm: »Wir brauchen einen Filter!«

»Viele Charttechniker setzen als Filter die Mittellinie bei einem %DS-Wert von 50 ein. Sie sagen, dass ein Schneiden der Mittellinie eine Bestätigung der vorher generierten Signale ist. Weiter haben sie eine Präzisierung eingeführt, wenn ein Handelssignal vorliegt. Verlässt beispielsweise die %DS-Linie die obere Extremzone (%DS-Wert fällt unter 80) wieder, so wird dies zunächst als unbestätigtes Verkaufssignal gewertet. Die Tradingampel schaltet jetzt von Grün auf Gelb, d. h. die Charttechniker beobachten den Wert ganz genau. Schneidet der %DS-Wert jetzt die Mittellinie von oben nach unten, fällt er also unter 50, wird das Verkaufssignal bestätigt. Umgekehrt gilt: Wenn die %DS-Linie die untere Extremzone nach oben verlässt, ist dies als Kaufsignal zu werten. Dies wird bestätigt durch ein Kreuzen der Mittellinie von unten.«

Petra blättert gedankenverloren in ihren Unterlagen. »Lässt man den ganzen Schnickschnack weg, erkennt man, dass man es bei der *Slow Stochastik* lediglich mit zwei Durchschnitten – einem langsamen und einen schnellen – zu tun hat. Deswegen müsste man doch auch hier die *Double Crossover*-Methode (s. S. 241) etwas abgewandelt anwenden können. Schneidet die %DS-Linie also die Signallinie nach oben, ist dies ein Kaufsignal. Wenn dagegen die %DS-Linie die Signallinie %DS nach unten schneidet, ist dies ein Verkaufssignal.«

Nach ihren Ausführungen sieht Petra Herr Hinrichs erwartungsvoll an. »Ihr verblüfft mich immer wieder«, sagt Herr Hinrichs und fährt fort. »Die besten Signale werden in den jeweiligen Extremzonen generiert. Folglich sind Kaufsignale am zuverlässigsten, wenn sie in der unteren Extremzone ermittelt werden, Verkaufssignale entsprechend in der oberen. Einige Charttechniker verwenden die Mittellinie als Abgrenzung zwischen gültigen und ungültigen Signalen. In der oberen Hälfte, also %DS-Werte größer

50, sind nur Verkaufssignale gültig. Dagegen sind in der unteren Hälfte, d.h. %DS-Werte kleiner 50, nur Kaufsignale gültig.«

Britta hat eine weitere Idee zur Ermittlung von Handelssignalen. »Um eine Divergenz zwischen zwei Kursen – also %DS-Linie und Bayer-Aktienkurs – festzustellen, muss ich Zeitpunkte suchen, in denen die relative Richtung beider Kurven voneinander abweicht«, denkt sie und sucht den Bayer-Chart nach einer Divergenz ab. Tatsächlich findet sie eine. Im Mai 2017 bewegen sich %DS-Linie und Bayer-Aktienkurs in entgegengesetzte Richtungen. Daraufhin sagt sie überschwänglich: »Die besten Signale erhalten wir, wenn der Oszillator Divergenzen ausbildet!«

»Sehr gut«, lobt Herr Hinrichs. »Noch einmal kurz zur Erinnerung: Bearishe Divergenzen treten in aufwärtsgerichteten Kursbewegungen auf. Je stärker der Trend der Bayer-Aktie, umso aussagekräftiger ist die Divergenz. Bildet also die Bayer-Aktie steigende Kursgipfel aus, während die %DS-Linie fallende Kursgipfel bildet, haben wir eine bearishe Divergenz gefunden, wie im Mai 2017. Bullische Divergenzen sind entsprechend in einem Abwärtstrend zu finden. Und zwar dann, wenn die Bayer-Aktie neue Tiefs bildet, während die %DS-Linie eine steigende Tendenz zeigt. Divergenzen weisen im Allgemeinen auf Schwächen im vorherrschenden Trend hin und kündigen eine mögliche Trendwende an.«

Etwas zögerlich ergreift Peter das Wort: »Divergenz-Signale sind nicht immer zuverlässig, wie wir vorhin beim Relative-Stärke-Indikator gesehen haben. So kann es im Rahmen eines längeren Trends zu zwei, drei oder sogar mehr Divergenzen kommen, bevor der Trend letztendlich bricht.« Britta hat schon eine Lösung: »Dann brauchen wir eben, wie vorhin auch, einen Filter!«

Alle Augen richten sich auf Herrn Hinrichs: »Als gängiger Filter gilt ein Schnitt der Signallinie nach einer erkannten Divergenz. Tritt also die Divergenz bei einem Aufwärtstrend auf und es wird eine Trendumkehr hin zum Abwärtstrend erwartet, dann wartet man mit dem Handeln so lange, bis die %DS-Linie die Signallinie von oben nach unten schneidet. Natürlich kann man auch noch andere Chartwerkzeuge nutzen, wie Trendumkehrformationen oder der Bruch einer Trendlinie.«

**Merke**

1. Die Stochastik pendelt zwischen 0 und 100. Besonders gute Ergebnisse liefert der Oszillator in trendlosen Phasen. Es gibt zwei Extremzonen. Bei %DS-Werten über 80 gilt der Kurs als überkauft, während er bei %DS-Werten unter 20 als überverkauft gilt.
2. Ein Kaufsignal wird erzielt, wenn die %DS-Linie unter die 20er-Marke fällt und anschließend wieder darüber steigt – oder wenn die %DS-Linie die Signallinie von unten nach oben schneidet.
3. Ein Verkaufssignal wird generiert, wenn die %DS-Linie über die 80er-Marke steigt und danach wieder darunter fällt – oder wenn die %DS-Linie die Signallinie von oben nach unten kreuzt.
4. Wird die Mittellinie – bei einem %DS-Wert von 50 – gekreuzt, ist dies eine Bestätigung der vorher generierten Signale.
5. Das Auftreten von Divergenzen ist ein Zeichen dafür, dass sich der vorherrschende Trend abschwächt.
6. In starken Trendphasen – Auf- oder Abwärtstrend – sollten Signale nur in Trendrichtung umgesetzt werden, da häufig Fehlsignale auftreten.

### 5.2.2.1 Williams %R

»Abschließend werfen wir noch einen kurzen Blick auf den Williams %R«, sagt Herr Hinrichs. »Der **Williams %R** ist eine Variation der Stochastik. Die Berechnung erfolgt nach folgender Formel:«

$$\%R = \left( \frac{\text{(höchstes Hoch der Periode - aktueller Schlusskurs)}}{\text{(höchstes Hoch der Periode - niedrigster Tiefstkurs der Periode)}} \right) \cdot 100$$

Nachdem seine Schüler Zeit hatten, die Formel anzusehen, fragt Herr Hinrichs: »Wie unterscheidet sich die Stochastik vom Williams %R?« Keiner der Schüler meldet sich. Deswegen zeigt Herr Hinrichs auf Peter. Peter sucht vergeblich nach einer rettenden Antwort in seinen Notizen. Er will gerade kleinlaut zugeben, dass er die Frage nicht beantworten kann, als seine Tischnachbarin Britta ihm zuflüstert: »Die Multiplikation mit 100 dient lediglich der Skalierung der Werte. Betrachte nur den Bruch!« »Natürlich!«, entfährt es Peter. »Der Williams %R beschreibt die Lage des aktuellen Kurses in der Spanne aus höchstem und tiefsten Kurs der Periode, genauso wie die Stochastik. Der Unterschied ist, dass beim Williams %R die Differenz zwischen Schlusskurs und Periodenhoch genommen wird, während bei der Stochastik die Differenz zwischen Schlusskurs und Periodentief verwendet wird.«

Herr Hinrichs nickt und ergänzt: »Eine Folge der Berechnungsformel des Williams %R ist, dass die Indexskala sich verkehrt. Das bedeutet, dass ein Williams %R-Wert von 0 Prozent anzeigt, dass der Schlusskurs mit dem Periodenhoch identisch ist. Analog kennzeichnet ein Wert von 100 Prozent, dass der Schlusskurs dem Periodentief entspricht. Aus diesem Grund gilt das Basisobjekt (z.B. Aktie) als überverkauft, wenn der Williams %R im Bereich von 80 Prozent bis 100 Prozent notiert. Im Gegensatz dazu gilt das Basisobjekt bei einem Williams %R in der Zone von 20 Prozent bis 0 Prozent als überkauft. Außerdem verwendet man traditionell 14 Perioden (z.B. Tage oder Wochen) für die Berechnung. Die sich aus der Formel ergebenden Einzelwerte werden in einen Chart eingetragen und ergeben die %R-Linie. Um Handelssignale zu erhalten, wird nicht, wie bei der Stochastik, eine Signallinie aus dem Drei-Tage-Durchschnitt berechnet. Diese Unterschiede klingen vielleicht nicht bombastisch, aber ...« Herr Hinrichs lässt den Satz unvollendet und zeichnet stattdessen folgenden Chart an die Tafel.

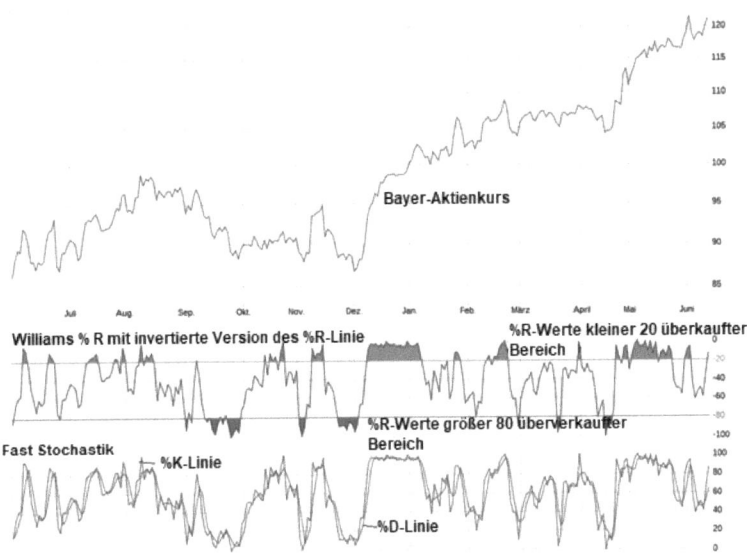

Abb. 135: Bayer-Tageschart von Juni 2016 bis Juni 2017 mit *Fast Stochastik* und Williams %R, beide mit 14-Tage-Periode

Aus softwaretechnischen Gründen ist die Ordinate mit negativen Zahlen versehen. Diese negativen Zahlen müssen ignoriert werden, sodass sich an der Interpretation des %R nichts ändert.

Petra staunt nicht schlecht, als sie den Chart betrachtet. Plötzlich muss sie lachen und sagt:»Der Williams %R ist bis auf eine Nuance – spiegelverkehrt – identisch mit der bekannten *Fast Stochastik*.«

»Richtig erkannt«, sagt Herr Hinrichs.»Deswegen gelten die bereits bei der Interpretation der Stochastik besprochenen Konzepte auch für den Williams %R, wobei der Erfinder Williams betont, nie Signale gegen den aktuellen Trend zu handeln, weil dann überwiegend Verluste auftreten. Ein Kaufsignal tritt auf, wenn die %R-Linie die Überverkauft-Zone (%R-Wert zwischen 80 und 100) nach unten hinaus verlässt, also in Richtung eines %R-Wertes von Null. So ein Kaufsignal wurde z. B. im Bayer-Chart Anfang Dezember 2016 generiert. Dagegen bildet sich ein Verkaufssignal aus, wenn die %R-Linie die Überkauft-Zone (%R-Wert zwischen 0 und 20) nach oben hinaus verlässt in Richtung eines %R-Wertes von 100.

Ein solches Verkaufssignal ist z. B. Mitte August 2016 im Bayer-Chart aufgetreten.«

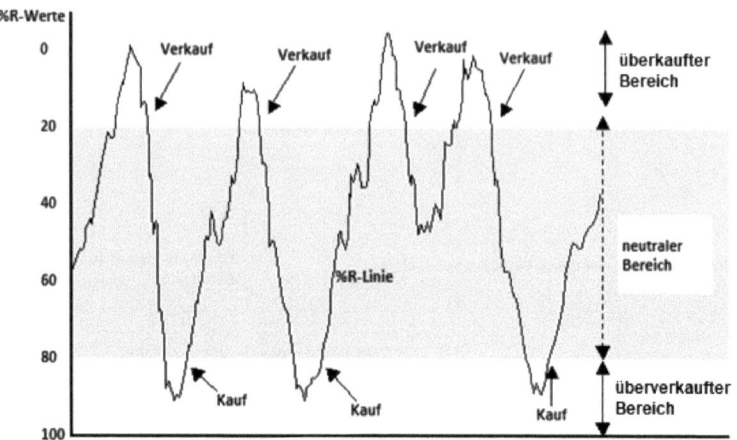

**Abb. 136:** Handelssignale für Williams %R

Anmerkung: Bei einem %R-Wert von Null ist der Schlusskurs des Basiswertes – wie z. B. einer Aktie – mit dem Periodenhoch identisch. Wohingegen bei einem %R-Wert von 100 der Schlusskurs des Basiswertes mit dem Periodentief identisch ist.

»Daneben kann der Williams %R, wie andere Oszillatoren auch, zur Suche nach Divergenzen eingesetzt werden. Wenn z. B. der Bayer-Kurs auf ein neues Hoch klettert, aber der Williams %R ihm nicht folgt, wird dies als Zeichen der Aufwärtstrendschwäche gewertet. Wenn dagegen der Kurs auf ein neues Tief im Abwärtstrend fällt, aber der Williams %R nicht folgt, ist dies ein Zeichen der Abwärtstrendschwäche. Der Erfinder des Williams %R definierte noch seine eigene Handelsregel: Sobald der %R-Wert die 100-Prozent-Marke erreicht hat und fünf Tage im Bereich bis 85 Prozent verbleibt, entsteht ein Kaufsignal. Analog dazu entsteht ein Verkaufssignal, wenn der %R-Wert die 0-Prozent-Marke erreicht hat und fünf Tage im Bereich bis 15 Prozent verbleibt.«

**Merke**

1. Der Williams %R pendelt zwischen 0 und 100. Er ist speziell für Seitwärtsphasen und leichte Trendphasen geeignet. In Zeiten mit ausgeprägten Trends sollte er nicht verwendet werden, weil er viele Fehlsignale liefert.
2. Es gibt zwei Extremzonen. Bei %R-Werten zwischen 80 bis 100 liegt ein überverkaufter Zustand vor. Dagegen liegt bei %R-Werten zwischen 0 und 20 ein überkaufter Zustand vor.
3. Ein Kaufsignal wird geniert, wenn die %R-Linie die Extremzone zwischen 80 und 100 nach unten (in Richtung eines %R-Wertes von 0) verlässt. Ein Verkaufssignal ergibt sich, wenn die %R-Linie den Grenzbereich zwischen 20 und 0 nach oben (in Richtung eines %R-Wertes von 100) verlässt.

### 5.2.3 Momentum – Beschleunigung und Verlangsamung von Trends messen

Herr Hinrichs lehnt sich in seinem quietschenden Stuhl zurück und überlegt kurz, wie er anfangen soll. »Ich war in den Sommerferien in Neuseeland im Urlaub«, beginnt er dann. »Dort gibt es eine beliebte Sportart, das sog. Brückenspringen oder Bungeejumping. Extremsportler, die durch ein elastisches Seil abgesichert sind, springen dabei von einer hohen Brücke und werden, kurz bevor sie aufs Wasser auftreffen, von dem gestrafften Seil wieder nach oben gerissen. Auch an den Börsen gibt es ein ähnliches Phänomen. Hat sich der Kurs nämlich zu schnell bewegt, spannt sich das Seil. Man spricht dann von einem überkauften bzw. überverkauften Markt. Dieser Zustand bzw. der Weg dorthin kann mithilfe des Momentums gemessen werden. Die Ermittlung des **Momentums** erfolgt durch Subtraktion des aktuellen Schlusskurses von einem früheren, vor einer bestimmten Anzahl von Perioden[132] zustande gekommenen Schlusskurs. Wählt man etwa 10 Perioden, dann subtrahiert

---

[132] Der Charttechniker kann die Anzahl der Perioden frei wählen kann. Als Periode kommen Tage, Wochen, Monate etc. in Frage. Die meisten Charttechniker verwenden eine Periodenlänge von 10, also 10 Tagen, Wochen etc. Eine kurze Zeitperiode, wie z. B. 5 Tage, produziert eine empfindliche Linie mit ausgeprägten Ausschlägen, während eine längeren Zeitperiode, wie z. B. 30 Tage, zu

man den aktuellen Schlusskurs von demjenigen, der 10 Perioden zuvor markiert wurde. Am darauffolgenden Tag macht man das Gleiche nochmals – und dann immer so weiter.«

> Momentum=aktueller Schlusskurs - Schlusskurs (vor x-Perioden)

Seine Schüler gucken sich erstaunt an. Konnte die Rechnung wirklich so einfach sein? Konnte die Geschwindigkeit eines Trends durch die absolute Differenz zweier Schlusskurse gemessen werden? Zeitgleich erscheint an der Tafel folgender DAX-Chart:

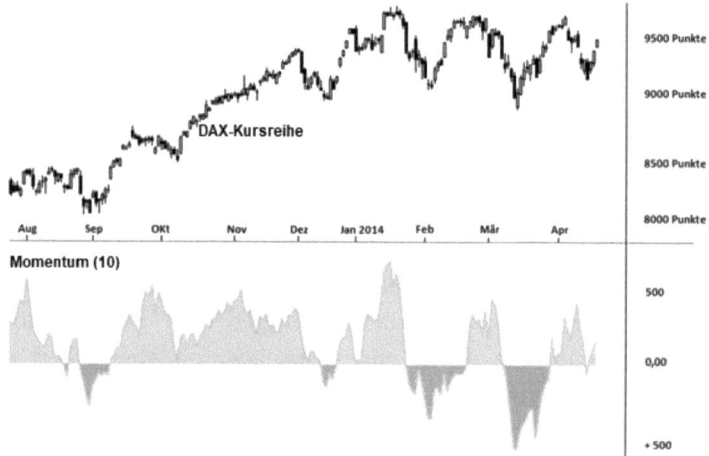

Abb. 137:   DAX-Kursreihe von Tagesschlusskursen mit 10-Tage-Momentum

Britta blättert in ihren Notizen und sieht sich die bereits besprochenen Oszillatoren nochmals an. Dann ergreift sie das Wort: »Im Gegensatz zu den anderen Oszillatoren schwankt das Momentum um die Nulllinie. Zudem ist die Werteskala nicht beschränkt, wie z. B. bei der Stochastik zwischen 0 und 100, d. h. mathematisch gesehen gibt es für das Momentum keine Ober- oder Untergrenze.«

---

einer viel glatteren Linie führt. Zudem sind die Schwünge des Momentums weniger volatil.

»Gut erkannt«, entgegnet Herr Hinrichs. »Aus der Formel könnt ihr erkennen, dass das Momentum positiv ist, wenn der aktuelle Schlusskurs größer als derjenige vor 10 Tagen ist. Das bedeutet, dass die Kurse gestiegen sind. Liegt dagegen der aktuelle Schlusskurs unter demjenigen vor 10 Tagen, wird das Momentum negativ. In diesem Fall sind die Kurse gefallen.«

Peter zögert kurz: »Kann so etwas Einfaches überhaupt funktionieren?« Herr Hinrichs antwortet mit einer Gegenfrage: »Was misst der Chartist eigentlich mit dem Momentum?«

Sabine reckt das Kinn vor und deutet auf die Tafel. »Der Chartist misst die Steigung der Momentum-Linie, also das Ausmaß der Beschleunigung einer Kursbewegung. Befindet sich z. B. der DAX-Kurs in einem Aufwärtstrend, wie im September 2013, und das Momentum liegt über der Nulllinie, so bedeutet ein weiteres Steigen der Momentum-Linie, dass die Kurse sich mit zunehmender Beschleunigung bewegen. Flacht sich die Momentum-Linie oberhalb der Nulllinie ab, ist die Beschleunigung des Aufwärtstrends zum Stehen gekommen, nicht aber die Bewegung bzw. der Aufwärtstrend an sich. Eine fallende Momentum-Linie im positiven Bereich zeigt eine nachlassende Dynamik der Aufwärtsbewegung an, die sich aber noch weiter fortsetzt, wie im November 2013 im DAX-Chart zu sehen ist. Fällt die Momentum-Linie in den negativen Bereich, liegt eine Korrektur des Aufwärtstrends oder ein kurzfristiger Abwärtstrend vor, wie z. B. im Dezember 2013 im Chart. Gleiches gilt für einen Abwärtstrend – nur umgekehrt. So bedeutet ein unter der Nulllinie liegendes und weiter fallendes Momentum, dass die Beschleunigung der Kursverluste anhält, wie z. B. im DAX-Chart im März 2014. Fängt jetzt das Momentum an, zurück zur Nulllinie zu steigen, deutet dies eine Verlangsamung des Kursrutsches an, d. h. der Abwärtstrend verliert an Schwungkraft.«

»Sehr gut beobachtet, Sabine«, sagt Herr Hinrichs. Peter tippt seine Sitznachbarin Britta an und flüstert ihr zu: »Ich kapiere das nicht, wie kann sich ein Trend abschwächen, während er noch steigt? Das ist doch verrückt!«

Britta wirft ihm einen verschwörerischen Blick zu. Wie leicht sein Problem zu lösen war, demonstriert sie in den nächsten Sekunden. Sie flüstert ihm zu: »Stell dir vor, du wirfst einen Ball in die Luft. Die Geschwindigkeit des Balls nimmt allmählich ab, bis er mitten in der Luft einen Augenblick stillsteht und dann zurückfällt. Obgleich der Ball also anfangs noch steigt, sinkt seine Geschwindigkeit mit zunehmender Höhe. Prinzipiell zeigen die Finanzmärkte ein ähnliches Verhalten. Wenn die Geschwindigkeit einer Kursbewegung abnimmt, nimmt der Chartist dies als Warnsignal, dass der Höchstkurs fast erreicht wurde. Für fallende Märkte müssen wir auf eine andere Analogie zurückgreifen. Stell dir vor, du nimmst denselben Ball und kletterst auf einen Hügel. Auf der Spitze des Hügels lässt du den Ball los. Wenn er hinunterrollt, nimmt die Geschwindigkeit zu. Wenn er allerdings auf dem flachen Boden ankommt, nimmt die Geschwindigkeit schnell ab. Verstehst du, diese beiden Beispiele zeigen, dass ein Markt sich in der Regel so lange in seine ursprüngliche Richtung bewegt, bis eine neue Kraft auf ihn einwirkt. Der Ball wird von Kräften wie Schwerkraft und Reibung beeinflusst. Im Gegensatz dazu wirken an den Finanzmärkten Kräfte, die man als Unterstützung und Widerstand bezeichnet. Wenn sich also der DAX-Kurs bewegt, weder die Unterstützungs- noch die Widerstandslinie berührt, wird er sich weiterhin in Richtung des Trends fortbewegen, aber mit immer langsamerer Geschwindigkeit, bis er wie ein erschöpfter Läufer zum Stillstand kommt.«

»Danke«, sagt Peter. »Ich muss da noch etwas überprüfen!« Britta sieht Peter neugierig zu, wie dieser ein zerknittertes Blatt Papier aus seiner Hosentasche zieht. Dann schreibt er Folgendes auf: »Ich messe, wie schnell der DAX-Kurs sich bewegt, sagen wir mal 50 Punkte pro Tag. Wenn der Kurs bei 8.500 Punkten steht und er vor 10 Tagen bei 8.000 stand, dann beträgt der Momentum-Wert 500 Punkte (=8.500 – 8.000) (entspricht dem Kursgewinn der letzten 10 Tage). Addiere ich jetzt einen weiteren Tag mit Kursdaten bei einer konstanten Geschwindigkeit von 50 Punkten pro Tag hinzu, so beträgt das Momentum wiederum 500 Punkte (8.550-8.050). Das ist furchtbar, weil die Momentum-Linie abflacht und dennoch der

DAX kontinuierlich um 50 Punkte pro Tag ansteigt. Der Kurs kann also steigen, aber er beschleunigt sich nicht mehr. Vielmehr verlangsamt der Kursanstieg sich.«

Plötzlich wendet sich die Aufmerksamkeit der Klasse Hans-Jürgen zu, der auf den DAX-Chart deutet: »Seht ihr das nicht? Die Momentum-Linie scheint der Kursbewegung immer einen Schritt voraus zu sein. Sie läuft den steigenden oder fallenden Kursen vorneweg und flacht sich schon ab, obwohl der aktuelle Trend noch anhält.«

»Das liegt an der Konstruktionsweise der Momentum-Linie«, erklärt Herr Hinrichs. »Viele Charttechniker benutzen das Kreuzen der Nulllinie für die Generierung von Kauf- bzw. Verkaufssignalen. Kreuzt die Momentum-Linie die Nulllinie nach oben, ist dies ein Kaufsignal, wie Anfang September 2013 im DAX-Chart. Schneidet dagegen die Momentum-Linie die Nulllinie nach unten, ist dies ein Verkaufssignal – so geschehen Ende Januar 2014 im DAX-Chart.«

Petra hebt die Hand und fragt: »Eine der Hauptaufgaben von Oszillatoren ist doch festzustellen, wann sich der Kurs in extremen Bereichen befindet, also überkauft oder überverkauft ist. Gibt es solche Bereiche auch beim Momentum?«

»Nicht direkt«, antwortet Herr Hinrichs. »Im Gegensatz zu anderen Oszillatoren werden die Extremzonen beim Momentum nicht durch absolute Zonenmarken definiert, sondern sie ergeben sich aus der relativen Lage des aktuellen Momentum-Wertes zu seinen früheren Extrempunkten. Man sieht sich die zurückliegende Historie der Momentum-Linie an und zieht entlang ihrer Extrempunkte eine horizontale Linie. Über diesen Linien befinden sich dann die relativen Extremzonen. Im DAX-Chart liegen die Extremzonen bei +500 und -500. Diese Begrenzungslinien müssen in regelmäßigen Abständen kontrolliert bzw. neu gezogen werden, besonders nach dem Eintritt eines Trendwechsels. Als Trendwendesignal wird gewertet, wenn die Momentum-Linie aus ihrer relativen oberen bzw. unteren Extremzone dreht. Man darf diese Zonen aber nur als grobe Richtschnur ansehen.«

»Gibt es auch Divergenzen, wie bei den anderen Oszillatoren?«, fragt Petra weiter wissbegierig. Herr Hinrichs erklärt: »Eine wesentliche Eigenschaft des Momentums ist das Erkennen von Änderungen in der Trendstärke. Nur in Ausnahmefällen enden etablierte Trends abrupt. Stattdessen deutet sich ein Trendwechsel oder eine größere Korrekturphase durch eine Abnahme der Dynamik an. Häufig visualisiert das Momentum eine abnehmende Trendstärke durch Divergenzen zwischen Kursverlauf und Momentum-Linie. So kann der Kurs noch ein neues Hoch erreichen, das durch die Momentum-Linie nicht mehr bestätigt wird. Das ist ein starkes Indiz für eine bevorstehende Trendwende. Aber Vorsicht! Allein auf Grundlage einer Divergenz[133] sollte keine Positionen gegen den (noch) vorherrschenden Markttrend eröffnet werden. Stattdessen solltet ihr den Wert auf einer Watchlist vermerken und beim Hinzutreten weiterer Signale eine entsprechende Positionierung vornehmen.«

»Okay«, wirft Rolf ungeduldig ein. Er will seinen Klassenkameraden unbedingt eine Entdeckung mitteilen: »Wenn man sich die Momentum-Linie ansieht, erkennt man, dass sich ähnliche Muster herausbilden, die wir auch aus herkömmlichen Kurscharts kennen.« »Ja, genau Rolf«, erwidert Herr Hinrichs. »Man kann die Momentum-Linie auch durch das Einzeichnen von Trend-, Unterstützungs- und Widerstandslinien auswerten. Sie haben die gleiche Bedeutung wie die entsprechenden Linien in Kurscharts.«

**Merke**

1. Steigt das Momentum von unten über die Nulllinie nach oben, so wird ein Kaufsignal erzeugt.
2. Fällt das Momentum von oben unter die Nulllinie, wird ein Verkaufssignal geniert.

---

[133] Divergenzen in trendschwachen oder gar trendlosen Phasen haben keinerlei Aussagekraft.

### 5.2.3.1 Rate of Change (ROC)

»Da wir noch etwas Zeit haben, wenden wir uns dem kleinen Bruder des Momentums, der *Rate of Change* (kurz ROC), auch Veränderungsrate, zu. Bei der Veränderungsrate werden die beiden Schlusskurse dividiert und der resultierende Quotient mit einem Skalierungsfaktor von 100 multipliziert. Wenn ihr also z. B. einen 10-Tage-ROC-Oszillator berechnen möchtet, so teilt ihr den aktuellen Schlusskurs durch den Schlusskurs von vor 10 Tagen:«

$$\text{Rate of Change} = \left(\frac{\text{aktueller Schlusskurs}}{\text{Schlusskurs vor x-Perioden}}\right) \cdot 100$$

Alternativ wird auch die folgende Formel verwendet:

$$\text{Rate of Change} = \left(\frac{\text{aktueller Schlusskurs - Schlusskurs vor x-Perioden}}{\text{Schlusskurs vor x-Perioden}}\right) \cdot 100$$

»Die *Rate of Change* schwankt um eine Mittellinie. Je nach Berechnungsart liegt sie bei 100 oder Null. Ist der aktuelle Kurs höher als der Kurs vor 10 Tagen, liegt der ROC-Wert über der Mittellinie. Notiert dagegen der aktuelle Kurs unter demjenigen vor 10 Tagen, so ergibt sich ein ROC-Wert unterhalb der Mittellinie«, erklärt Herr Hinrichs. Danach drückt er ein paar Tasten auf seinem Laptop und auf der Tafel erscheint folgender Bayer-Chart:

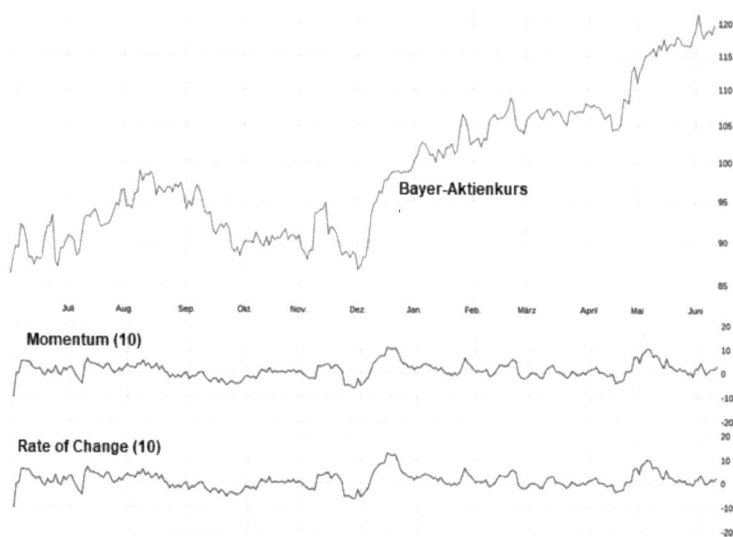

Abb. 138: Bayer-Tageschart von Juni 2016 bis Juni 2017 mit Momentum und ROC für 10 Tage

Sabine kann sich vor Lachen kaum halten: »Das ist ja beides das Gleiche! Die *Rate of Change* zeigt bei gleicher Periodenlänge dasselbe Bild wie das Momentum. Der Unterschied liegt lediglich in der Skalierung.«

»Genau! Wir haben beim Momentum die Differenz des letzten Kurses zum Kurs vor $x$ Perioden herangezogen. Dagegen berechnet sich die ROC als Quotient dieser beiden Werte. Insofern liefert die ROC Veränderungen aus prozentualer Sicht, das Momentum hingegen absolute Werte.« Während er dies sagt, schreibt Herr Hinrichs an die Tafel:

Wäre der Kurs ein Auto, dann würde die *Rate of Change* zeigen:
1. Wann der Fahrer Gas gibt, d. h. der Trend sich beschleunigt.
2. Ab wann der Fahrer den Fuß vom Gas nimmt, d. h. der Trend sich verlangsamt.
3. Wann der Fahrer das Bremspedal drückt, d. h. der Trend sich umkehrt.

Die *Rate of Change* zeigt also das Ausmaß der Beschleunigung an!

»Ich könnte Stein und Bein schwören ...« »dass die *Rate of Change* dieselben Aussagen macht wie das Momentum«, bringt Britta Peters Satz zu Ende. »Wenn z. B. der ROC über der Mittellinie ist und steigt, zeigt das, dass sich die Kurse nach oben beschleunigen«, greift Peter den Gedanken wieder auf. »Wenn der ROC über der Mittellinie ist und fällt, zeigt das, dass der Kurs noch steigt, aber langsamer als vorher.« »Und so weiter!«, unterbricht Rolf Peter.

## 5.3 Trendstärke-Indikator – wie stark ist der Trend wirklich?

Die Gretchenfrage beim Einsatz von Indikatoren ist: Liegt eine Trendphase vor? Die Antwort auf diese Frage entscheidet über die zu verwendenden Indikatoren. So haben wir bereits gesehen, dass Trendfolge-Indikatoren in Trendmärkten und Oszillatoren vorzugsweise in Seitwärtsmärkten eingesetzt werden sollten. Um zwischen Trend- und Nicht-Trendmärkten unterscheiden zu können, wurden die Trendstärke-Indikatoren entwickelt. Die **Trendstärke-Indikatoren** zeigen nicht die Trendrichtung an, sondern nur, ob überhaupt ein Trend besteht und wie ausgeprägt dieser ist. Um seine Richtung festzustellen, muss man noch zusätzlich einen Trendfolge-Indikator einsetzen.

### Merke

1. Trendstärke-Indikatoren geben »nur« darüber aus Auskunft, ob ein Trend vorliegt oder nicht und sie geben ggf. dessen Stärke an.
2. Sagt der Trendstärke-Indikator aus, es liegt ein Trend vor, dann sollte man zur weiteren Analyse des Trends auf die Trendfolge-Indikatoren setzen. Sie liefern dann relativ gute Ergebnisse, während Oszillatoren häufig Fehlsignale generieren.
3. Liefert der Trendstärke-Indikator das Ergebnis, dass ein trendloser bzw. Seitwärtstrend vorliegt, dann sollte man zur weiteren Analyse auf Oszillatoren setzen. Sie liefern in Seitwärts- bzw. trendlosen Märkten gute Ergebnisse, während die Trendfolge-Indikatoren reihenweise Fehlsignale liefern.

### 5.3.1 DMI – ADX – den Trend messen

»Wie werden an der Börse die großen Gewinne eingefahren?«, fragt Herr Hinrichs seine Schüler. Die Schüler sehen sich erstaunt an. Mit dieser Frage hatte niemand gerechnet. Würde in der heutigen Stunde der Stein der Weisen gefunden werden? Plötzlich platzt es aus Rolf heraus: »Um das große Geld an der Börse zu machen, muss man einen Trend treffen. Am besten ist es, wenn man den Trend gleich zu Beginn entdeckt.«

»Ja, so ist es«, bestätigt Herr Hinrichs. »Diesem Traum bringt uns der *Directional Movement Index* (kurz **DMI**) näher. Zu dessen Berechnung muss man sich zunächst das Konzept des direktionalen Systems vor Augen führen. Das Wort ›direktional‹ bedeutet dabei trendgerichtete Bewegung. Darunter verstand der Erfinder des Indikators, Welles Wilder, dass der heutige Höchstkurs in einem Aufwärtstrend über dem gestrigen und der heutige Tiefstkurs in einem Abwärtstrend unter dem gestrigen liegt. Um diese simple Weisheit in einen Indikator zu bringen, musste Wilder ein ganzes Indikatorenuniversum erschaffen, das aus verschiedenen Einzelindikatoren besteht. Die gerichtete Bewegung, *Directional Movement*, wird anhand der Differenz der Höchst- bzw. Tiefstkurse berechnet. Dabei entspricht die Differenz zwischen dem heutigen Hoch und dem gestrigen dem Aufwärts-*Directional Movement* – auch **+DM**. Entsprechend ist die Differenz zwischen dem gestrigen Tief und dem heutigen Tief das Abwärts-*Directional Movement* – auch **-DM**[134].«

$+DM$ = heutiges Hoch - gestriges Hoch

$-DM$ = gestriges Tief - heutiges Tief

Britta starrt die Gleichungen an: »Klingt irgendwie verwirrend ...« Bevor sie aussprechen kann, ergreift Peter das Wort: »Letztlich messen wir mit dem *Directional Movement* die Richtung, in der der Handel an einem Handelstag gelaufen ist.« »Richtig!«, erklärt Herr

---

[134] + und - sind nicht als mathematische Symbole anzusehen, sondern als Kennzeichnung für eine aufwärts- bzw. abwärtsgerichtete Bewegung.

Hinrichs. »Um zu ermitteln, welche gerichtete Bewegung in die Berechnung einfließt, wird die heutige Handelsspanne mit der gestrigen verglichen. Liegt das heutige Hoch über dem gestrigen, liegt eine positive Kursveränderung vor. In diesem Fall wird die Differenz vom heutigen zum gestrigen Hoch als +DM verrechnet, während -DM in diesem Fall Null ist. Befindet sich das gestrige Tief über dem heutigen Tief, liegt eine negative Kursveränderung (Abwärtsbewegung) vor. Darum wird jetzt die Differenz zwischen gestrigem Tief zum heutigen als -DM verrechnet und +DM ist Null. An Tagen, an denen weder ein höheres Hoch noch ein tieferes Tief herausgebildet wurden, werden beide Werte auf Null gesetzt. Solche Tage bezeichnet man als *Inside Day*. Noch ein Stück komplizierter wird es, wenn der heutige Höchstkurs größer als der des Vortages und der heutige Tiefstkurs gleichzeitig aber auch kleiner als der des Tags zuvor ist. Dann handelt es sich um einen *Outside*-Tag, und die größere der beiden Differenzen wird als trendbestimmend angesehen, die andere wird auf Null gesetzt.« Herr Hinrichs blickt seine Schüler an und sieht nichts als Ratlosigkeit. »Ein Bild sagt mehr als tausend Worte«, denkt er.

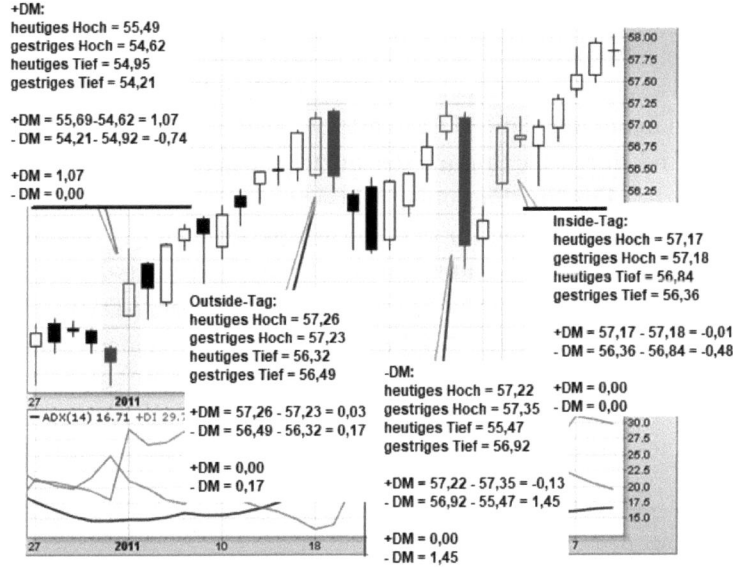

Abb. 139: Bayer-Tageschart mit Berechnung von +DM und –DM

Langsam versteht Sabine: »Diese *Directional Movements* sind wie kleine Kilometerzähler in die eine oder andere Richtung. Durch die Regeln wird sichergestellt, dass sie entweder aufwärts oder abwärts gerichtet sind, aber nie beides!«

Herr Hinrichs macht eine kurze Pause, damit die Schüler die Informationen verdauen können. Dann sagt er: »Jetzt wird es Zeit, den nächsten Schritt zu machen. Dazu müssen wir die *True Range* (kurz TR) berechnen, die tägliche Handelsspanne, wobei der gestrige Schlusskurs mit einbezogen wird. Die *True Range* ist stets positiv und definiert sich als der jeweils höchste Wert folgender Differenzen:«

---

*True Range* ermittelt sich aus der jeweils höchsten Differenz von
A) Heutiger Höchstkurs - heutiger Tiefstkurs
B) Heutiger Höchstkurs - gestriger Schlusskurs
C) Heutiger Tiefstkurs - gestriger Schlusskurs

---

»Mithilfe der *True Range* berechnet man den **Directional Indikator** (kurz **DI**). Der aufwärtsgerichtete *Directional Indikator* (+DI) wird berechnet, indem das Aufwärts-*Directional Movement* (+DM) durch die *True Range* dividiert wird. Allerdings erfolgt dies nicht auf Tagesbasis, sondern entsprechend der gewählten Periode. Deswegen werden in der Regel die +DM-Werte der letzten 14 Tage[135] aufsummiert und durch die Summe der letzten 14 der *True Range*-Werte dividiert[136]. Das Ergebnis entspricht dem +DI für 14 Tage. Analog erfolgt die Berechnung für den abwärts gerichteten *Direction Indikator* (-DI). Man verwendet nur anstatt des Aufwärts-*Directional Movements* (+DM) das Abwärts-*Directional Movement* (-DM).« Herr Hinrichs wendet sich der Tafel zu und schreibt die beiden Formeln an.

---

[135] 14 Tage ist die Standardeinstellung
[136] Manchmal wird an dieser Stelle auch ein exponentieller Durchschnitt berechnet.

$$+DI = \frac{\Sigma(+DM_t)}{\Sigma \text{True Range}_t}$$

$$-DI = \frac{\Sigma(-DM_t)}{\Sigma \text{True Range}_t}$$

»Langsam komme ich mir wie Sisyphus vor. Sobald wir den Felsen bis zum Gipfel hochgewuchtet haben, rollt er wieder hinunter«, meint Rolf. »Ganz so schlimm ist es nicht. Wir biegen jetzt auf die Zielgerade ein«, tröstet Herr Hinrichs. »Der nächste Schritt im Ablaufplan ist die Berechnung des *Directional Movement Index* (kurz DIM). Zu dessen Berechnung subtrahiert man +DI von -DI und dividiert dies durch die Summe (+DI + -DI). Anschließend multipliziert man das Ergebnis mit dem Faktor 100.«

$$DMI = \frac{\text{Betrag}\bigl((+DI) - (-DI)\bigr)}{(+DI) + (-DI)} \cdot 100$$

»Der Faktor 100 in der Formel normalisiert den DMI-Wert, sodass er zwischen 0 und 100 oszilliert. Der DMI-Indikator stellt eine Prozentzahl dar, welche die Intensität des vorherrschenden Trends quantifiziert. Wegen seiner hohen Volatilität wird der DMI-Indikator aber selten dargestellt, sondern er wird nochmals geglättet. Wie machen wir das?«

Im Chor rufen die Schüler: »Durch die Bildung eines Durchschnitts!« »Ganz richtig«, sagt Herr Hinrichs. »Es wird empfohlen, den gleichen Glättungsfaktor wie bei der Berechnung von +DI und +DI, also 14 Tage, zu verwenden. Durch diese Glättung des DMI ergibt sich der *Average Directional Movement Index* (kurz ADX)[137].«

---

[137] Durch eine nochmalige einfache Glättung ergibt sich das *Average Directional Movement Index Rating* (kurz ADXR). Hierzu wird im Regelfall der heutige ADX mit dem ADX vor 14 Tagen addiert und anschließend die Summe durch den Faktor 2 geteilt. Das ADXR funktioniert wie ein gleitender Durchschnitt. Wenn der ADX den ADXR überquert, befindet sich der Basiswert gewöhnlich in einem Trend. Wenn de ADX niedriger als das ADXR ist, schwankt der Basiswert lustlos umher.

»Wo habe ich das schon einmal gehört?«, denkt Petra. »Natürlich! Bei der Überführung der Fast Stochastik in die Slow Stochastik. Folglich gelten die Aussagen über den DMI auch für den ADX.« Laut sagt sie: »Ebenso wie der DMI schwankt der ADX zwischen 0 und 100, wobei Werte über 60 relativ selten sind. Der ADX zeigt die Entstehung eines Trends an, unabhängig davon, ob sich die Kursbewegung abwärts oder aufwärts richtet. Ein Anstieg des ADX deutet auf eine Verstärkung der Trendintensität hin, während ein Abfallen auf ein Nachlassen der Trendstärke schließen lässt. Je höher der ADX, desto stärker ist auch der zugrunde liegende Trend.« Petra ist so in ihre Ausführungen vertieft, dass ihr gar nicht auffiel, dass mittlerweile ein neuer Chart an der Tafel zu sehen ist.

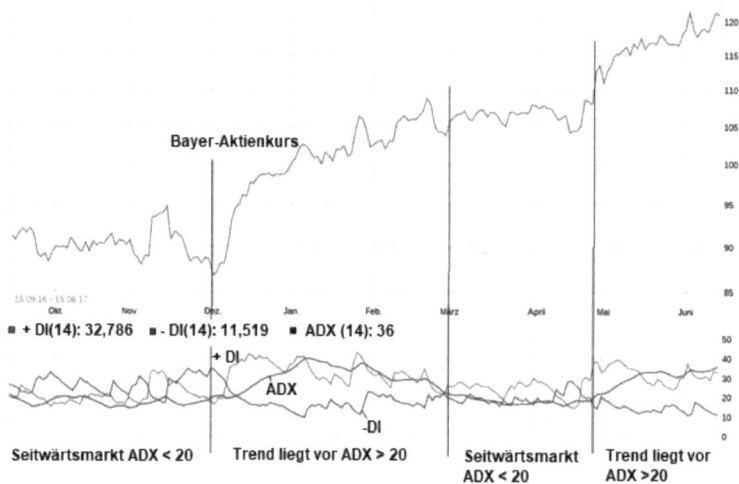

Abb. 140: Bayer-Tageschart mit ADX, -DI , +DI für eine Periode von 14 Tagen

Peter inspiziert den Chart mit einer Mischung aus Faszination und Panik. »Das sieht ziemlich verwirrend aus.« »Dann lasst uns Licht ins Dunkel bringen!«, fordert Herr Hinrichs auf. »Möchte jemand etwas sagen?«

Britta legt den Kopf in ihre Hände und schaut den Chart an. Dann geht sie zur Tafel und fährt mit dem Finger die ADX-Linie nach. Sie erkennt: Es gibt Schüsselwerte für den ADX, die zu einer Änderung im Trend des Bayer-Aktienkurses führen. »Also ...«, setzt sie an, nur um von Sabine schroff unterbrochen zu werden. »Die ADX-Linie zeigt nicht die Richtung des Trends an, sondern seine Stärke. Je höher die Linie steigt, desto stärker ist der Trend! Wenn die ADX-Linie steigt, befindet sich der Kurs in einem Trendmarkt (=Aufwärts- oder Abwärtstrend). Falls jedoch die ADX-Linie fällt, befindet sich der Kurs in einem trendlosen Markt (= Seitwärtstrend).«

Britta sieht Sabine wütend an. »Das geht wesentlich präziser!« Diese Spitze kann sie sich nicht verkneifen. »Wenn sich die ADX-Linie unterhalb von 15-20 befindet, herrscht eine trendlose Phase bzw. ein Seitwärtsmarkt vor. Überschreitet die ADX-Linie die 20er-Marke, signalisiert dies den Beginn eines Trends. Erreicht die ADX-Linie Werte über 30, dann würde ich sagen, dass sich ein starker Trend ausgebildet hat, auf- oder abwärts. Das weiß man nicht. Steigt die ADX-Linie über 40 und beginnt zu fallen, signalisiert das, dass der Trend nicht mehr lange anhält, ihm geht die Puste aus.«

Etwas zögerlich hebt Rolf die Hand. »Wenn man ganz genau hinsieht, erkennt man, dass der ADX immer mit einer kleinen Verzögerung reagiert.« »Richtig. Der Indikator reagiert aufgrund seiner mehrfachen Glättung nur langsam auf Kursänderungen. Deswegen hat sich oftmals ein Großteil der Trendbewegungen bereits ereignet, bevor diese durch ADX-Werte über die Grenze von 20 signalisiert werden«, erklärt Herr Hinrichs.

Petra kritzelt etwas in ihren Block und spielt verschiedene Szenarien durch. Dann sagt sie: »Wir kommen vom Thema ab! Der Chart offenbart noch etwas Tolles. Man kann doch die Trendrichtung erkennen! Wenn die +DI-Linie oberhalb der -DI-Linie liegt, liegt ein Aufwärtstrend vor. Umgekehrt liegt ein Abwärtstrend vor, wenn die +DI-Linie unterhalb der -DI-Linie liegt. Je größer die Differenz zwischen den beiden Indikatoren ist, umso stärker ist die

Trendintensität.[138] Ein Trendwechsel deutet sich an, wenn sich beide Linien schneiden. Deswegen ist der Abstand zwischen den beiden Indikatoren in trendlosen Phasen auch gering.«

»Sehr gut beobachtet«, stellt Herr Hinrichs fest. »In der Regel werden die Kreuzungspunkte von +DM mit -DM nur dann als Verkaufssignal interpretiert, wenn der ADX steigt. Bleibt nur noch eine Frage zu klären: Bei welchen ADX-Werten würdet ihr einen Trendfolge-Indikator oder einen Oszillator einsetzen?«

Hans-Jürgen macht eine wegwerfende Handbewegung und geht wie selbstverständlich an die Tafel:

Tab. 14: Einsatz von Trendfolge-Indikatoren und Oszillatoren in Abhängigkeit des ADX-Wertes

| Szenario | ADX-Wert | Einsatz von |
|---|---|---|
| Wenn die ADX-Linie 20 überschreitet, signalisiert dies den Beginn eines Trends | > 20 ADX-Wert | Trendfolge-Indikator verwenden |
| ADX-Linie steigt über 30. Ein Trend liegt vor. | > 30 ADX-Wert | Trendfolge-Indikator verwenden |
| ADX-Linie steigt über 40. Dies signalisiert, dass der Trend nicht mehr lange durchhält. | > 40 ADX-Wert | Trendfolge-Indikator verwenden und zusätzlich Oszillator, um festzustellen, ob Basiswert in überkaufter Zone ist. |
| ADX-Linie befindet sich unterhalb 15-20. Es herrscht eine trendlose Phase vor. | < 20 ADX-Wert | Oszillator verwenden |

**Merke**

1. Der ADX kann Werte zwischen 0 und 100 annehmen. Je größer der Wert, umso größer ist die Dynamik des jeweils vorherrschenden Trends. Der ADX liefert keine Information über die Richtung des Trends.
2. Nimmt der ADX einen Wert größer 20 an, so liegt ein Trendmarkt vor. Unterhalb von Werten von 20 liegt ein trendloser Markt vor.

---

[138] Die absolute Lage der Linien innerhalb ihrer Werteskala spielt bei der Trendbestimmung keine Rolle.

3. Fällt der ADX auf Werte über 40 zurück, so ist dies ein Zeichen für ein Nachlassen der Trendstärke und ein möglicher Übergang in eine Seitwärtsphase steht bevor.
4. Steigt der ADX auf Werte unter 20 wieder nach oben und überwindet die 25er-Marke, so markiert dies den Beginn eines Trends.
5. Wenn die +DM-Linie über der -DM-Linie verläuft, so liegt ein Aufwärtstrend vor.
6. Liegt dagegen die -DM-Linie über der +DM-Linie, liegt ein Abwärtstrend vor.
7. Je größer der Abstand zwischen +DM-Linie und -DM-Linie ist, desto stärker ist der entsprechende Trend. In trendlosen Phasen ist der Abstand zwischen den beiden Linien gering.

### 5.3.2 Rapid Adaptive Variance (RAVI)

»Gibt es einen Indikator, der schnellere Signale liefert?«, will Petra wissen. Herr Hinrichs schaut auf seine Armbanduhr und stellt fest, dass noch genug Zeit ist, um auf Petras Frage einzugehen. »Ja! Der *Rapid Adaptive Variance Indikator* (kurz **RAVI**) liefert schnellere Signale als der ADX. Allerdings hat der RAVI, ebenso wie der ADX, bei schnellen Trendwenden, wie z. B. bei V-Böden (s. S.194 ff.) Probleme, den Trendwechsel anzuzeigen. Aber auch hier hat der RAVI im Vergleich zum ADX die Nase vorn. Lasst uns einen kurzen Blick auf diesen Indikator werfen. Er wurde 1997 von Tushar S. Chande entwickelt und als Weiterentwicklung des ADX vorgestellt ...«

»Na toll! Noch mehr Mathematik, und das so kurz vor Schluss«, wirft Sabine mit einem Seufzer ein. »Keine Sorge, Sabine, im Vergleich zum ADX ist die Berechnung des RAVI wie ein Spaziergang im Park. Der RAVI beruht auf zwei gleitenden Durchschnitten, von denen der kürze ca. 10 Prozent des längeren gleitenden Durchschnittes betragen soll. Laut Tushar Chande ist die optimale Kombination ein kurzer gleitender Durchschnitt über 7 Schlusskurse und ein längerer Durchschnitt über 65 Schlusskurse[139]

---

[139] Natürlich können auch andere Zeiträume gewählt werden, wobei darauf zu achten ist, dass der längere Zeitraum ca. das Zehnfache des kürzeren Zeitraumes ausmachen sollte.

(Abk. RAVI (7,65)). Im ersten Schritt wird der längere gleitende Durchschnitt vom kürzeren abgezogen. Diese Differenz wird dann durch den 65 Tage gleitenden Durchschnitt geteilt. Anschließend wird der Quotient mit 100 multipliziert. Damit es immer ein positives Ergebnis gibt, wird zum Abschluss noch der Betrag des Produkts gebildet. Das Ergebnis wird dann in Prozent angegeben:«

$$RAVI = \left| \frac{(GD_7 - GD_{65})}{GD_{65}} \cdot 100 \right|$$

mit GD$_7$ = gleitender Durchschnitt mit 7 Schlusskursen und DG$_{65}$ = gleitender Durchschnitt mit 65 Schlusskursen

Neben der Formel erscheint ein Chart des Dow Jones mit RAVI in der Standardeinstellung.

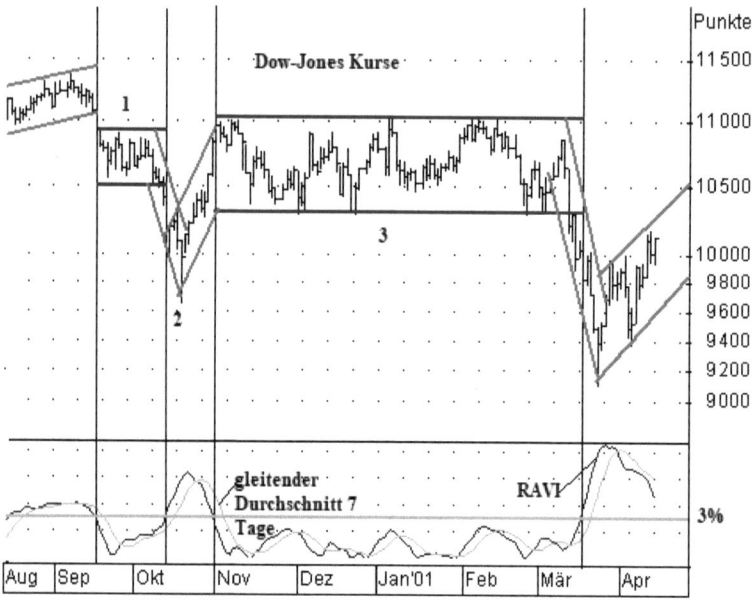

Abb. 141: Dow Jones mit RAVI (7,65)

Rolf tritt näher an die Tafel heran und mustert den Chart, als wäre er ein Ausstellungsstück in einem Museum. »In der Phase 1 liegt der RAVI unter 3 Prozent. Man kann von einem Seitwärtstrend ausgehen. Der Anstieg des RAVI zum Ende des Seitwärtstrends kündigt den Beginn eines Trends an. Wie man aus dem Chart erkennt, ist dies ein Abwärtstrend. Der steile Abwärtstrend führt in der Phase 2 zu einem deutlichen Anstieg des RAVI. Durch die Ausbildung des V-förmigen-Bodens in Phase 2 kann der RAVI nicht schnell genug reagieren und bildet den steilen Anstieg gegen Mitte Oktober 2000 als Abflachung des Trends ab. Die 3. Phase ist durch eine längere Seitwärtsbewegung im Dow Jones gekennzeichnet. Dies hat zur Folge, dass der RAVI über einen Zeitraum von fast 5 Monaten unter 3 Prozent bleibt. Der steile Abwärtstrend Mitte März 2001 lässt den RAVI wieder jenseits der 3-Prozent-Marke springen.«

Herr Hinrichs schaut Rolf an und nickt. Dann fasst er zusammen. »Ein RAVI unter 3 Prozent deutet auf einen trendlosen Markt hin[140]. Der Bereich unter 3 Prozent wird auch als untere Extremzone bezeichnet. Liegt der RAVI in diesem Bereich, ist der Einsatz von Oszillatoren ratsam. Ein RAVI von unter 1 Prozent deutet auf einen starken Kauf- bzw. Verkaufsdruck hin, der zu einer heftigen Bewegung in die eine oder andere Richtung führen kann. In absehbarer Zeit ist deswegen mit dem Beginn eines neuen Trends zu rechnen. Steigt der RAVI über 3 Prozent, so zeigt dies das Vorliegen eines Trendmarkts an. Jetzt liefern Trendfolge-Indikatoren gute Dienste. Je höher der RAVI ansteigt, umso stärker ist der Trend. Das Abfallen des RAVI nach der Ausbildung eines Tops, wie Ende März 2001 im Chart, zeigt an, dass sich der gegenwärtige Trend dem Ende zuneigt.«

**Merke**

1. Der RAVI zeigt die Trendstärke an, aber nicht die Trendrichtung. Die Standardeinstellung ist die Kombination eines 7-Tage- und 65-Tage-gleitenden-Durchschnitts.

---

[140] Dies gilt nur für die Standardeinstellung RAVI (7,65). Eine andere Wahl des Zeitraumes führt zu anderen Prozentwerten.

2. In trendlosen Phasen verläuft der RAVI innerhalb der unteren Extremzone. Diese ist in der Standardeinstellung kleiner als 3 Prozent. Nach einer längeren Phase der Trendlosigkeit fällt der RAVI oftmals unter 1 Prozent. Dies ist ein Indiz, dass ein neuer Trend beginnen könnte.
3. Verlässt der RAVI die untere Extremzone, beginnt sich ein Trend auszubilden, d. h. der RAVI steigt über 3 Prozent.
4. Je höher das Niveau des RAVI wird, desto stärker ist der Trend.
5. Erreicht der RAVI ein Top und dreht nach unten ab, kann davon ausgegangen werden, dass der aktuelle Trend beendet ist oder eine Pause einlegt.

# 6. Der erste Trade – aller Anfang ist schwer

Als Herr Hinrichs den Klassenraum betritt, ist der Enthusiasmus seiner Schüler kaum zu übersehen. Sie hatten alle Ausarbeitungen der bisherigen Stunden nochmals ausgiebig studiert. »Die technische Aktienanalyse ist wie ...« Weiter kommt Herr Hinrichs nicht, weil Rolf seinen Satz vervollständigt: »Archäologie!« Allgemeines Gelächter erhebt sich in der Klasse. Doch so schnell lässt sich Rolf nicht entmutigen: »Ihr wisst genauso gut wie ich, dass die technische Analyse, wie auch die Archäologie, einer Spurensuche gleichkommt. Hier ein Fragment, da ein Fragment. Das gesamte Bild erschließt sich erst, wenn man genügend Teile zusammen hat.«

Sichtlich beeindruckt nickt Herr Hinrichs: »Jeder Trader, egal mit welchem Handelswerkzeug er unterwegs ist, stellt sich die Frage, unter welchen Bedingungen und wann er einen Trade machen soll. Oft gibt der Chart eindeutige Signale. Aber wenn es zur tatsächlichen Ausführung des Trades kommt, wird der Trader wählerisch und findet noch das eine oder andere Haar in der Suppe. Später kommt dann die Reue: Warum habe ich wieder gezögert, das Chartbild war doch eindeutig. Um dies zu verhindern ...« Herr Hinrichs bricht mitten im Satz ab, weil er die Nervosität seiner Schüler spürt, die sich trotz ihres Enthusiasmus breitmacht. »Ihr wollt gleich mit dem Traden loslegen? Jeder von euch möchte unbedingt der Erste sein, der einen Trade macht? Wollt ihr den Trade nicht erst vorbereiten? Gleich auf der Tastatur rumhämmern, das kann jeder! Denkt daran, wenn man Werkzeuge nutzt, die man nicht versteht, dann geht es meistens schief. Das gilt auch fürs Traden! Ein guter Trader erledigt seine Hausaufgaben und ist auf den Markt vorbereitet, noch bevor dieser eröffnet. Er wird nicht wahllos Trades eingehen. Stattdessen sind die einzelnen Trades Teil einer Tradingstrategie und werden auch das eine oder andere Risiko aushalten. Er ist vorbereitet!«

Petra verdreht die Augen und unterdrückt ein Stöhnen. »Ja, wie jetzt? Sollen wir erst Morgengymnastik machen?«

»Nein!«, antwortet Herr Hinrichs entschieden. »Wir erstellen einen **Tradingplan**. Ein Tradingplan ist eine Richtschnur, die es dem Trader ermöglicht, dauerhaft gute Tradingentscheidungen zu fällen. Er setzt sich aus zwei Teilen zusammen: Erstens einem Tradingsystem, das Kauf- und Verkaufsentscheidungen produziert. Zweitens enthält der Plan einige Aspekte des *Money Managements*, wie z. B. die Größe der Portion. Zur Aufstellung des Planes lassen wir uns idealerweise von der KISS-Methode – *Keep it simple and stupid* – leiten. Also, worüber müssen wir uns als erstes Gedanken machen?«

»Über die Tradingstrategie«, antwortet Britta nach einigem Überlegen. »Ohne eine Strategie und ihre disziplinierte Umsetzung nützen das umfangreichste Marktwissen und die besten Analysemöglichkeiten wenig. Doch wo genau fangen wir da an?«

Peter kann seine Ungeduld kaum noch zügeln. Er will traden und nicht über Tradingstrategien philosophieren. Also antwortet er hastig: »Mit dem **Zeithorizont**.«

»Das ist ein gutes Stichwort«, entgegnet Herr Hinrichs. »Zur Ermittlung des Zeithorizontes sollte man sich folgende Fragen stellen. Dabei gibt es keine richtigen oder falschen Antworten – es geht nur darum, ob etwas passend oder nicht passend ist. Interessiert ihr euch für langfristige Trends oder kurzfristige Schwankungen – oder beides? Könnt ihr mit kleineren, aber häufig auftretenden Verlusten besser umgehen als mit wenigen, großen Verlusten? Die Beantwortung dieser Fragen führt zu drei verschiedenen Zeithorizonten.«.

⇒ **Kurzfristhandel** (wird auch *Scalping* oder *Daytrading* genannt): Die Positionen werden extrem kurz gehalten – in der Regel 5, 15 oder 30 Minuten.

⇒ *Swingtrader*: Ein *Swingtrader* hält die Positionen einige Tage bis Wochen. Er zielt bei seinem Handel auf die großen Trends am Markt.

⇒ **Positionstrading**: Die Positionen werden Wochen oder Monate gehalten.

»Welcher Zeithorizont ist für euch der richtige?«, fragt Herr Hinrichs seine Schüler. Ein Stimmengewirr erhebt sich im Klassenraum. Lebhaft diskutieren die Schüler. Die einen wollten *Daytrading* betreiben, die anderen wiederum als Positionstrader auftreten. Doch dann hat Hans-Jürgen einen Geistesblitz: »Aus einem *Swingtrade* kann auch ein hochprofitabler Positionstrade werden. So bekommen wir beides unter einen Hut. Also, lasst uns die goldene Mitte wählen.« Alle stimmen zu.

»Kommen wir zum nächsten Punkt bei der Aufstellung des Tradingplans – dem **Tradingansatz**«, sagt Herr Hinrichs. »Beim Tradingansatz geht es um die grundsätzliche Philosophie des Trades. Viele von euch kennen die Börsenweisheit: *The trend is your friend*. Diese Weisheit nutzen Trendfolger aus. Sie gehen den Weg des geringsten Widerstandes und reiten auf vorherrschenden Trendwellen zum Erfolg. Andere Trader setzen auf das Momentum, d. h. auf schnelle, explosive Bewegungen am Markt. Darunter fällt z. B. der Ausbruch aus einer ausgedehnten Seitwärtsphase. Timing und Schnelligkeit sind hierbei von entscheidender Bedeutung. Andere Trader setzen dagegen auf den Kontra-Trend, d. h. sie spekulieren bewusst gegen den Markt. Dieser Ansatz erfordert viel Erfahrung und ausgeprägte Marktkenntnis, weil hier der Timing-Aspekt im Vergleich zur Trendfolge deutlicher zum Tragen kommt. Außerdem muss der Trader mit einer wesentlich geringeren Trefferquote bzw. Anzahl von Trades im Gewinn rechnen als beim Trendfolge-Ansatz. Welchen Ansatz wählt ihr?«, fragt Herr Hinrichs.

Hier sind sich alle schnell einig: »Wir wählen den Trendfolge-Ansatz«, rufen sie im Chor.

»Als nächstes müssen wir **Anlageuniversum** und **Instrumente** bestimmen. Wir müssen uns also fragen: Was wollen wir handeln? Und mit welchen Instrumenten wollen wir unsere Anlageidee umsetzen?«, fragt Herr Hinrichs.

Rolf verschränkt die Arme hinter dem Rücken. Eine typische Geste, wenn er konzentriert über etwas nachdachte. »Was haltet ihr davon, wenn wir uns auf die 30 Aktien des DAX beschränken?« Als

Rolf sich in der Klasse umsieht, sieht er überwiegend zustimmendes Nicken. Sabine spürt, dass es an der Zeit ist, ihren Klassenkameraden ihre Idee mitzuteilen: »Ich schlage vor, dass wir als Anlageinstrument neben Aktien auch Optionsscheine berücksichtigen. Mit Put-Optionsscheinen können wir gut Short-Signale (z. B. in Abwärtstrends) handeln.« Wiederum erhebt sich zustimmendes Gemurmel in der Klasse. Nur Peter hat Bedenken: »Ich habe gerade gelesen, dass Optionsscheine unterschiedliche Risikoklassen haben, je nachdem, wie hoch der Hebel ist. Optionsscheine mit geringem Hebel haben ein niedriges Risiko. Deshalb schlage ich vor, nur solche Optionsscheine zu verwenden.« Alle nicken.

Eigentlich müsste Hans-Jürgen der Gedanke, endlich mit dem Traden beginnen zu können, mit Freude erfüllen, aber genau das Gegenteil ist der Fall. Der ganze Prozess geht ihm zu schnell und scheint zu glatt. Instinktiv weiß er, dass noch etwas Wichtiges kommen musste – und Herr Hinrichs sollte ihm recht geben: »In eurem Trader-Leben werdet ihr erfahren, dass es keinen Indikator gibt, der immer ohne Fehlsignale funktioniert, und dass es keine Chart-Formation gibt, die immer satte Gewinne verspricht. Trotzdem verbeißen sich viele Trader in der Suche nach dem Rezept für ewige Gewinne mithilfe von Indikatoren, Oszillatoren oder Chartformationen. Sie suchen die eierlegende Wollmilchsau – und ihr werdet überrascht sein zu erfahren, dass es eine solche an der Börse tatsächlich gibt.«

Herr Hinrichs hat nun die volle Aufmerksamkeit seiner Schüler: »Die eierlegende Wollmilchsau tritt nicht in Gestalt einer Chartformation oder eines Indikators auf, sondern in Form von Risiko- und *Money Management*.«

»Was ist **Risikomanagement**?«, fragt Britta. »Das ist ein besonders wichtiger Punkt beim Trading«, antwortet Herr Hinrichs. »Führt euch immer wieder vor Augen, dass zum Trading Verluste dazu gehören. Sie sind Teil des Ganzen. Auf der anderen Seite stehen natürlich Gewinne. Gewinne sind fast gleich verteilt wie Verluste. Deshalb sagen Tradingprofis, dass man zu einem sehr erlesenen Kreis von Tradern gehört, wenn man die Hälfte aller Trades mit Gewinnen abschließt. Einige Trader sind sogar erfolgreich, obwohl sie deutlich seltener Gewinne erzielen als Verluste. Was diese Trades selbst unter solch misslichen Umständen erfolgreich macht, ist das Verhältnis von erzieltem Gewinn zu erzieltem Verlust. Es ist also nicht wichtig, wie viele Gewinn-Trades oder Verlust-Trades man produziert, sondern vielmehr, wie hoch das Verhältnis von absoluten Gewinnen zu Verlusten ausfällt. Um dies zu ermitteln, wurde das **Chance-Risiko-Verhältnis** – kurz CRV – eingeführt. Es gibt an, wie hoch die Gewinnchance im Verhältnis zum eingegangenen Risiko ist.« Herr Hinrichs wendet sich der Tafel zu:

$$\text{Chance} - \text{Risiko} - \text{Verhältnis} = \text{CRV} = \frac{\text{potentieller Gewinn}}{\text{potentieller Verlust}}$$

»Angenommen, wir planen einen Trade, bei dem wir 100 Euro Gewinn erzielen können. Unser geplantes Risiko liegt bei 50 Euro. Wie hoch ist das CRV?«, fragt Herr Hinrichs. In Peters Kopf rattert es wie in einer alten Registrierkasse: »2«, ruft er in die Klasse, geht zur Tafel und schreibt:

$$\text{Chance} - \text{Risiko} - \text{Verhältnis} = \text{CRV} = \frac{\text{potentieller Gewinn}}{\text{potentieller Verlust}} = \frac{100\,\text{\euro}}{50\,\text{\euro}} = 2$$

»Richtig!«, sagt Herr Hinrichs. »Angenommen, wir würden uns mit einem kleineren Gewinn in Höhe von 50 Euro zufriedengeben, wie sähe das Chance-Risiko-Verhältnis dann aus?« »1«, antwortet Peter sofort.

$$\text{CRV} = \frac{\text{potentieller Gewinn}}{\text{potentieller Verlust}} = \frac{50\,\text{\euro}}{50\,\text{\euro}} = 1$$

»Und wie würde das Chance-Risiko-Verhältnis aussehen, wenn wir mit einem noch kleineren Gewinn von 25 Euro zufrieden wären?«, hakt Herr Hinrichs nach.

$$\text{CRV} = \frac{\text{potentieller Gewinn}}{\text{potentieller Verlust}} = \frac{25\,\text{\euro}}{50\,\text{\euro}} = 0{,}5$$

»0,5«, antwortet Peter sichtlich stolz, weil er alle Fragen hatte beantworten können. Doch er hatte die Rechnung ohne Herrn Hinrichs gemacht: »Peter, kannst du uns denn auch sagen, was wir aus dem Chance-Risiko-Verhältnis ablesen können? Was sagt es genau aus?« Peters Herz schlug bis zum Hals, aber er traute sich doch: »Aus dem Chance-Risiko-Verhältnis können wir ablesen, wann ein Trade sinnvoll ist – und wann nicht. Wenn man mehrere Trades zur Auswahl hat, wie in unserem Beispiel, sollte man den Trade wählen, der das höchste Chance-Risiko-Verhältnis hat. Auf der anderen Seite sollte man von einem Trade Abstand nehmen, wenn man von vorneherein weiß, dass man weniger bekommen wird als man riskiert. Denn dann macht der Trade keinen Sinn.«

Peter hofft inständig, dass Herr Hinrichs nicht weiter nachhaken würde – aber er hat Glück, denn Sabine nimmt seinen Gedanken auf: »Folgt man der Logik von Peter, so ist die Mindestanforderung an das Chance-Risiko-Verhältnis ein CRV = 1. Liegt nämlich das Chance-Risiko-Verhältnis niedriger als 1, dann gehen wir ein höheres Risiko ein als der Trade überhaupt an Gewinn verspricht. Das wäre dumm!« Jetzt bohrt Herr Hinrichs nach: »Sabine, denke deinen Gedanken konsequent zu Ende.«

»Die Mindestanforderung an das Chance-Risiko-Verhältnis ist 1. Das bedeutet, dass wir für unser eingegangenes Risiko den gleichen Betrag als Gewinn herausbekommen. Im Verlustfall wird somit der vorangegangene Gewinn direkt wieder ausradiert. In Summe müssen wir bei einem solchen Chance-Risiko-Verhältnis sehr erfolgreich sein, um überhaupt ansehnliche Gewinne zu realisieren. Wahrscheinlicher ist es, dass wir bei einem solchen Chance-Risiko-Verhältnis auf der Stelle treten und keine oder nur marginale Gewinne erzielen – oder sogar leichte Verluste.« Kaum hat Sabine ausgesprochen, erscheint auf der Tafel folgende Tabelle.

Tab. 15: Einfluss des Chance-Risiko-Verhältnis auf die benötigte Trefferquote

| Chance-Risiko-Verhältnis (CRV) | Benötigte Trefferquote zum Erreichen der Gewinnschwelle |
|---|---|
| 0,5 | 66,6 % |
| 1,0 | 50,0 % |
| 1,5 | 40,0 % |
| 2,0 | 33,3 % |
| 3,0 | 25,0 % |

»Wow«, sagt Rolf. »Je höher das Chance-Risiko-Verhältnis ist, desto mehr verlustreiche Trades können wir uns leisten.« »Genau!«, fällt ihm Britta ins Wort. »Es kommt also nicht unbedingt darauf an, immer nur Treffer – d. h. Gewinne – zu erzielen, um erfolgreich zu traden.«

»Ja, aber das Chance-Risiko-Verhältnis ist nach oben begrenzt«, bremst Herr Hinrichs die Euphorie. »Wir können natürlich die entlegensten Kursziele annehmen und somit für die entsprechende Aktie ein hohes Chance-Risiko-Verhältnis konstruieren. Allerdings muss man sich stets fragen, wie realistisch es wirklich ist, dass das Kursziel auch tatsächlich erreicht wird. In der Praxis hat sich gezeigt, dass ein Chance-Risiko-Verhältnis, das deutlich über 2 hinausgeht, mit Vorsicht zu genießen ist.[141]«

»Was nützen uns diese Überlegungen überhaupt? Wir wollen doch traden?« Mit dieser Frage lenkt Peter die Diskussion in eine neue Richtung. »Ich würde das Chance-Risiko-Verhältnis in die Strategie einbauen«, schlägt Sabine vor. Wie im Staffellauf übernimmt Britta den Stab. »Natürlich! Wenn wir z. B. die Hälfte aller Trades mit Gewinn abschließen, also eine Trefferquote von 50 Prozent haben, und ein Chance-Risiko-Verhältnis von 1 dabei erreichen, dann sind wir am Ende kein Stück weitergekommen. Jeder

---

[141] Es gilt nämlich: Je weiter weg das Kursziel vom Einstiegskurs (Kaufkurs) entfernt ist, desto geringer ist die Wahrscheinlichkeit, dass es in einer angemessenen Zeit und ohne nennenswerte Korrekturen zu erreichen ist. Das heißt aber auch, dass die Wahrscheinlichkeit, ein sehr hohes Chance-Risiko-Verhältnis zu erreichen, ebenfalls gering ist. Je höher also das angestrebte Chance-Risiko-Verhältnis ist, desto geringer ist die Wahrscheinlichkeit, dass man es zeitnah und direkt erreicht.

Gewinn-Trade würde durch einen Verlust-Trade ausgelöscht – und umgekehrt. Unser Tradingkonto würde sich kaum von der Stelle bewegen. Sinnvoll ist das nicht! Darum schlage ich vor, dass wir nur Trades durchführen, die ein Chance-Risiko-Verhältnis von größer 1 haben. So können wir ausgesprochen profitabel traden.«

»Tolle Idee«, sagt Rolf. Nun übernimmt Herr Hinrichs wieder das Ruder: »Das bedeutet für die Planung und Durchführung des Trades, dass wir alle Trades auslassen, bei denen das Chance-Risiko-Verhältnis kleiner / gleich 1 ist, da diese unter Chance-Risiko-Betrachtungen keinen Sinn machen, weil ein Verlust uns weiter zurückwirft als ein Gewinn uns voranbringt. Das wird euch durch folgende Tabelle noch einmal deutlicher:«

Tab. 16: Schwieriger Verlustausgleich

| Verlust | Erforderlicher Gewinn, um den Verlust wieder auszugleichen |
|---|---|
| -10 % | 11 % |
| -20 % | 25 % |
| -30 % | 43 % |
| -40 % | 67 % |
| -50 % | 100 % |
| -60 % | 150 % |
| -70 % | 233 % |
| -80 % | 400 % |
| -90 % | 900 % |
| -100 % | Unmöglich (Totalverlust) |

»Donnerwetter«, sagt Peter. »Je größer der Verlust, umso größer ist anschließend der notwendige Kursgewinn, um den Verlust wieder auszugleichen. Das hätte ich nicht gedacht!«

»Ja, genau!«, entgegnet Herr Hinrichs. »Darum sollte unser Hauptaugenmerk auch auf dem Erhalt des Kapitals liegen. Je geringer die Verluste gehalten werden, desto geringer sind logischerweise auch die zusätzlich notwendigen Gewinne, um das ursprüngliche Tradingkapital wieder zu erwirtschaften. Um die Verluste möglichst gering zu halten, führen viele Trader ein *Money Management* durch. Eine wichtige Erkenntnis des *Money Managements* ist, dass der Ruin nicht erst erreicht ist, wenn das gesamte

Kapital verloren ist, sondern schon dann, wenn die gewählte Tradingstrategie aufgrund der hohen Verluste nicht mehr umsetzbar ist. Aus diesem Grund muss sich ein Trader fragen: Wie viel möchte ich riskieren?«

»Wir müssen also die Positionsgröße bestimmen, also wie viel Geld wir in einen Trade stecken«, überlegt Britta. »Die ideale Positionsgröße bemisst sich an der Größe des Tradingkontos. Sie darf auch bei mehreren aufeinanderfolgenden Verlusttrades nicht zum Totalverlust führen. Angenommen, ein Trader würde 2 Prozent des Tradingkapitals je Trade riskieren, so hätte er nach fünf aufeinanderfolgenden Verlusttrades 9,61 Prozent[142] seines Tradingkapitals verloren. Es ist daher noch genügend Spielraum vorhanden, um die Strategie weiter zu handeln und die Verluste wieder auszugleichen.«

»Muss man nicht auch die Tradingstrategie bei der Positionsgrößenbestimmung mitberücksichtigen?«, fragt Peter. »Ja, dem ist so«, antwortet Herr Hinrichs und erklärt: »Ein Trendfolge-System (Spekulation in Richtung des vorherrschenden Trends) hat eine hohe Trefferquote. Das würde eine große Positionsgröße in Relation zum Tradingkapital erlauben. Wer jedoch ein Kontra-Trend-System (also gegen den Markt spekulieren) durchführt, sollte kleinere Positionsgrößen wählen, weil die Gefahr einer längeren Verlustserie wesentlich höher ist.« Herr Hinrichs macht eine Pause, um sich neu zu orientieren. »Wenn Trader in einen Trade einsteigen, müssen sie immer den Punkt kennen, an dem sie aussteigen werden, wenn der Markt gegen sie läuft, um ihr Tradingkapital zu schützen. Um dies zu gewährleisten, wurde der Stopp-Loss eingeführt. Er markiert die Reißleine des Trades, falls die Strategie nicht aufgeht. Der Stopp wird bereits vor dem Eröffnen der Position definiert und markiert. Er stellt das maximale Risiko dar, dass der Trader bereit ist, einzugehen. Dabei ist das richtige Platzieren von

---

[142] Es werden immer wieder 2 Prozent von dem noch verbleibenden Tradingkapital eingesetzt. Würde man 3 Prozent seines Tradingkapitals je Trade riskieren, hätte man nach fünf aufeinanderfolgenden Verlusttrades schon 14,13 Prozent des Tradingkapitals verloren.

Stopp-Loss-Kursen mehr eine Kunst als eine Wissenschaft. Dennoch sollte man beim Setzen der Stopps Folgendes beachten: Man sollte die Stopps nicht exakt auf markante Kursniveaus – wie Unterstützungslinien[143] – setzen, sondern etwas unter- bzw. oberhalb dieser Marken. Denn viele andere Marktteilnehmer setzen ihre Stopps auf die markanten Kursniveaus. Deswegen werden Unterstützungslinien oftmals mehrfach getestet oder auch leicht verletzt, ohne nachhaltig durchbrochen zu werden. Zudem solltet ihr niemals das Risiko im Nachhinein erhöhen. Das bedeutet, dass z. B. Stopps bei positiver Entwicklung zwar nachgezogen werden dürfen, aber niemals erweitert.«

»Da ist jemand aber gewaltig vom Weg abgekommen!«, ruft Rolf mit einem Grinsen in die Klasse. Mit einem Schmunzeln erwidert Herr Hinrichs: »Vielleicht ein bisschen. Lasst uns also ein Stück zurückgehen. Nehmen wir an, dass wir ein Tradingkapital von 50.000 Euro haben und die Aktie der Götte AG kaufen möchten. Sie notiert aktuell bei 100 Euro. Wie viele Aktien können wir kaufen?«

Keiner hat eine Idee, wie Tradingkapital und Risiko miteinander verknüpft werden könnten, um die Positionsgröße je Trade zu bestimmen und daraus die Anzahl der Aktien abzuleiten, die gekauft werden dürfen. Herr Hinrichs sagt also: »Hat jemand von euch schon einmal etwas vom *R*-Vielfachen gehört?«

Hans-Jürgen ist der Einzige, der nicht mit einem verständnislosen Blick dasitzt – denn er hatte zu diesem Thema schon im Internet recherchiert. »Der Tradingcoach Van K. Tharp machte mit seinem Buch ›Beruf Trader‹ das Konzept der **R-Vielfachen** populär. *R* steht dabei für das kalkulierte Risiko je Tradingposition. Damit ist der Abstand vom Kaufkurs (Einstiegskurs) bis zum vordefinierten Stopp-Loss, also dem Ausstiegspunkt, falls der Markt sich nicht wie erwartet entwickelt, gemeint. Ist man z.B. bereit, 1 Prozent seines Tradingkapitals je Trade zu riskieren, so würde 1 *R* 1 Prozent des Tradingkapitals entsprechen. Wenn man hingegen bereit wäre, 2

---

[143] Stopps werden außerdem häufig u. a. an den Grenzen von Trendkanälen, gleitenden Durchschnitten, Unterstützungs- und Widerstandslinien, Markttiefstoder Markthöchstkursen der letzten x-Tage platziert. Oftmals finden an diesen Marken Richtungswechsel des Marktes statt.

Prozent seines Tradingkapitals je Trade zu riskieren, wäre 1 $R$ 2 Prozent des Tradingkapitals. Angenommen, wir kaufen 100 Götte-AG-Aktien zu je 100 Euro und erwarten eine Kurssteigung von mindestens 10 Euro, also 10 Prozent, und verkaufen die Aktie, wenn sie sich um zwei Euro, d. h. um 2 Prozent, zu unseren Ungunsten, bewegt. Wenn wir jetzt bei 98 Euro ausgestoppt werden, verlieren wir 200 Euro, also zwei Euro mal 100 Aktien. Das Risiko $R$ beträgt also zwei Euro je Aktie. Auf der anderen Seite steht natürlich der Gewinn. Wir rechnen ja bei der Götte-Aktie mit einem Gewinn von 10 Euro je Aktie. Da der wahrscheinliche Verlust nur bei 2 Euro je Aktie liegt, ist der mögliche Gewinn fünfmal so hoch, man sagt auch fünfmal $R$ oder 5 $R$.«

»Ist das nicht so ähnlich, wie das Chance-Risiko-Verhältnis?«, ruft Petra dazwischen. »Das lautet für Hans-Jürgens Beispiel auch 5 (=10/2). Wo ist der Unterschied?«

»Natürlich hast du recht, Petra. Beide Konzepte sind sehr ähnlich und kommen in der Regel zum gleichen Ergebnis, nur auf einem anderen Weg. So ist es nicht verwunderlich, dass auch hier gilt: Je höher das $R$-Vielfache ist, desto besser ist das Chance-Risiko-Verhältnis und desto eher sollte der Trade durchgeführt werden. Als Faustformel gilt, dass ein Trade nur eingegangen werden sollte, wenn das $R$-Vielfache größer 1,2 ist, weil es schade ist, sein Tradingkapital in einer ungünstigen Situation zu verschwenden. Die große Stunde für das $R$-Vielfache kommt jedoch bei der Positionsgrößenbestimmung. Sehen wir uns dazu wieder das Beispiel der Götte-AG-Aktie an. Dort haben wir den Stopp-Loss-Kurs mit 98 Euro festgelegt, d. h. unser 1 $R$ beträgt zwei Euro je Aktie. Um die Positionsgröße jetzt zu bestimmen, müssen wir uns der Frage widmen: Welches Depotrisiko möchten wir eingehen? Wie viel wollen wir je Trade riskieren?«

Spontan sagt Britta: »Ich würde 2 Prozent des Tradingkapitals von 50.000 Euro mit diesem Trade riskieren. Wir fahren ja einen Trendfolge-Ansatz. Darum sollten wir eine hohe Trefferquote haben.« Nach kurzer Diskussion stimmen die anderen Schüler zu.

»Das heißt also, dass wir je Trade nicht mehr als 2 Prozent des Tradingkapitals riskieren wollen. 2 Prozent von 50.000 Euro Tradingkapital sind 1.000 Euro. Wir sind also bereit, mit diesem Trade 1.000 Euro zu riskieren. Wie viel Götte-Aktien können wir jetzt kaufen, wenn das 1 R bei 2 Euro je Aktie liegt?«, fragt Herr Hinrichs.

Er wartet einen Moment, bis er die Frage selbst beantwortet: »Wir teilen einfach das zweiprozentige Depotrisiko (1.000 Euro) durch das 1 R der Götte-Aktie (2 Euro) und erhalten die Anzahl der Aktien, die gekauft werden darf.« Während er spricht, schreibt er folgende Formel an die Tafel:

$$\text{Anzahl der Aktien, die gekauft werden dürfen} = \frac{\text{Depotrisiko}}{1\ R\ \text{der Aktie}} = \frac{1000}{2}$$
$$= 500\ \text{Stück}$$

»Wir können also 500 Götte-Aktien zu 50.000 Euro kaufen.« »Da stimmt etwas nicht«, wirft Sabine ein. »Damit würden wir ja mit unserem ganzen Tradingkapital im Feuer stehen. Wir wollten doch nur 1.000 Euro riskieren!«

»Sabine, du machst einen Denkfehler«, entgegnet Herr Hinrichs. »50.000 Euro sind nicht unser Risiko. Solange wir uns an den Stopp-Loss-Kurs bei 98 Euro halten, beträgt unser Risiko 1.000 Euro, also zwei Euro mal 500 Aktien oder 2 Prozent des Tradingkapitals.[144] Kommen wir nun zum nächsten Punkt für das Aufstellen des Tradingplans. Hinter jedem guten Trade steht in aller Regel eine gute **Tradingstrategie**. Und an diese Strategie muss sich der

---

[144] Angenommen, auf dem Tradingkonto liegen wiederum 50.000 Euro. Jetzt wollen Sie Aktien zu je 71 Euro kaufen und Ihr Stopp liegt bei 70,50 Euro. Folglich beträgt Ihr 1 R 50 Cent je Aktie. Außerdem möchten Sie nicht mehr als 1 Prozent je Trade riskieren, d. h. 500 Euro je Trade. Dann können Sie 500/0,5 = 1.000 Aktien kaufen. Dafür müssen Sie 71.000 Euro aufwenden, also mehr, als auf Ihrem Tradingkonto vorhanden ist. Deshalb müssen Sie sich entscheiden, ob Sie weitere 21.000 Euro leihen, oder ob Sie die zu kaufende Anzahl der Aktien so weit reduzieren, dass Sie sich die Aktien leisten können. Die meisten Anleger entscheiden sich für zweites. Um die neue Aktienanzahl zu finden, wird einfach das verfügbare Tradingkapital durch den Kaufkurs der Aktien geteilt. Sie können sich also mit Ihrem Kapitalstock von 50.000 Euro rund 704 (50.000/71) Aktien leisten. Durch diese Maßnahme reduziert sich auch ihr Verlustrisiko um etwa 30 Prozent auf 350 Euro bzw. auf ca. 0,7 Prozent ihres Tradingkapitals.

Trader auch eisern halten, um erfolgreich zu sein bzw. zu bleiben. Wie kann diese ermittelt werden?«, fragt Herr Hinrichs.

Rolf antwortet etwas zaghaft: »Mittels der Kursprognose?« Herr Hinrichs scheint die Antwort zu genügen, weil er das Stichwort aufnimmt: »Die **Kursprognose** weist uns die Richtung, in der sich die Aktie bzw. der Markt wahrscheinlich bewegen wird. Das ist der wohl wichtigste Schritt auf dem Weg zum Kauf oder Verkauf einer Aktie. Die Prognose liefert die Antwort auf die Gretchenfrage: Tritt man auf der Long- oder Short-Seite in den Markt ein? Sie sagt uns also, was wir tun sollen (kaufen oder verkaufen). Ist die Kursprognose falsch erstellt, wird nichts funktionieren, was darauf aufbaut.« An der Tafel erscheint folgender Aktienchart von BASF.

Abb. 142: BASF-Tageschart

»Schaut euch diesen Chart an und überlegt, wie wir dafür eine Kursprognose erstellen können. Das Rüstzeug dazu haben wir uns in den vorherigen Stunden erarbeitet«, fordert Herr Hinrichs auf.

Erst zaghaft und dann immer lauter rufen sich die Schüler Chartformationen und Indikatoren zu. In der Klasse schwirren Begriffe wie Keil, AROON, DMI, ADX oder Flagge umher. Die Lautstärke nimmt immer weiter zu, sodass die Argumente für oder gegen die eine oder andere Technik untergehen. Die Diskussion kommt schlagartig zu einem Halt, als Britta förmlich in die Klasse schreit: »Dieses planlose Hin und Her bringt uns doch nichts! Wir müssen besser planen, wie bei fast allem im Leben – welche Formationen und technischen Indikatoren wollen wir wann nutzen? Aber wie sollen wir anfangen, um das planen zu können?«

Durch beredtes Schweigen geben ihre Mitschüler zu erkennen, dass sie keine Idee haben. Doch bevor Herr Hinrichs etwas sagen kann, ergreift Rolf das Wort: »Beim Fundament der technischen Analyse – dem Trend! Wir sollten zunächst die Frage klären, ob die BASF-Aktie sich in einem Trend befindet. Dazu zeichnen wir einfach eine Trendlinie ein.«

Herr Hinrichs deutet auf die Tafel, auf der weitere Charts von BASF für unterschiedliche Zeitebenen erscheinen.

Abb. 143:     BASF-Wochenchart

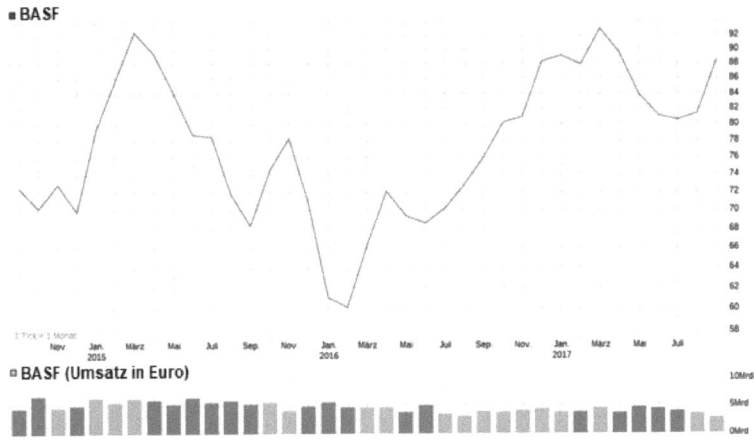

Abb. 144: BASF-Monatschart

Petra sieht nachdenklich zur Tafel: »Ich habe da eine Idee«, sagt sie schließlich. »Unterschiedliche Zeiteinheiten können unterschiedliche Trends aufweisen. Deshalb ist es wichtig, die übergeordneten Zeiteinheiten zu betrachten, weil die untergeordneten Zeiteinheiten deren Bestandteile sind.«

»Genau!«, erwidert Herr Hinrichs. »Wir fangen mit der großen Zeiteinheit an und zoomen uns in die Zeiteinheit hinein, in der der Handel stattfinden soll. Wir haben vorhin festgelegt, dass wir ein Swingtrader sein möchten, der seine Positionen über einige Tage bzw. Wochen hält. Deswegen handeln wir in der Regel auf Tageskursbasis. Also fangen wir an, den Monatschart zu betrachten, dann den Wochenchart und dann den eigentlichen Tageschart. So verschaffen wir uns einen Überblick. Daraus können wir die aktuelle Marktsituation ableiten. Letztlich dreht sich alles um die Frage: Befinden wir uns in einem Trend oder in einer Korrektur der übergeordneten Zeiteinheit?«

»Wir haben drei Charts, die wir unter einen Hut kriegen müssen. Wie soll das gehen?«, denkt Sabine. Sie gleicht die Charts mit der Datenbank ihrer Erinnerungen ab und sucht nach Querverbindungen. Sie ordnet die Charts in Gedanken neu an, kehrt sie um, betrachtet sie von allen Seiten, bis es ihr leichtfällt, sich in die ineinandergreifenden Zeiteinheiten hineinzudenken – und sie eine Idee hat, wie vorzugehen wäre. Aufgeregt ruft sie in die Klasse: »Ich glaube, ich habe den Stein der Weisen gefunden. Zunächst bestimmen wir in der Zeiteinheit, in der wir traden möchten, also auf Tagesbasis, den aktuellen Trend. Dazu zeichnen wir die Trendlinie im Chart ein.«

»Warum gerade die Trendlinie? Es gibt doch andere, viel bessere Chartformationen?«, fällt Rolf Sabine ins Wort. Sabine erhebt die Stimme, eindeutig verärgert über den Einwurf: »Die Trendlinie ist das, was bei Monopoly die Schlossallee oder die Parkstraße ist. Deshalb sollten wir diese nutzen!« Sie macht eine kurze Pause, um sich zu sammeln, und fährt fort: »Man erkennt: Auf Tagesbasis liegt im BASF-Chart ein stabiler Aufwärtstrend vor. Jetzt drängt sich die Frage auf: Läuft der Trend in Richtung der übergeordneten Zeiteinheit, also auf Wochenbasis? Um dies zu ermitteln, zeichnen wir eine Trendlinie im Wochenchart ein. Diese zeigt: Auch hier liegt ein stabiler Aufwärtstrend vor. Der Trend im Tageschart läuft in Richtung des Trends in der größeren Zeiteinheit. Das gleiche Spiel machen wir nochmals im Chart mit den Monatskursen. Auch hier wird ersichtlich, dass ein Aufwärtstrend vorliegt. In allen drei Charts liegt also ein Aufwärtstrend vor. Wie kriegen wir die drei unterschiedlichen Charts nun unter einen Hut? Der Zeithorizont, für den wir den Trade planen, ist der Kitt zwischen den einzelnen Charts. Da wir den Trade nur für kurze Zeit halten möchten, spielt die ganz große Zeiteinheit, die Monatskurse, eine untergeordnete Rolle. Etwas anders hingegen wäre es, wenn wir planen würden, den Trade über mehrere Wochen bzw. sogar Monate zu halten. Dann müssten wir den Monatschart beachten.« Während sie spricht, geht Sabine zur Tafel und schreibt ihren Vorschlag für eine Tradingstrategie an:

1. Festlegen, welche der 30-DAX-Aktien gehandelt werden soll. In unserem Fall ist dies die BASF-Aktie.
2. Welches Ziel hat der Trade? Unser Ziel ist es, auf der vorherrschenden Trendwelle zu reiten. Das bedeutet, dass wir nur traden, wenn ein Auf- oder Abwärtstrend vorliegt.

3. Bestimmen, in welcher Zeiteinheit wir handeln möchten. Wir handeln auf der Zeiteinheit von Tagen. Deshalb verwenden wir als Hauptchart den Tageschart von BASF. Mit diesem Chart werden wir unsere Kursziele und Stopps festlegen.
4. Im Tageschart bestimmen, ob ein Trend vorliegt. Dazu verwenden wir die Trendlinie. Gehandelt wird nur, wenn ein Auf- oder Abwärtstrend vorliegt. Im BASF-Tageschart liegt ein Aufwärtstrend vor. Das heißt, dass ein Trade möglich wäre.
5. Der Trade muss in Richtung der übergeordneten Zeiteinheit laufen. Mit anderen Worten: In beiden Zeiteinheiten muss derselbe Trend vorliegen. Ansonsten findet kein Trade statt. Hierdurch stellen wir sicher, dass wir uns immer im Primär- bzw. Sekundärtrend befinden, dass wir also auf den Trendwellen mit dem größten Gewinnpotenzial reiten. Die nächsthöhere Zeiteinheit ist der Wochenchart. Auch hier wird der Trend mittels Trendlinie bestimmt. Im BASF-Wochenchart liegt auch ein Aufwärtstrend vor. Ein Trade wäre möglich, weil sowohl im Tages- als auch im Wochenchart ein Aufwärtstrend vorliegt, d. h. der Trend läuft in Richtung der übergeordneten Zeiteinheit.
6. Auswahlkriterium bei mehreren möglichen Trades: Läuft der Trade auch in Richtung der übernächsten Zeiteinheit? Die übernächste Zeiteinheit wäre der Monatschart. Ebenfalls bestimmen wir mithilfe der Trendlinie den Trend. Zum Glück liegt auch im BASF-Monatschart ein Aufwärtstrend vor. Wenn man die Wahl zwischen mehreren verschiedenen Trades hat, sollte der bevorzugt werden, in dem der Trend in allen Zeitebenen in dieselbe Richtung weist.

Britta findet Sabines Gedanken zur Strategie äußerst nützlich, gleichzeitig aber noch nicht detailliert genug: »Ich würde den Einstieg durch Indikatoren noch verfeinern bzw. präzisieren.«

»Welchen Indikator würdest du vorschlagen, Britta?«, fragt Herr Hinrichs. »Um die Frage zu klären, ob wirklich ein Trend im

BASF-Chart vorliegt, würde ich auf den ADX-Indikator zurückgreifen. Wenn der ADX über 20 Punkte notiert, liegt ein Trend vor. Deshalb möchte ich folgendes Zusatzkriterium einführen: Erst wenn der ADX über 20 Punkte notiert, handeln wir.«
»Treffer«, frohlockt Rolf. »Sowohl im Tages- als auch Wochenchart von BASF ist der ADX (14) größer 20[145]. Als Sahnehäubchen kommt noch hinzu, dass selbst im Monatschart der ADX (14) größer 20 ist. Das heißt, wir können die BASF-Aktie kaufen!« Seine Klassenkameraden schütteln ungläubig den Kopf. Wie hatte Rolf das so schnell ausrechnen können? »Rolf, möchtest du uns nicht teilhaben lassen, wie du auf das Ergebnis gekommen bist?«, fordert Herr Hinrichs ihn auf.

Rolf grinst über das ganze Gesicht: »Natürlich! Das Internet hat mir geholfen. Ich habe eine Seite gesucht, die die Indikatoren und Oszillatoren berechnet. Fündig geworden bin ich unter https://de.investing.com/equities/basf-ag-chart.[146]« »Clever«, sagt Herr Hinrichs. »Jetzt wird es Zeit, wirklich einzusteigen. Der aktuelle Kurs von BASF ist 88,39 Euro. Wie bestimmen wir anhand des Tagescharts das Kursziel bzw. den Stopp-Loss-Kurs?«

»Zunächst zeichnen wir im Tageschart die Widerstands- und Unterstützungslinien ein. Das Kursziel ermitteln wir aus der Widerstandslinie, während wir den Stoppkurs aus der Unterstützungslinie ableiten«, schlägt Britta vor und schreitet zur Tafel, um sowohl die Widerstands- als auch die Unterstützungslinie in den Chart einzuzeichnen.

---

[145] Der ADX (14) beträgt am 21. September 2017 auf Basis der täglichen Schlusskurse 51,315, der der wöchentlichen Schlusskurse 34,535 und der der monatlichen 32,010.

[146] Natürlich veröffentlichen im Internet noch viele andere Seiten die Werte der Indikatoren, wie z. B. www.finanzen.net, www.boerse.de, http://www.boersennews.de, http://de.4-traders.com, www.onvista.de (sogar mit Chartsignalen), http://www.finanztreff.de, www.tradesiganl.com, www.comdirect.de, sowie https://trading.boerse-stuttgart.de (sogar mit Chartsignalen)

**Abb. 145:** BASF-Tageschart mit Unterstützung und Widerstand

Nachdem Britta die Widerstands- und Unterstützungslinie in den BASF-Tageschart eingezeichnet hat, sagt sie: »Ich würde das Kursziel beim Widerstand von 93,92 Euro legen. Dagegen würde ich den Stopp-Loss bei 83,14 Euro legen, etwa 1 Prozent unterhalb der Unterstützungslinie.«

Peter wird mulmig. »Wenn das mal gut geht«, denkt er. »Wir hatten schließlich festgehalten, dass das Chance-Risiko-Verhältnis größer 1 sein soll. Bei einem kleineren Wert sollte der Trade nicht durchgeführt werden.« Im Stillen gibt er Brittas Werte in seinen Laptop ein.

$$CRV = \frac{\text{potentieller Gewinn}}{\text{potentieller Verlust}} = \frac{93{,}92\ \text{€} - 88{,}39\ \text{€}}{88{,}39\ \text{€} - 83{,}14\ \text{€}} = \frac{5{,}43\ \text{€}}{5{,}25\ \text{€}} = 1{,}03$$

»Glück gehabt«, sagt Peter laut. »Das Chance-Risiko-Verhältnis beträgt 1,03, d. h. die Tradingampel steht auf Grün.«

»Über diese Hürde sind wir also auch gesprungen«, sagt Herr Hinrichs und fügt an: »Ich habe bei dem Broker Börsenschein ein Demokonto mit 50.000 Euro eingerichtet. Auf diesem Demokonto können wir unter Realbedingungen traden, ohne echtes Geld zu riskieren. Wie berechnen wir die Positionsgröße, die wir kaufen dürfen?«

»Um die Positionsgröße zu bestimmen, müssen wir zunächst das zweiprozentige Depotrisiko und das 1 $R$ der BASF-Aktie ausrechnen. Das zweiprozentige Depotrisiko können wir im Kopf ausrechnen. Unser Tradingkapital ist 50.000 Euro, 2 Prozent davon sind 1.000 Euro. Schwieriger wird die Berechnung des 1 $R$'s.« Kaum hatte Petra ausgesprochen, nimmt sie ihr Blatt mit der Berechnung zum 1 $R$ der BASF-Aktie und tritt an die Tafel.

$$1R = \text{Kaufkurs-Stoppkurs} = 88{,}39 \text{ €} - 83{,}14 \text{ €} = 5{,}25 \text{ €}$$

Während sie die Formel an die Tafel schreibt, erklärt sie: »Das 1 $R$ der BASF-Aktie errechnet sich anhand des Abstandes vom Kaufkurs (Einstiegskurs) zum Stoppkurs. Er beträgt 5,25 Euro, d. h. 1 $R$ = 5,25 Euro. Um zur Positionsgröße zu gelangen, dividieren wir das zweiprozentige Depotrisiko (1.000 Euro) durch das 1 $R$ der BASF-Aktie (5,25 Euro) und erhalten die Anzahl der Aktien, die gekauft werden dürfen.«

Anzahl der Aktien, die gekauft werden dürfen
$$= \frac{\text{zweiprozentiges Depotrisiko}}{1\,R\text{ der BASF} - \text{Aktie}} = \frac{1000}{5{,}25} = 190{,}48 \text{ Stück}$$

»Da man an der Börse nur ganze Aktien kaufen kann und keine Bruchteile, können wir 190 BASF-Aktien zu 16.889,10 Euro kaufen. Solange wir uns an den Stoppkurs bei 83,14 Euro halten, beträgt unser Risiko 1.000 Euro, also 2 Prozent des Tradingkapitals«, beendet Petra ihren kleinen Vortrag. »Damit haben wir 190 BASF-Aktien gekauft. Was jetzt?«, fragt Herr Hinrichs

Rolf entgegnet: »Das ist die Eine-Million-Dollar-Frage, nicht wahr?« »Sehr witzig! Rolf, du Clown«, sagt Britta etwas ärgerlich. »Ich würde einfach abwarten, was der Kurs macht! Wenn der Kurs auf den Stoppkurs fällt, verkaufe ich die Aktie mit Verlust. Wenn die BASF-Aktie dagegen auf unser Kursziel steigt, verkaufe ich sie ebenfalls – dann freue ich mich über den schönen Gewinn.«

Rolf, der von Brittas spöttischem Kommentar noch angefressen ist, erwidert: »Mit deinem Ausstiegsszenario, Britta, habe ich kein Problem. Aber ich würde sagen, dass das aus der Chance-Risiko-Bewertung vor dem Einstieg in die BASF-Aktie ermittelte Kursziel so eine Art Minimalziel für den Trade ist. Natürlich kann man bei Erreichen des Kurszieles mechanisch wie ein Roboter die Position glattstellen und Gewinne realisieren. Man muss aber wissen, dass man dadurch auf potenzielle Profite verzichtet. Stattdessen können wir auch mit Teilverkäufen arbeiten, indem wir bei Erreichen unseres Kurszieles eine Hälfte der Position, also 95 BASF-Aktien, verkaufen. Anschließend ziehen wir den Stopp nach und lassen den Rest der Position weiterlaufen. Somit ist die verbleidende Position quasi ohne Risiko im Markt und sorgt dafür, dass wir an einem möglichen langfristigen Trend partizipieren können. So kann aus einem Swingtrade, den wir eigentlich nur über mehrere Tage halten wollten, im günstigen Marktumfeld durchaus ein hochprofitabler Positionstrade über mehrere Monate werden.«

Britta hält dagegen: »*Besser ein Spatz in der Hand als eine Taube auf dem Dach*. Ich glaube, langfristig erfolgreiche Trader bestehen nicht dadurch, dass sie den Markt ständig korrekt vorhersagen, sondern durch die Fähigkeit, sich regelmäßig in hochprofitable Situationen zu bringen, die sie mit begrenztem und definiertem Risiko ausnutzen[147]. Was meint ihr?«

Britta erhält für ihren Vorschlag breite Unterstützung von ihren Klassenkameraden. Eine Minderheit tendiert allerdings für Rolfs Idee. Darum sagt Herr Hinrichs: »Während des Trades warten wir also ab, was der Kurs macht. Wir verkaufen ohne viel Aufhebens, wenn der Stopp-Kurs erreicht ist. Auf der anderen Seite verkaufen wir auch mechanisch, wenn das prognostizierte Kursziel erreicht wurde. Nachdem der Handel abgeschlossen ist, also die BASF-Aktie verkauft wurde, findet in der Regel nur noch eine Nachbetrachtung des Trades statt. Dabei steht die Frage im Vordergrund: Wurde der Trade korrekt durchgeführt? Damit haben wir den Tradingplan erstellt. Er sieht wie folgt aus:«

---

[147] Andere Trendfolge-Trader achten, nachdem sie die Aktie gekauft haben, auf Chartformationen, die eine Trendpause signalisieren, und verkaufen sofort, wenn sich eine ausgebildet hat, auch wenn das Kursziel noch nicht erreicht ist.

**Abb. 146: Der Tradingplan**

| Ablauf des Tradingplans | Anwendung | |
|---|---|---|
| 1. Zeithorizont festlegen – welcher Trader Typ bin ich? | Es wurde entschieden, ein Swingtrader zu sein. Das heißt, die Positionen werden über mehrere Tage und Wochen gehalten. | |
| 2. Tradingansatz | Es wurde der Trendfolge-Ansatz gewählt. Darum wird nur gehandelt, wenn die Aktie sich im Auf- oder Abwärtstrend befindet. | |
| 3. Anlageuniversum | Es werden nur die 30 DAX-Aktien gehandelt. | |
| 4. Anlageinstrumente | Befindet sich die Aktie im Aufwärtstrend, wird die Aktie direkt gekauft. Falls die Aktie sich jedoch im Abwärtstrend befindet, wird ein Put-Optionsschein mit kleinem Hebel gekauft. | |
| 5. Risikomanagement | Das Chance-Risiko-Verhältnis sollte größer 1 sein, sonst findet kein Trade statt. Je Trade soll nur maximal 2 Prozent des Tradingkapitals riskiert werden. | |
| 6. Handelsstrategie | 1. Schritt | Bestimmung im Tageschart der Aktie, ob ein Trend vorliegt. Dazu dient die Trendlinie. Wenn ein Trend vorliegt, wird die Aktie näher untersucht. |
| | 2. Schritt | Der Trend im Tageschart muss in Richtung des Trends in der übergeordneten Zeiteinheit verlaufen. Die übergeordnete Zeiteinheit ist der Wochenchart. In beiden Zeiteinheiten – also Tages- und Wochenchart – muss derselbe Trend vorliegen. Falls dies nicht der Fall ist, findet kein Trade mit der Aktie statt. Es wird nach einer neuen Chance gesucht. |
| | 3. Schritt | Falls mehrere Trades zur Auswahl stehen, soll der Trade durchgeführt werden, bei dem der Trend in der übernächsten Zeiteinheit – Monatschart – in dieselbe Richtung läuft wie im Tages- und Wochenchart. |
| | 4. Schritt | Es ist zu überprüfen, ob tatsächlich ein Trend vorliegt. Dazu dient der ADX-Indikator. Dieser Indikator muss größer 20 sein, sowohl im Tages- als auch im Wochenchart. Falls dies nicht der Fall ist, ist die Aktie durchgefallen, es findet kein Trade statt. |
| | 5. Schritt | Wenn ein Trade bzw. eine Aktie sämtliche in den Schritten 1-4 aufgestellte Bedingun- |

| | | |
|---|---|---|
| | 6. Schritt | gen erfüllt, wird im Tageschart das Kursziel und der Stoppkurs mithilfe der Unterstützungs- und Widerstandslinie ermittelt. Zum Abschluss wird das Chance-Risiko-Verhältnis des Trades berechnet. Ist es größer 1, darf der Trade tatsächlich ausgeführt werden. |
| | 7. Schritt | Die Positionsgröße wird berechnet, indem man das zweiprozentige Depotrisiko durch das 1 R der Aktie teilt. Die daraus resultierende Anzahl der Aktien darf dann gekauft werden. |
| | 8. Schritt | Während des Trades. Die Aktie wird sowohl verkauft, wenn das Kursziel als auch wenn der Stoppkurs erreicht wurde. |
| 7. Nach dem Trade | | Frage beantworten: Wurde korrekt gehandelt? |

»Das ist also unser Tradingplan. Und was jetzt?«, fragt Herr Hinrichs. Es herrscht sekundenlanges Schweigen, bis Britta sich ein Herz fasst und in die Klasse ruft »Traden, was sonst! Und gucken, was dabei herauskommt!« Petra sieht Britta an, als hätte diese nicht mehr alle Tassen im Schrank: »Ich habe mich wohl verhört. Willst du das allen Ernstes vorschlagen?« Unbeirrt nickt Britta Petra zu. Petra und ihre Klassenkameraden schauen Herrn Hinrichs ziemlich ratlos an. »Ganz so blöd wie sich der Vorschlag von Britta anhört, ist er nicht«, sagt dieser. »Wir müssen unseren Tradingplan nämlich noch testen. Dazu führen wir jetzt 25 Trades auf dem Demokonto durch und werten sie anschließend aus.«

Sofort machen sich die Schüler ans Werk und durchforsten den DAX nach guten Investmentmöglichkeiten, die die Kriterien des Tradingplans erfüllen. Folgende Trades führen sie auf dem Demokonto aus:

**Tab. 17:** Die ersten 25 Trades nach Tradingplan

| Tradingkapital | Name der Aktie | Kaufkurs | Kursziel | Stopp-Kurs | CRV | Anzahl | Verkaufs-kurs | Gewinn/ Verlust |
|---|---|---|---|---|---|---|---|---|
| 50.000,00 € | BASF | 88,39 € | 93,82 € | 83,14 € | 1,03 | 190 | 93,82 € | 1.031,70 € |
| 51.031,70 € | Allianz | 188,75 € | 194,41 € | 184,98 € | 1,50 | 270 | 194,42 € | 1.530,90 € |
| 52.562,60 € | Allianz | 194,41 € | 200,24 € | 192,49 € | 3,04 | 547 | 192,49 € | -1.050,24 € |
| 51.512,36 € | Bayer | 112,50 € | 116,59 € | 109,50 € | 1,36 | 343 | 109,50 € | -1.029,00 € |
| 50.483,36 € | Daimler | 70,48 € | 73,75 € | 68,51 € | 1,66 | 512 | 73,75 € | 1.674,24 € |
| 52.157,60 € | Put Optionsschein Deutsche Bank | 14,37 € | 12,50 € | 16,00 € | 1,15 | 639 | 16,00 € | -1.043,15 € |
| 51.114,45 € | Münchener Rückversicherung | 196,00 € | 205,75 € | 194,00 € | 4,88 | 511 | 194,00 € | -1.022,00 € |
| 50.092,45 € | Put-Optionsschein Münchener Rückversicherung | 194,00 € | 181,00 € | 199,00 € | 2,60 | 200 | 16,00 € | 1.001,85 € |
| 51.094,30 € | VW Vorzüge | 141,71 € | 150,00 € | 138,00 € | 2,23 | 275 | 150,00 € | 2.279,75 € |
| 53.374,05 € | VW Vorzüge | 170,80 € | 178,58 € | 166,20 € | 1,69 | 232 | 178,58 € | 1.804,96 € |
| 55.179,01 € | SAP | 96,44 € | 100,56 € | 93,91 € | 1,63 | 436 | 93,61 € | -1.233,88 € |
| 53.945,13 € | Siemens | 124,15 € | 127,69 € | 121,56 € | 1,37 | 416 | 121,56 € | -1.077,44 € |
| 52.867,69 € | Merck | 96,26 € | 101,15 € | 93,66 € | 1,88 | 406 | 93,66 € | -1.055,60 € |
| 51.812,09 € | Deutsche Telekom | 15,68 € | 17,58 € | 13,88 € | 1,06 | 575 | 13,88 € | -1.035,00 € |
| 50.777,09 € | Linde | 188,25 € | 190,97 € | 186,59 € | 1,64 | 611 | 186,56 € | -1.032,59 € |
| 49.744,50 € | Deutsche Börse | 90,94 € | 95,86 € | 86,51 € | 1,11 | 224 | 95,86 € | 1.102,08 € |

| | | 37,23 € | 39,56 € | 35,12 € | 1,10 | 481 | 39,56 € | 1.120,73 € |
|---|---|---|---|---|---|---|---|---|
| 50.846,58 € | VONOVIA | | | | | | | |
| 51.967,31 € | Beiersdorf | 99,64 € | 102,57 € | 98,00 € | 1,79 | 633 | 98,00 € | -1.038,12 € |
| 50.929,19 € | Fresenius | 60,89 € | 66,75 € | 56,15 € | 1,24 | 214 | 66,75 € | 1.254,04 € |
| 52.183,23 € | BASF | 94,19 € | 97,66 € | 90,95 € | 1,07 | 322 | 97,66 € | 1.117,34 € |
| 53.300,57 € | Daimler | 73,23 € | 76,01 € | 70,52 € | 1,03 | 393 | 70,52 € | -1.065,03 € |
| 52.235,54 € | Allianz | 203,05 € | 205,70 € | 201,37 € | 1,58 | 621 | 201,37 € | -1.043,28 € |
| 51.192,26 € | SAP | 90,59 € | 93,86 € | 87,56 € | 1,08 | 337 | 93,86 € | 1.101,99 € |
| 52.294,25 € | Siemens | 115,48 € | 122,51 € | 109,58 € | 1,19 | 177 | 109,58 € | -1.044,30 € |
| 51.249,95 € | Put Optionsschein Merck | 93,44 € | 91,15 € | 95,60 € | 1,06 | 474 | 91,15 € | 1.025,00 € |
| 52.274,95 € | Ergebnis nach einem halben Jahr | | | | | | | |

333

Völlig enttäuscht schaut Rolf auf das Ergebnis und flüstert seiner Tischnachbarin Petra zu: »So ein Mist. Die ganze Rechnerei hat nichts gebracht! Jetzt haben wir ein halbes Jahr lang hart gearbeitet. Trades gesucht, analysiert, verworfen usw. Und wofür? Nicht mal 5 Prozent Rendite sind dabei herausgekommen.« Petra kramt in ihrer Tasche herum und fischt das Buch *Das 1x1 der Finanzmathematik* heraus. Sie blättert in dem Buch und findet schnell die Stelle, die sie sucht: »Wir haben diese Rendite innerhalb eines halben Jahres erwirtschaftet. Diese müssen wir noch auf ein Jahr umrechnen. Das sind dann immerhin ca. 9,10 Prozent. Das ist doch gar nicht schlecht!« »Mensch, du hast recht«, gibt Rolf zu. Dann sagt Herr Hinrichs: »Wie schon gesagt, misst sich der Erfolg eines Tradingplans an dem Verhältnis zwischen Gewinn und Verlust.« Herr Hinrichs zeigt auf eine neue Abbildung, die auf der Tafel erscheint.

| Anzahl Gewinntrades (Zählen der Gewinntrades der betrachteten Periode) | Anzahl Verlusttrades (Zählen der Verlusttrades der betrachteten Periode) | durchschnittlicher Gewinn | durchschnittlicher Verlust |
|---|---|---|---|

Abb. 147: Erfolg eines Tradingplans messen

Rolf stürmt förmlich zur Tafel, um dann selenruhig die Anzahl der Gewinn- bzw. Verlustrades abzuzählen. »Das ist ja unglaublich«, denkt er. »Wir haben mehr Trades in den Sand gesetzt als erfolgreich umgesetzt. Trotzdem haben wir unser Kapital gemehrt.« Gerade als Rolf etwas sagen will, ergreift Sabine das Wort: »Ich habe schnell mit Excel den durchschnittlichen Gewinn und Verlust je Trade ausgerechnet. Der durchschnittliche Gewinn beträgt 1.337,05 Euro und der durchschnittliche Verlust -1.059,20 Euro.

| Anzahl Gewinntrades (Zählen der Gewinntrades der betrachteten Periode) | Anzahl Verlusttrades (Zählen der Verlusttrades der betrachteten Periode) | durchschnittlicher Gewinn | durchschnittlicher Verlust |
|---|---|---|---|
| 12 | 13 | 1.337,05 | -1.059,20 € |

Abb. 148:  Erfolg eines Tradingplans mit Werten messen

»Im zweiten Schritt bestimmen wir folgende Verhältnisse«, sagt Herr Hinrichs und schreibt etwas an die Tafel.

$$\text{Verhältnis Anzahl der Trades} = \frac{\text{Anzahl Gewinntrades}}{\text{Anzahl Verlusttrades}} = \frac{12}{13} = 0{,}9$$

$$\text{Verhältnis durchschnittliche Höhe} = \frac{\text{durchschnittliche Gewinnhöhe}}{|\text{durchschnittliche Verlusthöhe}|}$$
$$= \frac{1337{,}05\ \text{€}}{|1059{,}20\ \text{€}|} = 1{,}3$$

»Im letzten Schritt können wir den Erfolg des Tradingplans berechnen.«

Erfolg des Tradingplans = Verhältnis Anzahl Trades · Verhältnis durchschnittliche Höhe
= 0,9 · 1,3 = 1,2

»Unser Tradingplan ist erfolgreich getestet, weil die Kennzahl ›Erfolg des Tradingplans‹ größer 1 ist. Er hat also Praxistauglichkeit bewiesen. Zudem zeigt sich, dass ein Tradingplan auch erfolgreich sein kann, wenn die Anzahl der Verlusttrades die der Gewinntrades übertrifft. Es geht also nicht darum, mit jedem Investment richtig zu liegen, sondern darum, konsequent Verluste zu begrenzen. Ihr dürft nie vergessen: In der technischen Aktienanalyse jongliert man nur mit der Wahrscheinlichkeit, ob ein Szenario eintritt, also z. B., ob ein bestehender Trend fortgesetzt wird. Außerdem muss euch klar sein: Es gibt keine hundertprozentige Wahrscheinlichkeit, dass eure Prognose auch eintrifft. Ansonsten wären wir alle schon Millionäre und lägen am Strand!« Nach einer kurzen Pause fährt Herr Hinrichs fort. »Ihr habt jetzt das Wissen, um im Dschungel

›technische Aktienanalyse‹ bestehen zu können. Darum ist jetzt der Punkt gekommen, euch ins wirkliche Traderleben zu entlassen. Doch seit gewarnt, es ist etwas ganz anderes, mit echtem Geld, statt mit Spielgeld zu spekulieren. Ihr kennt die Signale aus der technischen Analyse sowie Indikatoren aller Art. Aber es kommt auch darauf an, auf den Button Kauf oder Verkauf zu drücken – eine einzige Aktion nur, mit der so viel entschieden wird. Daraus entsteht ein Wirrwarr in eurem Kopf, eure Emotionen tanzen mit euch Tango, ihr merkt es nicht, aber ihr agiert nicht mehr rational, sondern emotional. Dies führt dazu, dass ihr vom Tradingplan abweicht und Schiffbruch erleidet. Oftmals liegt das daran, dass ihr ständig Unterhaltung braucht. Es ist nämlich anstrengend und kann auch langweilig sein, einfach nur dazusitzen, auf die Charts zu starren und auf Signale zu warten, wie ihr beim Testen unseres Tradingplans kennengelernt habt. Viele von euch haben deshalb die verschiedenen Zeiteinheiten durchsurft, um irgendein Signal zu finden, das euch zum Handeln auffordert – nicht aus Researchgründen, sondern aus Ungeduld. Wenn ihr aber ständig die Zeiteinheiten im Chart verändert, befinden sich die Emotionen in einem ständigen Kommen und Gehen und verführen euch, Trades zu tätigen, die nicht dem Tradingplan entsprechen. Ihr habt die Ruhe beim Trading verloren. Darum kann ich euch nur raten: Legt euch ein Demokonto an, bevor ihr anfangt, an der Börse zu traden, und übt, übt, übt. Hierdurch wird eure Achtsamkeit und Genauigkeit beim Umsetzen des Tradingplans erhöht, ähnlich wie Krafttraining die Muskeln wachsen lässt. Sobald euer Trading ruhiger und überlegter wird, werdet ihr feststellen, dass ihr das, was ihr tut und wie ihr es tut, bewusster wahrnehmt. Ich bedanke mich für eure Aufmerksamkeit.« Mit diesen Worten beendet Herr Hinrichs den VHS-Kurs und verabschiedet sich von seinen Schülern.

# 7. Abschließende Anmerkung

Ich möchte das Buch mit einigen Anregungen, über die Sie nachdenken sollten, abschließen.

Was ist die technische Analyse:

Die technische Analyse ist nichts anderes als das Studium von Markt- bzw. Kursbewegungen durch den Einsatz von Charts und Mathematik, um den zukünftigen Kurstrend vorherzusagen! Um das Studium der Kurse wirklich erfolgreich bestreiten zu können, müssen Sie üben, üben und nochmals üben. Es gilt: Übung macht den Meister. Erst wenn Sie den Umgang mit Indikatoren, Oszillatoren, Formationen und Trendlinien sicher beherrschen, sollten Sie mit dem Trading anfangen. Eröffnen Sie dazu ein Demokonto bei einem Broker und üben Sie unter realen Bedingungen.

Charttechnik ist nichts anderes als die Suche nach Wahrscheinlichkeiten:

Viele glauben, dass hinter der Chartanalyse die Idee steckt, dass man den Kurs eines Wertpapiers durch geschicktes grafisches Aufarbeiten vergangener Kursverläufe vorhersagen kann. Deshalb zeichnen erwachsene Menschen mit Bleistift und Lineal in Charts Wimpel, Trendlinien und alle anderen möglichen Figuren, in der Erwartung, auf diese Weise schnellstmöglich reich zu werden. Dabei übersehen sie: Die Charttechnik ist keine exakte Wissenschaft, wie die Physik oder Chemie. Das gilt nicht nur für die technische, sondern auch für die fundamentale Analyse. An den Börsen gibt es keine Garantien, sonst gäbe es bald nur noch Millionäre. An den Finanzmärkten geht es vielmehr um das Denken in Wahrscheinlichkeiten, d. h. unter welchen Bedingungen ist es wahrscheinlicher, dass die Kurse steigen, anstatt zu fallen – oder fallen, anstatt zu steigen? Doch selbst wenn die Wahrscheinlichkeit auf ihrer Seite liegt, kann es immer anders kommen, als man denkt. Es gibt keine 100-prozentige Wahrscheinlichkeit an den Börsen, dass ein entsprechendes Ereignis auch tatsächlich eintritt, d. h. es gibt immer ein

Restrisiko, dass die Börse genau das Gegenteil von dem tut, was man erwartet. Deswegen gilt: »*Die Charttechnik ist eher als ein Handwerk anzusehen als als eine Wissenschaft. Und wie an anderen Orten gibt es an den Börsen der Welt und bei der technischen Analyse nur wenige Künstler mit dem sprichwörtlichen goldenen Händchen. Nicht jeder ist Picasso oder Van Gogh.*«

Auswahl der technischen Instrumente bei der Chartanalyse:

Wie Sie sicherlich erkannt haben, habe ich mich bei der Auswahl der vorgestellten technischen Instrumente beschränkt. Dies geschah mit der Überlegung, dass ein Trader sich häufig im Irrgarten der unzähligen technischen Indikatoren verirrt. Man wird dann zum sog. »Schaf unter den Tradern« und verliert sich garantiert in der Unzahl unnützer Informationen. Dies wird von den »Wölfen« (anderen Tradern) eiskalt ausgenutzt, indem sie falsche Fährten legen, wie z. B. Bullenfallen. Denken Sie daran, die »*Börse ist kein Kindergarten*«. Reduzieren Sie Ihren Ansatz bei der technischen Analyse also am besten auf das Wesentliche. Denken Sie daran, die vielen technischen Hilfsmittel wie RSI, Bollinger Bänder, Fibonacci-Level, ADX ... haben zwar ihren Stellenwert, aber nur dann, wenn man sie auch richtig einsetzt, und vor allem, wenn man die Basics nie aus den Augen verliert. Nur wer die Basics der technischen Analyse beherrscht, kann erfolgreich sein, weil darauf alle anderen technischen Methoden aufsetzen.

Charttechnik vs. Fundamentalanalyse:

Als fundamental orientierter Anleger treffe ich auch weiterhin mein Anlagevotum für eine bestimmte Aktie, Anleihe usw. anhand einer fundamentalen Analyse. Dennoch sollte man sich immer kritisch hinterfragen, ob man sich mit seinen Vorstellungen am Anfang, in der Mitte oder möglicherweise sogar am Ende der Anlegerherde befindet, die in irgendeine Richtung stürmt. Zur Beantwortung dieser Frage ist die Beschäftigung mit der technischen Analyse in mehrfacher Hinsicht hilfreich:

1. Charttechnik als Bestätigung: Als fundamental orientierter Anleger sollte man stets hinterfragen, ob die eigene fundamentale Einschätzung mit dem charttechnischen Bild z. B. der Aktie übereinstimmt. Gibt es Unterschiede, könnte dies an folgenden Ursachen liegen:
   a. die eigene fundamentale Einschätzung ist schlichtweg falsch, d. h. man hat sich z. B. verrechnet oder etwas übersehen. In diesem Fall erweist sich die technische Analyse als wirkungsvolles Warnsignal.
   b. Die Charttechnik signalisiert, dass der Markt z. B. eine Aktie völlig falsch einschätzt. Dies kann auf eine sehr gute Einstiegschance hindeuten. Allerdings ist auch hier Vorsicht angebracht, denn wer sich gegen den Markttrend stemmt, muss viel Zeit mitbringen und möglicherweise eine Verlustperiode aussitzen, bis er Recht bekommt. So schrieb John Maynard Keynes: »*Der Markt kann länger irrational bleiben, als man selbst solvent ist.*«
2. Charttechnik als Warnsignal: Oftmals sind charttechnische Signale Vorboten neuer fundamentaler Entwicklungen, die man gegebenenfalls noch gar nicht auf den Schirm hatte. Das liegt daran, dass es oftmals Situationen gibt, in denen einige Marktteilnehmer (wie Dows-Käufer in der Akkumulationsphase) fundamentale Veränderungen erahnen, bevor sie sich wirklich in Analystenkommentaren, Unternehmensmeldungen oder Presseberichten niederschlagen. Obendrein zeigen gerade in Übertreibungsphasen der Märkte Charts ganz charakteristische Muster. In diesen Phasen werden üblicherweise fundamentale Daten mental ausgeblendet oder nur in einheitlicher Weise interpretiert; ein entweder von Gier oder von Angst gesteuerter Herdentrieb bestimmt die Kursentwicklung. Somit gilt: Wenn ein Chartsignal der eigenen fundamentalen Einstellung eindeutig widerspricht, sollte die Anlegerwarnlampe auf Gelb umspringen und eine gründliche Überprüfung der bisherigen Einschätzung vorgenommen werden.

3. Charttechnik als Ideengeber: Charts sind eigentlich nichts anderes als Bilder, die komplizierte Zusammenhänge innerhalb weniger Sekunden sichtbar machen. Deshalb eignen sich Charts hervorragend zum »Screening«, um aus den vielen möglichen Anlagemöglichkeiten die Kandidaten für eine eingehende fundamentale Analyse herauszufiltern.

Charttechnik und Fundamentalanalyse versuchen dasselbe Problem zu lösen, nur auf unterschiedlichen Wegen:

Beide Ansätze versuchen im Prinzip, dasselbe Problem zu lösen, nämlich die Richtung zu bestimmen, in welche sich die Kurse wahrscheinlich demnächst bewegen werden. Die Ansätze nähern sich dem Problem nur von unterschiedlichen Seiten. Die fundamentale Analyse studiert dazu die Ursachen von Marktbewegungen, während die technische Analyse deren Auswirkungen untersucht. Der Fundamentalist muss also immer wissen, warum etwas geschieht. Dagegen zählt für den Charttechniker nur das Resultat, während die Gründe und Ursachen uninteressant sind.

# 8. Literaturverzeichnis

Aachen, A. (2000). Erfahrungen an der Börse. Mein Weg zur ersten Million – Erlebnisse und Strategien eines Privatanlegers. Norderstedt: Libri Books on Demand.

Arlt, W. (2014). Risiko- und Money-Management – simplified: Wie Sie Ihre Tradingergebnisse dauerhaft und nachhaltig verbessern. Frankfurt: FinanzBuch.

Berteit, R. (2017). On Balance Volume – Folgen Sie dem Kapitalfluss mit diesem Indikator! Unter: www.godmode-trader.de/know-how/obv-dem-kapitalfluss-folgen,3807936

Bigalow, S. (2011). Candlestick Profits – Eliminating Emotions with Candlestick Analysis. Profit Publishing.

Bigalow, S. (2011). Profitable Candlestick Trading: Pinpointing Market Opportunities to Maximize Profits. Wiley; 2 edition.

Bock, R. (2017). Einführung in die Grundgedanken der Elliott-Wave-Theorie und die Grundlagen der Elliott-Wave-Analyse. Unter: elliottwave-investor.de: http://www.elliottwave-investor.de/Research/Online-

Bopp, T. (2002a). Flaggen und Wimpel weisen den Weg. Unter: http://www.faz.net/aktuell/finanzen/charttechnik-training-flaggen-und-wimpel-weisen-den-weg-11275080.html

Bopp, T. (2002b). Untertassen-Charts kündigen die Kurswende an. Unter: http://www.faz.net/aktuell/finanzen/charttechnik-training-untertassen-charts-kuendigen-die-kurswende-an-1211551.html

Bopp, T. (2002c). V-Formationen - Heute pfui, Morgen hui. Unter: http://www.faz.net/aktuell/finanzen/charttechnik-training-v-formationen-heute-pfui-morgen-hui-11276394.html

Bopp, T. (2002d). Wenn der Chart drei Mal klingelt. Unter: http://www.faz.net/aktuell/finanzen/charttechnik-training-wenn-der-chart-drei-mal-klingelt-127718.html

Bulkowski, T. (2015). Enzyklopädie der Chartmuster: Chartformationen erkennen und verstehen. FinanzBuch Verlag.

Daeubner, P. (2005). Alles, was sie über Technische Analyse wissen müssen. München: Finanzbuch Verlag GmbH.

Fischer, R. (1993). Fibonacci Applications and Strategies for Traders. New York, Chichester.

Gräfe, R. (2009). EW-Analysen und Prognosen – Elliott-Wave, was ist das? Wie funktioniert das? Unter: https://www.godmode-trader.de/artikel/ew-analysen-und-prognosen-elliott-wave-was-ist-das-wie-funktioniert-,1149403

Hornbach, C. & Hellenkamp, A. (2011). Fortgeschrittene Technische Indikatoren am Aktienmarkt. Kaiserslautern: Hölscher, Reinhold.

Hornrich, M. (2008). Crashkurs Charttechnik. Kulmbach: Börsenmedien Kulmbach 2010.

Kahn, M. (2016). Technische Analyse: Klar und einfach. Frankfurt: FinanzBuch Verlag.

Kämmerer, C. (2010). Fibonacci – weit mehr als nur Zahlentheorie – Teil 2. www.traders-mag.com, 84-86.

Maaß, R. (2011). Elliott-Wellen; Sichere Prognosen in jeder Marktlage treffen. München: FinanzBuch Verlag.

Möller. (1998). Die Börsenformel. Frankfurt am Main.

Molzahn, W. (2012). Charttechnik. Die Technische Analyse für Otto Normalaktionär. 4 Werkzeuge, um den Trend vorherzusagen. Norderstedt.

Murphy, J. (2004). Technische Analyse der Finanzmärkte. München: FinanzBuch Verlag GmbH.

Nison, S. (2013). Technische Analyse mit Candlesticks: Alle wichtigen Formationen und ihr Praxiseinsatz. Frankfurt: FinanzBuch Verlag.

Paesler, O. (2002). On Balance Volume. technical-newsletter.

Paesler, O. (2007). Technische Indikatoren simplified. München: FinanzBuch Verlag.

Person, J. (2007). Technische Trading-Strategien: Alles über Fibonacci-Zahlenreihen, Pivot-Punkte und Co. Frankfurt: FinanzBuch Verlag.

Prechter, R. & Frost, A. (2004). Das Elliott-Wellen-Prinzip. Schlüssel für Gewinne am Markt. München: FinanzBuch Verlag.

Roller, K. (o. J.). Keine Scheu vor Elliott Waves. Unter: http://docplayer.org/39084888-Keine-scheu-vor-elliott-waves.html

Roller, K. (2012). Kurszielbestimmung mit Fibonacci! Unter: https://docplayer.org/11531771-Karin-roller-kurszielbestimmung-mit-fibonacci-karin-roller.html

Roller, K., & Schütz, D. (2016). Elliot Waves simplified. Unter: https://www.vtad.de/sites/files/webinaranhang/EW_IB%20Days%20032016.pdf abgerufen

Rose, R. (2006). Enzyklopädie der technischen Indikatoren. München: FinanzBuch Verlag GmbH.

Schulz, H.-D. (o. J.). Chartsbasics double top, double bottom. Unter: http://www.chartbuero.de/chartbasics/double.htm

Sommer, A. (2016). Mit dem MACD die Bullenfalle im DAX frühzeitig erkannt. Unter: http://www.gevestor.de/details/mit-dem-macd-die-bullenfalle-im-dax-fruehzeitig-erkannt-763012.html

Tharp, V. (2006). Beruf: Trader: Unabhängig traden, selbstständig handeln. Frankfurt: FinanzBuch Verlag.

Tiedje, A. (2010). Elliot-Wellen leicht verständlich. München: FinanzBuch Verlag.

Tiedje, A. (2017). Wellen wie in Hawaii: Elliott Waves erklärt. Blicken Sie dem Markt ins Auge Trading Leitfaden, 100-106.

Trader, T. (2015). DEIN Tradingplan (konstant & erfolgreich daytraden): Handelsansätze, Tradeverwaltung, Risikokontrolle – mit Struktur und Disziplin Selbstsabotage vermeiden. CreateSpace Independent Publishing Platform.

Vittner, T. & Fritsch, A. (2012). Börsenerfolg beginnt im Kopf: Mit der richtigen Einstellung und dem richtigen Plan zu mehr Gewinn. Börsenbuchverlag.

Voigt, M. (2013). Das große Buch der Markttechnik. München: FinanzBuch Verlag.

Wagner, U. (2015). Die Berufsausbildung zum Trader: Die perfekte Vorbereitung für das Handeln an der EUREX. Frankfurt: FinanzBuch Verlag.

Weygand, H. (2007). Der Dynamic Momentum Index (DMI) – Der bessere RSI? Unter: https://www.godmode-trader.de/artikel/der-dynamic-momentum-index-dmi-bessere-rsi-,682792

Wormstall, D. (2011). Jeder Trader braucht einen Plan: Einfach erfolgreich traden. Frankfurt: FinanzBuch Verlag.

Wurm, S. (o. J. a). Commerzbank Chartschule, Teil 4: Doppeltop und Doppelboden. Unter: http://www.zertifikate.commerzbank.de/SiteContent/1/1/18/269/06/commerzbank-Chartschule-Teil4_LOW.pdf

Wurm, S. (o. J. b). Commerzbank Chartschule, Teil 5: Keil. Unter: http://www.zertifikate.commerzbank.de/SiteContent/1/1/18/270/37/commerzbank-Chartschule-Teil5_LOW.pdf abgerufen

Wurm, S. (o. J. c). Commerzbank Chartschule, Teil 6: Dreiecke. Unter: http://www.zertifikate.commerzbank.de/SiteContent/1/1/18/271/00/commerzbank-Chartschule-Teil6_LOW.pdf

Wurm, S. (o. J. d). Commerzbank Chartschule, Teil 7: Flagge und Wimpel. Unter: http://www.zertifikate.commerzbank.de/SiteContent/1/1/18/271/60/Commerzbank-Chartschule-Teil7_LOW.pdf abgerufen

Wurm, S. (o. J. e). Commmerzbank Chartschule, Teil 3: Schulter-Kopf-Schulter-Formation. Unter: http://www.zertifikate.commerzbank.de/SiteContent/1/1/18/268/21/commerzbank-Chartschule-Teil3_LOW.pdf abgerufen

# 9. Stichwortverzeichnis

## %

%D 280
%DS-Linie 282
%K-Linie 280
%R-Linie 286

## A

absteigendes Dreieck 154
Abwärts-*Directional Movement* 298
Abwärtsdreieck 154
abwärtsgerichteter *Direction Indikator* 300
Abwärtskurslücke 198
Abwärtstrend
   Definition 55
   Umsatz 69
ADX 301
ADXR 301
Akkumulationsphase 65
Aktivität
   fallende 177
   steigende 177
Akzelerationsfaktor 265
Angebot 9, 13
Annahme der technischen Analyse
   dritte 25
   erste 18
   zweite 24
Antriebswelle 107
Arcs 144
arithmetische Skalierung 47
AROON 259
AROON-Down 259
AROON-Up 259
Ascending Triangle 152
aufsteigendes Dreieck 152
Aufwärts-*Directional Movement* 298, 300
Aufwärtsdreieck 154
Aufwärtskurslücke 198
Aufwärtstrend 23
   Definition 55
   Umsatz 69
Ausbruch 83
Ausbruchslücke 199
*Average Directional Movement Index* 301
*Average Directional Movement Index Rating* 301

## B

Baisse 150
Baissekeil 164
Balkenchart 40
Bär 149

345

Bar-Chart 40
Bärenflagge 159
bärische Divergenz 271
Bars 41
Basis 148
*bear flag* 159
bearish 150
*Bearish Belt Hold* 209
*Bearish Engulfing Pattern* 214
bearishe Divergenz 277
bearishes Dreieck 154
Belt Hold 209
Beschleunigungsfaktor 265
bestätigende Indikatoren 225
Bestätigungslinie 184
Bollinger Bänder 256
*Bottom Failure Swing* 277
*Bounce* 82
Breakaway Gap 199
  *downside* 200
  *upside* 200
Breakout 83
Bulle 149
Bullenflagge 159
bullisch 150
bullische Divergenz 271, 277
bullisches Dreieck 152
Bullish Belt Hold 209
*Bullish Engulfing Pattern* 213
Bullish Harmai 215

## C

Candlestick-Chart 43
CCI 268
Chance-Risiko-Verhältnis 313
Chart
  zeichnen 63
Charts 37
  Balkenchart 40
  Candlestick-Chart 43
  Kerzencharts 43
  Linienchart 38
*Commodity Channel Index* 268
common gap 198
Contracting Triangle 125
CRV 313
Cup&Handle 192

## D

Dark Cloud Cover 218
*Daytrading* 310
Death Cross 242
Depotrisiko 320
Descending Triangle 154
DI 300
DIM 301
*Directional Indikator* 300
Directional Movement 298
*Directional Movement Index* 298, 301
Distributionsphase 66

Divergenz 226, 253, 276, 288, 294
DM 298
DMI 298
Docht 43
Doji 207
Doji Star 219
Doppelboden 190
Doppel-Bottom 190
Doppelspitze 188
Doppeltop 188
Doppel-Zickzack 122
double Bottom 190
double Top 188
Double-Crossover-Methode 241
Dow Jones Industrial Average 53
*Dow Jones Transportation Average* 53
*Downside Breakaway Gap* 200
Dow-Theorie
   dritte Kernaussage 65
   erste Kernaussage 54
   fünfte Kernaussage 69
   sechste Kernaussage 69
   vierte Kernaussage 67
   zweite Kernaussage 57
Dragonfly Doji 208
Dreieck 125
   Kursziel 151

Dreifachboden 186
Dreifachspitze 183
Dreifachtop 183, 186
Druck 176

**E**

EDT 120
einfacher gleitender Durchschnitt 237
Elliott 107
   Grundzyklus 107
   Impulswelle 107
   Korrekturwelle 107
   Subwelle 107
   Unterwelle 107
   Wellenränge 109
   Wellenzählung im Chart 126
EMA 245
Ending Diagonal Triangle 120
*Engulfing Pattern* 212
Erfolg des Tradingplans 335
Eröffnungskurs 13, 27
Erschöpfungslücke 201
Erste Annahme der technischen Analyse 18
*Evening Star* 219
*Exhaustion Gap* 201
expandierende Dreiecke 125
*Exponential Moving Average* 245

347

exponentieller gleitender
Durchschnitt 245
Extension 117, 139

**F**

fallende Aktivität 177
*Fast Stochastik* 279
Fibonacci-Extension 140
   *Kursziel* 141
*Fibonacci-Fanline* 144
Fibonacci-Ratio 133
*Fibonacci-Retracements* 135
*Fibonacci-Time-Relation* 144
Fibonacci-Zahlenreihe 130
filling the gap 200
Filter 242
Flagge 157
Flat 123
   erweiterter 124
   inverser unregelmäßige 125
   unregelmäßiger 124
   verkürzter 125
Fortsetzungsformation 146
Fortsetzungslücke 200
Fraktal 111

**G**

Gann
   50-Prozent-Retracement 103
Gap 198

GD 237
gemessene Bewegung 170
gerichtete Bewegung 298
gewöhnlicher Gap 198
Glättungsfaktor 247
gleitender Durchschnitt 237, 238
   Kauf- und Verkaufssignale 240
Golden Cross 242
Golden-Cross-System 242
Goldene Mitte 131
Goldener Schnitt 131
goldenes Kreuz 242
*Gravestone Doji* 208
Grundzyklus 107

**H**

Hammer 211
Handelsspanne 29
   Verbreiterung 31
   Verengung 31
Hanging-Man-Formation 210
Harami 215
Harami Cross 216
Hausmädchenhausse 66
Hausse 150
Haussekeil 164
Histogramm 253
Höchstkurs 28

## I

Impulswelle 107
  Ausdehnung 116
  Ending Diagonal Triangle 120
  Leading Diagonal Triangle 119
  Regeln zum Zählen 115
  Versager 118
Inselumkehr 201
Inside Day 299
Interne Trendlinien 94
inverse Kopf-Schulter-
  Formation 179

## K

Kanallinie 96
Kaufdruck 176
Keil 163
Kerzenchart 43
Kerzenkörper 43
Konsolidierungsformation 146
kontrahierende Dreiecke 125
Kontra-Trend 311
Kopf-Schulter-Bodenformation 180
Kopf-Schulter-Formation
  invers 179
  Kursziel 178
  obere 174
  Umsatz 177
Korrektur 103

Korrekturwelle 107
Zickzack 121
Kursbalken 28
Kurslücke 198
Kursprognose 321
Kursschwerpunkt 269
Kurzfristhandel 310

## L

LDT 119
Leading Diagonal Triangle 119
Limit-Order 7
lineare Skalierung 47
Linienchart 38
logarithmische Skalierung 46
long 70
Long-legged Doji 207
Lunte 43

## M

MA 237
MACD 249
Market-Order 7
measured move 143, 170
M-Formation 188
Minortrend 57
Momentum 289
Money Management 316
Morning Star 220

Motivwelle 107
Moving Average 237
Moving Average Convergence
  Divergence 249

## N

Nachfrage 9, 13
Nackenlinie 175

## O

obere Kopf-Schulter-Formation 174
oberer Umkehrtag 202
OBV 228
OHLC 27
OHLC-Chart 40
On-Balance-Volume-Indikator 228
*Open Interest* 225
Orderbuch 6
Oszillatoren 272
Outside Tag 299

## P

Parabolic SAR 263
Pattern 145
Periode 41
Phase der öffentlichen
  Beteiligung 65

Phi 131
*Piercing Pattern* 216
Pivot-Punkte 32
  Kursziel 33
  Unterstützung 35
  Widerstand 33
Positionsgröße 317
Positionsgrößenbestimmung 319
Positionstrading 310
Primärtrend 57
*Pullback* 103, 176

## R

Range Contraction 31
Range Expansion 31
*Rapid Adaptive Variance Indikator* 305
*Rate of Change* 295
RAVI 305
Rechteck 166
  bärisch 168
  bullisch 168
Rectangle 166
reentry 262
Relative-Stärke-Index 274
Resistance 33
Retracement 103
  Handelsstrategie 106
Risikomanagement 312

ROC 295
rounding bottom 192
RSI 274
Rückkehrbewegung 176
Rückkehrlinie 96
Rule of Alternation 121
Runaway Gap 200
runde Böden 192
R-Vielfachen 318

## S

*Scalping* 310
Schatten 44
Schlusskurs 27, 39
Seitwärtstrend
    Definition 56
Sekundärtrend 57
Shadows 44
short 70
Signallinie 184, 280
signifikanter Kurs 269
*Simple Moving Average* 237
Skalierung 45
    lineare 47
    logarithmische 46
*Slow Stochastik* 282
SMA 237
*Speedlines* 100
Star-Formation 219
steigende Aktivität 177

Stochastik 280, 282
Stopp-Loss 318
Stopp-Order 23
Streuphase 66
Subwelle 107
*Swingtrader* 310
symmetrical triangle 149
symmetrisches Dreieck 148

## T

Tertiärtrend 57
*Throwback* 103
Tick 14
Tiefstkurs 28
Time & Sales-Liste 13
Todeskreuz 242
*Top Failure Swing* 277
TR 300
Trade 18
Tradingansatz 311
Tradingplan 310, 329
    Erfolg messen 334
Tradingstrategie 320
Trend 22, 56, 70
    unterschiedliche Zeiteinheiten 63
Trendbestätigungsformation 145, 146
Trendbruch 23
Trendfolgeindikator 236

351

Trendfolgephase 65
Trendfolger 236, 311
Trendkanal 96
   Kurszielbestimmung 98
Trendlinie 80, 82
   interne 94
   Kursziel 88
   Wichtigkeit 87
Trendstärke-Indikatoren 297
Trendumkehrformation 145, 173
Trendwechsel 76
triple bottom 186
triple Top 183
True Range 300
typischer Kurs 269

## U

umgekehrte Untertasse 193
Umkehrformation 172
Umkehrtag 201
   oberer 202
   unterer 202
Umsatz 10, 49, 224
   Histogramm 49
untere Kopf-Schulter-Formation 179
unterer Umkehrtag 202
Unterstützung 35, 72
   Rollentausch mit Widerstand 76

Unterstützungslinie 73
Untertassenformation 192
Unterwelle 107
*Upside Breakaway Gap* 200

## V

V-Boden-Formation 195
Veränderungsrate 295
Verbreiterung der Handelsspanne 31
Verengung der Handelsspanne 31
Verkaufsdruck 176
V-Formation 195
Volumen 224
V-Spitze 196

## W

Wahrscheinlichkeit 335
Wedge 164
Weight Moving Average 243
Welle
   Grundzyklus 107
Welle X 123
Wellenränge 109
Wellentheorie 107
W-Formation 190
Whipsaw-Verlust 242
Widerstand 72

Rollentausch mit Unterstützung 76
Widerstände 33
Widerstandslinie 73
Williams %R 285
Wimpel 157, 161
WMA 243

**Z**

Zeithorizont 310
Zeitperiode 41
Zickzack 122
Zig-Zag 122

*ibidem*.eu